les lieux de la **Paris**
Résistance

La vie quotidienne
de l'armée des ombres
dans la capitale

ANNE THORAVAL

les lieux de la Paris Résistance

La vie quotidienne
de l'armée des ombres
dans la capitale

À Bruno et tous les siens

Merci à François Besse, Isabelle Chemin, Mathilde Kressmann, Marie Delas, Anne Delbende, Pierre Jourdau et Antoine Thoraval ; ainsi qu'à Jacques Lebar, Catherine Terk (Rue des Archives), Michèle Lajournade (Roger-Viollet), Thérèse Blondet-Bisch (Bibliothèque de Documentation Internationale Contemporaine), Béatrice Parrain (Musée de l'Ordre de la Libération), Lior Smadja (Mémorial de la Shoah - Musée Centre de documentation juive contemporaine), Philippe Sartout (Musée de la Poste), Claude Charlot (Préfecture de Police), Marie Poulain (Réunion des Musées Nationaux), Xavier Aumage (Musée de la Résistance nationale de Champigny-sur-Marne), Renate Benecke (AKG-images), Albert Raymond et Isabelle Sadys (Eyedea /Keystone-Rapho), Jean-François Jobez et Thérèse Lefèvre (Mémorial de la France combattante, mont Valérien), Monsieur Kromwell et Monsieur le colonel Guy Vérines (Garde républicaine).

© 2007 Parigramme/Compagnie parisienne du livre (Paris)

- 8 ■ INTRODUCTION
- 18 ■ **PREMIER** ARRONDISSEMENT
- 28 ■ **DEUXIÈME** ARRONDISSEMENT
- 36 ■ **TROISIÈME** ARRONDISSEMENT
- 44 ■ **QUATRIÈME** ARRONDISSEMENT
- 52 ■ **CINQUIÈME** ARRONDISSEMENT
- 67 ■ **SIXIÈME** ARRONDISSEMENT
- 86 ■ **SEPTIÈME** ARRONDISSEMENT
- 112 ■ **HUITIÈME** ARRONDISSEMENT
- 126 ■ **NEUVIÈME** ARRONDISSEMENT
- 139 ■ **DIZIÈME** ARRONDISSEMENT
- 152 ■ **ONZIÈME** ARRONDISSEMENT
- 161 ■ **DOUZIÈME** ARRONDISSEMENT
- 170 ■ **TREIZIÈME** ARRONDISSEMENT
- 178 ■ **QUATORZIÈME** ARRONDISSEMENT
- 193 ■ **QUINZIÈME** ARRONDISSEMENT
- 210 ■ **SEIZIÈME** ARRONDISSEMENT
- 238 ■ **DIX-SEPTIÈME** ARRONDISSEMENT
- 248 ■ **DIX-HUITIÈME** ARRONDISSEMENT
- 258 ■ **DIX-NEUVIÈME** ARRONDISSEMENT
- 264 ■ **VINGTIÈME** ARRONDISSEMENT
- 268 ■ BIBLIOGRAPHIE
- 273 ■ INDEX DES MOUVEMENTS ET RÉSEAUX
- 281 ■ INDEX DES NOMS PROPRES

TABLE DES SIGLES

AS : Armée secrète
BCRA : Bureau central de renseignements et d'action
BIP : Bureau d'information et de presse
BOA : Bureau des opérations aériennes
BS : Brigades spéciales
CAS : Comité d'action socialiste
CDLL : Ceux de la Libération
CDLR : Ceux de la Résistance
CFLN : Comité français de la Libération nationale
CGE : Comité général d'études
Cimade : Comité intermouvements auprès des évacués
CND : Confrérie Notre-Dame
CNE : Comité national des écrivains
CNR : Conseil national de la Résistance
Cosor : Comité des œuvres sociales des organisations de résistance
DG : Délégation générale
EM-PTT : État-major PTT
FFC : Forces françaises combattantes
FFI : Forces françaises de l'intérieur
FFL : Forces françaises libres
FTP : Francs-tireurs et partisans
IS : Intelligence Service (service de renseignements britannique)
JC : Jeunesses communistes
LVF : Légion des volontaires français

MLN : Mouvement de libération nationale
MNPGD : Mouvement national des prisonniers de guerre et déportés
MOI : Main-d'œuvre immigrée
MRPGD : Mouvement de résistance des prisonniers de guerre et déportés
MUR : Mouvements unis de résistance
NAP : Noyautage des administrations publiques
OCM : Organisation civile et militaire
OCMJ : Organisation civile et militaire-Jeunes
ORA : Organisation de résistance de l'armée
OS : Organisation spéciale
PC : Poste de commandement
PCF : Parti communiste français
RAF : Royal Air Force
RNP : Rassemblement national populaire
RNPG : Rassemblement national des prisonniers de guerre
SD : Sicherheitsdienst (service de répression de la Gestapo)
SOAM : Service des opérations aériennes et maritimes
SOE : Special Operation Executive (service britannique spécialisé dans la guerre subversive en Europe occupée)
SR : Service de renseignements
STO : Service du travail obligatoire
UGIF : Union générale des israélites de France

Le 14 juin 1940, Paris est déclaré ville ouverte, tombée sans combats. En trente-cinq jours, au terme de la campagne de France, l'armée réputée la plus puissante d'Europe, celle qui fut victorieuse en 1918, s'est effondrée. L'armistice, demandé par l'ancien vainqueur de Verdun, le maréchal Philippe Pétain, entre en vigueur. Sur les routes, dans un indescriptible chaos, neuf millions de Français, jeunes et vieux, militaires et civils, errent, terrifiés par les Stukas, en de longues cohortes traversées de mille rumeurs. C'est l'exode.

Le pays est anéanti. La cessation des combats, annoncée à la mi-juin, est accueillie, comme en 1938 les accords de Munich, avec «un lâche soulagement» bientôt compliqué, le 10 juillet, par la fin de la IIIe République. C'est la «divine surprise» de la prise du pouvoir politique par le Maréchal, d'un changement de régime, alors que la majeure partie du territoire est occupée. Divisée en zones (zone rattachée au commandement allemand de Bruxelles au nord, zone annexée au IIIe Reich en Alsace-Moselle, zone interdite au nord-est, et deux grandes zones, séparées par une ligne de démarcation qui longe le littoral atlantique, suit à peu près le cours de la Loire, évite Lyon et se termine aux confins des Alpes), la France n'existe plus, ni dans son régime (l'État français) ni dans sa géographie, comme une et indivisible.

Le 18 juin et les jours suivants, quelques-uns entendent l'appel d'un certain général de Gaulle, lancé depuis Londres. L'inconnu porte un nom facile à retenir. Il refuse l'armistice, affirme que «la France a perdu une bataille mais n'a pas perdu la guerre», que ce conflit, mondial, verra la victoire des forces mécaniques alliées. Il faut espérer, se battre, résister à l'épouvantable défaite.

Viennent l'été, affreusement radieux, l'armistice (signé le 22 juin), les premiers retours d'exode. Paris, vidé des deux tiers de ses habitants, découvre le soldat allemand, le *Feldgrau*. «Correct» (on redoutait des hordes de barbares coupant les mains des enfants), il songe surtout à rafler les «articles de Paris» (1 mark vaut alors 20 francs) avant de visiter Londres, dans

▷ Appel du 18 juin 1940 de Charles de Gaulle.

une Angleterre prochainement conquise. Celle-ci a mauvaise presse : le drame de Mers el-Kébir, début juillet (la Royal Navy a détruit une escadre française dans la rade, faisant 1 300 morts), déchaîne la haine des journaux officiels déjà à la botte des vainqueurs.

Autant dire que « résister » en 1940 relève de l'impossible. Il faut sans doute remonter au siècle de Jeanne d'Arc pour trouver dans l'histoire de France un désastre comparable. Comment peut-on être français en ces temps de dévastation du sentiment national ?

△ 1940, un orchestre allemand investit la place de la Concorde. Cette photo a été prise à la dérobée.

Charles de Gaulle ne représente pour l'heure qu'une initiative solitaire, militaire et non politique. Philippe Pétain est encore un père protégeant ses enfants contre l'Allemagne. Enfin, le parti communiste, qui aurait pu représenter l'axe stable d'une boussole affolée, s'est disqualifié en soutenant le pacte germano-soviétique conclu en 1939. Maurice Tréand, responsable communiste revenu en France en juin 1940, s'efforce d'obtenir l'autorisation de faire paraître légalement *L'Humanité* dans une capitale ornée d'amples drapeaux à croix gammée. Sa mystique internationaliste l'incite à considérer les ressorts « ploutocrates » de cette guerre qui ne saurait concerner les masses. Les militants sont désemparés.

Pour expliquer la catastrophe militaire, politique et morale, les thèses du complot – juif, franc-maçon ou capitaliste – prolifèrent. Pétain livre ses oracles : l'esprit de jouissance l'a emporté sur l'esprit de sacrifice… Le châtiment, mérité, a frappé les pécheurs : deux millions de prisonniers de guerre et, bientôt, la pénurie.

Le sacrifice, pourtant, a bel et bien été consommé : chaque famille française pleure encore ses morts de la Grande Guerre (celle qui devait être la « der des ders »), supporte la vue et les souffrances des mutilés, de ses hommes restés mutiques, enfermés dans le souvenir silencieux de l'horreur. La haine du Boche est solidement enracinée. La fameuse poignée de main de Montoire entre Pétain et Hitler révulse le pays, qui commence à découvrir le rationnement.

Dans la courte période de juin à octobre 1940 surgissent pourtant ceux qu'on appellera les premiers résistants, qui, à Paris, vont jeter les bases des mouvements et des réseaux. L'anonymat de la grande ville, de ses lieux publics où s'ouvrent, dès septembre, les centres de démobilisation et les services d'information sur les prisonniers de guerre, l'importance de ses moyens de transport (le bus, mais surtout le métro) permettent des rencontres discrètes. Elles réunissent fréquemment des anciens combattants et des officiers démobilisés qui renouent avec les habitudes sociales d'avant-guerre.

Dès le mois d'août 1940 apparaît la première organisation structurée de résistance. Autour de Boris Vildé, chercheur au musée de l'Homme, c'est bien un mouvement

△ Charles de Gaulle, fin 1940.

qui se crée, alliant actions de propagande (avec le journal *Résistance*, publié en décembre), recherche de renseignements, évacuation des prisonniers ou de pilotes alliés… Le groupe dit du Trocadéro (connu, après guerre, sous le nom de goupe du musée de l'Homme) veut fédérer les initiatives diverses de la ferveur patriotique ou républicaine. Dans les rangs des premiers résistants, être pétainiste n'est pas une trahison, et s'affirmer gaulliste reste une marque d'originalité. S'y côtoient jeunes et vieux, royalistes et républicains… qui croient en la victoire sur l'envahisseur allemand, que seuls les plus avertis qualifient alors de nazi.

Décimé à partir du printemps de 1941, le groupe du musée de l'Homme demeure remarquable par la fulgurance de sa constitution et exemplaire des mouvements qui, au début 1941, tels Libération-Nord ou Défense de la France (et Combat en zone sud) commencent à s'organiser autour de leurs journaux respectifs.

En août 1940 également s'établit le premier réseau de renseignements, Saint-Jacques. Son chef, Maurice Duclos, en installe la centrale au 8, place Vendôme, au cœur du Paris occupé. Officiellement mandaté par le 2e Bureau de la France libre à Londres (dénommé ensuite BCRA et dirigé tout au long de la guerre par le colonel *Passy*) pour créer un service de renseignements, Duclos arrive à Paris auréolé du prestige de son investiture… et du contact radio. « Avoir le contact » demeurera jusqu'en 1942 le sésame dont on rêve en écoutant les premiers « messages personnels », charades à la Prévert avant l'heure. Ancien de la Cagoule, connaisseur de la chose militaire, Duclos, dit *Saint-Jacques*, a ses relais à Vichy. Recrutant surtout parmi les anciens combattants (tel le colonel Vérines, chef d'escadron à la caserne de la Garde républicaine, place de la République) et les officiers de l'armée d'armistice, Saint-Jacques s'organise en sous-réseaux disposant d'antennes en Normandie, objet de toutes les inquiétudes de Churchill.

Ainsi, tandis que se déchaîne l'anglophobie d'une presse collaborationniste, « ceux de 40 » optent pour la victoire… dont la perspective reste très incertaine. Mais agir sans attendre est une exigence morale et politique où la lucidité se dispute à l'illusion. Le « vent mauvais » dénoncé par

▽ Le numéro 5 de *Pantagruel*, janvier 1941.

△ Charles de Gaulle remet la croix de la libération à Brossolette, Duclos, Dewavin, Fourcaud, Bissagnet, Pleven (de gauche à droite), à Ribbersford en Angletterre, le 27 mai 1943.

Pétain se lève en août 1941. La presse clandestine, un temps adepte de la théorie du bouclier Pétain et de l'épée de Gaulle, commence à douter des intentions du Maréchal. La persécution des Juifs – port obligatoire de l'étoile jaune en zone nord et rafle du Vel' d'Hiv' en 1942 – marque profondément les esprits. Le pays, spontanément opposé aux Boches, devient largement favorable à la Résistance naissante. La Relève, puis le STO, en février 1943, la création de la Milice mais aussi l'évolution du cours de la guerre à partir de juin 1941, avec l'attaque de l'URSS par le Reich, l'entrée dans le conflit des États-Unis (décembre 1941), le débarquement en Afrique du Nord (novembre 1942), l'invasion de la zone sud… contribuent à apporter à la Résistance les indispensables soutiens dont elle a besoin.

Au début 1942, les prémisses d'une unité nationale, d'une communauté d'esprit se font jour. La sidération de 1940-1941 est passée. Restent la dureté des temps, les otages fusillés, dont les exécutions sont annoncées sur de vastes affiches rougeâtres placardées sur les murs de Paris. L'audience de la BBC s'étend, la « campagne des V » de la victoire, en 1941, demandée par de Gaulle, est un succès. À Londres, le BCRA s'étoffe en dépit de la rareté des subsides que de Gaulle parvient à arracher à Churchill ; la France libre existe maintenant comme entité politique aux yeux des Alliés.

L'heure de la Résistance a sonné. Le colonel *Rémy*, Gilbert Renault de son vrai nom, est le grand patron du SR Confrérie Notre-Dame. Issu de l'extrême droite, royaliste, c'est un dilettante de l'espionnage, un amateur touche-à-tout et génial. L'Intelligence Service le classe parmi les plus grands agents secrets. À l'instar de Maurice Duclos, il s'est précipité à Londres dès juin 1940. Son héroïque et fabuleuse aventure repose sur une idée aussi simple qu'efficace : les agents de son réseau seront des anonymes, des « soutiers de la gloire », comme disait Pierre Brossolette, postés dans leurs fermes, leurs bureaux, leurs services… Au début de 1942, *Rémy* organise le départ à Londres de Christian Pineau, le chef de Libération-Nord, et de Pierre Brossolette.

Au même moment, l'ancien préfet Jean Moulin, mandaté par de Gaulle, est parachuté en zone libre pour la mission Rex : fédérer les mouvements de la zone sud autour de la France libre et de son héraut. Les premiers patrons de la résistance intérieure ont une expérience concrète des réalités clandestines comme des besoins de la zone nord (ils côtoient quotidiennement l'ennemi) quand ils rencontrent le général de Gaulle. De l'entrevue avec le chef de Libération-Nord, ancien syndicaliste et socialiste, date la clarification du rôle

politique du chef de la France libre. Mais celui-ci peut-il être considéré comme le dépositaire exclusif de la légitimité nationale ? La question gouvernera pour une large part l'histoire politique de la Résistance… surtout quand le parti communiste et ses FTP y feront irruption.

Car les communistes rejoignent le mouvement en 1942, par l'entremise du colonel *Rémy*, toujours lui. Les premiers entretiens avec *Georges*, le délégué du parti, se déroulent au printemps lors de rendez-vous ambulants dans les vastes allées de l'avenue Foch… où siège la Gestapo ! En franc-tireur de la Résistance, l'inlassable *Rémy* – que *Georges* veut croire mandaté par de Gaulle – conseille un voyage à Londres afin que soit scellée l'alliance entre le PCF et le chef de la France libre. La chose se fait, à la grande fureur de *Passy* et de Brossolette.

À la fin 1942, la zone sud est envahie, mais les armées du Reich perdent la bataille de Stalingrad ; on comprend que cette défaite en appellera d'autres. Les résistants deviennent « la » Résistance. Mais 1943 sera l'année terrible. En juin, le chef de l'armée secrète, le général Delestraint, puis le délégué général et président du Conseil natio-

◁ Départ au STO depuis la Gare de l'Est, 1943.

nal de la Résistance, Jean Moulin, sont arrêtés. Les deux drames en représentent des milliers (on estime à cette date que 30 000 résistants ont été fusillés et 50 000 déportés depuis 1940). Les six derniers mois d'occupation, avant la libération de Paris, sont épouvantables. L'installation en mai 1942 du SS Karl Oberg à la tête de la Gestapo, la création en 1943 de la Milice, chargée du maintien de l'ordre dans les deux anciennes zones, réduit à six mois la durée moyenne de survie d'un opérateur radio ou d'un agent de liaison.

À Paris, l'acharnement policier des Brigades spéciales contre les « terroristes » communistes, vient à bout, en novembre 1943, du groupe Manouchian, sur lequel le parti a fait porter tout le poids de la guérilla urbaine. La trahison pure et simple est, depuis 1940, la première cause de la chute des réseaux et des mouvements (tous ont eu leurs traîtres : Albert Gaveau pour le musée de l'Homme, John Mulleman pour Saint-Jacques, *Capri* puis *Tilden* pour la CND…). S'y ajoutent les effets de la torture, que des gestapistes français, tels *Masuy*, avenue Henri-Martin, ou Bonny et *Lafont*, rue Lauriston, pratiquent avec art…

L'imprudence, la rareté des hommes comme des moyens, la lenteur des transmissions, la précarité générale… menacent sans cesse un cloisonnement insuffisant. Seul le parti communiste, qui, fin 1941, a frôlé la disparition faute de militants, déjà presque tous arrêtés et fusillés, met en place des règles de sécurité draconiennes. Dans ce contexte où périls et hasards se juxtaposent sans cesse, où tout est lent, incertain, suspendu au silence héroïque de celui qui est arrêté (consigne est donnée de tenir deux jours en cas de torture), où les caractères sont éprouvés…

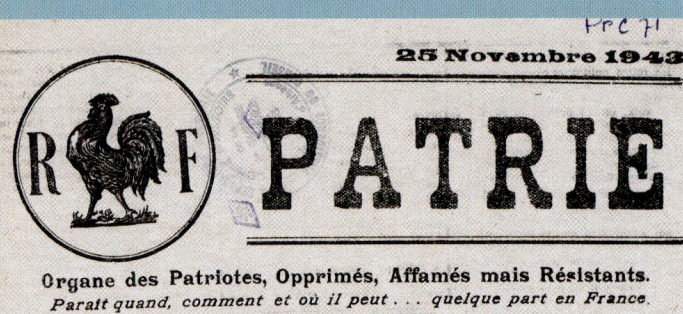

△ *Patrie*, 25 novembre 1943.

il est difficile de réaliser l'union politique. La réunion fondatrice du CNR, le 27 mai 1943, au 48, rue du Four, fait l'objet de peu d'échos dans la presse clandestine. Elle compte surtout pour le général de Gaulle, qui prend là un avantage décisif sur son rival le général Giraud aux yeux des Américains.

En France, on se préoccupe surtout des enjeux militaires. Les tenants de l'attente d'un débarquement allié s'opposent à ceux (majoritairement communistes) de l'action immédiate. La naissance des maquis, où se réfugient des milliers de réfractaires au STO, pose un problème imprévu mais réconcilie les deux tendances. Pour se battre, il faut des armes… et il n'y en a pour ainsi dire pas. Mais les Alliés sont peu enclins à fournir en équipements militaires cette France étrange dont on redoute toujours les humeurs politiques. Quand la résistance intérieure tire à boulets rouges sur le BCRA du colonel *Passy* et l'accuse de tous les maux, elle est en réalité peu informée de l'ampleur de l'opposition américaine à de Gaulle. L'argent, les moyens manquent cruellement. Entre 1940 et 1942, il importait d'avoir le « contact » avec Londres ; de 1942 à 1944, il s'agit de trouver une bourse. Il est plus simple d'obtenir un poste de radio que des subventions.

Sur fond de pénurie, la cohabitation au sein du CNR des anciens partis politiques (rendus souvent responsables par les chefs de la Résistance de la débâcle de 1940) et des mouvements de résistance qui, à un an du débarquement restent sans armes ni subsides conséquents, n'est pas chose aisée. Les perspectives divergent. La disparition de Jean Moulin précipite la scission de cette représentation unique. À la Délégation générale, prise en main par Claude Bouchinet-*Serreulles*, puis par Alexandre Parodi, se juxtapose le CNR, dont le président, Georges Bidault, est élu par ses pairs et non plus nommé par de Gaulle, devenu chef, à Alger, du Comité français de libération nationale.

L'Armée secrète, éclatée par ailleurs dans son principe, se délite en divers organismes et comités de libération (Comac, CPL…) largement investis par le parti communiste. Des conflits surgissent avec l'Organisation de la résistance de l'armée, issue de l'armée d'armistice dissoute en 1942, qui veut avoir sa place dans le dispositif militaire. On lui concédera, à la veille du 6 juin 1944, un rôle de conseiller.

Le parti communiste et la puissante Organisation civile et militaire exigent leur indépendance et revendiquent une direction militaire. Chacun défend ses prérogatives, multipliant les contestations de prééminence ou de compétences. Tous, sur le terrain, se retrouvent cependant pour considérer comme une vue de l'esprit la sacro-sainte séparation voulue par de Gaulle entre « le politique » et « le militaire ». Et nombreux sont ceux qui se plaignent de l'incompréhension profonde des services de la France combattante vis-à-vis des réalités quotidiennes des résistants.

L'extrême précarité de l'engagement résistant demeure en effet sa première caractéristique. La grande histoire et les grands hommes n'ont existé qu'avec de petits moyens. Résister était courageux mais aussi compliqué. On a souvent moqué l'obsession du ravitaillement chez les Français, mais la question n'a rien d'anodin. Comment un célibataire peu fortuné et isolé pouvait-il avoir le temps matériel de résister quand il lui fallait attendre des heures face à des boutiques vides, endurer les mille tracas dus à la disparition des denrées et des produits les plus élémen-

▽ *La sixième colonne*, peinture anonyme. Une file d'attente devant une boulangerie dans Paris occupé.

△ Au mont Valérien, le chemin conduisant à la clairière où les résistants étaient fusillés.

taires ? Tout au plus, s'étant procuré du papier, pouvait-il recopier quelques tracts. Difficile pour lui d'être agent de liaison et de passer des heures à marcher ou à pédaler dans Paris. Pas plus simple d'être le patient et minutieux faussaire absorbé à la confection de papiers ou le saboteur entamant les réserves ennemies.

Seul l'hébergement clandestin de prisonniers évadés pouvait être envisagé par un solitaire, à condition de résoudre le problème des tickets de rationnement (instaurés dès l'automne 1940) pour nourrir son ou ses hôtes. Pour agir, il fallait se regrouper. La solidarité des Jeunesses communistes fit ainsi leur force… mais causa leur perte. Chacun vivant chez tout le monde, une seule arrestation pouvait être fatale au groupe ; à la fin 1941, c'en était fini du « bras armé » du parti. Recruter est donc d'abord une nécessité pour le volontaire, c'est ensuite une mission. Mais où et qui ?

Le hasard est roi, sollicité bien sûr par les fervents patriotes et les farouches anti-nazis. Quelques-uns font le lien, favorisent les rapprochements : Germaine Tillion, lumineuse, François Faure, Pierre Brossolette, le père Riquet… Échappant à l'arrestation ou arrêtés tardivement (en 1943 ou 1944), ils ont eu le temps d'asseoir leurs actions et de les diversifier. L'audace du colonel *Rémy* se double de l'extraordinaire sens de l'organisation d'un Henri Gorce (ni l'un ni l'autre ne seront arrêtés). L'héroïsme serein d'un Michel Debré devisant dans Paris des nominations préfectorales à prévoir lors de la libération du territoire doit composer avec la fougue d'un Pierre Arrighi… qui se fera arrêter.

Véritable toile de Pénélope, la résistance française est un miracle continu d'inventivité, de ténacité, de courage simple et insensé. Si elle fait notre admiration, c'est parce que tout lui fut compté, hommes, armes, argent. Les passions françaises la traversèrent, la divisèrent. Mais pouvait-il en être autrement ?

Les images spectaculaires (évasions, dérail-

△ La clairière du mont Valérien.

lements, actions armées…) popularisées par le cinéma ne peuvent faire oublier une réalité quotidienne moins haute en couleurs, n'était le risque de mourir à chaque instant. Mesure-t-on exactement l'abnégation qu'implique une action le plus souvent solitaire et sans éclat? Engagement volontaire et camaraderie sont les maîtres mots de la Résistance. Les ressorts en sont une éducation politique, morale ou religieuse, le respect de la parole donnée, l'amour de la patrie et de son histoire, de la République, de la liberté… Les noms des premiers groupes le disent bien: Volontaires de la liberté, Vérité française, Vengeance libre patrie, Défense de la France, Valmy… Au-delà des divergences politiques, une communauté d'esprit se dégage. On retrouve les aspirations universalistes de la Révolution française, chez les communistes comme à droite.

Le lecteur, le promeneur peut-être, découvrira, arrondissement par arrondissement, quelques lieux de la résistance parisienne. Il ne s'agit pas ici de démêler l'histoire complexe des multiples groupes et réseaux ayant œuvré dans la capitale, ni même de tenir le greffe des actions concertées ou individuelles de ceux qui croyaient à la Victoire; il en manque beaucoup dans ces colonnes.

Nous avons surtout voulu nous rapprocher plus concrètement des résistants parisiens et évoquer leur quotidien tel qu'il se présentait à eux: où dormir, où se cacher, où trouver des camarades, ou tenir une réunion, où imprimer un tract ou un journal; comment le diffuser, comment établir un contact avec Londres…? L'énumération est-elle monotone? Peut-être. Mais la litanie des actions trouve un écho terrible dans celle des arrestations, des déportations, des exécutions: la Résistance est une longue répétition. Combien de ceux dont les noms sont cités ont-ils survécu à l'Occupation? Nous n'avons pas fini de méditer le tribut versé à la liberté par les résistants parisiens en raison de la simple idée, politique ou morale, qu'ils pouvaient se faire de la France.

1 PREMIER ARRONDISSEMENT

19, boulevard de Sébastopol, PC du « Franc-Tireur »
■ août 1943-août 1944

Georges Altman, rédacteur en chef du journal *Le Franc-Tireur*, et Albert Bayet, membre du comité directeur du mouvement éponyme, quittent Lyon au cours de l'été 1943 pour installer leurs bureaux à Paris. Le docteur Colle, membre de Défense de la France, a trouvé pour ses camarades de résistance un appartement du boulevard de Sébastopol, qu'il juge sûr. Madeleine Rimbaud rejoint à son tour la capitale. Elle assiste Antoine Avinin, secrétaire du mouvement depuis décembre 1942, qui continue d'en diriger les activités tandis qu'Eugène *Claudius*-Petit et Élie Péju se consacrent avec Georges

▷ Georges Altman, Antoine Avinin et Élie Péju.

Altman au journal. Le 19, boulevard de Sébastopol devient donc rapidement le PC parisien du mouvement fondé par Jean-Pierre Levy, très activement recherché par les polices allemande et française. Le lieu ne sera jamais découvert.

Pour l'heure, en ce début d'automne 1943, le débat est vif entre les tenants de l'action militaire et ceux de l'action politique, alors que tous pensent imminent le débarquement allié. Jean-Pierre Levy tranche : la propagande, qui anticipe l'action militaire en préparant les esprits et en permettant de recruter des volontaires, demeure prioritaire. L'effort de fabrication et de diffusion des tracts et journaux redouble.

4, place du Louvre, centrale paramilitaire de Résistance
■ janvier-novembre 1943

Pour Marc Ogé, officier de réserve, constituer en ce début 1943 une branche armée du mouvement Résistance s'impose comme une évidence autant qu'une nécessité. Les ardeurs ne manquent pas parmi les nombreux diffuseurs du journal du mouvement ; on brûle d'agir et de se battre ! Il faut former ces patriotes.

L'instauration du STO en février précipite les premiers réfractaires vers la clandestinité et les maquis. Il n'est décidément plus possible de différer la mise en perspective militaire de Résistance. Jacques Destrée, fondateur du mouvement, en met en place le cadre avec l'organisation d'un état-major paramilitaire. Ogé, très introduit en province, prend la direction de cette nouvelle branche pour tout le territoire (zone nord) hormis Paris, confié à Fayard. Un aviateur, Le Gall, est nommé responsable des opérations aériennes et des parachutages d'armes. *Raoul* est son agent de liaison.

Chaque samedi, au 4, place du Louvre, on fait le point sur l'action des groupes de province. En dépit des efforts déployés, les parachutages demeurent bien rares. L'un d'eux, le 23 août, est annoncé au château de L'Ouye, à proximité de Dourdan. « Le vent vêtu de noir s'évanouit à l'aube… » Ce message personnel lancé par la BBC en a averti Valton, responsable de l'opération. L'équipe de réception est dépêchée sur le terrain de L'Ouye dès 21 heures et patiente longtemps dans l'anxiété et le froid. L'avion se fait enfin entendre à 4 heures du matin. Les parachutes descendent doucement. À 4 h 30, mission accomplie, la petite troupe regagne Dourdan.

Qui se doute alors que *Raoul* est un agent allemand s'apprêtant à livrer le réseau ? Au lendemain de l'opération, Valton est arrêté. Ogé reste à son poste. Mais la trahison poursuit son œuvre : fin 1943, Jacques Destrée, Fayard et Le Gall tombent à leur tour. L'étau se resserre ; Ogé se réfugie dans un maquis de l'Yonne.

→ 137, avenue du Général-Michel-Bizot, 12ᵉ

24, rue Montmartre, dépôt d'armes FTP ■ 1942

Cantonnier de la ville de Paris, Maurice Robinet, qui a rejoint les FTP au printemps 1942, constitue le premier groupe de partisans parmi les employés municipaux.

Affectés au service du nettoyage, ceux-ci récupèrent dans les caniveaux, dans les poubelles ou dans les bosquets les armes jetées par les Parisiens qui, comme tous les Français, se sont vu signifier l'interdiction d'en posséder. Une armurerie clandestine se constitue ainsi, camouflée dans un local du 24, rue Montmartre.

Maurice Robinet, arrêté en octobre, meurt des suites d'une tentative de suicide au poste de police de la Plaine-Saint-Denis.

△ Chanteurs de rue au Palais-Royal. En 1943, ils sont interdits, la Gestapo les suspectant de communiquer secrètement avec la Résistance.

4, rue du Bouloi, centrale réseau de renseignements ■ jusqu'en 1944

Pierre Chaix, directeur des imprimeries Pave-Dupont, rue du Bouloi, se garde bien d'ouvrir ses ateliers à la presse clandestine : il patronne à Paris un réseau de renseignements franco-anglais dont les ramifications courent jusqu'en Normandie. Il souhaite que son activité professionnelle reste une simple couverture.

Le poste émetteur est installé juste au-dessus de son bureau. Au quatrième sous-sol, sous les égouts, archives et courrier à transmettre sont dissimulés dans une pièce. La cache ne sera jamais découverte, malgré une chaude alerte au printemps 1944. Au sortir d'une réunion durant laquelle chefs parisiens et provinciaux ont discuté de l'établissement d'une antenne de transmission à Amiens, les participants décident – contre l'avis de Pierre Chaix – d'aller boire un verre au bistrot voisin. Tous sont arrêtés rue du Bouloi. L'agent de liaison du directeur est tombé, lui aussi, mais garde son sang-froid et le silence. La perquisition de son domicile ne donne rien : les policiers n'ont, heureusement, pas eu l'idée de soulever le tablier de la cheminée.

Pierre Chaix se rend dès le lendemain rue des Saussaies réclamer la libération de son employé. Interrogé huit heures durant, il parvient à égarer les hommes du SD. Faute de preuves, l'agent de liaison est libéré trois semaines plus tard. L'imprimerie Dupont n'est pas perquisitionnée ; aucun des résistants arrêtés n'a parlé.

9, rue de Beaujolais, actions résistantes de Suzanne Spaak ■ 1940-1944

Suzanne Spaak, membre actif du Mouvement national contre le racisme, s'emploie en particulier à la protection des enfants juifs. Son domicile, rue de Beaujolais, devient dès le début de 1941 une plaque tournante de tous les groupes patriotes sensibilisés aux périls qui menacent la com-

◁ Suzanne Spaak.

rue Saint-Honoré, fait office de PC ; l'action est fermement soutenue par le pasteur André-Numa Bertrand. Le 7 juin 1942, ce dernier dénonce d'ailleurs dans son prêche l'obligation faite aux enfants de porter l'étoile jaune à partir de 6 ans et rappelle l'obligation chrétienne de souffrir avec ceux qui souffrent et de se ranger à leurs côtés. L'éloignement des enfants s'intensifie en 1943. Mais Maurice Girardot, un diacre de la paroisse, tombe dans une souricière en se rendant chez Suzanne Spaak, cheville ouvrière de l'organisation. Il est arrêté en 1944 et sera libéré trois mois plus tard, à l'heure de la délivrance.

➜ 9, rue de Beaujolais, 1ᵉʳ ➜ 60, rue Greneta, 2ᵉ

munauté juive. Suzanne, en liaison avec le comité de la rue Amelot comme avec le centre social protestant La Clairière, recense les enfants les plus exposés et prend contact avec les services d'entraide clandestins (faux papiers, planques…).

Au début de février 1943, les jeunes pensionnaires des foyers de l'UGIF sont particulièrement menacés. La Résistance en informe le pasteur Vergara, directeur de La Clairière. Avec Suzanne Spaak, ils échafaudent la spectaculaire évasion de soixante-trois enfants. Suzanne Spaak est arrêtée à son domicile du Palais-Royal quelques mois plus tard et fusillée peu de temps avant la libération de Paris.

➜ 145, rue Saint-Honoré, 1ᵉʳ ➜ 60, rue Greneta, 2ᵉ

145, rue Saint-Honoré, sauvetage d'enfants juifs ■ à partir de 1941

Dès les premières rafles de Juifs, en 1941, Lucie Chevalley, Maurice Nosley et Odette Bechard organisent des sauvetages d'enfants. Le temple de l'Oratoire-du-Louvre,

Musée du Louvre, actions résistantes ■ 1940-1944

En juin 1940, alors que l'exode entraîne avec lui la plupart des responsables parisiens (le gouvernement a quitté la ville le 11), Jacques Jaujard, directeur des Musées nationaux, reste à son poste. Aidé de Jean Cassou et de Christiane Desroches-Noblecourt, il organise les ultimes expéditions d'œuvres au sud de la Loire pour les soustraire à la destruction ou au pillage. Le 14, Paris est occupé.

La convention de La Haye en matière d'œuvres d'art est un bien fragile rempart pour le directeur des Musées nationaux, qui se retrouve vite seul et désarmé face aux convoitises des nazis. Le Louvre devient une zone interdite aux Parisiens ; Jacques Jaujard y conserve cependant son bureau, porte des Lions. L'entreprise hitlérienne de spoliation veut rester discrète. Des salles sont réquisitionnées pour qu'y soient consignés les biens culturels et artistiques des familles juives. Ces trois salles, dites du Séquestre, se révèlent bientôt insuffisantes. Si Jacques Jaujard propose

alors les salles du musée du Jeu de Paume, c'est qu'il a pu s'accorder avec Rose Valland, attachée de conservation. Qui songerait que cette femme d'allure effacée entend répertorier clandestinement les richesses incomparables volées en premier lieu aux grands collectionneurs juifs ?
Dès le 30 octobre 1940 et les premiers dépôts, Rose Valland commence son recensement. De son côté, Jacques Jaujard ne reste pas inactif : le vaste bâtiment, dont il connaît chaque recoin, abrite depuis l'été les premiers tracts du Comité national de salut public, fondé par Boris Vildé, ethnologue au musée de l'Homme, puis son journal, *Résistance*. Jean Cassou, rédacteur en chef de la feuille clandestine, confie à son ami Jaujard les premiers courriers. Christiane Desroches-Noblecourt assure le secrétariat de cette antenne du groupe du Trocadéro au musée du Louvre, et photographie inlassablement tous les ordres et consignes venus de Vichy. Les renseignements sont classés avant d'être acheminés vers Londres via l'Espagne.
Par ailleurs, l'intrépide directeur des Musées nationaux cache les prisonniers évadés dans le dédale des réserves souterraines du musée, entre l'église Saint-Germain-l'Auxerrois et les Tuileries.
En 1942, c'est le très recherché colonel Touny, patron de l'Organisation civile et militaire, le plus grand mouvement de zone nord, qui hante les greniers déserts du musée interdit.

➜ Musée du Jeu de Paume, 1ᵉʳ

Place des Pyramides, manifestation de Valmy
■ 11 mai 1941

« Un seul ennemi, l'envahisseur ! » : telle est la devise du mouvement Valmy. Unissant toutes les références patriotiques, ses fondateurs, Paulin Bertrand et Raymond Burgard, ont lancé un appel à manifester devant la statue de Jeanne d'Arc, le 11 mai 1941.
Quelques centaines de Parisiens, dont beaucoup arborent une cocarde tricolore, se rendent place des Pyramides. Devant la libératrice d'Orléans, on chante *La Marseillaise* puis, rompant un barrage de police, on prend la rue de Rivoli, déserte, jusque vers l'hôtel Meurice, siège du commandant du *Gross Paris*. Une charge allemande, venue de la place de la Concorde, disperse la manifestation.

22, rue des Pyramides, réunions clandestines de Police et Patrie (Libération-Nord)
■ 1942-mars 1944

Henri Ribière, responsable en zone nord du Comité d'action socialiste, veut imprimer la spécificité politique du socialisme au cœur même de la vie résistante, là où se mêlent le risque et le péril. Infiltrer les

▷ Barrage allemand de contrôle, rue de Rivoli le 18 août 1944, une semaine avant la Libération. À gauche, l'hôtel Meurice, siège du gouvernement militaire.

▽ Place des Pyramides.

△ Sortie de la station Opéra. À droite, en haut des marches, un homme de la Gestapo guette sa proie...

instances de répression policière, saboter les filatures, prévenir les suspects, affirmer la présence du parti socialiste et anticiper les nécessités de la grève lors de la Libération sont considérés alors comme des tâches essentielles.

Au début de 1942, le réseau plus tard appelé Police et Patrie est fondé par des responsables de Libération-Nord et du CAS dans les bureaux du magasin Le Nouveau-Né, boîte aux lettres de Libération-Nord depuis un an déjà. Une double issue sur l'avenue de l'Opéra et le voisinage, au n° 10, du siège du Parti populaire français de Jacques Doriot garantissent une certaine sécurité.

En juillet, la prise en main par Roger Priou-Valjean, chef du SR Brutus, renforce la position du CAS au sein de la Résistance. À Paris, de nouveaux contacts doivent être recrutés dans les commissariats et se faire reconnaître des patriotes déjà agissants. Il s'agit de trouver des planques et de constituer des dépôts d'armes, de documents officiels pour la confection de faux papiers. Cependant, ces services civils peuvent se doubler d'une activité de renseignements, Police et Patrie et Brutus se renforçant l'un l'autre.

Difficile toutefois de concilier la discrétion absolue recommandée par le commissaire Straumann, de Police et Patrie, et l'affirmation militante… Le mardi de Pâques 1944, la Milice investit le magasin et y tend une souricière qui aboutit à l'arrestation de plusieurs militants.

16, rue de la Sourdière, actions résistantes, puis centrale de « Combat » ■ 1940-1944

Dès l'automne 1940, Maurice Leroy décide de faire paraître un journal clandestin. S'il se consacre à l'aspect technique de la fabrication (transport des plombs, imprimeries…), son camarade Pierre Rimbert en fixe la ligne éditoriale. Au 1er janvier 1941, le premier numéro sort des presses sous le nom de *Notre Révolution* (le journal changera souvent de titre pour égarer les recherches ennemies). Les deux résistants entendent assurer une parution mensuelle pour fidéliser un lectorat. Le tirage passe de deux cents exemplaires en janvier à deux mille au printemps. Au 16, rue de la Sourdière, le comité de rédaction s'élargit, au début de 1942, à l'avocat Fourrier et au médecin Boutbien. Requis pour travailler en Allemagne en janvier 1943, Maurice Leroy songe aussitôt à s'engager dans une résistance plus orientée vers l'action. Il est mis en relation avec Jacqueline Bernard, responsable à Paris du secrétariat de *Combat*.

→ 15, rue Beauregard, 2ᵉ

8, place Vendôme, centrale de Saint-Jacques (BCRA)
■ août 1940-8 août 1941

Maurice Duclos, un des premiers Français à avoir rejoint de Gaulle à Londres, est chargé par celui-ci d'organiser un SR en territoire occupé. À la mi-août 1940, Duclos, dit *Saint-Jacques*, est à Paris. Au siège de sa société « Fils et petit-fils de Maurice Duclos, courtiers assermentés du tribunal de commerce de la Seine », place Vendôme, il sait pouvoir compter sur André Visseaux et Lucien Feltesse. Ces deux employés sont accablés par l'horrible défaite, révulsés par l'Occupation et ne songent qu'à agir. Or leur patron leur propose non seulement de constituer un réseau, mais encore d'assurer un contact réel et direct avec les services de De Gaulle! Enthousiastes, Lucien et André se mettent en quête de nouvelles recrues parmi leurs amis, presque tous héroïques anciens combattants de la Grande Guerre. De son côté, Maurice entraîne à sa suite Charles Deguy et un chef d'escadron à la caserne de la République, Jean Vérines ; ces deux cadres vont donner au réseau son assise métropolitaine.

En septembre, le réseau Saint-Jacques est opérationnel. Duclos rejoint Londres pour en revenir, début 1941, avec un poste de transmission et un opérateur, John Mulleman. Mais il est arrêté en Dordogne tandis que le technicien s'égare avec le poste.

▷ Maurice Duclos.

▽ 8, place Vendôme.

◁ L'hôtel Ritz, sous l'Occupation.

À Paris, c'est la consternation, car le réseau fonctionne magnifiquement. Grâce à Lucien Feltesse, des antennes sont établies en zone interdite et, jusqu'en Belgique, des sous-réseaux (Deguy, Feltesse, Vérines…) glanent des renseignements de qualité, analysés par des professionnels. Cette patiente construction est-elle appelée à s'effondrer ?
Le 13 mars 1941, Duclos s'évade. Par un hasard peu commun, il rencontre dans la région de Pau les fondateurs d'un autre SR (le futur Alliance). Ceux-ci logent chez le baron de La Bardonnie, ami d'un certain Gilbert Renault (futur colonel *Rémy*), hébergé lui aussi et initiateur d'un réseau ! Deux postes, Roméo et Cyrano, servent aux émissions de chacun. Cependant, Maurice Duclos s'inquiète : que deviennent les équipes parisiennes de Saint-Jacques ? En avril, il rejoint la capitale en compagnie de Mulleman – dont il a retrouvé la piste – et avec un poste en état de fonctionnement. L'activité est intense. Le jeune Roger Pironneau assure les liaisons avec un PC provincial établi à Saumur. Les premières transmissions (au troisième étage, dans un local donnant sur la cour) s'effectuent à deux pas de l'hôtel Ritz, rendez-vous mondain du Tout-Paris allemand. Mulleman émet également depuis le Vésinet, chez la sœur de Maurice Duclos, qui l'héberge.
Au printemps 1941, le réseau atteint son plus haut niveau d'activité. Les patriotes de Saint-Jacques croient fermement en la victoire. Mais le 8 août, c'est la catastrophe : Lucien Feltesse est arrêté par la Gestapo place Vendôme. Le résistant ne se départ pas de son sang-froid et parvient à dissimuler les plans de défense côtière de l'organisation Todt. Les arrestations se poursuivent cependant à l'automne, décimant le réseau.

→ 6, rue Lammenais, 8ᵉ → 20, rue Vignon, 9ᵉ
→ Place de la République, 11ᵉ

5, rue Rouget-de-Lisle, siège de « Pantagruel »
■ octobre 1940-octobre 1941

Ancien engagé de la Grande Guerre, Alsacien farouchement patriote, mais également homme de culture et grand amateur de la littérature allemande des Lumières,

◁ L'éditeur de musique Raymond Deiss.

▷ Plaque honorant la mémoire de ce résistant de la première heure.

△ Le premier numéro de *Pantagruel*, octobre 1940.

l'éditeur de musique Raymond Deiss se lance dès l'automne 1940 dans la réalisation d'une publication opposée à l'armistice, *Pantagruel*. Sa librairie de la rue Rouget-de-Lisle en devient le siège clandestin. Seize numéros sortiront, tirés à dix mille exemplaires. L'éditeur a pu s'assurer du concours des imprimeurs résistants René et Robert Blanc, rue Saint-Maur. L'Armée des Volontaires, groupe créé en 1940 par le commandant L'Hopital, en assure la diffusion.

Cependant, en 1941, une vaste opération de répression, baptisée Porto, menée par l'Abwehr, a pour conséquences l'arrestation de Raymond Deiss et la disparition de *Pantagruel*. L'éditeur sera décapité à la hache à Cologne, le 24 août 1943.

➜ 130, rue Saint-Maur, 11ᵉ

Musée du Jeu de Paume, actions résistantes de Rose Valland
■ octobre 1940-août 1944

Les services allemands chargés de piller les œuvres d'art des pays occupés (et de France tout particulièrement) sont convenus avec Jacques Jaujard, directeur des Musées nationaux, d'entreposer au Jeu de Paume les toiles de maîtres et autres trésors dérobés aux collections privées. La fonctionnaire Rose Valland doit en établir la liste. En réalité, Jaujard, qui appartient au groupe des patriotes du musée de l'Homme sait sa subordonnée totalement acquise à l'esprit de résistance. Dès l'arrivée des premiers objets – au Jeu de Paume d'abord – Rose, consciencieuse, discrète, note la provenance des collections, dont la majorité ont été dérobées à des familles juives. Leur destination ? Le Führermuseum, le gigantesque musée dont Goering a le projet à Linz.

Seule (ses trois assistants ont été renvoyés), Rose Valland, qui parle allemand, note les informations intéressantes lors de conversations téléphoniques et les transmet à Jacques Jaujard deux fois par semaine par son agent de liaison personnel, Jeanine Bouchot-Saupique. Rose est pourtant soupçonnée. Quatre fois renvoyée, quatre fois revenue, opiniâtre, habile et décidée à prendre tous les risques. Elle ne peut cependant empêcher la destruction, le 29 juillet 1943, de quelque six cents tableaux sortis des salles de séquestre du Louvre, lacérés et brûlés sur la terrasse des Tuileries.

En août 1944, un dernier convoi d'œuvres part pour le Reich. Résistance-Fer parvient à immobiliser le train en gare d'Aulnay-sous-Bois. Menacée pendant quatre ans, Rose Valland connaît enfin la Libération.

➜ Musée du Louvre, 1ᵉʳ

DEUXIÈME ARRONDISSEMENT

60, rue Greneta, sauvetage d'enfants juifs (Cimade)
■ 1941-1943

Le pasteur Paul Vergara, directeur du centre social La Clairière, se préoccupe dès 1941 de mettre à l'abri les enfants juifs dont les familles sont nombreuses dans ce quartier. Au 60, rue Greneta, une véritable organisation de sauvetage dirigée par Suzanne Spaak s'élabore. Le temple de l'Oratoire-du-Louvre ne manque pas d'apporter son secours en appelant à la rescousse des paroissiens « hébergeants ».

▷ Le pasteur Paul Vergara.

◁ Marcelle Guillemot.

Au début de février 1943, Suzanne Spaak alerte le pasteur Vergara : soixante-trois enfants des foyers de la rue Guy-Patin et de la rue Lamarck sont à évacuer de toute urgence. Les deux résistants conviennent d'un plan : extraits de leur pensionnat pour une promenade, les enfants resteront rue Greneta le soir (on prétextera, pour le voisinage, l'accueil de réfugiés victimes des bombardements). Ils seront alors transférés vers des lieux d'hébergement clandestins pour y rester cachés jusqu'à la fin de la guerre.

L'opération est prévue pour le 16 février. Le 12, lors de son prêche dominical, le pasteur demande des volontaires pour promener soixante-trois enfants le jeudi 16 dans l'après-midi. Vingt-cinq femmes se désignent ; quinze autres se font connaître dans la semaine, pour la plupart juives et issues des rangs de la MOI. Le jour dit, chaque accompagnateur reçoit la consigne formelle de ramener les enfants rue Greneta.

Au soir du jeudi 16, les soixante-trois enfants juifs, âgés de 3 à 8 ans, passent la nuit dans un campement improvisé dans le grand hall du patronage. Des colis de la Croix-Rouge ont pourvu au ravitaillement. Le lendemain matin, l'équipe de Paul Vergara s'active à établir les faux papiers. Par petits groupes, l'évacuation commence. Des Éclaireuses de France accompagnent les enfants jusqu'à leur nouveau foyer, qui en banlieue, qui en province ; beaucoup sont envoyés en Normandie.

Pendant ce temps, on fait disparaître à La Clairière toute trace des « réfugiés ». Deux mois après cette opération sensationnelle, le pasteur Vergara est à nouveau sollicité, pour aider la Résistance cette fois-ci, dont les combattants sont toujours à la recherche de planques, de dépôts et autres boîtes aux lettres. Hugues Limonti, paroissien de la rue Greneta, appartient au secrétariat de la Délégation générale. Le Conseil national de la Résistance, en passe de devenir officiel, a besoin d'un lieu sûr à Paris pour ses réunions et son courrier. Paul Vergara donne bien évidemment son accord : La Clairière se met à l'entière disposition de Jean Moulin et de ses services. En échange, faux papiers et ravitaillement seront abondamment fournis pour l'œuvre exemplaire du pasteur. Mais trois mois plus tard, Hugues Limonti est arrêté. Le 24 juillet, la Gestapo fait une descente rue Greneta. Marcelle Guillemot, assistante sociale des pourchassés, se pensant perdue, veut se livrer… et se ravise soudain. Enjambant une fenêtre, elle parvient jusqu'au hall de l'immeuble voisin, au 58, et s'enfuit. Elle plonge alors dans la clandestinité complète. Le pasteur Vergara, averti à temps, échappe lui aussi à l'arrestation.

→ 9, rue de Beaujolais, 1er   → 145, rue Saint-Honoré, 1er

34, rue Dussoubs, composition clandestine de « Résistance »
■ 1940-1944

Dès l'automne 1940, le photograveur Heinrich fournit l'imprimeur Deva en cachets et tampons pour la confection de faux papiers. De même pour un autre collègue patriote, Heulard, chargé de l'impression de *Libération-Nord*.
En 1943, c'est au tour du fondateur de *Résistance*, Marcel Renet (*Jacques Destrée*), de confier la composition de son journal à M. Heinrich.
Cette même année, la confection de faux papiers augmente considérablement.

→ 6, rue Monsieur-le-Prince, 6e

100, rue Réaumur, impression clandestine de « Libertés »
■ printemps 1944

Le journal fondé par Maurice Leroy trouve difficilement des imprimeurs. Au premier semestre 1944, la répression fait rage. Or, Leroy est familier des bureaux du *Pariser Zeitung*, au 100, rue Réaumur, pour y aller

△ En 1942, l'imprimerie du journal collaborateur *Le Cri du peuple*, dont les rotatives seront également utilisées pour produire quelques journaux clandestins.

▷ *Le Populaire*, organe du parti socialiste, 15 avril 1943. À la une, un long article évoquant la détention et la solidarité des résistantes détenues à Fresnes : « Un étrange concours de circonstance a permis à l'auteur de ces lignes de s'infiltrer parmi les détenues de Fresnes et de participer à leur existence », précise la journaliste clandestine.

chercher des plombs tout à fait légalement. Il décide d'imprimer dans l'atelier même du quotidien allemand son journal clandestin, *Libertés*.
Leroy et un autre résistant du groupe, Schortgen, passant par l'escalier de service, apportent leurs paquets et utilisent sans vergogne les rotatives à partir du mois d'avril. En juin, alors que les Alliés ont enfin débarqué, la petite équipe met les bouchées doubles.
Surpris en plein travail par les Allemands, Schortgen et Leroy ne doivent leur salut qu'à la fuite, abandonnant l'ouvrage sur le métier… Décidément abonné aux lieux investis par l'ennemi, *Libertés* sortira des presses de *La France socialiste*, organe du RNP.

40, rue du Caire, imprimerie clandestine de « Socialisme et Liberté » (CAS) et du « Populaire »
■ décembre 1941-juin 1943

Depuis 1941, M. Ménard assure l'impression clandestine de *Libération-Nord* et de *Socialisme et Liberté*, organe du Comité d'action socialiste en zone nord. À la fin de l'hiver 1943 s'y ajoute *Le Populaire*, organe de la SFIO d'avant guerre, issu d'un parti refondé dans la clandestinité. Le CAS entend donner au socialisme sa pleine dimension. La diffusion nationale du *Populaire* doit affirmer ses perspectives politiques. Des milliers d'exemplaires sortent des ateliers de l'imprimerie Ménard. En juin 1943 y est publiée une lettre de Léon Blum au président Roosevelt, où l'illustre figure du Front populaire fait part de son entier soutien au général de Gaulle ainsi qu'au Comité français de libération nationale d'Alger.

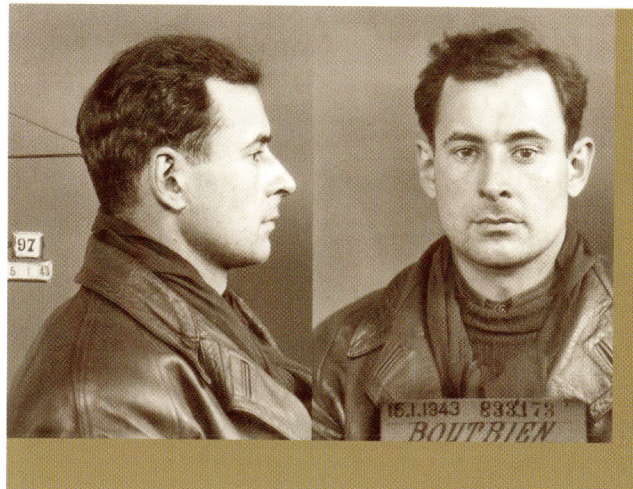

△ Léon Boutbien.

15, rue Beauregard, domicile de Pierre Rimbert ■ 1941

Linotypiste au *Petit Parisien*, Pierre Rimbert est au chômage en juin 1940 alors que son journal s'est replié en zone sud. Cependant, l'ouvrier entend « faire quelque chose » contre l'occupant et contre l'armistice. Inscrit au parti socialiste, il veut créer un groupe de refus dont il a écrit une déclaration de principe. Par l'intermédiaire de Maurice Leroy, il s'associe au docteur Léon Boutbien et à l'avocat Marcel Fourrier, eux-mêmes en quête d'action. Les trois hommes décident de publier une feuille clandestine, *Libertés*, imprimée rue d'Athènes (9ᵉ).

Si les conversations vont bon train entre les patriotes au 15, rue Beauregard, domicile de Pierre, les règles de sécurité ne sont pas négligées. Quand, en 1941, la police française y perquisitionne, aucun exemplaire du journal clandestin n'est trouvé. Avec un aplomb formidable, Pierre Rimbert poursuit jusqu'à la Libération son activité résistante.

→ 16, rue de la Sourdière, 1ᵉʳ

DEUXIÈME ARRONDISSEMENT

1, boulevard Poissonnière, attentat PCF-FTP ■ octobre 1942

Un soir d'octobre 1942, Focardi, dit *Cerbère*, chef du groupe Valmy, corps franc de l'Organisation spéciale créée par le parti communiste, erre sur les Grands Boulevards. Il est soudain noyé dans une foule de soldats de la Wehrmacht, officiers et sous-officiers, courant vers le cinéma Rex transformé en *Soldatenkino*. Sur le boulevard Poissonnière, la façade est monumentale. Une idée d'action jaillit dans l'esprit du FTP : si une attaque à l'intérieur du cinéma présente trop de risques, il est plus envisageable de placer une bombe à l'extérieur, tout contre le kiosque à journaux…

△ Le Rex pendant l'Occupation. On distingue, entre les arbres, le kiosque à journaux ainsi que la barrière en bois à l'entrée.

Rien de facile cependant : une barrière en bois isole l'entrée du cinéma de la foule des promeneurs et les polices allemande et française surveillent sans cesse le quartier. Mais l'action est décidée. Une première tentative échoue : les Allemands sortent cinq minutes plus tôt que prévu et la bombe à retardement doit être désamorcée. Le second essai est le bon, comme le confirme une énorme explosion. Les FTP Wadel et Rideau, Élise et *Cerbère*, sans attendre la déflagration de leur deuxième bombe, s'éloignent du boulevard. Ils estiment (à tort) avoir causé une centaine de morts dans les rangs allemands.

8, rue de la Banque, arrestation de Jacques Bidaut ■ 16 novembre 1943

Secrétaire général de la mairie du 2ᵉ arrondissement, Jacques Bidaut fournit abondamment les divers groupes de résistance en tickets de ravitaillement, documents officiels vierges, tampons et autres cachets. Il procure également des cartes d'identité aux réfractaires du STO, de plus en plus nombreux. Dénoncé à la Gestapo, il est arrêté le 16 novembre 1943 et meurt au camp de Neuengamme le 4 décembre 1944.

▷ Impression de cartes d'alimentation.

8, rue de la Michodière, arrestation de Pierre Marchal (DG) ■ 23 septembre 1943

Dans la perspective d'un débarquement, les Alliés veulent envoyer en France des délégués militaires régionaux chargés d'organiser les différents plans de sabotage (SNCF, PTT) prévus pour le jour J. L'Armée secrète s'étant délitée depuis la double arrestation du général Delestraint et de Jean Moulin, les mouvements de résistance étant par ailleurs très récalcitrants à une mainmise de la France combattante, le général de Gaulle voit dans l'envoi de ces délégués le moyen de coordonner les actions paramilitaires. Dix DMR sont attendus avant la fin de l'année 1943.

Le colonel Pierre Marchal, en qualité de délégué militaire national, est le premier à être envoyé en France. À son arrivée, le 14 septembre, il est aussitôt conduit à sa planque, une chambre meublée du 8, rue de la Michodière, louée par les soins de Jacqueline Péry d'Alincourt, responsable des hébergements pour la Délégation générale. Débordée par de multiples demandes, Jacqueline se résout à utiliser les services d'une agence immobilière, se porte caution et donne ainsi son adresse, rue de Grenelle.

Le 23 septembre à l'aube, la Gestapo arrête le colonel Marchal, qui avale aussitôt sa capsule de cyanure et meurt. La logeuse, intriguée des fréquentes absences de son locataire (le résistant ne dormait pas deux nuits de suite au même endroit), avait cru bon d'inspecter sa chambre et de fouiller les quelques affaires laissées là. Dans la doublure d'un veston, une note portait les noms de l'OCM, de Libération-Nord, du Front national… La digne citoyenne s'était donc fait un devoir d'alerter les autorités occupantes.

Marchal suicidé, la Gestapo enquête sur Jacqueline Péry d'Alincourt et retrouve bien facilement l'adresse de son domicile, 86, rue de Grenelle. Une souricière y est tendue, qui conduit à une cascade d'arrestations et à la découverte de la centrale de la Délégation générale, au 129, rue de la Pompe.

➜ 86, rue de Grenelle, 7ᵉ ➜ 129, rue de la Pompe, 16ᵉ

9, rue de la Michodière, boîte aux lettres F2 ■ 13 novembre 1941

Au n° 9, sous la porte 281, au quatrième étage, s'échangent des courriers du service de renseignements du réseau F2. Les agents ne se voient jamais ; seul un signal distinctif pour chacun d'eux permet à celui qui est dissimulé dans la pièce de remettre le pli destiné à son correspondant. Le procédé, simple, permet un cloisonnement efficace.

La boîte aux lettres de la rue de la Michodière est découverte le 13 novembre 1941 par les hommes de l'Abwehr, qui espèrent, avec le SD, qu'elle les mènera à *Armand*, le chef du réseau.

49, avenue de l'Opéra, recrutement clandestin (ORA)
■ été 1943

À Alger, le général Giraud partage avec le général de Gaulle la présidence du CFLN (créé le 3 juin 1943). Entre les deux hommes, c'est la lutte ouverte. Henri Giraud, soutenu par les Américains, veut renforcer l'armée d'Afrique, dont il est le commandant en chef. À cette fin, il souhaite faire venir de France des officiers et des techniciens. Ordre est donné au général Jean-Édouard Verneau, chef de l'ORA en territoire occupé, de recenser les candidats. La recherche en zone nord est confiée au capitaine d'aviation Pierre Bouvard, qui crée trois centres de reclassement.

À Paris, un bureau est installé avenue de l'Opéra, au siège du comité des banques. Les colonels Blanc et Ganeval y dirigent les entretiens clandestins. Quatre-vingt-dix candidats sont retenus. Un réseau militaire les prend en charge pour leur évacuation vers Alger, via l'Espagne.

△ Carnet de bons de souscription en faveur de l'Organisation de Résistance de l'Armée (ORA).

6, rue des Capucines, hébergement de Pat O'Leary ■ 1943

Français du Canada, le capitaine Dumais est parachuté en 1943. Sa mission consiste à repérer et à évacuer les aviateurs alliés abattus en France. Comme il se doit, Dumais est muni de faux papiers (il s'appelle désormais *Desbiens*, demeure 49, rue Violet dans le 15ᵉ arrondissement, travaille 65, rue de Bretagne, dans le 3ᵉ…), de vieux tickets de métro, de cartes Michelin…

Son contact est au 6, rue des Capucines, chez Christine Georges, qui y tient un salon de coiffure. La commerçante est patriote depuis 1940 et a rendu de nombreux services à la Résistance. Pour héberger les nombreux pourchassés sous l'Occupation, elle n'a pas hésité à s'endetter lourdement auprès d'amis de longue date. Mᵐᵉ Georges est donc très sure, ainsi que son employée, Suzanne.

Dumais procède à l'échange des mots de passe convenus : « As-tu vu François ? — François qui ? — François les bas-bleus, et les aviateurs de la RAF en tout premier lieu. » Christine s'inquiète aussitôt de l'acheminement des « colis » (terme désignant les aviateurs) et du coût de l'opération. Les caisses sont vides ! Mais les services alliés ont prévu 500 000 francs pour l'opération, et Dumais transmet la somme, en petites coupures. Suzanne propose d'héberger deux pilotes chez elle, à Rueil-Malmaison.

Deux jours plus tard, Dumais trouve un mot glissé sous la porte du domicile de Suzanne : « Christine et Suzanne ont été arrêtées. Partez vite. Un ami. » Le capitaine fait changer tous ses papiers, déménage de la rue Violet et loge dans une nouvelle planque.

→ 40, avenue Charles-Floquet, 7ᵉ

27, boulevard des Capucines, réunions clandestines (Résistance, MLN) ■ automne 1943-août 1944

Paul Steiner, qui succède à André Lafargue, arrêté, recherche un endroit sûr pour y tenir des réunions. Mᵉˡˡᵉ Madeleine, serveuse au salon de thé de la Samaritaine de luxe, boulevard des Capucines, et amie d'André Lafargue, le met en contact avec Mᵐᵉ Blumer, sa patronne, dont la discrétion et les sentiments patriotiques sont garantis.

Visitant le lieu, Paul Steiner est enthousiasmé. Il offre un degré maximal de sécurité : passage du grand magasin, multiples entrées et sorties, tables du salon de thé où se rassemblent des anonymes… En outre, la patronne et sa serveuse peuvent surveiller discrètement les clients. En cas d'alerte, la fuite est prévue par la porte du personnel donnant sur la cuisine. Pour les patriotes, ce salon de thé est providentiel. Et les additions sont bien peu élevées… quand on n'« oublie » pas de les présenter ! L'endroit semble tellement sûr qu'à partir de l'automne 1943 et jusqu'à la mi-août 1944, Paul Steiner le proposera aux membres du Mouvement de libération nationale, tels Philippe Viannay, Jacques Baumel, Claude Bourdet ou Antoine Avinin.

▷ Claude Bourdet.

◁ Jacques Baumel.

TROISIÈME ARRONDISSEMENT

12, rue de Béarn, actions résistantes (groupe Rocambole)
■ 1940-1943

Les gendarmes patriotes du groupe Rocambole, de la caserne des Minimes, sont actifs dès l'automne 1940. L'adjudant-chef Roland Motot (*Rocambole*), Léonard Demaison, Arnaud Billard imaginent, recopient, diffusent des tracts, encadrent l'évasion de prisonniers, recherchent et stockent des armes.
À partir de 1943, il s'agit aussi de ralentir sinon d'empêcher la traque des réfractaires au STO. Un groupe se charge de détruire les dossiers.

10, rue Elzévir, dépôt de tracts et de faux papiers ■ 1941-1942

Tandis que le comité de la rue Amelot assure une entraide juive encore tolérée, le dispensaire du 10, rue Elzévir se spécialise dans les activités clandestines. Sous la houlette d'Henri Bulawko, un service de faux papiers se constitue à partir de 1941. La réserve de vivres (maigre mais officielle) sert dès lors de dépôt de petit matériel d'imprimerie. Lors de réunions, des patriotes venus d'horizons divers organisent des filières d'évacuation pour les Juifs, de plus en plus ouvertement persécutés.

➜ 36, rue Amelot, 11ᵉ

20, rue de Thorigny, planque d'André Bréchet (JC) ■ 1941

Arrêté en juillet 1941, le jeune partisan communiste André Bréchet est jugé dans la cour même de la prison de la Santé. Accusé de propagande communiste, d'usage de fausses pièces d'identité et de possession illicite de tickets d'alimentation, il est condamné à mort.
Le 28 août, le jeune homme se jette sous le couperet de la guillotine (dressée dans la cour de la prison) et s'écrie : « Vive le Parti communiste français ! »
L'Œuvre, journal collaborationniste de Marcel Déat, affirme que les policiers ont trouvé des documents chiffrés et des listes nominatives dans la planque du « terroriste », 20, rue de Thorigny.

2, rue Eugène-Spuller, faux papiers (Résistance) ■ 1942-1944

Odette Pilpoul, employée à la mairie du 3e arrondissement, est membre depuis 1942 du mouvement Résistance. Son poste lui permet de détourner de vrais tickets de rationnement et d'établir de vraies fausses cartes d'identité. Début 1943, alors que l'instauration du STO augmente considérablement la demande, Odette multiplie les « emprunts ».
Elle est arrêtée en avril 1944 et déportée au camp de Ravensbrück.

12, rue Dupetit-Thouars, planque de Guta Eisner (FTP-MOI) ■ juillet 1943

Guta Eisner est l'agent de liaison principal de la section juive communiste. Il ne cesse d'aller et venir dans Paris, surtout dans le 13e arrondissement où se trouve une imprimerie du parti. Outre la publication de nombreuses feuilles clandestines, l'activité majeure est la fabrication de faux papiers. Guta elle-même en est pourvue. Prise dans le vaste coup de filet qui s'abat sur les FTP-MOI en juillet 1943, elle est arrêtée et meurt en déportation.

▷ Distribution de tickets de rationnement à la mairie du 3e.

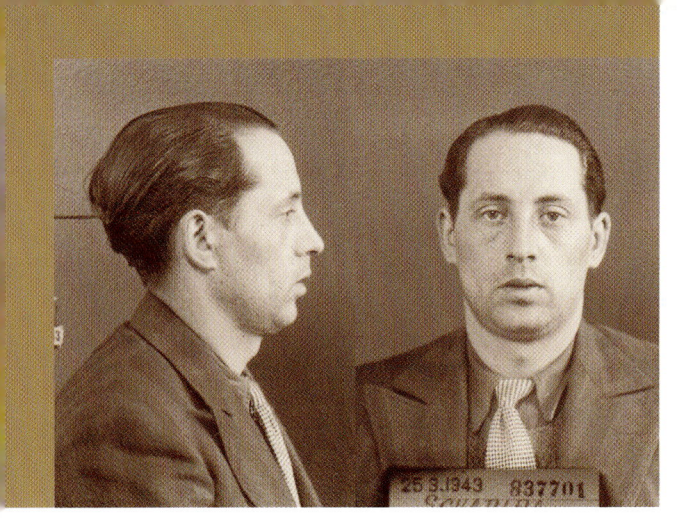

▷ Willy Shapiro.

Rue Béranger, planque de Willy Schapiro (PCF-MOI)
■ printemps 1942

Willy Schapiro est responsable du groupe des saboteurs d'ateliers au sein de la section juive de la MOI. Son équipe a pour mission d'endommager ou de dérober la production pouvant être utile aux troupes d'occupation. Dans sa planque de la rue Béranger se constitue ainsi un butin hétéroclite d'objets mécaniques, de caoutchouc ou de fourrures susceptibles de rendre de grands services aux clandestins.
Au fil du temps, les expéditions punitives contre les ateliers apparaissent bien dérisoires et demeurent dangereuses. Willy Schapiro change de planque et intègre en 1943 le groupe des « dérailleurs » des FTP.
→ 34, rue d'Hauteville, 10ᵉ

2, rue Meslay, arrestation et mort d'Yves Toudic (PCF) ■ 14 juillet 1944

Dès 1940, Yves Toudic reprend la direction du syndicat CGT du Bâtiment, désormais clandestin, mais dont l'action revendicative est encore relayée par les comités populaires.
L'invasion de l'URSS par les troupes hitlériennes en 1941 précipite l'organisation dans la lutte armée. En 1943, une adresse aux travailleurs de France appelle au refus complet et au sabotage de la Charte du travail vichyste.
Recherché par toutes les polices, Yves Toudic est l'un des rares à passer entre les mailles du filet lancé dès l'automne 1940. Le 14 juillet 1944, il est cependant repéré par les Brigades spéciales qui l'abattent aussitôt, sur le trottoir, à hauteur du 2, rue Meslay.

11, boulevard Saint-Martin, évasion de Peter Gingold ■ 23 mars 1943

Responsable provincial de la contre-propagande communiste à l'endroit des *Feldgrau*, le résistant allemand Peter Gingold est arrêté en février 1943. Transféré à Paris, il est mis au secret à la prison militaire du Cherche-Midi. Gingold ne décroche pas un mot au cours des interrogatoires musclés qu'il doit endurer rue des Saussaies, et ne se laisse pas prendre au chantage de ses tortionnaires menaçant sa femme et sa fillette (dont il sait qu'elles sont bien cachées en banlieue).
En dépit de son pitoyable état physique, Peter ne pense qu'à s'évader. Faisant mine de céder à la pression, il parvient à trou-

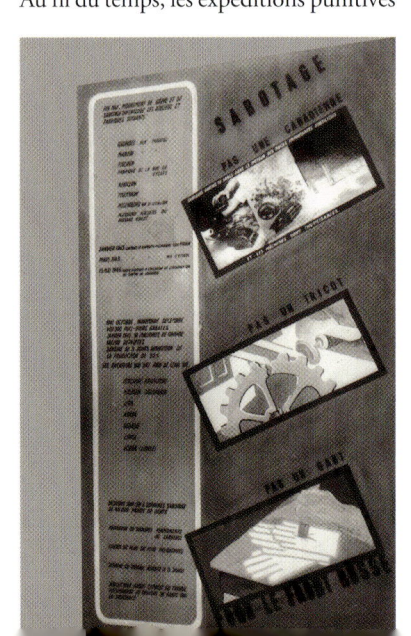

▷ Affiche d'une exposition de 1945, présentant les opérations de sabotage ayant eu lieu pendant la guerre.

△ Le boulevard Saint-Martin sous l'Occupation.

bler ses geôliers en leur donnant une planque au 11, boulevard Saint-Martin. Cette adresse n'a pas été indiquée au hasard : Peter Gingold connaît la disposition des lieux et n'ignore rien de la double entrée desservant l'immeuble. Le 23 mars 1943, encadré par des gestapistes en armes, il est emmené sur place pour vérification. Le véhicule roule lentement le long du trottoir. Au début du boulevard, Peter demande à descendre : il veut s'assurer que la planque est bien là… son souvenir n'est plus très précis. Par chance, le concierge du 11 est sorti, laissant le portail entrouvert : Peter repère l'exacte position du loquet, qu'il pourra rabattre pour verrouiller l'accès derrière lui. À l'horloge, il est presque 9 heures, remarque-t-il. Bondissant sous le porche, il pousse la lourde porte, tire le loquet, traverse en trombe le hall, l'arrière-cour, et sort rue Meslay. Il se perd dans le dédale des ruelles du Marais et parvient à se réfugier chez une amie, rue Jasmin, dans le 16e.

85, rue de Turbigo, planque de Joseph Boczor (FTP-MOI)
■ 21 octobre 1943

Filé depuis le 24 septembre 1943, Joseph Boczor est logé début octobre dans une de ses planques au 85, rue de Turbigo. Au matin du 21 octobre, le chef du 4e détachement FTP-MOI, dit des « dérailleurs », part en mission : il doit faire stopper un convoi sur la ligne Paris-Troyes, près de Mormant. Il n'a pas repéré les fileurs de la BS2.

Le train déraille bien dans la nuit du 24 au 25 octobre, mais trois combattants sont tués et trois autres repérés. L'étau se resserre sur Boczor.

151, rue du Temple, faux papiers (MLN) ■ mars-mai 1944

Georges Laüt adopte une allure et un comportement des plus insignifiants. Agent actif du MLN, dont le service de faux papiers s'est replié de Lyon sur Paris au début 1944, le résistant installe ainsi incognito son atelier dans une chambre de bonne rue du Temple.

Les commandes lui sont rituellement transmises par un agent de liaison au nom inconnu lors de rendez-vous fixés en face de l'église Sainte-Élisabeth. Georges confectionne les papiers dans sa soupente

▷ 151, rue du Temple.

à partir de documents vierges dont certains peuvent être « vrais ». Au rendez-vous suivant, il remet la livraison.

En mai, la Gestapo arrête un partisan. Georges Laüt, informé, ne tient pas compte de la consigne pourtant impérative de quitter les lieux dans les deux jours. Le camarade arrêté s'autorise, ce délai passé, à donner à ses interrogateurs des adresses qui n'ont plus d'intérêt.

Huit jours plus tard, tandis qu'il sort sur le palier pour laver ses mains maculées d'encre, le résistant entend des pas dans l'escalier. D'un coup d'œil par-dessus la rampe, il reconnaît aussitôt la Gestapo. Vif comme l'éclair, le jeune homme bondit dans sa chambre, enjambe la fenêtre, se sauve par les toits.

On tire. Blessé au bras, Georges Laüt parvient cependant à semer ses poursuivants. À bout de souffle, il s'engouffre dans une station de métro puis trouve refuge chez des camarades.

→ 15, rue des Martyrs, 9ᵉ

△ Rafle de Juifs du quartier du Temple, derrière la mairie du 3ᵉ arrondissement, en mai 1941.

TROISIÈME ■ ARRONDISSEMENT

◁ Raymonde Royal, avant la guerre.

14, rue au Maire, domicile de Raymonde Royal (PCF-MOI)
■ 1941-11 mai 1942

De parents juifs polonais, la jeune Raymonde adhère avant guerre aux Jeunesses communistes. En 1941, elle est nommée responsable de la propagande dans le 10ᵉ arrondissement. Le domicile familial, 14, rue au Maire, devient un dépôt clandestin de tracts et d'imprimés communistes que Raymonde répartit dans sa petite équipe de diffuseurs, fixant à chacun un quartier à couvrir. Intrépide, Raymonde défile en tête des manifestations patriotiques organisées par le parti, les 14 juillet et 1ᵉʳ août 1941, brandissant le drapeau rouge. Elle est arrêtée le 11 mai 1942, avec sa mère, et emprisonnée. La militante trouve encore le moyen de réconforter ses camarades détenues par ses chants yiddish.
Mère et fille sont envoyées à Auschwitz et périssent dans les chambres à gaz.

10, rue Chapon, imprimerie clandestine ■ à partir de 1940

L'imprimeur Henri Chevessier met dès 1940 ses presses au service de la cause. À partir de 1942, il imprime plusieurs journaux dont *Libération-Nord*.
Arrêté, Henri Chevessier est déporté et meurt au camp de Buchenwald.

21, rue Michel-le-Comte, domicile de Jacques Lipa (PCF-MOI)
■ 1941-1942

Lié au groupe très actif de Marcel Rayman, Jacques Lipa compose de la propagande clandestine à son domicile.
En février 1943, une certaine Lucienne, dite la Rouquine, arrive à Paris. De son père, juif étranger, elle n'a pas de nouvelles depuis qu'il a été pris dans une rafle le 21 août 1941. Quant à sa mère, elle vient d'être arrêtée. Lucienne, isolée, veut agir et cherche le contact avec les Jeunesses communistes. Elle l'obtient par Jacques, qui la présente à Henri Krasucki, jeune militant responsable de groupes de la MOI. Mise en place dans les années 1920 sous le nom de MOE, la MOI est créée par le PCF en 1932. Elle rassemble les travailleurs immigrés par groupes de langue. Après la défaite de 1940, les militants s'engagent dans la Résistance et rejoignent les FTP en 1942.
La section juive s'alerte : on assure avoir vu Lucienne avec des policiers… Ceux-ci ont pris la mesure de la détresse de la jeune fille. Ils lui font miroiter la libération de ses parents (en réalité son père est mort à Auschwitz en 1942), une planque en Normandie, une identité fictive en échange de la dénonciation des « terroristes ».
Bientôt, les arrestations se multiplient… dont celle de Jacques Lipa, qui périra en déportation.

13, rue aux Ours, arrestation de Meier List (FTP-MOI)
■ 2 juillet 1943

Meier List, dit *Markus*, réorganise durant l'été 1942 le bataillon armé des partisans juifs de la MOI. Ceux-ci, galvanisés par la rafle du Vel' d'Hiv', veulent imposer la guérilla à l'ennemi.

Les Brigades spéciales s'acharnent contre ces « terroristes », souvent peu aguerris à la vie résistante. Après deux grandes campagnes de filatures et d'arrestations en janvier et mars 1943, il ne reste plus que 65 combattants en liberté. Meier List, rompu aux dangers de la vie clandestine (c'est un ancien d'Espagne), a cependant conservé l'habitude de déjeuner régulièrement dans un bistrot au 13, rue aux Ours. Filé dès avril, le combattant est maintes fois repéré rue aux Ours. Le 2 juillet, List est arrêté. Horriblement supplicié à la préfecture de Police, il est fusillé en octobre au mont Valérien.

Le détachement juif est anéanti.

△ Meier List.

◁ Le numéro 58 de *Combat*, juillet 1944.

5, rue Greneta, dépôt de « Combat » ■ 1944

Sous le faux nom de *Blondel*, Maurice Leroy, responsable parisien du journal *Combat*, loue une chambre rue Greneta, en 1944. Il y dépose les plombs d'imprimerie et des stocks de journaux du Mouvement de libération nationale.

La répression qui s'est abattue sur l'organisation au début de 1944 comme l'accroissement considérable des tirages de la presse clandestine (2 millions d'exemplaires) obligent à multiplier les dépôts secrets.
→ 16, rue de la Sourdière, 1ᵉʳ

48, boulevard de Sébastopol, centrale de diffusion de « Résistance »
■ juillet 1942-mars 1944

Dans la grande pharmacie Cannone, qui s'étend alors du 48, boulevard de Sébastopol à l'angle de la rue aux Ours, un employé s'active discrètement. Il cache dans les multiples recoins de l'officine des exemplaires de *Valmy* qui, depuis l'automne 1940, circule dans Paris. Roger Lardenois est un actif diffuseur. Mais en 1942, c'est l'effondrement. Les rescapés se rassemblent, bien décidés à poursuivre la lutte pour fonder, en juillet, autour du docteur Marcel Renet (*Jacques Destrée*), un nouveau journal, *Résistance*.

Roger Lardenois est nommé responsable de sa diffusion dans Paris et sa région, et du recrutement de nouveaux partisans. Avec d'autres rescapés – ceux des Bataillons de la mort – il organise ses réseaux puis, profitant d'un congé, effectue une première tournée d'embauche en province. À son retour, Roger vérifie que les paquets de *Résistance* sont toujours discrètement rangés dans l'arrière-boutique. Toutes les étagères sont vides! Aucune descente, aucune arrestation n'ont pourtant perturbé la tranquillité du lieu. Que s'est-il passé? Marcelline Borne, la femme de ménage de la pharmacie, le rassure. Elle a trouvé les journaux… et les a vendus. L'argent est là; les lecteurs attendent avec impatience le prochain numéro. Abasourdi, Roger Lardenois apprend encore de la bouche de Marcelline qu'un groupe de patriotes qui se réunit au Grillon, un restaurant du boulevard, serait très heureux de le rencontrer. Une très précieuse adjointe s'est révélée! Marcelline établit alors le contact entre Lardenois et Baron, le restaurateur. Les deux équipes fusionnent en un groupe dit «de Sébastopol», dont l'agent de liaison est tout trouvé. La pharmacie Cannone devient une véritable centrale de diffusion clandestine qui fait merveille pendant plus de deux ans.

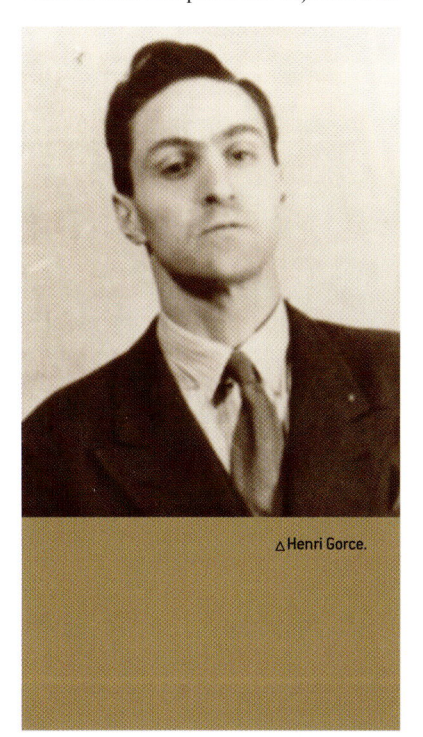

Arrêté en mars 1944, Roger Lardenois est déporté; il survivra à l'épreuve et retrouvera la France en 1945.

83, boulevard de Sébastopol, domicile clandestin d'Henri Gorce (Gallia) ■ 1943

Rescapé du réseau F2, décimé en 1941 par la trahison de Mathilde Carré, Henri Gorce, parvient à gagner Londres en octobre 1942 grâce à un contact avec le colonel *Rémy*, patron de la CND. Gaulliste convaincu, résistant issu de l'intérieur, Gorce séduit le colonel *Passy*, chef du 2e Bureau de la France libre. On lui confie la délicate mission de créer en zone sud un SR des Mouvements unis de résistance.

Parachuté en France en février 1943, Gorce se met à la tâche. Aguerri par l'expérience de F2, dont le cloisonnement insuffisant entraîna la perte, le résistant parvient à convaincre ses homologues en clandestinité, toujours très réservés face aux initiatives du bureau londonien. Son talent d'organisateur fait merveille.

Mais Henri Gorce, dit *Franklin*, établit aussi les antennes de Gallia à Paris. Sous la fausse identité de *M. Christian*, il élit domicile au 83, boulevard de Sébastopol, adresse tenue ultrasecrète.

En février 1944, rappelé à Londres, Gorce se voit alors chargé d'étendre Gallia à toute la zone occupée. Ce sera la mission Darius, dont il s'acquittera avec brio, échappant à toute arrestation.

△ Henri Gorce.

QUATRIÈME ARRONDISSEMENT

22, quai de Béthune, planque de Paul Steiner et Daniel Apert (Résistance) hiver 1943

L'automne 1943 est fatal au mouvement Résistance : en septembre, André Lafargue est arrêté ; en novembre, c'est au tour du fondateur lui-même, Marcel Renet, puis de toute l'équipe paramilitaire… Paul Steiner et Daniel Apert, les seuls à pouvoir encore retisser la toile, cherchent d'abord à se faire oublier.

Au cours de l'hiver, ils trouvent refuge dans l'appartement vide d'un ami, quai de Béthune. Le soir, ils vont parfois écouter la chorale de l'église Saint-Louis-en-l'Île et y trouvent, dans le dénuement, quelque réconfort. L'immeuble est placé sous la protection de la délégation suisse en France. Y demeure Fernand de Brinon, le très collaborateur délégué général de l'État français. La principale crainte que pourraient nourrir les deux résistants serait celle d'un attentat des FTP. Mais en ce début 1944, il ne s'en produit presque plus.

Pont de Sully, rendez-vous Alfred Cukier/Sarah Vronsky (Solidarité)
■ 16 juillet 1942

Par une belle journée de juillet, Alfred Cukier, responsable de l'organisation juive d'entraide Solidarité, a rendez-vous avec son agent de liaison, Sarah Vronsky. Simulant une rencontre de hasard, il doit lui adresser une salutation anodine. Mais la jeune femme est très pâle, les yeux remplis de larmes. En yiddish, à voix basse, il l'interroge : « la » rafle qu'on redoutait s'est produite le matin même. Rue Charlemagne, où Sarah s'est rendue, des Juifs invalides étaient mis sur des civières. Partout, des policiers français. Tous les Juifs étaient emmenés. Où ? Elle l'ignore.

Les deux militants se séparent, en quête de plus amples informations. Quand il apprend que les Juifs arrêtés sont conduits au Vélodrome d'hiver, rue Nélaton, Alfred Cukier se rend aussitôt à la station La Motte-Picquet-Grenelle pour en observer les abords.

Angle des rues Saint-Antoine et des Tournelles, attentat FTP
■ 18 juillet 1942

Trois partisans FTP lancent une grenade contre le bureau de placement pour le travail en Allemagne, à l'angle de la rue Saint-Antoine et de la rue des Tournelles. L'action a lieu en plein après-midi. Les trois résistants seront arrêtés et déportés.

10, impasse Guéménée, imprimerie clandestine de « Défense de la France »
■ printemps 1943-printemps 1944

Philippe Viannay cherche un local adapté au volumineux tirage de son journal, *Défense de la France*. On lui signale un lavoir industriel désaffecté rue Saint-Antoine. Plus exactement, l'établissement est situé un peu à l'écart, impasse Guéménée, et on peut aussi y accéder par la place des Vosges. Cet atelier à double entrée et à vocation mécanique est vraiment idéal ! La propriétaire, Mme Cumin, 84 ans, n'ignore rien des intentions patriotiques de son locataire. Elle fait réinstaller l'électricité dans le local et met à la disposition des amis de Viannay une camionnette, à gazogène bien sûr. Tout est miraculeux : un local parfait, un voltage électrique suffisant, un véhicule et un ange gardien en la personne de cette délicieuse vieille dame. Philippe Viannay est ravi.

Sans plus attendre, Pierre Martin et Blaettler, le précieux mécanicien de l'imprimerie Grou-Radenez, installent la machine toute neuve, cédée pour presque rien par un grand ami du mouvement. Jean-Marie Heyrand se charge bientôt de transporter dans la camionnette les paquets de journaux clandestins.

Les visiteurs du local de l'impasse Guéménée sont littéralement fascinés par la simplicité de Mme Cumin. Dans son appartement, au-dessus de l'ancien lavoir, une photographie du colonel de La Rocque est pourtant en bonne place. Pour tous les jeunes républicains, ce n'est certes pas une référence ! Mais aux yeux de Mme Cumin, il s'agit d'un vrai patriote dont l'amour de la France ne saurait être mis en doute. Elle-même a le sentiment de ne faire que son devoir en aidant la Résistance.

Un an après ces débuts enchanteurs, la police s'est rapprochée de ce lavoir-imprimerie peu commun et entend le perquisitionner. Mme Cumin parvient à alerter Pierre Martin, qui s'enfuit aussitôt avec son assistant par la porte donnant sur la place des Vosges. La vieille dame revient auprès des inspecteurs et feint de s'étonner que des presses aient été installées dans un tel

▽ Philippe Viannay, chef du mouvement Défense de la France, en 1942.

endroit. Mais est-elle chargée d'espionner des locataires qu'elle connaît à peine ? Avec regret, la petite équipe de *Défense de la France* abandonne l'impasse Guéménée.

Place des Vosges, arrestation de Léon Pakin et Élie Wallach (PCF-MOI) ■ 29 juin 1942

Le parti communiste et la MOI ont donné des consignes de sabotage dans les ateliers de la capitale. Ceux des fourreurs sont particulièrement visés. Le 29 juin, Léon Pakin et Élie Wallach, communistes aguerris du détachement juif, font irruption dans un atelier de la rue Saint-Antoine dont les stocks sont destinés aux Allemands sur le front de l'Est ; ils menacent de mort le patron s'il ne sabote pas la production. Celui-ci refuse et, loin de se laisser intimider, sort dans la rue pour ameuter les passants.

Les deux partisans s'enfuient par les petites rues, mais le quartier est en état d'alerte. Léon Pakin et Élie Wallach sont arrêtés place des Vosges.

→ 108, boulevard de Rochechouart, 18ᵉ

123, rue Saint-Antoine, fondation de l'Atelier de la Bastille
■ septembre 1940-1942

Considérée comme une société secrète par l'État français, la franc-maçonnerie est de fait dissoute par la loi du 13 août 1940. Ses biens, mobiliers et immobiliers, sont saisis. Une intense propagande présente ce mouvement issu du siècle des Lumières comme un rassemblement de comploteurs responsable des malheurs du moment. Les frères sont révoqués de la fonction publique et pourchassés.

Albert Kirchmeyer veut néanmoins perpétuer l'héritage philosophique et républicain. Dès sa démobilisation, le 15 août 1940, il entre au groupe du Trocadéro (futur réseau du musée de l'Homme). En septembre, il s'efforce de regrouper les forces vives de la maçonnerie parisienne. Avec Eugène-Henri Gauthier, Johannis Corneloup, Louis Garrigou, Aristide Quillet et Marcel Cerbu, il travaille à un projet maçonnique clandestin. Un local est trouvé, rue Saint-Antoine, et la nouvelle loge, fondée le 24 septembre, prend le nom d'Atelier de la Bastille. Deux mois plus tard, fort de l'adhésion de nouveaux maçons venus de la zone sud, l'Atelier tient sa première réunion solennelle. Les réunions maçonniques se doublent d'un engagement ouvertement résistant avec le réseau du Cercle. En 1942, les frères publient clandestinement *La Nouvelle République*.

Mais, cette même année, Albert Kirchmeyer et d'autres compagnons sont arrêtés. Le Cercle se reconstitue sous le nom de Patriam Recuperare.

▷ Affiche de propagande du gouvernement de Vichy contre la radio de la France libre, par André Deran en 1941.

6, rue de Turenne, domicile de Pierre Meunier (Délégation générale) ■ 1940-mars 1943

Pierre Meunier, comme son ami Jean Moulin, fit partie du cabinet du ministre de l'Air, le socialiste Pierre Cot. Dès 1940, Pierre et sa femme Simone s'opposent résolument à l'armistice. Informés de l'arrestation de Moulin puis de sa révocation du corps préfectoral, ils l'accueillent lors de son premier séjour dans la capitale occupée.

Les Meunier logent alors à l'hôtel du Grand Turenne avec Robert Chambeiron. Tous trois se mettent à la disposition de l'ancien préfet, qui souhaite qu'on effectue un recensement des groupes patriotes en zone nord, tandis que lui-même fera le même travail en zone sud.

En novembre 1940, Robert, Pierre et Simone n'ont récolté que peu d'informations. Les patriotes sont rares et isolés ; les groupes s'abritent dans l'anonymat de la grande ville. Quelque six mois plus tard, contact est cependant pris avec Maurice Ripoche (Ceux de la Libération), Jacques Lecompte-Boinet (Ceux de la Résistance), Louis Saillant (CGT) et avec le Front national, nouvelle création camouflée d'un parti communiste aux abois.

△ Jean Moulin porte un pansement à la gorge. Il se trouve, en 1940, à la préfecture de Chartres, accompagné d'un officier allemand.

Au printemps, Pierre est chargé d'organiser le départ de France de Jean Moulin : muni d'un visa bien imité et de faux papiers, l'ancien préfet feint de se rendre aux États-Unis pour mieux camoufler son périlleux voyage à Gibraltar. Le 20 octobre 1941, il arrive enfin à Londres, où il est reçu par de Gaulle à la fin du mois.

À Paris, le petit groupe poursuit ses recherches. Au début de 1942, la situation se précise : Pierre Villon dirige le Front national, l'OCM prend son essor (rue de Turenne, on ignore ses contacts avec le réseau de *Rémy*), le parti socialiste se reconstitue dans la clandestinité. Pierre Meunier et les siens poursuivent leurs contacts, soutenant en zone nord l'œuvre de Moulin, qui s'est fait parachuter en zone sud pour unifier les mouvements de résistance. L'arrestation d'Henri Manhès, son adjoint en zone nord, en mars 1943, oblige néanmoins le groupe à quitter la rue de Turenne pour d'autres planques.

→ 48, rue du Four, 6ᵉ → 82, rue de Rome, 8ᵉ
→ Rue de Provence, 9ᵉ

13, rue de Rivoli, arrestation de Leopold Trepper (Orchestre rouge)
■ 24 novembre 1942

Au matin du 24 novembre 1942, Mme Corbin, qui ignore que son époux est l'adjoint du chef de l'Orchestre rouge – SR soviétique en Europe – s'inquiète : depuis cinq jours, des gestapistes surveillent son appartement. Son mari, Alfred, a-t-il été arrêté ? Ce ne peut être qu'une erreur ! Les deux sbires qui lui rendent cette visite matinale semblent cependant s'intéresser essentiellement à « M. Gilbert », le patron de son mari. Se souviendrait-elle d'une visite, d'un détail, même infime ? Mme Corbin se rappelle avoir entendu Gilbert évoquer un rendez-vous chez son dentiste, Maleplate, 13, rue de Rivoli… Aussitôt, Giering, chef du Kommando Rote Kapelle, et Piepe, son collègue de l'Abwehr, lancent leurs ordres et foncent vers la rue de Rivoli, discrètement bouclée.

Vers midi, le docteur Maleplate arrive à son cabinet, demandé de toute urgence, sans autre explication. Dans son bureau, Piepe et Giering lui ordonnent de lire à voix haute les rendez-vous de la semaine notés dans son agenda. Le dentiste s'exécute, bafouille, recommence : une dame a annulé son rendez-vous de 14 heures et c'est bien Gilbert qui viendra à sa place. Il avait oublié de le noter, explique-t-il aux deux hommes qui le fixent, impassibles. Aurait-il quelques renseignements sur ce monsieur ? Le médecin ne tient pas de fiches : il sait simplement que M. Gilbert, homme d'affaires belge, est un ami des Corbin, ses patients.

À 14 heures, alors que commence la consultation, les deux nazis somment l'infortuné Maleplate d'agir comme si de rien n'était. Au moindre geste suspect, c'est un homme mort. Leopold Trepper, alias M. Gilbert, est ponctuel au rendez-vous ; Maleplate le fait entrer dans son cabinet dont, curieusement, il ferme la porte. Que se passe-t-il donc aujourd'hui ? D'habitude il la laisse ouverte. Gilbert s'installe, d'humeur joyeuse : que des bonnes nouvelles à la BBC, ces temps-ci, s'exclame-t-il ! Le dentiste s'empresse de lui fourrer dans la bouche un impressionnant paquet de coton hydrophile. Long silence. Piepe et Giering, l'arme au poing, bondissent dans la pièce : « Police allemande ! » Leopold Trepper pâlit. Très calme, il se tourne vers Maleplate, tremblant et bouleversé, qui proteste de son innocence. Trepper le rassure : il n'a aucune raison de lui en vouloir.

Menotté, le chef de l'Orchestre rouge descend l'escalier et sort dans la rue. La voiture qui l'emporte démarre en trombe vers le siège de la Gestapo, rue des Saussaies.

→ 12, rue Pernelle, 4^e

△ Leopold Trepper.

28, rue du Bourg-Tibourg, imprimerie clandestine de « Témoignage chrétien »
■ printemps 1944

L'arrestation, le 18 février 1944, du personnel de la Démocratie, où *Témoignage chrétien* était mis sous presse, oblige Mar-

▽ Le numéro 8 de *Courrier français du témoignage chrétien*, imprimé par M. Vaillant.

△ Pendant toute l'Occupation, Vaillant père et fils, impriment affiches et journaux de la Résistance.

cel Colin, responsable de la fabrication du journal, à trouver des solutions d'urgence : 300 000 exemplaires du message de Georges Bernanos « Où allons-nous ? » doivent être imprimés !
Malgré l'ampleur de la tâche, M. Vaillant, artisan imprimeur rue du Bourg-Tibourg, n'hésite pas à prendre le relais des résistants arrêtés, et les numéros 8, puis 12 du *Courrier français du Témoignage chrétien* sortent de son modeste atelier.

12, rue Pernelle, contact de Leopold Trepper (Orchestre rouge)
■ hiver 1942-1943

Depuis son arrestation en novembre 1942, le chef du renseignement soviétique en Europe, Leopold Trepper, égare ses interrogateurs en jouant les agents doubles. Cependant, il veut à tout prix avertir Moscou de la situation réelle et rédige, depuis sa cellule de Fresnes, un rapport sur de maigres bandes de papier. Il entend le transmettre aux Soviétiques par le canal du PCF. Pour ce faire, il parvient à convaincre les nazis Piepe et Giering de le laisser sortir (sous une garde certes vigilante, mais discrète), en prétendant nécessaire d'endormir les soupçons éventuels de ses camarades. Il se rend ainsi à la confiserie Jacquin, 12, rue Pernelle, et remet son rapport à Juliette, son contact. À voix basse, Trepper la prévient de quitter les lieux.

→ 15, rue de Rome, 8ᵉ

5, boulevard du Palais, attentat FTP ■ 29 mai 1942

Accolé à la préfecture de Police, le café du boulevard du Palais a pour clientèle les inspecteurs des Brigades spéciales, acharnées à traquer les résistants, surtout communistes.

Le 29 mai 1942, vers 11 heures, deux FTP de la direction parisienne, Le Berre et Baraqui, entrent dans le bistrot et s'attablent. À leurs pieds, glissée sous la table, une valise est bourrée d'explosifs et d'éclats de fonte. Les deux partisans vident leur verre, payent et sortent. « Vous oubliez votre valise ! », crie le patron. Mais ils ont déjà disparu à l'angle du parvis.

Postées en face du café, Simone Deguéret et Raymonde Georges font mine de bavarder en observant la scène : le patron dépose la valise derrière le comptoir.

Midi et quart : c'est l'heure du déjeuner et l'estaminet se remplit subitement de policiers. Une explosion formidable retentit qui détruit entièrement le bistrot. Les morceaux de fonte sont meurtriers.

Simone et Raymonde s'éloignent…

7, boulevard du Palais, siège de la préfecture de Police ■ 1940-1944

En 1940, la préfecture de Police comprend trois grands services : la police judiciaire, la police municipale et les Renseignements généraux. Au sein de cette dernière entité, la direction des étrangers a ouvert une section des Affaires juives. Le fichier « Tulard » y est constitué : il sera l'auxiliaire des rafles de 1941.

Les 16 et 17 juillet 1942, la police française participe à l'arrestation des Juifs parisiens lors de la rafle du Vel' d'Hiv'. À la fin du mois de juillet, le successeur de Théo Dannecker, Heinz Röthke, ordonne l'ouverture d'un service spécial des Affaires juives. Celui-ci est établi au 36, quai des Orfèvres.

Au sein des Renseignements généraux, la Brigade spéciale, créée en septembre 1939 après le décret Daladier interdisant les activités communistes, traque les militants et les élus du parti jusqu'en fin 1941. À la BS1 s'ajoute en 1942 la BS2, elle aussi chargée des filatures, des arrestations, des perquisitions et autres interrogatoires de résistants, communistes ou non.

Quai du Marché-Neuf, où se trouvent leurs locaux, les commissaires Antoine, David et Rotée, pratiquent les pires supplices afin de faire parler rapidement les résistants tombés entre leurs mains. À ces structures officielles s'ajoute la toute-puissante Carlingue, groupe de truands et de tueurs emmené par Bonny et *Lafont*, dont les activités se répartissent entre spoliation, marché noir et persécution politique.

Les Brigades spéciales sont cependant infiltrées par la Résistance, qui obtient de nombreuses informations grâce à quelques rares agents, tel le commissaire Dubent. Arthur Airaud, dit *Montini*, organise au printemps 1943 le groupe autodéfense des Brigades spéciales et transmet au réseau Béarn des noms d'indicateurs ou des rapports de filatures… Les arrestations du printemps 1944 privent malheureusement les résistants de leurs contacts. Une filière de renseignements se reconstitue toutefois, en cheville avec le Mouvement de libération nationale.

→ Angle des rues du Cardinal-Lemoine et des Fossés-Saint-Bernard, 5ᵉ

1, place du Parvis-Notre-Dame, actions résistantes ■ 1940-1944

Voisin de la préfecture de Police, l'hôpital de l'Hôtel-Dieu est réservé aux patriotes arrêtés qui, blessés ou torturés, ont besoin de soins. Dès 1940, le personnel médical participe activement au secours des résistants en favorisant de nombreuses évasions. Arthur Airaud, responsable communiste de la résistance policière, est ainsi extrait de la salle Cusco en 1944.
À partir de 1943, l'infirmier Tino constitue avec certains de ses collègues des stocks de médicaments destinés aux patriotes blessés ou malades qui ne peuvent bénéficier de soins autres que clandestins, cachés chez des particuliers ou dans des services complices.

Quai de Bourbon, cache de vélos (PCF) ■ 1943-1944

En période de pénurie, une bicyclette est un objet précieux… et fragile, compte tenu de la mauvaise qualité des matériaux, des pneus et des chambres à air surtout. Or les agents de liaison qui se déplacent sans cesse ont un grand besoin de vélos. Commissaire technique du Service B, le réseau de renseignements du parti communiste, Claude Jaeger organise en 1943 un groupe de voleurs de cycles. Le philosophe Maurice Merleau-Ponty met à la disposition des partisans le rez-de-chaussée de son appartement du quai de Bourbon. Les machines y sont déposées, révisées, maquillées et équipées de fausses plaques d'immatriculation.

▽ Novembre 1943. Les camions de la Croix-Rouge stationnent devant l'hôpital de l'Hôtel-Dieu où sont soignés les résistants torturés ou blessés lors de leur arrestation. Au second plan, la préfecture de police.

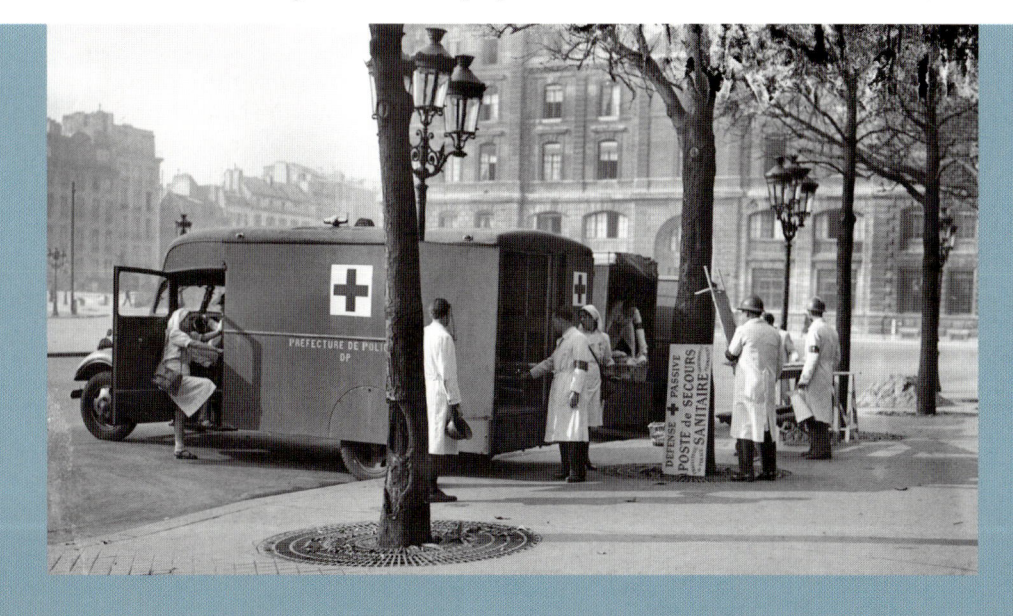

CINQUIÈME ARRONDISSEMENT

Angle des rues du Cardinal-Lemoine et des Fossés-Saint-Bernard, boîte aux lettres (groupe Autodéfense)
■ août 1943-14 mars 1944

Depuis l'automne 1941, le policier Joseph Curinier est versé d'office dans les Brigades spéciales et contraint d'y demeurer. Au début de l'Occupation, il a pu faire passer le message au très recherché colonel Dumont, caché avenue Debidour, dans le 19e, de s'enfuir au plus vite.

Le policier décide d'infiltrer les équipes de filature afin de prévenir les résistants pourchassés. Cependant les transmissions d'information se font mal, souvent trop tard. Il importe d'organiser au sein des Brigades spéciales un groupe d'agents de liaison : constitué de treize inspecteurs, le groupe Autodéfense, soutenu par deux réseaux de l'AS, est opérationnel en août 1943.

Deux fois par jour, les informations sont collectées aux Renseignements généraux puis déposés à l'atelier du serrurier

▷ Librairie Rive gauche, place de la Sorbonne. Sous la conduite de *Fabien*, six combattants des Jeunesses communistes jettent deux bombes à l'intérieur de la librairie le 21 novembre 1941.

Richard, au carrefour Cardinal-Lemoine, qui bénéficie d'une double entrée. À midi, un agent de liaison relève le courrier du matin, enfoui dans un tas de ferraille. À 19 h 15, c'est sur le quai du métro que deux agents mêlés à la foule se transmettent le courrier du soir, dissimulé dans les plis d'un journal.
À partir de mars 1944, une vague d'arrestations isole le groupe Autodéfense, qui poursuivra son action avec le MLN.

→ 7, boulevard du Palais, 4ᵉ

2, place de la Sorbonne, filière d'évasion (Comète, Félix le Chat)
■ 1940-1943

Marie-Magdeleine Davy, chargée de l'hébergement des pilotes alliés abattus en France, a loué sous de faux noms plusieurs chambres dans l'immeuble du 2, place de la Sorbonne.
Anglais puis Américains ont pour consigne d'y demeurer en toute discrétion jusqu'à leur évacuation par les agents des réseaux Comète et Félix le Chat. Ravitaillement et surtout faux papiers leur sont fournis avant le départ en train pour la zone sud, le passage en Espagne… et l'Angleterre.

→ Rue Racine, 6ᵉ

11, rue Jean-de-Beauvais, domicile de Joseph et Marie Bursztyn (PCF-MOI) ■ 1940-juillet 1942

Joseph Bursztyn est médecin, une profession très prisée des patriotes. Ne s'étant pas déclaré comme Juif, il exerce comme si de rien n'était. Particulièrement dévoué aux combattants communistes, il participe au service médical clandestin organisé par la direction régionale du parti. Joseph est arrêté en 1942 et fusillé un mois plus tard. Sa femme, arrêtée elle aussi, est suppliciée puis transférée en Allemagne ; elle meurt en déportation.

△ Joseph Bursztyn.

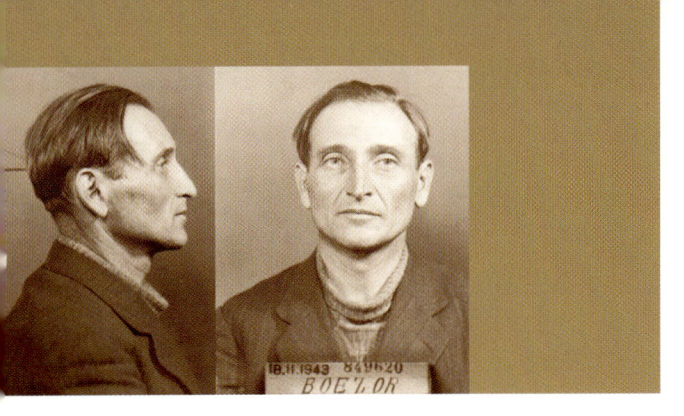

1 bis, rue de Lanneau, dépôt d'explosifs (MOI)
■ 24 septembre 1943

Grand spécialiste en explosifs, Joseph Boczor, chef du 4ᵉ détachement, dit des « dérailleurs », fait un bref passage dans un de ses dépôts clandestins au 1 bis, rue de Lanneau. Malgré son expérience de la vie clandestine, il n'a pas remarqué que les policiers de la BS2, l'ayant logé dans le 13ᵉ arrondissement, le filaient depuis quatre jours.

△ Joseph Boczor. Filé par les BS, il est arrêté en novembre 1943.

Bien involontairement, le résistant conduit les policiers jusqu'à Missak Manouchian, avec lequel il a rendez-vous. Ce 24 septembre, Manouchian est repéré lui aussi, dans le 14ᵉ.

△ Différents matériels explosifs : grenades, crayons, détonateurs pour déraillement.

→ 9, rue Caillaux, 13ᵉ → 11, rue de Plaisance, 14ᵉ

36, rue de la Montagne-Sainte-Geneviève, dépôt d'armes (Libération-Nord) ■ 1943

En 1943, les membres de Libération-Nord du 5ᵉ arrondissement ont diversifié leurs activités. À la diffusion de faux papiers s'ajoute désormais la collecte d'armes. Si l'hôtel de Mᵐᵉ Pataillot, rue Frédéric-Sauton, en est le dépôt principal, un grenier loué rue de la Montagne-Sainte-Geneviève en devient une annexe importante.

1, place Sainte-Geneviève, actions résistantes du père Basset
■ été 1941-20 mai 1943

Durant l'été 1941, des prisonniers de guerre sont libérés. Parmi eux, le père François Basset. Le vicaire retrouve avec joie sa paroisse parisienne de Saint-Étienne-du-Mont ainsi que les étudiants de la Sorbonne, dont il était l'aumônier. L'émotion est tout aussi grande pour l'abbé Daniel Pézeril de revoir son confrère et ami.

Au printemps 1943, alors qu'il est informé de l'embarras d'un résistant qui ne sait à qui confier son courrier, François Basset se propose ; peut-on rêver lieu plus sûr que Saint-Étienne-du-Mont ? La boîte aux lettres ne fonctionne cependant que quelques semaines : Basset, dénoncé, est arrêté le 20 mai par la Gestapo au sortir de la messe du matin. Déporté, il meurt du typhus dans la nuit du 22 au 23 novembre 1943, à peine un mois après son arrivée à Mauthausen.

L'abbé Pézeril poursuit l'action : à l'automne 1943, il délivre son millième faux certificat de baptême à un Juif pourchassé.

23, rue Clovis, actions résistantes (Volontaires de la liberté)
■ à partir de 1942

Dans l'enceinte du lycée Henri-IV, la tour Clovis, vestige de l'ancienne abbaye, est un poste d'observation idéal pour les jeunes résistants. Plus souvent qu'à son tour, Claude Hallouin gravit discrètement les marches de l'obscur escalier et note soigneusement les cibles des bombardements alliés. Ses camarades, volontaires dans les

△ Bulletin des Volontaires de la liberté daté du 1er juin 1941 présentant « gens et organisation du mouvement ».

▷ 200, rue Saint-Jacques.

▽ Gilbert Brustlein.

équipes d'urgence de la Croix-Rouge, se rendent sur place et confirment les points d'impact.

Londres est ainsi rapidement informé du résultat des missions aériennes. Un groupe mené par Jacques Oudin, les Volontaires de la liberté, est en contact avec des réseaux en liaison avec l'Angleterre.

Dans les caves du 23, rue Clovis, les journaux clandestins s'amoncellent en attendant leurs équipes de diffuseurs.

7, rue Le Goff, bistrot des partisans communistes ■ 21 août 1941

Le 21 août 1941, peu après 8 heures, *Fabien* abat sur le quai de la station Barbès-Rochechouart l'aspirant Moser. Accompagné de Gilbert Brustlein, *Fabien* regagne le Quartier latin. Les deux partisans vont alors déjeuner dans leur restaurant habituel où Jacques d'Andurain, qui avait prêté son revolver, les attend. Sous la table, *Fabien* remet l'arme à son propriétaire. Celui-ci constate qu'il manque deux balles.

→ Station Barbès-Rochechouart, 10e

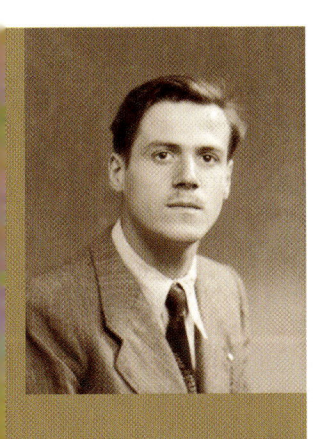

10, rue Royer-Collard, cache de véhicules (MLN) ■ 1943-1944

Fondé en décembre 1943, le Mouvement de libération nationale a créé des groupes francs dont Serge Ravanel est le patron. Ces groupes sont chargés des missions les plus difficiles, notamment des évasions. Les véhicules dont ils ont besoin sont cachés et entretenus dans l'important garage de M. Grant, rue Royer-Collard.

200, rue Saint-Jacques, centrale de presse (CND)
■ novembre 1941-avril 1942

Chef du réseau CND, le colonel *Rémy* transmet régulièrement à Londres une revue de presse ainsi qu'une analyse des effets de la propagande sur le moral des Français. François Faure, son adjoint, charge Louis François, professeur au collège Sévigné, de recruter une personne aussi compétente que patriote pour mener à bien cette tâche. L'enseignant songe aussitôt à son brillant collègue en histoire, Pierre Brossolette, éditorialiste au *Populaire* durant le Front populaire.

Rémy, issu de l'Action française, patron du socialiste Brossolette ? L'affaire promet d'être difficile… Louis François, convaincu de l'esprit de résistance de son ami, l'aborde sans détours. Il l'amène faire un tour sur le boulevard Saint-Michel (en se fixant l'objectif d'obtenir son accord avant d'arriver à la fontaine) ; certes, ce fameux colonel *Rémy* est très à droite… mais il a le contact avec Londres, et il s'agirait d'envoyer les rapports directement aux services du colonel *Passy*, patron du BCRA de la France libre. Brossolette est emballé : il a le contact avec Londres !

Rémy est pour sa part moins enthousiaste à la perspective de recruter un socialiste. Mais la brillante intelligence de celui-ci et son adhésion totale à de Gaulle le convainquent sans peine. La nouvelle recrue est baptisée *Pedro*.

Louis François et Pierre Brossolette se partagent dès lors la lecture de toutes les parutions officielles des collaborationnistes. Chez Louis, 200, rue Saint-Jacques, les discussions vont bon train ; les informations sont classées, interprétées, accompagnées de notes de synthèse. À Londres, l'admiration est sans réserve. Le colonel *Passy*, impressionné par la clarté et l'ampleur intellectuelle des documents qui lui sont communiqués, demande à connaître leur auteur : *Pedro* est convoqué à Londres en avril 1942.

Louis François est arrêté en septembre. Survivant à la déportation, il retrouvera la France en 1945.

3, rue des Fossés-Saint-Jacques, brochage clandestin (Éditions de Minuit) ■ été 1943

Ernest Aulard, imprimeur des Éditions de Minuit, recommande le brocheur Vasseur à l'éditeur et auteur Jean Bruller, dit *Vercors*. Son atelier est retiré dans une cour de la rue des Fossés-Saint-Jacques. Il y travaille avec sa femme, sans aucun ouvrier. L'homme est sûr : adolescent, il fut interné en Allemagne de 1915 à 1918, et il déteste l'occupant.

Jean Bruller est ravi de résoudre ainsi cette question. Il s'efforce cependant de ne pas révéler aux Vasseur la provenance des feuillets sortis de l'imprimerie Aulard, rue Tournefort, toute proche.

30, rue Lhomond, filière d'évasion ■ 1940-1944

Conseiller général de la congrégation du Saint-Esprit et supérieur de la maison mère, rue Lhomond, le père Émile Muller héberge dès 1940 des prisonniers évadés et des aviateurs américains.

Arrêté en février 1944, il est déporté à l'âge

▽ Les Français libres à Londres pendant la guerre : la rédaction des nouvelles de France à la BBC.

de 76 ans au camp de Bergen-Belsen, où il meurt d'épuisement à la fin de l'année.

8, rue Tournefort, hébergement (réseau Sussex)
■ **janvier-août 1944**

À Londres, les Alliés préparent le débarquement en Normandie, prévu pour le printemps 1944. Une vaste opération de renseignement militaire, baptisée Sussex, est planifiée.

De novembre 1943 à septembre 1944, deux cents volontaires sont recrutés par le BCRA et entraînés dans les camps britanniques, puis envoyés en cinquante-deux équipes en territoire occupé. Après les premiers repérages de terrains d'atterrissage clandestin et de planques, les résistants recrutent quatre cents nouveaux agents, implantés dans tous les départements du nord de la France, tandis que se poursuivent les parachutages.

À Paris, Mme Goubillon se distingue dans l'hébergement des combattants. Son café de la rue Tournefort accueille, de janvier 1944 et jusqu'aux lendemains de la libération de Paris, quarante-deux d'entre eux.

35, rue Tournefort, imprimerie clandestine (Éditions de Minuit)
■ **novembre 1941**

Jean Bruller et Pierre de Lescure ont pris la décision d'éditer clandestinement. Chargé des questions techniques, Jean doit régler la première de toutes : trouver l'imprimeur des Éditions de Minuit. Le nom d'Ernest Aulard s'impose : c'est un des meilleurs dans le métier, et Bruller, qui le connaît de longue date, l'a toujours apprécié. Il convient néanmoins de sonder son patriotisme, sa loyauté et sa discrétion.

Par un jour terne de novembre 1941, le résistant pousse la porte de l'atelier Aulard, au 35, rue Tournefort, prenant prétexte de l'impression des contes d'Edgar Poe. Les deux hommes étudient le projet puis bavardent du ravitaillement, du marché noir... des Allemands.

« Il suffit de les ignorer », lâche négligemment l'imprimeur. Et le papier ? « On se débrouille sans eux », ajoute-t-il, l'œil soudain malicieux. Et Pétain ? Et Laval ? poursuit Bruller. « La honte de la France ! » L'Armée rouge, la Résistance ? « Magnifique ! » Bruller se découvre : Aulard connaîtrait-il un imprimeur discret pour des publications sortant du cadre habituel ? « Eh bien, mais... ici ! », répond simplement Ernest, rouge d'émotion... L'entretien reprend, technique et passionné. Jean Bruller veut éditer un volume d'une centaine de pages, parfaitement imprimé et sur du très beau papier. L'imprimeur, enthousiaste, fait venir son contremaître, Pierre Doré, un homme de toute confiance. Quand commence t-on ? Redoutant le sort de ceux de *La Pensée libre*, livrés à la Gestapo faute de discrétion, Bruller refuse que les cinquante ouvriers de la rue Tournefort puissent être informés de son projet. Ils sont sûrs, proteste leur patron ! Certes, mais ils sont cinquante !

△ La cour du 35, rue Tournefort.

▷ Jacques Solomon, photographié un mois après son arrestation en mars 1942.

△ Pierre Hervé.

Il faut donc un tout petit imprimeur. Aulard et Doré, dépités mais réalistes, se rendent aux arguments de l'éditeur. Aulard se charge de trouver du papier et déniche un atelier d'impression minuscule : celui de Georges Oudeville, boulevard de l'Hôpital, juste en face de l'hôpital de la Pitié-Salpêtrière. L'imprimeur travaille seul et réalise essentiellement des faire-part. Le brochage sera assuré au siège clandestin des Éditions de Minuit, rue Vineuse, dans le 16e. En février 1942, *Le Silence de la mer* sort de la presse d'Oudeville. L'imprimerie Aulard n'est finalement pas en reste, puisqu'elle se voit confier les *Chroniques interdites*, *L'Honneur des poètes*, un second tirage du roman de Vercors… qui est parvenu jusqu'à Londres.
La question du brochage, devenue préoccupante (rue Vineuse, les stocks s'accumulent dangereusement), est réglée là encore par Aulard.

→ 3, rue des Fossés-Saint-Jacques, 5e

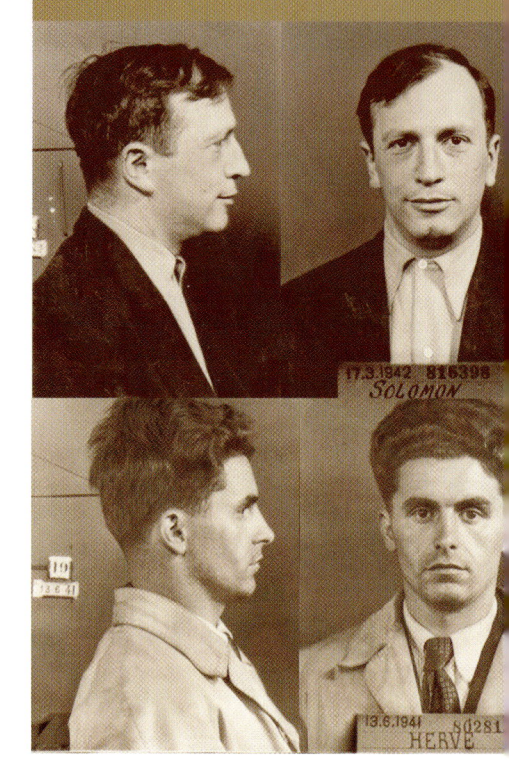

▽ *Le Silence de la mer*, roman de Vercors, premier ouvrage des Éditions de Minuit, paru en février 1942.

3, rue Vauquelin, domicile de Jacques Solomon (« L'Université libre ») ■ 1940-18 février 1942

Jacques Solomon, gendre de l'illustre savant Paul Langevin, compagnon de route du parti communiste, demeure 3, rue Vauquelin. Dès septembre 1940, il décide avec d'autres intellectuels communistes de constituer à l'Université un comité populaire. Georges Politzer lance l'idée d'une lettre « boule de neige » envoyée à quelques universitaires supposés être hostiles au gouvernement du Maréchal. Puis les résistants créent le bulletin *L'Université libre*, dont le premier numéro, ronéotypé au Collège de France, est prêt le mois suivant.
Pierre Hervé, qui vient de s'évader du dépôt du Palais de Justice, rejoint le groupe et organise la diffusion de la feuille clandestine. Cependant, *L'Université libre* veut s'affirmer comme un mouvement à part entière. À Pierre Hervé revient éga-

L'Université libre, novembre 1940.

lement la responsabilité du recrutement en milieu lycéen.

Pour déborder le cadre universitaire et s'adresser à tout le milieu intellectuel, les résistants fondent le Comité national des écrivains, émanation communiste du Front national. *Les Lettres françaises* succèdent à *L'Université libre* ; le premier numéro est en préparation début 1942. Mais les Brigades spéciales surveillent le réseau depuis le début de février 1942 et ont repéré les domiciles de plusieurs de ses membres. Jacques Solomon est arrêté et exécuté en mai 1942.

➜ 1, rue du Bac, 7ᵉ

10, rue Vauquelin, domicile de Paul Langevin ■ automne 1940

Le professeur Paul Langevin, qui pendant la Grande Guerre a dirigé des recherches sur la détection des sous-marins, est un physicien de l'atome mondialement reconnu. Les étudiants suivent passionnément ses cours au Collège de France. Mais le savant est aussi un homme d'engagement, adhérent du Comité de vigilance des intellectuels antifascistes ainsi que de la Ligue des droits de l'homme. En tant que dirigeant de la prestigieuse École de physique et de chimie, il dispose d'un appartement de fonction dans les locaux mêmes de l'école, rue Vauquelin.

Dès son retour d'exode, Paul Langevin donne des articles à *L'Université libre*, journal clandestin créé par les intellectuels communistes, Jacques Solomon, *Jacques Decour* (Daniel Decourdemanche) et Georges Politzer, en septembre 1940.

Le 30 octobre, l'arrestation de Langevin soulève une émotion considérable parmi les étudiants. Le groupe de *L'Université libre* décide de passer à l'action et les murs du Quartier latin se couvrent d'inscriptions : « Libérez Langevin ! » Des tracts circulent appelant à manifester le 18 novembre 1940 devant le Collège de France. Paul Langevin est placé en résidence surveillée. Il s'inscrira au parti communiste en septembre 1944 pour honorer la mémoire de son gendre Jacques Solomon.

▷ Paul Langevin.

Rue Mouffetard, distribution de journaux (MLN) ■ décembre 1943

Pour fêter et faire connaître la récente création de la Fédération de la presse clandestine, Paul Steiner (issu de Résistance) organise rue Mouffetard une spectaculaire distribution de *Combat*, *Le Franc-Tireur*, *Libération*, *Défense de la France* et *Résistance*. Les journaux sont dissimulés dans une enveloppe et accompagnés d'un jeu de vrais tickets d'alimentation, volés dans une mairie. Surpris, les passants s'éloignent rapidement en dissimulant leur précieux cadeau.

→ 19, rue de l'Échiquier, 10ᵉ

▷ Affiche réalisée à Alger en mars 1943, concernant la presse de la France combattante. Elle recense les titres des journaux et radios de la France libre.

▷ Jacques Lecompte-Boinet.

Rue de Navarre, boîte aux lettres (Manipule) ■ premier semestre 1942

Début 1942, les résistants parisiens sont très affaiblis. Les pionniers du musée de l'Homme, les groupes dits Robert Guédon ou des Surintendants, qui ont implanté en zone nord le mouvement qu'Henri Frenay constitue en zone sud, sont tombés aux mains des Allemands, livrés par l'un des leurs.

Germaine Tillion et Jacques Lecompte-Boinet, l'une à l'origine du réseau du musée de l'Homme et l'autre membre de Combat, tirent un enseignement du désastre : c'est la trahison, bien plus que l'ennemi lui-même, qui décime les rangs des partisans. La prudence impose de cloisonner davantage et de séparer les activités. Jacques Lecompte-Boinet, qui vient d'échapper à l'arrestation, entend reconstruire sur les ruines de l'organisation un nouveau réseau. Germaine Tillion peut mettre à sa disposition une boîte aux lettres rue de Navarre, paisible ruelle située derrière les arènes de Lutèce. C'est le domicile d'une de ses amies, l'orientaliste Jeanne Cuisinier. Grâce à cette aide, le résistant peut constituer son équipe. Henri Ingrand, Pierre Arrighi, Jean Roquigny tombent d'accord pour s'affranchir des considérations politiques et s'engager dans l'action paramilitaire. De la rupture avec Combat naît le mouvement de Jacques Lecompte-Boinet, bientôt connu sous le nom de Ceux de la Résistance.

Pour l'heure, les patriotes consacrent leurs efforts à constituer un service de renseignements, d'abord appelé Max, puis

Manipule, dont la rue de Navarre devient à l'été 1942 la boîte aux lettres principale.
→ 25, rue de Fleurus, 6ᵉ

1 bis, rue Lacépède, dépôt de la presse TA (MOI) ■ 1942

Versée à la section juive de la MOI, la jeune étudiante Macha Lew diffuse auprès des *Feldgrau* le journal *Soldat im West*, organe de la propagande communiste visant à déstabiliser le moral des troupes d'occupation. Sa planque, rue Lacépède, sert aussi de dépôt aux publications clandestines.

Apprenant le 26 avril 1942 que son ami Salek Bot, artificier, a été victime la veille d'un accident dans l'atelier d'explosifs de la rue Geoffroy-Saint-Hilaire, Macha commet l'imprudence de s'y précipiter. Elle tombe tête baissée dans une souricière tendue par les inspecteurs des Brigades spéciales. La perquisition de son domicile confirme son appartenance au mouvement « terroriste » : un stock de la presse TA (Travail anti-allemand) a été découvert. Jugée à Berlin courant 1942, Macha Lew est envoyée à Auschwitz, d'où elle ne reviendra pas.

→ 49, rue Geoffroy-Saint-Hilaire, 5ᵉ

△ Trois matrices de faux papiers allemands.

▽ Macha Lew.

49, rue Geoffroy-Saint-Hilaire, centrale de faux papiers (PCF)
■ 2 mars 1942

Claude Gaulué fabrique à son domicile de la rue Geoffroy-Saint-Hilaire des faux en tout genre pour le parti communiste. Quatre cents faux cachets administratifs, tant allemands que français, sont à sa disposition. Un soin tout particulier est apporté aux fausses cartes d'identité, qui ne doivent pas paraître trop parfaites pour ne pas alerter l'œil expert d'un policier.

Le supérieur direct de ce faussaire d'exception est un certain *Jules*. Sous ce pseudonyme se cache Arthur Dallidet, responsable national aux cadres (muni par ailleurs d'une fausse carte d'identité au nom de Lesormeaux). C'est lui qui transmet à l'artisan les photos d'identité, les diverses demandes de certificats et le matériel nécessaire à leur confection. La plupart du temps, Claude Gaulué remet les documents à des agents de liaison envoyés par Dallidet.

Repéré en janvier 1942, le résistant est pris en filature par la Brigade spéciale. Le 28 février, les policiers sont ainsi mis sur la piste d'Arthur Dallidet, qui est arrêté le même jour. Claude Gaulué tombe à son

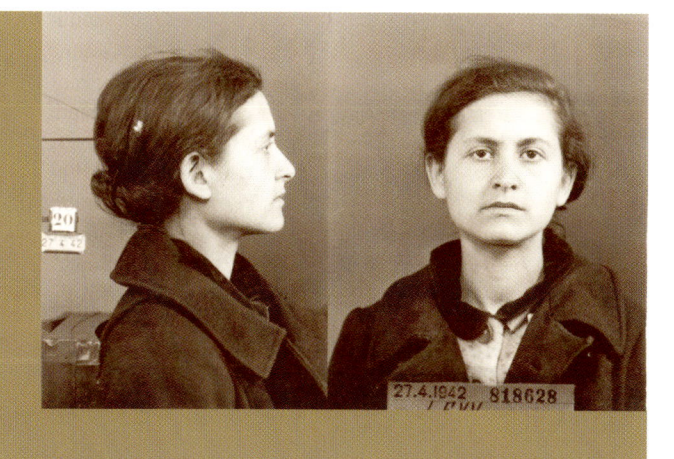

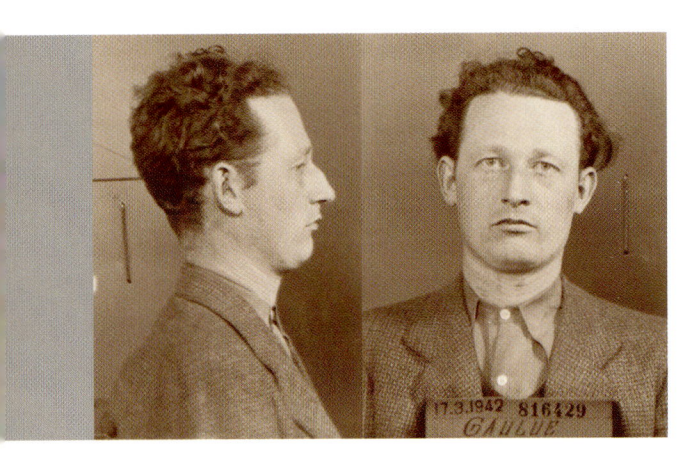

△ Claude Gaulué.

▽ Nathan Dyskin.
△ Samuel Nadler.

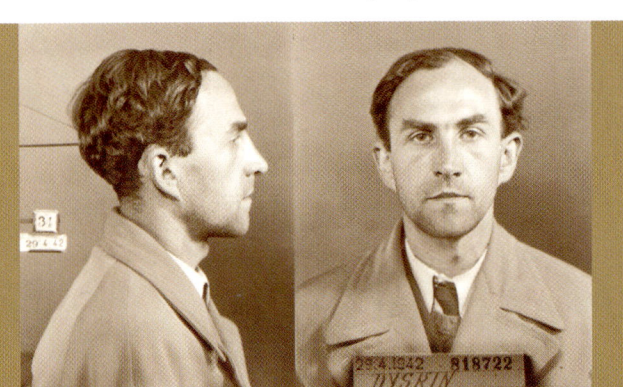

tour le 2 mars. La perquisition de son domicile ne laisse aucun doute sur ses activités. Dans les locaux de la Brigade spéciale, Gaulué dit reconnaître *Jules* – déjà arrêté – sur la photographie qu'on lui présente tout en ignorant son identité réelle.

49, rue Geoffroy-Saint-Hilaire, laboratoire clandestin d'explosifs (MOI) ■ 25 avril 1942

Tout nouvellement fondé, le 2ᵉ détachement de la MOI, dit aussi « détachement juif » car majoritairement constitué de Juifs polonais, décide de sa première action : il s'agit de poser une bombe, le 1ᵉʳ mai, dans une caserne occupée par les Allemands. Salek Bot, dont le frère a été tué en Espagne, et Hersck Zimerman, ingénieur chimiste, ancien des Brigades internationales, ont en charge de fabriquer la bombe. Au soir du 25 avril 1942, l'engin en cours de confection explose dans la petite chambre du 49, rue Geoffroy-Saint-Hilaire, tuant sur le coup les deux partisans.
À la suite de cet accident, la police tend une souricière. Samuel Nadler, rédacteur de la presse clandestine, Nathan Dyskin, chimiste, et d'autres encore sont arrêtés. Ils sont fusillés, avec quatre-vingt cinq otages, le 13 août 1942 au mont Valérien.
→ 1 bis, rue Lacépède, 5ᵉ

68, boulevard Saint-Marcel, arrestations (FTP-MOI)
■ 4 novembre 1942

Non déclaré comme Juif, le docteur Léon Greif continue de recevoir ses patients à son cabinet du boulevard Saint-Marcel. En marge de son exercice régulier, il met son art au service de la Résistance.
Léon Greif est en effet membre actif du service médical des FTP-MOI, groupe organisé en 1941 par le docteur Aron Bacicuriswki, alias *docteur François* (domicilié à Vincennes). Le cloisonnement est rigoureux ; seuls peuvent s'adresser au médecin

Léon Greif, arrêté le 5 décembre 1942.

les cadres du réseau s'étant fait reconnaître par un signe convenu. Mais Léon ouvre largement sa porte. Les grandes difficultés humaines de la lutte armée, le besoin de réconfort et de repos, la rareté d'une maison accueillante et généreuse incitent les combattants à se rendre plus qu'il ne le faudrait et à des heures tardives chez le docteur Greif.

Un voisin, qui a remarqué les nombreuses allées et venues en dehors des heures habituelles de consultations, dénonce le médecin aux policiers. Ceux-ci frappent à sa porte le soir du 4 novembre 1942. Personne. À tout hasard, les inspecteurs tendent une souricière.

Alors que Léon Greif rentre chez lui à bicyclette, un de ses voisins, patriote celui-ci, le prévient que la police l'attend. Aussitôt, le résistant fait demi-tour… mais n'a aucun moyen d'avertir ses patients clandestins du soir. Le premier à tomber dans le piège est Karel : brutalisé, il donne son adresse et celle d'Olaso, qui livre à son tour la planque de Boris Holban (5, rue Guynemer à Vincennes), responsable militaire des FTP-MOI. Holban parvient toutefois à s'enfuir.

Le lendemain, Solomon Tinkelman, qui vient chercher boulevard Saint-Marcel un nouveau jeu de faux papiers, est aussitôt arrêté. Arrive ensuite P. Crosu, Juif roumain communiste, spécialiste en renseignements militaires ; il traduit, de l'allemand au français, un livre sur les unités de la Wehrmacht, ses officiers et leurs insignes. Lui aussi est arrêté. La torture n'arrachera aucun aveu aux deux résistants. Solomon périra dans les chambres à gaz d'Auschwitz ; P. Crosu survivra à la déportation.

45, rue Censier, planque de Maurice Touati (JC)
■ **25 décembre 1941**

Membre des Jeunesses communistes et versé au nouveau groupe de lutte armée Coquillet, Maurice Touati a la trempe d'un grand résistant. Ce combattant de 21 ans, père d'une petite famille (qui demeure 8, rue de la Folie-Méricourt, dans le 11e) est fiché par les Renseignements généraux comme activiste communiste à Lyon en 1939 : c'est aussi un ancien de la guerre d'Espagne.

Après s'être évadé du camp d'internement de Chibron, dans le Var, le 7 octobre 1940, il rejoint Paris en décembre 1940. Un an plus tard, il a à son actif deux actions, dont

▽ Maurice Touati.

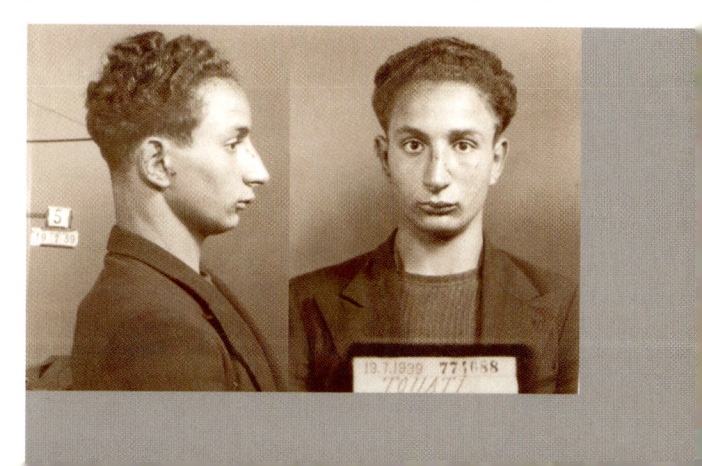

△ File d'attente devant un magasin vendant des biscuits pour chien.

celle de la rue Buffault (9ᵉ) du 18 décembre, qui se solde par l'arrestation de son camarade Marcel Bertone. Déjà connu des services de police, Touati est particulièrement recherché. Le 25 décembre, il est maîtrisé et arrêté rue Mouffetard. Dans un ultime effort, le résistant tente d'avaler un cachet de strychnine. Conduit à la préfecture de Police, Maurice Touati est terriblement battu ; il admet sa participation à l'attentat de la rue Buffault (un camion incendié).

38, rue Gay-Lussac, filière d'évasion (Vaudevir, Orion)
■ hiver 1941-13 décembre 1943

C'est dans une file d'attente devant un commerce parisien que sympathisent durant l'hiver 1941 Jean-Baptiste Biaggi et Michel Alliot. Depuis sa chambre d'étudiant du 18, rue des Feuillantines, Michel a déjà organisé plusieurs évacuations de prisonniers évadés. Son expérience et son efficacité convainquent le résistant Biaggi, membre du réseau Orion.

Le cours de la guerre et l'instauration du STO début 1943 rendent de plus en plus nécessaires les lignes d'évasion. Michel Alliot et Xavier Escartin ont fondé ensemble la ligne Vaudevir. Xavier tient un commerce dans le faubourg Saint-Martin ; c'est lui qui, depuis 1942, fait passer en Espagne les pourchassés et les fugitifs. À son domicile, 38, rue Gay-Lussac, vivent les nombreux enfants de la famille mais passent aussi des camarades. Xavier fait de son appartement une centrale commune. Il faut penser à tout alors qu'on s'apprête à quitter le pays : certains ont des dettes et tiennent à les honorer avant leur départ. Michel Alliot propose que les plus fortunés payent pour les plus modestes.

À la fin de novembre 1943, un certain Guy de Montreuil se présente et explique vouloir passer les Pyrénées. L'homme n'inspire pas une grande confiance à Biaggi. Le 13 décembre, Michel Alliot est arrêté au café de la Source, boulevard Saint-Michel. Au même moment, Xavier Escartin tombe aux mains de la Gestapo, faubourg Saint-Martin. Il mourra en déportation.

Michel Alliot, après avoir été torturé, est transféré au fort de Romainville, d'où il organise une autre filière d'évasion. Le jeune homme parvient d'ailleurs à s'évader lui-même du train qui le conduit en déportation.

13, rue Pierre-Nicole, centrale CAD
■ 1943-8 avril 1944

Fuyant la zone sud où il est recherché par la Gestapo, Léo Hamon gagne la capitale en mai 1943. L'été suivant, il s'emploie à développer les services du Comité d'action contre la déportation (c'est-à-dire contre le STO), qui font du sabotage dans les administrations publiques et soutiennent les réfractaires. L'abbé Raymond Borme, du patronage Championnet, l'aide très activement.

Début avril 1944, Daniel, responsable de l'OCMJ, est arrêté. Son agent de liaison, Marie-Claire, rapidement informée, veut aussitôt prévenir Sylvie : les archives du CAD comme de l'OCMJ sont déposées chez elle. Il est 20 heures quand la jeune femme, trempée par une pluie diluvienne,

▽ Tract anti-STO du comité anti-déportation, février 1944.

sonne rue Pierre-Nicole. Toute la famille est en train de dîner. Les parents de Sylvie s'étonnent de l'arrivée tardive de cette amie. Il faut évacuer sans délai les – nombreuses – archives et fuir. Où ? Chez Claire Lejeune, 36, rue Chardon-Lagache. Malgré la pluie, Marie-Claire pédale à perdre haleine jusque dans le 16e arrondissement et revient… Claire est d'accord ! Les deux résistantes rassemblent tous les documents et s'enfoncent dans la nuit rejoindre leur refuge.

Sylvie sera arrêtée en mai 1944 et déportée à Ravensbrück. Rapatriée mourante par la Croix-Rouge, elle guérira et retrouvera à Paris son amie Marie-Claire.

→ Place de Fontenoy, 7e → Rue Georgette-Agutte, 18e

15, rue Pierre-Nicole, réunions clandestines des « Lettres françaises » ■ février 1943

À *Jacques Decour*, arrêté en 1942, succède Claude Morgan, nommé par le parti communiste responsable de la revue du Comité national des écrivains dans le cadre du Front national.

Édith Thomas, principal agent de liaison entre le Front national et le CNE, ouvre à partir de février 1943 son domicile au comité de rédaction des *Lettres françaises*. L'immeuble n'est pas exposé à la curiosité de la concierge qui, logeant au 13, ne peut rien voir des va-et-vient. Cependant, il peut arriver qu'un jour de réunion, une vingtaine de vélos s'amoncellent devant le 15 ! Albert Camus, Raymond Queneau, le père Maydieu, Pierre Seghers, Jean-Paul Sartre, Charles Vildrac, Jean Lescure, Georges Aolam, Jacques Debû-Bridel… s'entassent chez Édith ! Le parti a pourtant interdit les réunions à plus de cinq.

En 1943, la politique de recrutement s'élargit aux non-communistes. *Les Lettres françaises* s'ouvrent aux auteurs de toutes les tendances de la Résistance, notamment avec Jean Paulhan, recevant l'adhésion prestigieuse de François Mauriac.

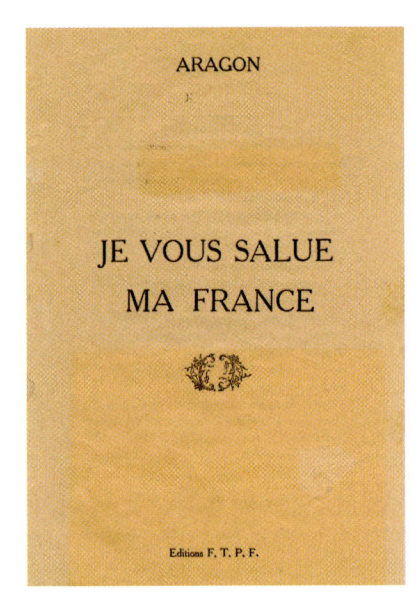

Aux réunions de la rue Pierre-Nicole se discutent également les projets des Éditions de Minuit dirigées par *Vercors* (Jean Bruller). On le voit parfois arriver drapé dans une grande cape… couleur muraille !

135, boulevard Saint-Michel, dépôt de faux papiers (Comète, Félix le Chat) ■ décembre 1943

Sous l'autel de la chapelle de la bibliothèque des étudiants catholiques, boulevard Saint-Michel, Marie-Magdeleine Davy, sa responsable, a glissé une valise. Elle y dissimule les tampons officiels nécessaires aux faux papiers qu'elle transmet aux pourchassés hébergés à son domicile.

À la fin de l'année 1943, Marie-Magdeleine échappe à l'arrestation et doit suspendre provisoirement son activité résistante.

SIXIÈME ARRONDISSEMENT

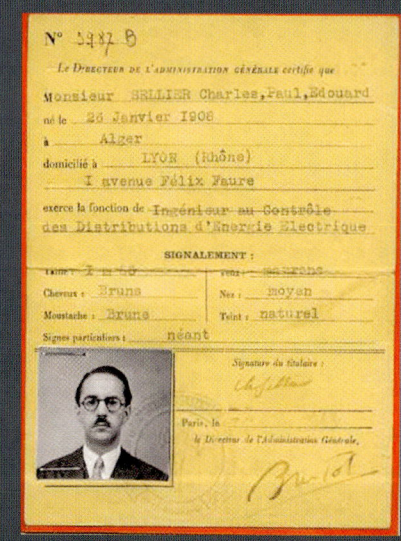

▷ Fausse carte d'identité de Claude Bouchinet-*Serreulles*, établie à Londres.

48, boulevard Saint-Michel, boîte aux lettres (Résistance)
▪ 1943-1944

À partir de mars 1943, l'évacuation des jeunes gens refusant de partir travailler en Allemagne devient une priorité. Au cœur du Quartier latin, particulièrement ouvert à l'esprit de résistance (hébergement, services divers), l'appartement de Mme Verlingue et de sa fille, situé au-dessus de la papeterie Louis, est une boîte aux lettres des plus commodes pour le service Réfractaires du mouvement.
En 1944, M. de Rivérieux, anticipant les journées de la Libération, en fait aussi un dépôt de ravitaillement qui s'avérera précieux aux combattants des FFI.

Place de l'Institut, rendez-vous Blocq-Mascart/Bouchinet-Serreulles ▪ juillet 1943

Successeur de fait de Jean Moulin, Claude Bouchinet-*Serreulles* entend rencontrer les responsables des principaux mouvements de la zone nord durant l'été 1943. Le premier rendez-vous est pris avec Maxime Blocq-Mascart, dirigeant de la puissante Organisation civile et militaire. À l'instar de Combat en zone sud, elle a toujours revendiqué une certaine autonomie politique vis-à-vis du CNR.

« La Résistance est majeure et n'a plus besoin de tuteur », annonce d'entrée de jeu le chef clandestin. Alors qu'ils quittent la place de l'Institut pour longer les quais, la conversation entre les deux hommes s'annonce tendue.

Le délégué du général de Gaulle fait valoir au contraire le dénuement et la grande dépendance – notamment économique – des forces intérieures vis-à-vis de Londres et des Alliés. Les velléités d'indépendance risquent d'entamer l'autorité de De Gaulle aux yeux des Américains.

11, quai de Conti, résistance du groupe Roussel ■ 1941-1944

Robert Roussel crée en avril 1941 un comité de résistance regroupant quatorze artisans travaillant comme lui à la Monnaie. Jusqu'en 1942, le groupe Roussel ne parvient pas à établir de contact décisif avec un réseau clandestin plus organisé et tente surtout de recruter parmi les nombreux étudiants et religieux du Quartier latin. Certains de ses membres assurent la protection des prises de parole ou des manifestations organisées par le Front national. Fin 1942, les patriotes de l'hôtel de Conti s'engagent au côté de Libération-Nord et de Vengeance ; en 1943, ils suivent les consignes émanant de la Délégation générale de la France combattante. La lutte contre le STO est prioritaire. Des volontaires se rendent dans les centres de recensement et les gares de la capitale, s'appliquant à fournir des faux papiers aux candidats réfractaires. Ceux-ci sont dès lors pris en charge par des filières d'évacuation vers les maquis. À l'été (la rumeur court d'un débarquement allié en septembre), ce sont des soldats et officiers qui sont demandés en Afrique du Nord. Là encore, Robert Roussel organise les départs clandestins.

Les ateliers de la Monnaie servent donc davantage de boîte aux lettres aux lignes d'évasion qu'à la confection de documents falsifiés. Le BCRA fournit d'ailleurs les imprimés nécessaires. Cependant, rue du Four, un imprimeur se charge des tracts, journaux et faux papiers demandés par le réseau Roussel.

Les résistants de la Monnaie parviennent à échapper aux policiers tout au long de l'Occupation. Ils ont même pu constituer des dépôts d'armes à la veille de la Libération. Le 19 août, Robert Roussel hisse le drapeau tricolore quai de Conti et lance un appel à la grève générale parmi les ouvriers.

12, rue Guénégaud, cache de matériel d'imprimerie, boîte aux lettres quais de Seine ■ 1941-1944

Maurice Magis, bouquiniste de son état, tient son dépôt de livres dans la petite rue Guénégaud, non loin de son étal sur les quais. C'est une excellente cache pour tous les petits matériels d'imprimerie, très vite interdits à la vente, ainsi que pour quelques stocks de papier, devenus denrée rare dès la première année d'occupation.

Maurice, grand connaisseur de la Renaissance, amoureux du siècle des Lumières, fait partager à ses auditeurs résistants sa passion de la littérature. Parfois, malgré le rationnement, le libraire offre l'immense plaisir d'un très bon déjeuner à ses amis clandestins, car il est aussi un cuisinier d'exception.

Chacun sait pouvoir trouver chez lui refuge et réconfort. Maurice et sa femme Lulu rendent aussi des services sur les quais. Leur stand de bouquiniste est une discrète boîte aux lettres. Dans certains ouvrages aux titres convenus, des messages sont glissés à de faux acheteurs.

△ Soldats allemands observant les stands des bouquinistes sur les quais de Seine en juillet 1940.

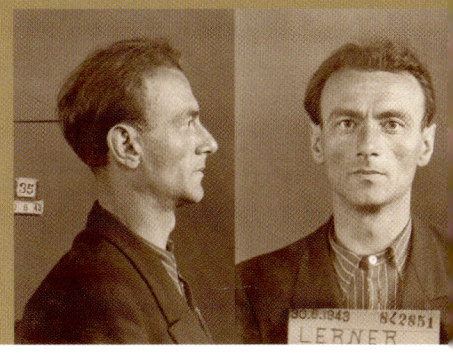

◁ Boria Lerner.

▽ Dépôt d'armes clandestin. Sa découverte est annoncée dans un journal collaborationniste.

18, rue Dauphine, dépôt d'armes (PCF-MOI) ■ 1943

Au printemps 1943, les Brigades spéciales lancent une vaste opération de filature des « terroristes » de la MOI. Le filet de la police s'abat au terme de plusieurs semaines de surveillance, quand sont repérés et logés un maximum de partisans.

Rue Dauphine, les inspecteurs observent un étrange manège : des hommes lourdement chargés entrent et sortent du n° 18. S'agit-il de marché noir ? Ou d'un centre clandestin de la Résistance ? L'adresse est celle d'un dépôt d'armes important de la MOI. Boria Lerner, responsable technique du réseau, est arrêté deux mois plus tard, fin juin 1943.

28, rue Saint-André-des-Arts, filière d'évasion (SOE-Prosper)
■ automne 1942-juin 1943

Une des sections françaises du SOE s'attache particulièrement à l'évacuation vers l'Angleterre des aviateurs alliés errants ou cachés chez des résistants. Afin de leur assurer un point de chute fiable à Paris, l'un des responsables londoniens, Bodington, muni des fonds nécessaires fournis par Baker Street, fait acheter un café, rue Saint-André-des-Arts.

Mme Bernard, agent de liaison du responsable des opérations aériennes en France, Henri Déricourt, en devient la patronne. Les premiers réfugiés arrivent à l'automne 1942. Des mots de passe permettent les reconnaissances. Mme Bernard contacte alors les équipes du sous-réseau Fourier, qui acheminent les hommes vers les terrains des opérations aériennes. Un an plus tard, la tourmente s'abat sur le réseau Prosper. Madame Bernard est mise au vert.

➜ Rue de Mazagran, 10ᵉ

9, rue de l'Éperon, dépôt de « Résistance » ■ 1942

M. Kaplan met sa librairie, La Maison du Livre Étranger, au service des patriotes. La fréquentation de sa boutique par de nombreux clients allemands n'inquiète guère le libraire, qui y voit au contraire une excellente couverture. Où est-on mieux caché qu'au cœur de l'ennemi ?
Dès 1941 ce commerce sert de lieu de rendez-vous aux premiers résistants qui en font une de leurs boîtes aux lettres. En 1942, quand paraît le journal *Résistance*, M. Kaplan s'empresse d'en stocker des paquets au fond de son arrière-boutique.

Rue de Seine, attentat (JC)
■ 3 décembre 1941

Les deux frères Tourette, Paul et Pierre, membres des groupes francs des Jeunesses communistes en région parisienne, tirent deux coups de revolver sur le commandant Fritz Frise, rue de Seine, le 3 décembre 1941. L'homme est blessé. Les partisans s'enfuient et trouvent refuge chez Papa Bourgeois, bouquiniste du quartier, pendant les quelques heures durant lesquelles la police boucle le secteur.

Carrefour de Buci, manifestation (PCF) ■ 31 mai 1942

Depuis 1940, les manifestations spontanées de Parisiennes réclamant du pain dans les marchés vides (suivant là une tradition séculaire) se font fréquentes. Elles ne regroupent cependant que quelques dizaines de femmes, souvent mères de famille. Le parti communiste saisit l'occasion de renouer avec le travail de masse en encadrant ces explosions de colère.
Le matin du 31 mai 1942, il y a foule au carrefour Buci. Les ménagères font la queue devant des étals bien peu garnis

▷ Tract du 14 juillet 1942.

▽ Élie Gras. Il est arrêté en novembre 1942.

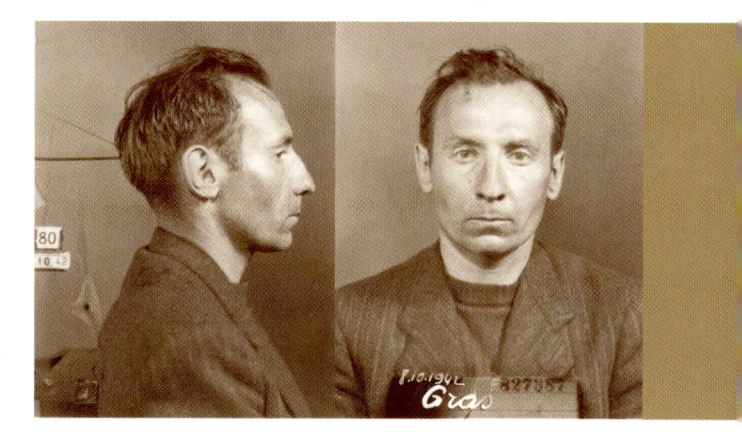

quand des jets de boîtes de conserve et de tracts depuis le magasin Eco surprennent les passants. Madeleine Marzin harangue la foule sous la protection de trois partisans. Des employés du magasin veulent baisser le rideau de fer ; Élie Gras s'interpose et fait aussitôt sortir les camarades qui étaient à l'intérieur de la boutique.
Déjà, la police est sur les lieux. Une militante est arrêtée dont le sac renferme, bien imprudemment, un carnet d'adresses. Madeleine Marzin est prise, elle aussi. L'action se solde par l'arrestation d'une trentaine de résistants : neuf seront fusillés, vingt-deux déportés.
Madeleine, première femme à être condamnée à mort par l'occupant, parviendra à s'évader gare Montparnasse lors d'un transfert et retrouvera les rangs de la Résistance.

2, rue Cardinale, imprimerie clandestine de « La France continue » ■ juin 1941-juin 1942

Le premier numéro de *La France continue*, imprimé et non ronéotypé, paraît le 10 juin 1941. Henri de Montfort, principal rédacteur du journal clandestin, s'en est remis aux bons soins de l'imprimeur Lescaret, rue Cardinale. Jusqu'à la fin de l'année, quelques milliers d'exemplaires sortent de ses presses.

13, rue Jacob, hébergement du père Chaillet (« Témoignage chrétien ») ■ à partir de l'été 1943

Pierre Chaillet, père jésuite, fondateur à Lyon des *Cahiers* et du *Courrier français du Témoignage chrétien*, établit durant l'été 1943 les centrales de son mouvement dans la capitale. Sous le nom de *Charlier*, lui-même s'installe définitivement à Paris, hébergé chez son ami Henri Bédarida, au 13, rue Jacob.

Son journal, grâce à l'étudiant Marcel Colin, est imprimé et diffusé en zone nord. Sollicité par la Délégation générale pour constituer un service d'aide sociale aux persécutés, aux maquisards et à leurs familles, Chaillet-*Charlier* se dévoue pleinement à cette tâche jusqu'à la Libération. L'affection familiale qui baigne le 13, rue Jacob adoucit les rigueurs de la clandestinité. Chaque matin, avant de se rendre à son « bureau » de la rue du Bac, le prêtre dit la messe dans le salon, les volets soigneusement tirés. La petite assemblée communie dans la ferveur : « Entre le Christ et Hitler, il faut choisir », écrivait sans détour le père Chaillet dès 1941…

→ 114, rue du Bac, 7ᵉ

▽ Daté du 10 juin 1941, le premier numéro de *La France continue*…

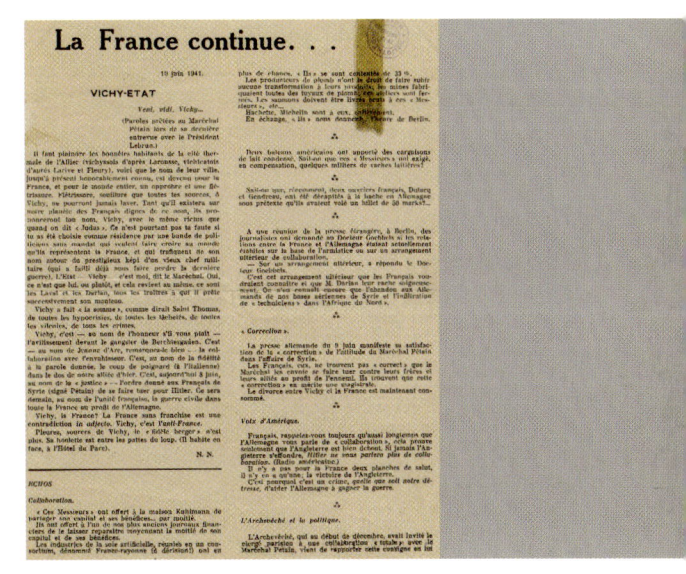

35, rue des Saints-Pères, planque de Louis Coquillet (OS-JC) ■ 3 janvier 1942

L'attentat de la rue Buffault a mal tourné. Louis Coquillet a pu s'enfuir – ainsi que son camarade Maurice Touati – mais il ignore encore si Marcel Bertone a pu échapper à ses poursuivants. Il lui est de toute façon impossible de retourner à son domicile du boulevard Saint-Marcel depuis l'arrestation de sa sœur et de sa fiancée.

Coquillet loue une chambre, le temps de

◁ L'imprimeur clandestin Lescaret.

▷ En 1940, Saint-Germain-des-Prés pendant le blackout.

trouver une autre cachette. Il est épuisé mais fait l'effort d'aller se restaurer dans un quartier éloigné du 15ᵉ. Muni d'excellents faux papiers, il est pourtant pris de panique lors d'un contrôle policier, passage du Commerce. Arrêté le 3 janvier, il est identifié comme « terroriste ».

→ Angle des rues Lamartine et Buffault, 9ᵉ

7, rue Saint-Benoît, imprimerie clandestine (PCF)
■ **1941-août 1942**

Démobilisé en septembre 1940, Lucien Rameau, typographe, est employé rue Saint-Benoît aux Librairies et Imprimeries réunies. Avec deux collègues, comme lui communistes, il imprime secrètement des tracts stigmatisant l'État français. En août 1942, abandonnant son travail, il plonge dans la clandestinité complète pour se consacrer à l'organisation des imprimeries du Front national.

14, rue de l'Abbaye, réunions du Comité des Français libres de France ■ **août-octobre 1940**

À la tombée de la nuit, dans le bureau des éditeurs du *Grand Meaulnes*, les frères Émile-Paul, se réunit la société littéraire des Amis d'Alain-Fournier. Claude Aveline, Marcel Abraham, Jean Cassou, bientôt rejoints par Agnès Humbert, Jean Paulhan, Jean et Colette Duval et Simone Martin-Chauffier, camouflent sous cette couverture leur activité secrète : la création d'un journal clandestin rejetant l'armistice et l'occupant, *Français libres de France*. Quelques-uns d'entre eux ont entendu, le 18 juin, l'appel du général de Gaulle, chef militaire à Londres d'une petite légion, La France libre. Pour l'heure, on fait des tracts que Mᵐᵉ Cassou, diligente, glisse parmi les étoffes ou les livres dans les magasins.

Tout change en octobre, lorsque Boris Vildé, linguiste au musée de l'Homme, propose une fusion avec son propre groupe, déjà très structuré. Les Amis d'Alain-Fournier, enthousiasmés, rejoignent alors ce mouvement connu (après guerre) sous le nom de réseau du musée de l'Homme.

→ 1, place du Trocadéro, 16ᵉ

3, place Saint-Germain-des-Prés, filière d'évasion ■ **1940-1941**

Si l'exode a vidé la capitale et ses temples, le retour des Parisiens, en septembre, remplit à nouveau les églises. Le maréchal Pétain et la plupart des évêques ont-ils assez martelé que la défaite était une punition divine ? La culpabilité générale, l'abattement mêlé à un « lâche soulagement » après l'armistice, incitent à la contrition. Le chanoine Lancrenon voit cet afflux de fidèles d'un bon œil ! Les prisonniers évadés qu'il fait passer en zone sud prendront ainsi plus discrètement leur tour au confessionnal. Le prêtre distribue des faux papiers dès 1941.

Lancrenon sera arrêté, sans qu'aucune charge sérieuse puisse être retenue contre lui. Il passera néanmoins deux ans en prison.

28, rue du Dragon, planque d'Armand Vanveers (OS-JC)
■ janvier 1941

Emprisonné en 1940, Armand Vanveers s'évade et rejoint Paris. Pierre Tourette, chef depuis l'automne 1941 d'un nouveau groupe de lutte armée des Jeunesses communistes, le recrute pour le seconder dans ses activités de propagande sur le 6e arrondissement.

Rue Racine, hébergement (Comète, Félix le Chat)
■ 1940-décembre 1943

Marie-Magdeleine Davy recueille les aviateurs anglais puis américains. Avec son amie Marianne Coltel, elle appartient en effet à la grande ligne d'évasion Comète, implantée à Paris dès 1940. Marie-Magdeleine se charge de l'évacuation des militaires alliés vers Londres ; Marianne se consacre à l'obtention de leurs papiers, faux bien sûr. Les précieux documents sont dissimulés sous le tapis d'une marche de l'escalier de l'immeuble.

En décembre 1943, une dénonciation conduit la Gestapo rue Racine. La concierge parvient heureusement à prévenir Marie-Magdeleine, qui trouve refuge pendant vingt-quatre heures dans la cave de la boulangerie à l'angle des rues Racine et de l'École-de-Médecine. Les commerçants alertent les camarades de Marie-Magdeleine, qui évacuent la résistante au matin, cachée dans une ambulance.

→ 2, place de la Sorbonne, 5e

6, rue Monsieur-le-Prince, imprimerie clandestine
■ septembre 1940-1944

Où mieux cacher des tracts interdits que dans la vitrine même d'une imprimerie, dissimulés sous les publications légales ? Ainsi pratique Charles Deva, maître imprimeur entré dès 1940 dans le refus actif de l'Occupation et de l'armistice.

Comme nombre de ses confrères, Deva se spécialise rapidement dans la production de faux papiers. En 1943, il fournit au docteur Granier, médecin patriote, de faux certificats d'incapacité et même de faux certificats de décès des parents des réfractaires au STO (entraînant le report d'incorporation des requis).

Au plan politique, l'imprimerie témoigne d'un œcuménisme certain, confectionnant les très conservateurs *Cahiers de l'OCM* comme les appels enflammés du parti communiste.

→ 9, place Saint-Sulpice, 6e

10, rue de Tournon, création du groupe Vengeance-Libre patrie
■ fin 1940

Paris n'est pas occupé depuis six mois quand Louis Pascano et des gardes républicains casernés rue de Tournon constituent leur groupe Vengeance-Libre patrie, qui privilégie le renseignement. Reste à trouver un contact à Londres…

20, rue de Tournon, planque de Maxime Blocq-Mascart (OCM)
■ fin 1943

Maxime Blocq-Mascart, fondateur de l'OCM en 1940, recherché par toutes les polices allemandes, est repéré par la Gestapo à l'été 1943. Depuis le 28 août, il mène la vie d'un homme traqué, échappant par deux fois à l'arrestation. Fin

décembre, il se réfugie dans une planque connue de lui seul, louée à un ami, rue de Tournon.
Sa tranquillité est de courte durée : deux hommes, des policiers visiblement, paraissent monter la garde aux abords de l'immeuble. Est-il déjà repéré ? Le lendemain, deux nouveaux sbires arpentent le trottoir. En fait, ils ne sont pas là pour le résistant, mais veillent à la sécurité du ministre Catelas, qui habite le même immeuble. Pour autant, Blocq-Mascart ne prolonge pas son séjour dans les lieux.

→ 55, avenue George-V, 6ᵉ

15, rue Servandoni, dépôt clandestin des Éditions de Minuit
■ été 1943

Les stocks imprimés des Éditions de Minuit s'accumulent dangereusement chez la responsable du brochage, Yvonne Paraf. Il devient urgent de trouver un entrepôt discret. Jean Bruller songe alors à une vieille bâtisse du 15, rue Servandoni ; une chambre y est libre.
Yvonne endort la méfiance de la concierge en prétextant un trafic illicite de produits de beauté ; *L'Honneur des poètes*, *Le Cahier noir* (Mauriac), *L'Ode à la France* (Charles Magon), en attente de brochage, sont déposés dans la soupente. Celle-ci avait peut-être été déjà visitée par un autre clandestin : Condorcet, sous la Terreur, s'était caché dans la même maison…

1-3, rue Princesse, centrale de Combat ■ 1941-4 février 1942

Jeanne Sivadon, directrice de l'école des surintendantes d'usine, rue Princesse, anime dès le début de l'Occupation un groupe de patriotes, dit groupe des Surintendantes. Fusionnant avec le réseau de Robert Guédon, le groupe s'emploie à pro-

▽ Daté de décembre 1941, le premier numéro de *Combat*. Sa devise, une maxime de Clemenceau : « Dans la guerre comme dans la paix le dernier mot est à ceux qui ne se rendent jamais ».

longer en zone nord le Mouvement de libération nationale, futur Combat, lancé par Henri Frenay en zone sud, et lui assure une bonne implantation parisienne.
Le bureau de Jeanne devient un véritable PC où se tiennent au printemps, puis à l'été 1941 plusieurs réunions présidées par Frenay lui-même. Pour assurer la liai-

◁ Yvonne Paraf, photographiée dans la cuisine de son appartement, rue Vineuse (16ᵉ) où se situait le siège secret des Éditions de Minuit.

▷ Plaque commémorative apposée sur la façade du 48, rue du Four.

▽ Le 25 mai 1945, cérémonie commémorant la création du CNR, deux ans plus tôt. Le portrait de Jean Moulin (mort en juillet 1943) est à la place qu'il occupait. On reconnaît aussi Georges Bidault (debout), Gaston Tessier, Robert Chambeiron, Eugène Claudius-Petit, Joseph Laniel, Maxime Blocq-Mascart et Louis Saillant.

son entre les deux zones, Henri Devillers, un représentant des messageries Hachette muni d'un très officiel *Ausweis*, est recruté. L'homme paraît sûr ; il trahira.
Le 4 février 1942, Jeanne Sivadon est arrêtée ; l'organisation de Frenay s'effondre en zone nord. La résistante, déportée, retrouvera la France en 1945.

48, rue du Four, réunion inaugurale du CNR ■ 27 mai 1943

Apogée de l'œuvre politique de Jean Moulin, la première réunion du CNR entend réunir des représentants d'anciens partis politiques, des syndicalistes et des dirigeants des mouvements de résistance. Jean Moulin, délégué général, en est le président nommé par Charles de Gaulle.
Convoquer un nombre aussi important de responsables clandestins au cœur d'un Paris occupé est un défi, une garantie aussi donnée au chef de la France combattante. Minutieusement préparée par le petit état-major parisien de Moulin, la réunion doit être courte. Il n'est donc pas question de se laisser aller à d'interminables discussions. Moulin lit un message de De Gaulle devant une assemblée soudain silencieuse, qui réalise l'importance du moment.
Le CNR est en quelque sorte un comité exécutif clandestin, dont la vocation est d'apparaître au grand jour, groupé autour du général de Gaulle à la Libération. Pour l'heure, il est temps de se séparer. Pierre Meunier et Robert Chambeyron, placés en surveillance, font discrètement sortir les seize participants, qui se fondent dans la ville.

➔ 6, rue de Turenne, 4ᵉ

9, place Saint-Sulpice, service des timbres ■ à partir de 1941

Les autorités d'occupation ont interdit la vente publique des timbres administratifs à 13 francs, nécessaires aux documents officiels. Seuls les notaires sont autorisés à se les procurer. Au bureau de vente des timbres d'enregistrement de la place Saint-Sulpice, un employé, complice du cafetier résistant Céron, tamponne sans vergogne les bordereaux de son camarade assurant qu'il ne lui a vendu que des timbres à 10 ou à 3 francs.
Deva, imprimeur faussaire de la rue Monsieur-le-Prince, s'empresse ensuite de coller un unique timbre de 13 francs sur les faux papiers qu'il confectionne.

➔ 6, rue Monsieur-le-Prince, 6ᵉ

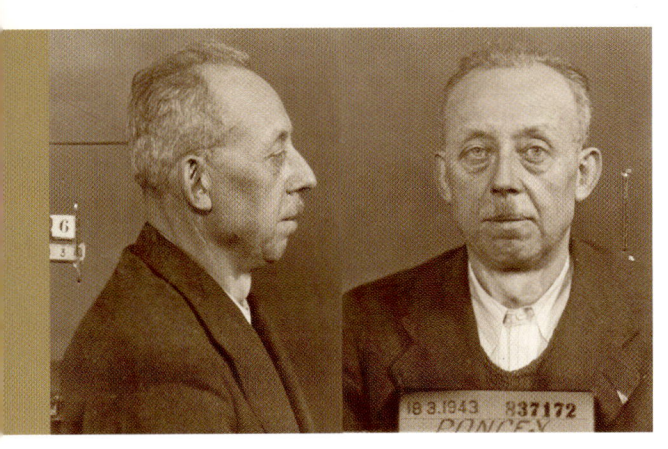

Le brigadier Arsène Poncey est arrêté en 1943. Il disparaît dans des conditions qui demeurent inconnues.

Place Saint-Sulpice, fondation de l'Armée des volontaires ■ 1940

Dès octobre 1940, René Lhopital, maréchaliste scandalisé par l'Occupation, rassemble, avec Arsène Poncey, brigadier, d'ardents patriotes portés sur l'action combattante plutôt que sur la politique. Dans un café de la place Saint-Sulpice, ces résistants de la première heure fondent l'Armée des volontaires en établissant des contacts. Les priorités de l'organisation sont la recherche de renseignements, l'aide aux prisonniers évadés, mais également la constitution de dépôts d'armes.

En avril 1941, l'arrestation de Lhopital compromet durement l'expansion de l'AV. Si elle survit encore en 1942, ses rescapés intègrent en 1943 d'autres mouvements (Libération-Nord, l'OCM, Ceux de la Libération). René Lhopital meurt en déportation.

68, rue Bonaparte, arrestations (Défense de la France)
■ **20 juillet 1943**

Jusqu'à la fin juillet 1943, la librairie de Mme Wagner, Au Vœu de Louis XIII, au 68, rue Bonaparte, est une des plus importantes boîtes aux lettres du service de diffusion de *Défense de la France*. Mais Philippe Viannay, fondateur du journal et du mouvement, alerte ses camarades dès le printemps 1943 : la librairie est devenue dangereuse et doit être évacuée. Averti par Jacques Lusseyran, il se méfie de l'étudiant en médecine Marongin, dit *Elio*, et veut tenir cet agent de liaison éloigné du service d'imprimerie de *Défense de la France*. Malgré le courage et le zèle dont il semble faire preuve, *Elio* est immédiatement isolé. Cependant, les consignes de prudence ne sont pas respectées et la boîte aux lettres reste en fonctionnement. En juillet 1943, les redoutables Bonny et *Lafont* se rendent chez la libraire, alors absente de Paris. Une souricière est tendue. C'est dans la matinée que les jeunes gens, pour la plupart étudiants, ont l'habitude de venir prendre ou déposer leurs plis, donner leur rendez-vous, rencontrer un camarade… Cinquante d'entre eux sont arrêtés. Chaque fois qu'une nouvelle victime se présente, Bonny et *Lafont* bondissent aussitôt sur leur proie et la conduisent dans l'arrière-boutique. Les clients de passage ont droit au même traitement.

Jacques Lusseyran (1924-1971), aveugle, fut un grand résistant. Il groupa autour de lui des étudiants des classes supérieures des lycées parisiens. Il fut déporté à Buchenwald en 1944.

Pierre Marx entre… et a le temps d'apercevoir Charles d'Harcourt menotté au fond de la librairie. Le jeune homme sort son arme, tire et s'enfuit. Poursuivi, blessé, il parvient à s'engouffrer dans le métro… mais s'effondre. Les Allemands l'emmènent à l'hôpital de la Pitié-Salpêtrière, où tous les médecins sont allemands. Pierre Marx n'y est pas soigné, mais interrogé. Il sombre dans le coma et meurt.

Ce même matin, Geneviève de Gaulle, nièce du chef de la France libre, se rend également à la librairie, sa serviette pleine de courrier. À peine entrée, la jeune femme comprend la situation mais garde son calme et demande la bible qu'elle a commandée. On lui répond que Mme Wagner ne saurait tarder ; Geneviève sait parfaitement que la libraire est à la campagne. Comme elle s'apprête à repartir, on lui demande ses papiers tandis qu'un inspecteur fouille sa serviette. Son contenu parle de lui-même. La résistante décide alors de révéler sa véritable identité. Bonny a un instant de stupeur en mesurant sa prise.

Les membres de Défense de la France arrêtés ce jour-là, effectivement trahis par Marongin, sont conduits place des États-Unis dans un immeuble de la bande de Bonny et *Lafont*, où ils sont brutalisés. La plupart sont déportés.

→ 121, rue d'Alésia, 14ᵉ

13, rue du Vieux-Colombier, domicile de Juliette Drouin (CND et OCM) ■ 1942-28 novembre 1943

Alors que son mari, René Drouin, responsable brestois de la Confrérie Notre-Dame, a été arrêté, Juliette rejoint Paris au cours de l'été 1941. Aucun des messages de son époux incarcéré ne parvient à dissuader l'intrépide de poursuivre son activité résistante. Bravant l'interdiction du colonel *Rémy*, son chef, qui la croit « au vert », Juliette s'empresse de contacter Ernest Pruvost, chef de l'antenne PTT-CND, le mettant lui-même en relation avec le très recherché colonel Touny, responsable militaire de la puissante OCM.

Par ailleurs, Juliette patronne le secrétariat clandestin de la branche civile de ce mouvement dirigé par Maxime Blocq-Mascart, traqué lui aussi par toutes les polices allemandes.

Fin août 1943, la Gestapo est aux trousses du chef clandestin. Maxime Blocq-Mascart se réfugie chez sa secrétaire. Son domicile de la rue du Vieux-Colombier n'est plus utilisé par la CND depuis trois mois. Cependant, le 28 novembre, la Gestapo se présente. Elle tend une première souricière dans la loge de la concierge et l'empêche d'alerter quiconque. Juliette Drouin est arrêtée. Un second piège est tendu dans l'appartement même. La concierge parvient heureusement à avertir en fin de journée Maud Lemarié, autre agent de liaison de Blocq-Mascart. La jeune femme se poste aussitôt en face du 13, dans l'ombre du porche, et guette l'arrivée de son chef. Enfin, le voici ! Elle lui fait signe et le pousse dans le hall de l'immeuble qui fait face au sien. Tous deux montent chez leur ami Roger, qui y est domicilié : les trois résistants ont du balcon une vue plongeante sur l'appartement de Juliette.

▷ Un appartement mis sous scellés par la police allemande.

△ Ernest Pruvost.

▷ Prison militaire de la rue du Cherche-Midi, en 1938.

Deux gestapistes sont dans la chambre où vivait Maxime. Les effets masculins ne manquent pas de les intriguer dans la chambre d'une jeune femme célibataire, et les quelques papiers qu'ils trouvent ne laissent guère de doute sur la nature « terroriste » de leur propriétaire. Éteignant la lumière, les policiers quittent la pièce puis sortent de l'immeuble, encadrant Juliette Drouin pour la conduire rue des Saussaies. La perquisition en règle est visiblement remise au lendemain.

Maxime, Maud et Roger ne pensent plus qu'à évacuer les documents cachés chez Juliette. Alertée, Antoinette Sylvestre, sa cousine, gagne par l'escalier de service l'appartement, entre et fouille le domicile désert et silencieux. Argent, papiers, vêtements… les biens de Maxime lui sont rendus chez Roger, où chacun attend, le cœur battant. Antoinette cache le vélo du patron dans la caserne de pompiers voisine.

La Gestapo ne peut que constater le lendemain que les lieux ont été nettoyés : seuls quelques documents compromettant uniquement Maxime sont dénichés. Ce dernier s'est déjà caché chez un autre ami, André Bergeron.

Juliette Drouin, déportée, ne survivra que quelques jours à son retour des camps. Son époux était mort dans une forteresse allemande depuis 1942.

Station Croix-Rouge, arrestation de Marcel Bourdarias (OS-JC)
■ 5 janvier 1942

La bouche de métro Croix-Rouge baigne dans l'animation d'une fin de journée. Dans la foule, Marcel Bourdarias, dit *Alain*, a rendez-vous avec son chef de groupe, Louis Coquillet. L'avant-veille, ils ont attaqué ensemble un local du Rassemblement national populaire, dans le 15e. Des inconnus se présentent, se disant envoyés par Louis Coquillet : est-il *Alain* ? Marcel acquiesce…

Il est immédiatement arrêté. Le matin même, Coquillet est tombé et a donné son rendez-vous avec *Alain*.

Prison du Cherche-Midi, incarcération d'Honoré d'Estienne d'Orves (BCRA)
■ janvier 1941-29 août 1941

Capitaine de corvette, Honoré d'Estienne d'Orves rejoint à Londres le général de Gaulle dès l'été 1940. Nommé chef du 2e Bureau de l'état-major de la France libre à peine naissante, l'officier se voit, à l'hiver, chargé de mener à bien la mission de renseignements militaires en territoire occupé, dite « Nemrod ». Le 22 décembre,

▷ Honoré d'Estienne d'Orves.

11, rue de Sèvres, impression de « Défense de la France »
■ **1941-12 novembre 1943**

En 1941, Philippe Viannay, fondateur de *Défense de la France*, cherche à donner à son journal une nouvelle dimension. Grâce à un ami, il rencontre Jacques Grou-Radenez, qui lui propose d'imprimer les documents les plus urgents. Par ailleurs, Grou-Radenez se dit prêt à former quelques membres de la jeune équipe de *Défense de la France* aux techniques de composition : Charlotte Nadel et Arianne Kohn acceptent avec enthousiasme.

Enfin, Philippe Viannay est mis directement en contact avec des fournisseurs de matériel d'imprimerie, tel Alain Radiguer, technicien, et des photograveurs.

Défense de la France connaît alors un développement spectaculaire jusqu'à devenir, en 1942, le journal le plus important de la zone nord.

Le 12 novembre 1943, Jacques Grou-Radenez et sa femme sont arrêtés pour avoir caché des enfants juifs. Leur grande

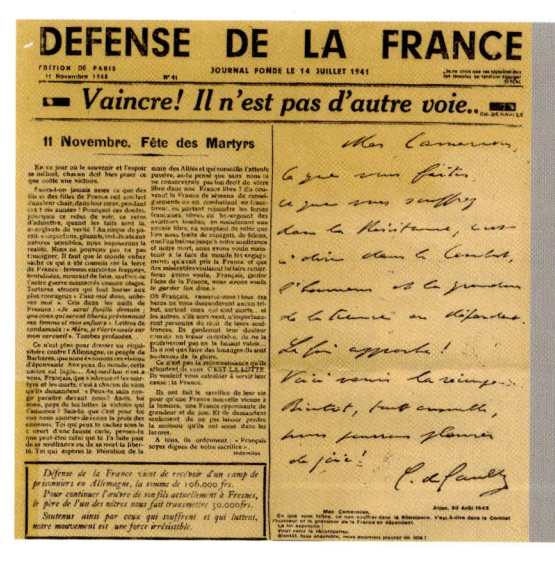

d'Estienne d'Orves et son radio Marty accostent sur une plage proche de la pointe du Raz. En à peine deux mois, le Français libre crée son réseau dans les régions de Rennes et de Nantes.

Mais Marty a déjà trahi les siens, circonvenu par l'ennemi. Dans la nuit du 21 janvier, d'Estienne d'Orves et ses compagnons sont arrêté à Nantes. Transférés à Paris et incarcérés à la prison du Cherche-Midi, tous sont dans la terrible attente de leur jugement. De sa cellule, Honoré, époux et père de jeunes enfants, parvient à réconforter ses compagnons d'infortune, impressionnant même par son courage et sa gaieté. Condamnés à mort par le tribunal militaire, le capitaine et ses camarades sont fusillés le 29 août 1941 au mont Valérien.

Premier Français libre à mourir exécuté par l'ennemi, Honoré d'Estienne d'Orves devient très vite pour tous les premiers clandestins et patriotes une figure exemplaire.

▽ *Défense de la France*, 11 novembre 1943 : veille de l'arrestation d'un de ses meilleurs soutiens, l'imprimeur Jacques Grou-Radenez.

activité résistante est également découverte. L'imprimeur est supplicié et condamné à mort. Il est finalement déporté et meurt dans un camp en 1945.

12, rue d'Assas, actions résistantes du père Riquet
■ 1940-17 janvier 1944

Libéré en 1940, le père Michel Riquet retrouve son bureau de la Conférence Laennec, rue d'Assas. Aumônier des étudiants en médecine, ouvert à toutes les détresses et radicalement opposé au bon accueil que la hiérarchie ecclésiastique fait à l'État français, il s'engage sans attendre dans le refus du nazisme.

À l'instar des pionniers de la Résistance, cet homme d'écoute autant que d'organisation met sur pied une filière d'évasion : en ces derniers mois de 1940, la RAF a besoin de tous ses pilotes pour gagner la bataille d'Angleterre. Le salut de l'Europe passe par la victoire de la seule nation qui se batte contre Hitler.

Connu parmi les hommes de conscience à Paris (il avait, en 1936, soutenu les réfugiés de la guerre d'Espagne), le prêtre est rapidement approché par les premiers patriotes. Au printemps 1941, il met en contact les groupes Guédon (futur Combat) et ceux des tertiaires dominicains de la rue de Verneuil. En 1942, il apporte à la ligne d'évasion Comète le soutien d'étudiants résistants mobilisés à la Sorbonne (avec le père de Montcheuil, qui deviendra l'aumônier du maquis du Vercors), à Sciences-Po (avec Louis Beimaert), dans l'Association catholique de la jeunesse française (avec Paul Bith) ou parmi les étudiants en droit (avec Ambroise Faidherbe).

En 1943, Témoignage chrétien, mouvement fondé à Lyon par le père Chaillet, veut s'implanter en zone nord. Contacté par Marcel Colin, adjoint du fondateur, le père Riquet met aussitôt à sa disposition tous les réseaux disponibles et lui recommande de se rendre à l'imprimerie de Marc Sangnier, boulevard Raspail.

Le STO renforce encore la nécessité de la lutte. Le père Riquet, infatigable plaque tournante de la Résistance à Paris, développe encore ses secours. Cependant, les arrestations entament sévèrement le réseau. S'il est connu de toute la Résistance, le prêtre l'est aussi de l'ennemi.

Le 18 janvier 1944, à 8 heures 30, le révérend père Michel Riquet est arrêté par la Gestapo : « Fini de dissimuler dans votre soutane tous les fils de la Résistance », lui lance un nazi. « Vous me flattez, Monsieur, quelques fils, seulement », rétorque le révérend.

Incarcéré puis déporté, il retrouve la France en 1945.

△ Le numéro 4 de *Courrier français du témoignage chrétien*.

22, rue d'Assas, actions résistantes
■ juillet 1940-11 février 1944

Ancien combattant de la Grande Guerre, le docteur Émile Jamart ne supporte ni la défaite ni l'Occupation. Rentré d'exode en juillet 1940, il fait savoir sa révolte à qui veut l'entendre, mais, isolé dans son appartement de la rue d'Assas, il n'a guère d'autre public que sa fille Mary.

Son audace et sa générosité encouragent cependant quelques-uns de ses patients, réfugiés en zone sud, à lui adresser des demandes de secours : médicaments, nouvelles des familles…

Sa profession l'autorisant à circuler en automobile, le médecin dissimule dans le coffre de sa voiture sérums et autres potions et, par trois fois, franchit la ligne de démarcation pour venir en aide aux malades privés de soins. Puis le vieil homme commence à transmettre des messages, du courrier, des paquets, de l'argent… Enfin, il en vient à convoyer bientôt jusqu'à quinze fugitifs par semaine jusqu'en en zone sud, à raison de deux ou trois allers-retours ! Et quand il est à Paris, il trace des graffitis vengeurs sur le trottoir devant le 22, rue d'Assas.

Au printemps 1942, la fatigue du vieux monsieur le contraint à restreindre ses activités. Il veut pourtant être utile. Des relations l'ont mis en contact avec le fameux colonel *Rémy*, qui cherche à établir la centrale parisienne de son réseau. Jamart propose son appartement. Sachant la débordante activité des lieux, *Rémy* s'empresse… de refuser ! Mais le médecin n'entend pas rester inerte jusqu'à la Libération et obtient de ce dernier la mission de collecter les informations reçues ou observées lors de

▽ En 1941, une voiture de médecin affichant sur son pare-brise un permis de circuler.

△ Jean Hérold-Paquis.

58 bis, rue d'Assas, comité de « La Vérité française » ■ 1940-1941

La Vérité française a été créé à Versailles dès le début de l'Occupation par Jehan de Launoy et le vétérinaire Julien Lafaye. Alors que les kiosques de la capitale regorgent d'une presse à la solde de l'occupant, qui annonce inlassablement la défaite anglaise, Louis et Marie-Louise Mandin décident d'établir dans leur appartement de la rue d'Assas une antenne parisienne de rédaction et de diffusion du journal. Dénoncés, Louis et Marie-Louise sont arrêtés le 25 novembre 1941. Tous deux meurent en déportation.

ses déplacements, au moins dans Paris. Confrérie Notre-Dame en fera bon usage. Émile Jamart s'acquitte de sa tâche, mais elle lui semble insuffisante. Bientôt, il se plaît à inonder Jean Hérold-Paquis, le ténor de Radio-Paris, de missives anonymes en tout genre. Furieux, le collaborateur vilipende ce traître à la patrie et l'invective à chaque émission. Mary et son père savourent leur plaisir avant d'écouter les émissions de la BBC.

Insoupçonné par les polices allemande et française, sans doute en raison même de son effervescence, Émile Jamart est néanmoins dénoncé à la Gestapo. Arrêté le 11 février 1944, il est transféré à la prison de Fresnes puis au camp de Compiègne, prélude à la déportation. Le docteur s'y lie d'amitié avec le chef du service de renseignements communiste, Marcel Prenant. Le 4 juin c'est le départ pour le camp de Neuengamme ; les déportés y apprennent le débarquement des Alliés. Émile sait qu'il ne verra pas la victoire. Malgré le soutien chaleureux de ses amis, le vieil homme ne survit pas à l'horreur concentrationnaire.

130, rue d'Assas, émissions clandestines (réseau Jade-Fitzroy) ■ 1943

Pour les jeunes du réseau, « les petites vieilles de la rue d'Assas » (elles ont quarante ans !) sont une bénédiction. Leur allure sage, leur statut de professeur au lycée Victor-Duruy et le soutien de la concierge permettent l'hébergement d'aviateurs et de résistants dans leur appartement.
Les austères demoiselles, Geneviève Rolland et Marthe Belle-Jouffray, sont bientôt saisies d'une autre demande : peuvent-elles accueillir Paul Faurtier et René Aubertin, émetteurs du réseau ? Les deux résistants bénéficient ainsi d'un précieux point de chute supplémentaire ; dans cette activité, il est en effet recommandé de multiplier les lieux de transmission pour échapper aux repérages.

117, rue Notre-Dame-des-Champs, fondation du MNPGD ■ 12 mars 1944

Dans l'atelier de Georges Goës, ancien résistant du stalag 11B, se réunissent le 12 mars 1944 les représentants des mou-

vements de résistance des prisonniers de guerre. Un groupe gaulliste, le MRPGD, et un groupe communiste, le Comité national des prisonniers de guerre, fusionnent pour former le Mouvement national des prisonniers de guerre et déportés.
Les structures se rassemblent, mais l'action ne change pas : noyautage des administrations, sabotage des dossiers, renseignement…

123, boulevard du Montparnasse, service médical ■ 1943

Jean-Michel Broutin, dentiste boulevard du Montparnasse, soigne clandestinement des patriotes. Lui-même appartient au mouvement Défense de la France.

25, rue de Fleurus, centrale du réseau Max, puis Manipule
■ juillet 1942-septembre 1943

Créé sur les décombres du mouvement de Frenay implanté en zone nord, Ceux de la Résistance organise dès le début 1942 un service de renseignements.
Son patron, Jacques Lecompte-Boinet,

◁ 25, rue de Fleurus.

▽ Le 27 décembre 1941 au 135 boulevard du Montparnasse, un cycliste lance une grenade devant l'hôtel des États-Unis. La vitrine explose, blessant une sentinelle.

en confie la mission à Jean Roquigny. Celui-ci installe aussitôt son secrétariat clandestin au 25, rue de Fleurus, paisible rue du 6ᵉ arrondissement. Marie-Claire Riore, dite *Geneviève*, est son agent de liaison personnel.
Pendant l'été 1942, Max (tel est le nom du nouveau réseau) recrute ses informateurs dans les rangs d'autres mouvements et réseaux (Défense de la France, Résistance, Gallia…) et s'implante aisément à Paris et dans sa petite couronne.
En mars 1943, un autre réseau se greffant sur CDLR, Max change de nom pour celui, définitif, de Manipule. Très efficace et rattaché au BCRA, le service de renseignements, tout comme les groupes francs du mouvement, imposent CDLR comme l'une des plus importantes organisations de zone nord. En septembre, Jean Roquigny est arrêté.

➔ Rue de Navarre, 5ᵉ

3, rue Régis, secrétariat du CGE
■ printemps-été 1943

Marguerite Reveyrand, véritable cheville ouvrière du Comité général d'études, qui se constitue à Paris à partir du printemps 1943, assume aussi son secrétariat. À son domicile de la rue Régis, elle dactylogra-

△ Lors d'un bombardement,
un mariage réfugié dans un abri.

phie les nombreux documents élaborés par les réformateurs gaullistes. Principal agent de liaison du comité clandestin, il lui revient encore de sillonner Paris en tous sens pour organiser des réunions et transmettre des messages.

Pour réduire le nombre de ses déplacements, un rez-de-chaussée désaffecté de la rue de l'Abbé-Grégoire est mis à disposition par la librairie Bloud et Gay. Il abrite les archives du CGE et accueille de nombreuses rencontres entre Michel Debré, Pierre Lefaucheux, Jacques Charpentier et Emmanuel Saltes.

Un bombardement allié contraint cependant Marguerite Reveyrand à quitter son domicile et à faire évacuer les archives de la rue de l'Abbé-Grégoire.

76 bis, rue de Rennes, dépôt de faux papiers (Résistance)
■ 1943-1944

L'instauration du STO (février 1943) provoque un accroissement considérable de la demande de faux papiers. Les réfractaires se multiplient, qu'il faut évacuer vers les maquis. La panoplie administrative ne compte pas moins de vingt-quatre documents de couleur, de format et bien sûr de cachets différents.

La loge de Mme Dhenin, rue de Rennes, devient un dépôt très important des faux papiers fournis par le mouvement.

109, rue de Vaugirard, centrale de Cohors-Asturies
■ août-18 décembre 1943

La chute, au printemps 1943, de la centrale parisienne du SR de Cohors puis l'arrestation, le 28 août, de son chef, Jean Cavaillès, contraint le BCRA à exiger la mise en sommeil du réseau.

Jean Gosset, qui a succédé à Cavaillès, part deux mois à Londres, tandis qu'Albert Guerville assure l'intérim. Jusqu'ici très centralisée, l'organisation se cloisonne en distinguant sa branche « action » de sa branche « renseignements ». Elle renforce également ses agences locales, particulièrement en région parisienne et en Bretagne. Dans sa nouvelle configuration, le réseau Cohors devient Cohors-Asturies. L'appartement de Mme Roserot de Meslin, rue de Vaugirard, tout à la fois boîte aux lettres et lieu de réunion dès 1942 des responsables de Cohors (Cavaillès, Gosset, le colonel Zaparoff, responsable militaire de Libération-Nord, mais aussi Hubert de Lagarde, bientôt fondateur du réseau Éleuthère), continue d'accueillir les activités clandestines malgré les drames de l'été. Les renseignements politiques et militaires collectés en zone nord y sont cachés. Fervente royaliste (sa bibliothèque regorge d'ouvrages consacrés aux familles princières), Roserot de Meslin, dite *Rosine*, ne voit aucun inconvénient à camoufler les nombreux conciliabules de ses hôtes gaullistes ou socialistes – tous républicains – en un inoffensif groupement œuvrant à la restauration des Bourbons.

La résistante est arrêtée le 18 décembre 1943. Rapidement informé, le colonel Zaparoff, responsable militaire du réseau, fait enlever par son agent Couret d'importants documents cachés sous un tapis.

→ 36, rue Chardon-Lagache, 16ᵉ
→ 36 bis, avenue de l'Observatoire, 14ᵉ

△ Jean Gosset.

SEPTIÈME ARRONDISSEMENT

7, quai Voltaire, centrale d'Éleuthère 1943

L'officier Hubert de Lagarde ayant dès 1940 refusé de donner suite aux nombreuses sollicitations du gouvernement de Vichy, opère à la mi-1943 un rapprochement avec les SR de Libération-Nord (socialiste) et de l'Organisation de résistance de l'armée (giraudiste). Le nouveau réseau prend le nom d'Éleuthère, spécialisé dans l'identification des unités militaires.

Très efficacement secondé par Yolande Férié de Thiérache, Hubert étend son organisation sur toute la zone nord : douze sous-réseaux, qu'il inspecte lui-même, sont opérationnels dès décembre. Par ailleurs, le résistant devient membre du Comac.

La centrale nationale d'Éleuthère est installée à Paris, au troisième étage d'un vieil hôtel du quai Voltaire. Le lieutenant-colonel Édouard Laurent, agent de liaison du

△ Reconstitution d'une remise clandestine de courrier à un agent de liaison.

patron de l'ORA (le général Verneau), recueille tous les quinze jours le courrier classé par Yolande, responsable du secrétariat clandestin. Chaque agent d'Éleuthère signe de son matricule les renseignements transmis. Une véritable cartographie militaire établit avec précision la présence et les mouvements (mutations d'officiers, mouvements d'unités…) de l'ennemi : en 1944, les Alliés pourront ainsi détruire presque toute la division SS Hohenstaufen à Mailly-le-Camp.

Le 15 décembre 1943, la direction d'Éleuthère est prévenue de l'imminence d'une descente du Sipo-SD quai Voltaire.

Hubert se réfugie dans sa propriété du Berry ; les archives sont évacuées, la centrale désertée. La journée du 16 est calme ; on se rassure. Sans doute s'agissait-il d'une fausse alerte. Naviguant entre angoisse et soulagement, Yolande se souvient soudain en pleine nuit qu'elle a oublié dans le tiroir de son bureau la carte de journaliste d'Hubert ; le document est non seulement muni d'une photo mais mentionne en outre l'adresse dans le Berry. Le lendemain, à 11 heures du matin, la résistante franchit le porche du 7, quai Voltaire. Dans la loge, un *Feldgrau*, à califourchon sur une chaise, la regarde passer d'un air indifférent. Impassible, Yolande fait mine de se rendre chez l'antiquaire du fond de la cour quand la concierge l'interpelle : un pli à remettre à M. de Lagarde… Impossible de rebrousser chemin ! Le planton se lève sans hâte tandis que Yolande monte la première volée de marches. Elle est toujours seule quand elle arrive sur le palier du troisième, entre dans l'appartement. Personne… Le tiroir du petit bureau renferme toujours la carte fatale, que la résistante détruit aussitôt.

On sonne. Yolande ouvre ; le *Feldgrau* entre. Retentit alors la sonnerie du téléphone. Robert, d'humeur joyeuse, appelle pour décommander un rendez-vous. Sa camarade reste muette : son interlocuteur va-t-il comprendre qu'il se passe quelque chose de grave ? Le soldat, intrigué par ce long silence, se met à hurler et menace. Robert a entendu et, à son tour, se tait. Yolande, qui se sait perdue, respire profondément et raccroche. Bondissant sur elle, le *Feldgrau* la frappe et l'arrête. Conduite rue des Saussaies, la résistante est interrogée, vainement. Trois jours plus tard, Hubert de Lagarde apprend l'arrestation de sa précieuse adjointe. Lui-même est condamné à mort par contumace. Londres lui propose une évacuation définitive qu'il refuse. Arrêté le 24 juin 1944, plusieurs fois torturé par la Gestapo, Hubert est finalement déporté. Il mourra de dysenterie en janvier 1945. Yolande survivra aux camps et retrouvera la France après la capitulation de l'Allemagne.

27, quai Voltaire, centrale de Police et Patrie (Libération-Nord) et Brutus (CAS) ■ 1942-1944

Les bases sont jetées à l'été 1942 d'un mode d'infiltration de la police parisienne. Il s'agit d'asseoir une prééminence socialiste dans la Résistance en faisant connaître les publications clandestines. Le nouveau réseau – appelé Police et Patrie en 1944 – établit sa centrale dans le restaurant de Roger Picot, quai Voltaire. C'est à la fois un dépôt des publications et un centre de renseignements sur les arrestations ou les sabotages de l'appareil répressif.

Par ailleurs, Roger Priou-Valjean, responsable parisien du SR Brutus du CAS – qui, sous la direction de Pierre Sudreau, s'est implanté en zone nord à partir de février 1943 – y établit son PC.

1, rue du Bac, rendez-vous Jacques Decour/Jean Guéhenno ■ septembre 1941

Le Front national, créé en mai 1941, est une émanation du parti communiste constituée de divers comités professionnels. *Jacques Decour*, responsable des intellectuels au parti, est chargé de constituer le Comité national des écrivains et de le doter d'une revue. À cette fin, un rendez-vous préparatoire est pris en septembre 1941 au café La Frégate entre Jac-

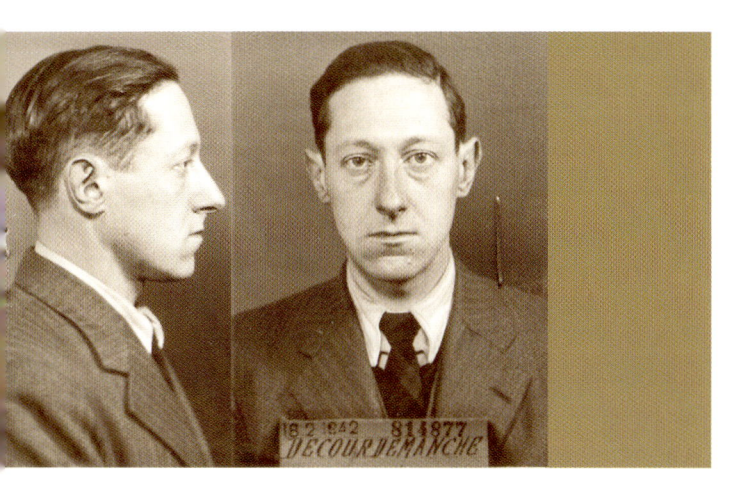

ques Decour et Jean Guéhenno par l'intermédiaire de Jean Paulhan.
En décembre, un sommaire des futures *Lettres françaises* est élaboré. L'arrestation deux mois plus tard de *Jacques Decour* reporte cependant à septembre 1942 la parution du premier numéro.

△ Jacques Decourdemanche.

30, rue du Bac, réunions clandestines (ORA, Éleuthère)
■ 1942-1944

Le restaurant Les Ministères, rue du Bac, accueille, comme son nom l'indique, de nombreux fonctionnaires et directeurs de services travaillant dans le quartier. Non loin, au Palais-Bourbon, siège l'administration civile allemande. Les conversations vont bon train, riches d'informations parmi les mille rumeurs qui ne cessent de courir la ville.

Mme Gardes, propriétaire des lieux, sait tendre l'oreille… au besoin placer à la table voisine d'un bavard un de ses discrets amis, membre du réseau de renseignements Éleuthère, ou encore de l'ORA.

Les résistants y tiennent aussi des réunions, protégés par anonymat de la petite foule animée des convives. Les généraux Frère,

▽ 37, avenue de Lille.

Verneau et Revers, les trois patrons successifs de l'ORA, y convoquent même leur état-major. Mme Gardes a pour habitude d'offrir le déjeuner à ses hôtes de l'ombre. Elle assure aussi le ravitaillement des agents de liaison du mouvement, saint-cyriens pour la plupart, aidée dans cette tâche par M. Émile, son gérant.

37, rue de Lille, groupe d'Émilien Amaury ■ octobre 1940-août 1944

Dès l'automne 1940, Émilien Amaury ouvre les locaux de sa société, l'Office de publicité générale, aux initiateurs d'une presse clandestine. Son réseau personnel, dont font partie les imprimeurs Lescaret et Sangnier mais aussi des clicheurs et des brocheurs, permet l'organisation rapide et efficace d'une véritable centrale de presse clandestine.

Le groupe dit de la rue de Lille parvient aussi à relayer en province la diffusion des publications résistantes grâce au soutien des postiers. *Défense de la France*, *Résistance*, *Témoignage chrétien*, *Libération-Nord*, les Éditions de Minuit, les travaux du Front national, du CGE ou de l'OCM… toute la Résistance imprimée s'y donne rendez-vous.

▷ Christian Pineau, fondateur du journal et du mouvement Libération en zone Nord. Il est photographié ici en 1945, lors de sa nomination en tant que ministre du Ravitaillement, après son retour de déportation.

▽ Le numéro 5 de *Libération-Nord*, 29 décembre 1940. À la veille de l'année 1941, la feuille clandestine souhaite « mauvaise année pour nos hôtes » (en haut à gauche). Christian Pineau, unique rédacteur, écrit sous le pseudonyme de *François Burteval*.

La centrale clandestine perdure jusqu'à la Libération. Elle se transformera en siège du secrétariat général à l'Information.

52, rue de Verneuil, création de Libération-Nord ■ 1940-1942

Christian Pineau et sa femme voient, le 23 juin 1940, les premiers Allemands dans la campagne charentaise. L'Occupation fait naître en eux une irrépressible volonté d'agir. Le couple regagne son domicile de la rue de Verneuil.

Avec Robert Lacoste, Christian Pineau conçoit d'abord un manifeste destiné à alerter la vigilance des syndicats tout en maintenant des formes acceptables pour l'État français. Douze responsables le signent, dont neuf de la CGT. Mais pour le futur chef de Libération-Nord, la guerre sera longue. Le Manifeste du syndicalisme français n'est qu'une étape qui le conduit à un engagement approfondi dans la Résistance.

L'idée d'un périodique clandestin s'impose alors au PC de la rue de Verneuil. Le 1er décembre 1940, le premier numéro de *Libération-Nord* est prêt, dactylographié en sept exemplaires. L'auteur en dissimule un dans sa cave tandis que les six autres sont envoyés par la poste à des amis possesseurs d'une ronéo. À leur tour, ils pourront le diffuser et reconnaître ainsi les patriotes qui cherchent eux-mêmes à tâtons leurs premiers contacts. Dès lors, des réunions hebdomadaires se tiennent au domicile des Pineau. Tout est à construire, inventer, prévoir : la recherche de l'information, la fabrication du journal, son stockage, sa diffusion.

Le petit groupe est encouragé par la violente réaction des autorités de Vichy (René Belin, ministre du Travail, a convoqué Christian Pineau, estimant que son manifeste lui a causé le plus grand tort) comme par la multiplication spontanée des premiers exemplaires. Christian Pineau savoure sa joie lorsqu'il reçoit, sous pli, son propre journal, puis lorsqu'un ami, René Parodi, lui en confie un autre avec des allures de conspirateur.

Libération-Nord commence donc à circuler dans Paris, reproduit par des anonymes… Au début de 1941, René Parodi organise pour Christian Pineau quelques rendez-vous. Plusieurs organisations s'esquissent (l'OCM, les Volontaires de la liberté…) : partout on cherche le contact avec Londres.

À la fin 1941, Christian Pineau dispose de contacts importants avec la Résistance dans les deux zones. La fabrication et la diffusion de *Libération-Nord* sont assurées par une poignée d'hommes efficaces. Manque l'apport décisif d'un imprimeur (la question sera réglée en juillet 1942), capable de donner un véritable essor au journal.

Christian Pineau vit le deuxième hiver de l'Occupation en homme recherché. Ne faut-il pas changer de vie, plonger dans la clandestinité, quitter la rue de Verneuil ? Surtout, ne devrait-il pas aller à Londres rencontrer ce général de Gaulle qui, de son côté, depuis juin 1940, appelle les Français libres à se battre ? En janvier 1942, Pierre Brossolette, qu'il rencontre dans sa librairie de la rue de la Pompe, lui ouvre la route vers l'Angleterre ! Le réseau du colonel *Rémy* organise le voyage. Fin février, l'opération Pernod fait s'envoler pour Londres le patron de Libération-Nord. Premier chef de mouvement de la Résistance intérieure en zone nord, Christian Pineau apporte à de Gaulle et à ses services sa connaissance du terrain mais aussi les interrogations politiques des patriotes à l'endroit du chef de la France libre.

→ 231, rue La Fayette, 10ᵉ

33, rue de l'Université, création du service de santé de la Résistance
■ septembre 1943

Au cœur de l'été 1943, le professeur de médecine Louis Pasteur Vallery-Radot quitte en hâte son domicile de l'avenue Franklin-D.-Roosevelt : on vient de le prévenir que la Gestapo s'apprête à perquisitionner son appartement. Se faisant oublier en zone sud, le résistant, membre de l'OCM, revient à Paris le 21 septem-

◁ Le 18 décembre 1941, Georges Tondelier jette une bombe dans un garage situé au 68, rue de l'Université.

bre, en clandestin cette fois. Son ami Henraux l'héberge ainsi que le professeur Milliez, dit *Olivier*, également recherché.

Au 33, rue de l'Université, les deux amis dressent l'organigramme clandestin d'un service de santé national de la Résistance, rassemblant quelque cent vingt jeunes médecins et étudiants en médecine.

Mais le délégué général de la France combattante, Claude Bouchinet-*Serreulles*, fait savoir son souhait d'unifier les résistances médicales. La conservatrice OCM peut-elle s'entendre avec le Front national des médecins communistes ? Le 29 septembre, les professeurs Milliez et Pasteur Vallery-Radot se rendent à une importante réunion où doit se discuter la fondation d'un unique comité de la résistance médicale.

→ 1, rue Le Nôtre, 16ᵉ

Rue de l'Université, fuite de Roger Ancel (NAP) ■ juillet 1944

Au début de l'année 1944, Roger Ancel décide d'infiltrer des services de répression de la Résistance dont l'action est de plus en plus meurtrière. Avec une audace et un sang-froid inouïs, Roger intègre la Légion des volontaires français (1, rue Auber), le quartier général de la Milice (44, rue Le Peletier) et l'école SS du Selbstschutz à Taverny. Il réussit si bien qu'on lui propose d'être chef de commando, assimilé au grade d'*Oberleutnant*.

Le jeune homme se dit flatté, mais prétexte avec une naïveté feinte la poursuite de ses études pour refuser cette promotion. Il infiltre encore la caserne SS du boulevard Berthier.

Le Débarquement déclenche une belle panique dans les rangs ennemis et collaborateurs ; la répression s'accroît. Alerté par un policier résistant en juillet, Roger sait que la Milice et le SD le recherchent. Il a été dénoncé.

La traque commence en ces heures qu'on sait ultimes. Alors que le patriote se rend à un rendez-vous rue de Grenelle avec un membre du NAP, il voit surgir des *Feldgrau* à l'angle de la rue de Bellechasse. Tous les passants sont contrôlés. Roger veut s'engouffrer rue du Bac pour échapper à la rafle. Bloquée, elle aussi. Rue de Villersexel, au rez-de-chaussée, une fenêtre ouverte… Roger l'enjambe. Un couple dîne. « Je suis un réfractaire, cachez-moi ! », lance le pourchassé. Abasourdis mais compréhensifs, ses hôtes involontaires le poussent à l'intérieur de leur appartement. Un quart d'heure passe. La rue de Villersexel est silencieuse. Roger se glisse au-dehors. La rue du Bac paraît déserte ; il s'y engage. Soudain des bruits de bottes… Roger revient sur ses pas, rue de Poitiers, rue de Lille…Tout est bouclé. À pas de loup, le résistant rejoint la rue de l'Université et sonne à la grille de la cour arrière du ministère des Travaux publics. La concierge ouvre mais refuse de le laisser passer. L'exhibition du revolver de Roger l'incite à de meilleurs sentiments : le résistant se cache dans un couloir de service. Seul dans ce bâtiment silencieux, il en entreprend la visite. Voilà une chambre. Celle du ministre peut-être ! Pourquoi ne pas y dormir après tant d'émotions ? Roger Ancel passe une excellente nuit. Le lendemain, nouveau départ. Pour la Libération de Paris, cette fois.

33, rue de Bellechasse, évacuation de Jean-Pierre Levy (Franc-Tireur) ■ 12 juin 1944

Arrêté en octobre 1943, Jean-Pierre Levy est incarcéré à la Santé depuis sept mois, dont quatre au secret, quand les groupes francs du MLN, conduits par Charles Gonard, réussissent à le faire évader.

Au bistrot du 33, rue de Bellechasse, Benjamin Roux et quatre patriotes de Franc-Tireur attendent l'arrivée de leur patron. En fin d'après-midi, accompagné par Gonard, Levy, hirsute, encore menotté, pénètre dans le bistrot. Ses hommes, émus, se lèvent et se mettent aux ordres.

Son évacuation doit être immédiate. Les Lajouanine sont prévenus ; leur domicile, au 106, rue de Sèvres, servira de première planque. Charles Gonard noue une cravate autour du cou du fugitif. Sur ses poignets entravés, on jette un foulard. Jean-Pierre Levy est discrètement guidé vers la voiture prévue par le commando. En tout début de soirée, le fondateur de Franc-Tireur a gagné son premier asile. Ses amis ont bien fait les choses. C'est jour de fête, d'autant plus que les Alliés ont débarqué en Normandie moins d'une semaine auparavant ; sur la nappe blanche, on a préparé un véritable festin comme on n'en a plus l'habitude en ces temps de rationnement ! On se croirait presque avant guerre.

→ 23, rue de Constantinople, 8e

Pont de Solférino, attentat FFI
■ fin juin 1944

Le Débarquement a eu lieu et le comité parisien militaire d'Île-de-France recommande de multiplier les exécutions d'officiers. Madeleine Riffaud, combattante issue des FTP, est chargée de récupérer les armes des groupes francs après une action. Le 26 juin, la BBC révèle le massacre d'Oradour-sur-Glane (10 juin). Madeleine en est d'autant plus horrifiée qu'elle a fréquenté, enfant, l'école d'Oradour. Elle se souvient de sa première communion dans l'église même où les écoliers et leurs instituteurs sont morts, brûlés vifs. Le chagrin et le dégoût galvanisent la résistante. Munie d'un revolver, elle sillonne Paris à vélo, décidée à saisir la première occasion. La veille, n'a-t-elle pas vu encore un ami abattu de sang-froid par le *Feldgrau* qu'il venait d'épargner ?

Elle aperçoit un officier allemand au pont de Solférino. Elle descend de sa bicyclette, l'abat, puis s'enfuit en pédalant de toutes ses forces. Un agent de police, au débouché du pont sur le quai d'Orsay, lui ouvre le passage. Mais la jeune fille est déjà prise en chasse par une voiture de la Gestapo. Rattrapée, poussée violemment par le véhicule, elle tombe et est arrêtée. Suppliciée rue des Saussaies, condamnée à être exécutée en Allemagne, elle est sauvée in extremis par l'insurrection parisienne. Madeleine reprend le combat, dirigeant même la compagnie Saint-Just.

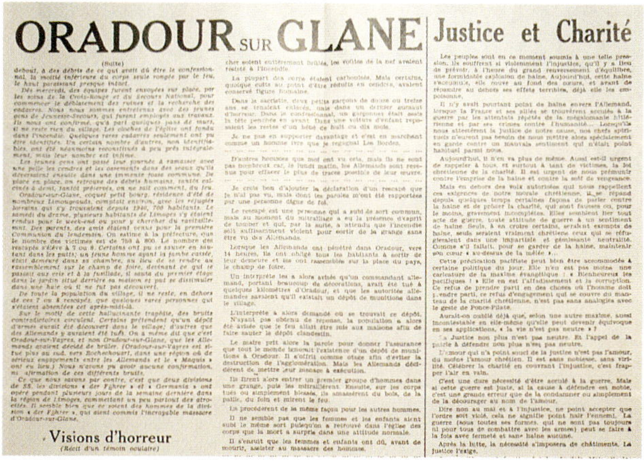

△ Charles Gonard.

▽ *Témoignage chrétien* révèle le massacre d'Oradour-sur-Glane.

10, rue de Solférino, exécution de Philippe Henriot (Comac)
■ 28 juin 1944

Orateur-né, Philippe Henriot est la voix de la Milice à Radio-Paris, la seule capable de rivaliser avec celle de Londres, y compris la plus célèbre. Il est nommé secrétaire d'État à l'Information et à la Propagande en février 1944.

Au printemps 1944, le Comité d'action militaire décide de priver les ondes françaises de leur talentueux collaborateur. Maurice Kriegel, dit *Valrimont*, confie à Charles Gonard, alias *Morlot*, la périlleuse mission. Gonard, 26 ans, est l'homme de l'impossible : il s'agit rien de moins que d'enlever le tribun pour le faire juger à Alger. Après un court séjour dans une villa de Seine-et-Oise, l'orateur milicien devra être évacué de France par opération aérienne.

Morlot s'attache dès lors à surveiller les déplacements d'Henriot lors de ses passages à Paris et à établir son emploi du temps habituel. Il passe toujours la nuit dans son appartement de fonction, 10, rue de Solférino. Le concierge du ministère, sympathisant de la Résistance, fournit le plan du bâtiment. La chambre des appartements privés est au premier étage. Au petit matin du mercredi 8 juin, une première équipe neutralise les gardiens, tandis qu'une seconde coupe les lignes téléphoniques et que la troisième, dirigée par Charles

△ En 1944, des affiches vichystes de propagande pour le travail et les organismes d'État, tels que le C.O.S.I. (Comité Ouvrier de Secours Immédiat) et Radio-Paris. Enfin, une affiche dénonce l'assassinat de Philippe Henriot, ancien secrétaire d'État à l'Information.

▽ Philippe Henriot.

Gonard, monte jusqu'à la chambre d'Henriot. Gonard frappe, tout en glissant sous la porte une carte de collaborateur.
Le milicien ouvre alors. Immédiatement, les résistants se saisissent de lui, l'avertissant de son futur jugement à Alger. Mais sa femme, depuis longtemps persuadée que son mari trouverait la mort en ce lieu même, se met à hurler. Henriot bondit sur ses adversaires en armes. Un des patriotes tire et blesse le milicien, qui est immédiatement achevé. L'équipe du groupe franc s'enfuit sans encombre. La mort du célèbre orateur de la milice donne lieu à des manifestations officielles, dont une messe à Notre-Dame.

1, rue de Courty, centrale d'Alliance ■ 1941

Le commandant Loustaunau-Lacau et Marie-Madeleine Méric, future chef du très grand réseau de renseignements Alliance, veulent étendre à la capitale et en zone nord leur organisation déjà active en zone sud. Leur ami Dubidon se voit nommé responsable de la création de l'antenne parisienne. Il se met aussitôt à la tâche en louant l'ancien siège de la revue – *L'Ordre national* – fondée avant-guerre par Loustaunau-Lacau. Il en fait la centrale d'Alliance à Paris.

En mai 1941, le réseau possède déjà cinq émetteurs. Les patrouilles Turenne et

▷ Marie-Madeleine Méric.

◁ Georges Loustaunau-Lacau.

Guynemer viennent renforcer les équipes de Dubidon. L'implantation en zone nord s'étoffe. Marie-Madeleine, au printemps, se rend elle-même dans la capitale pour une première évaluation.

La concierge de l'immeuble, bien qu'ignorante des activités illégales qui s'y trament, lui signale la visite de deux Allemands. Marie-Madeleine passe une dernière nuit rue de Courty. Il est convenu que la concierge n'alertera la police allemande qu'après son départ. La résistante a ainsi tout loisir de présider une ultime réunion ce soir-là avec ses adjoints, Henri Champin et Armand Bonnet. De nouveaux questionnaires établis par Londres doivent être diffusés auprès des informateurs du réseau.

5, rue Las Cases, secrétariat de l'OCM ■ 1940-1944

Bibliothécaire au Musée social, Maud Lemarié assure, dès l'automne 1940, le secrétariat de l'OCM que viennent de fonder Jacques Arthuys et Maxime Blocq-Mascart. À partir de 1941, elle dirige les aspects techniques de la fabrication et de la diffusion des *Cahiers de l'OCM*, dactylographiant les textes et remettant à Émilien Amaury, rue de Lille, les articles à imprimer.

Le Musée social devient dès lors le principal dépôt de la publication clandestine. Maud Lemarié organise les équipes de diffusion, tout en devenant l'agent de liaison personnel de Maxime Blocq-Mascart, rédacteur en chef de la branche civile du mouvement après l'arrestation d'Arthuys en décembre 1941.

Comme son patron, elle échappe à l'arrestation et vit, le 25 août 1944, les heures inoubliables de la Libération de Paris.

→ 72, avenue Victor-Hugo, 16ᵉ → 17, rue de Logelbach, 17ᵉ

▽ Militaires allemands à la Chambre des députés en juillet 1940.

28, rue de Bourgogne, actions résistantes ■ 1940-1944

Dès juin 1940, Mᵐᵉˢ Hellstern et Goret refusent l'armistice. La croix gammée flottant sur le Palais-Bourbon, devenu centre de l'administration civile des autorités d'occupation, les insupporte et renforce leur détermination. Les deux femmes prennent la tête du groupe dit de la rue de Bourgogne, composé de nombreux jeunes. Une filière d'évasion est organisée pour évacuer les soldats alliés vers l'Angleterre, via l'Espagne.

En 1943, après l'instauration du STO, les réfractaires sont aussi pris en charge. Jacqueline Richet dirige le service des faux papiers. Les patriotes de la rue de Bourgogne constituent même un groupe franc qui éliminera trois traîtres convaincus d'avoir infiltré le réseau.

30, rue de Bourgogne, boîte aux lettres (Service B) ■ 1944

Rappelée par son chef, Georges Beyer, responsable du service B (du parti communiste), Sylvie Galanis quitte la zone sud pour renforcer le réseau de la capitale.

En juin et juillet 1944, le débarquement des Alliés et leur difficile progression mobilise toutes les antennes des réseaux. À Paris, le SR communiste multiplie ses boîtes aux lettres. Celle de la droguerie du 30, rue de Bourgogne est tenue par un ancien mannequin de chez Lanvin, à présent patronne de la boutique. Mêlée aux clients, Sylvie Galanis transmet ses messages.

Rue Saint-Simon, planque du Service B ■ 1943-1944

Dès l'automne 1940, Henri Vidal, qui a une formation de radiotélégraphiste, veut intégrer un réseau de renseignements. Son contact est cependant arrêté le jour même

△ Paul Schmidt.

de leur premier rendez-vous. Si Henri en réchappe, c'est qu'il s'est trompé de café et a assisté à la scène depuis celui d'en face. Jusqu'en février 1943, Henri Vidal s'abstient de tout nouveau contact. Mais la Relève fait de lui un réfractaire et le précipite dans la résistance. Une de ses amies le présente à Charles Chezeau, responsable parisien du Service B, le réseau de renseignement du PCF. En octobre 1943, Henri plonge dans la clandestinité, quittant son magnifique appartement de la rue Saint-Simon, qu'il met à la disposition du réseau clandestin. Quant à lui, il loue une chambre rue du Bac.

→ 155, rue du Bac, 7ᵉ

80, rue de Grenelle, centrale du BOA ■ automne 1942-6 avril 1943

Jean Moulin, dit *Rex*, veut constituer en zone nord un équivalent du Service des opérations aériennes et maritimes, créé en zone sud dès l'automne 1942. Ce sera le Bureau des opérations aériennes, dépendant, comme le SOAM, du Service action-mission du BCRA, installé à Londres. *Rex* en confie l'organisation à Jean Ayral, dit *Pal*. Jean Ayral est parachuté de nuit en France en juillet 1942. Il repère en région parisienne de possibles terrains d'aviation clandestins, recrute les équipes de réception, organise les départs et arrivées. En même temps, il entre en relation avec les responsables des groupes et réseaux clandestins de la zone nord. Ceux-ci se plaignent du manque constant d'armes, de munitions, d'argent, de matériel de transmission. Les rapports sont difficiles. Tout manque. *Pal* lui-même est sans radio : Charles Baron s'est fait arrêter en zone sud. Au 80, rue de Grenelle, le chargé de mission de *Rex* établit sa centrale. Au 86 de la même rue, il loge dans sa planque, au rez-de-chaussée. Enfin, le 27 février 1943, Charles Baron, libéré, rejoint son patron à Paris. C'est la fête rue de Grenelle, et les réunions reprennent avec un peu moins de tension. Début avril, Paul Schmidt, dit *Dominique*, arrive en renfort.

Mais à partir du 3 avril, Jean Ayral et Paul Schmidt n'ont plus de nouvelles de leur radio. Le 6, les deux camarades croisent un des leurs rue de Grenelle : Gilbert leur apprend que Charles et lui ont été arrêtés par la Gestapo. Le radio a tout dit, affirme Gilbert. Quant à lui, la police allemande n'a rien pu prouver et il a été relâché. Non, il n'a pas été pas brutalisé, à peine une gifle. Ayral et Schmidt ne croient pas un mot de ce récit. Il faut quitter le studio du 86, déménager la centrale du 80 et avertir du danger tous les camarades.

Gilbert, convaincu de trahison, est abattu vers la mi-avril dans les bois de Meudon.

→ 86, rue de Grenelle, 6ᵉ

86, rue de Grenelle, domicile de Claire Chevrillon (BOA) ■ 1942-1943

À l'automne 1942, Claire Chevrillon entre dans une résistance active au secrétariat du futur Bureau des opérations aériennes, le nouveau service voulu par Jean Moulin. En zone nord, Jean Ayral, dit *Pal*, son patron, trouve hébergement clandestin au 86, rue de Grenelle, un immeuble également habité par la jeune femme. Claire devient son principal agent de liaison et sa boîte aux lettres. Elle est rejointe un peu plus tard par une amie, Jacqueline d'Alincourt, dite *Violaine*, qui partage avec elle l'appartement.

Trois mois après la disparition de Jean Moulin, il faut préparer l'installation des délégués militaires régionaux, des services centraux qui quittent Lyon, ainsi que le

▷ Hôtel Cayré, boulevard Raspail.

nouveau secrétariat de la Délégation générale. *Violaine* est chargée de la recherche de planques et des hébergements. Débordée, elle loue sous son nom propre une chambre pour le délégué militaire Pierre Marchal, rue de la Michodière. Celui-ci est arrêté dans les premiers jours qui suivent son arrivée à Paris. L'adresse de Jacqueline (et de Claire) est retrouvée. Claire échappe à l'arrestation et plonge dans la clandestinité ; son amie est arrêtée. Suppliciée avenue Foch, elle se tait. Déportée à Ravensbrück, Jacqueline d'Alincourt retrouvera la France en 1945.

→ 129, rue de la Pompe, 16ᵉ → Rue du Débarcadère, 17ᵉ

4, boulevard Raspail, évasion de Jean Ayral (BOA) ■ 28 avril 1943

Le 28 avril 1943, Jean Ayral, dit *Pal*, patron du BOA en zone nord est arrêté et conduit à l'hôtel Cayré, boulevard Raspail, centre d'enquête dévolu aux hommes de l'Abwehr. Il est 17 heures. Dans une pièce au fond du hall, quatre résistants gardés par trois factionnaires en armes attendent leur interrogatoire.

▷ Jean Ayral.

Jean Ayral s'assoit, silencieux. Il n'a sur lui qu'une épingle, insuffisante pour s'égorger. Deux très longues heures s'écoulent ; quelques signes discrets s'échangent entre les cinq prisonniers. L'un d'eux demande à être accompagné aux toilettes. Voilà un factionnaire en moins... Miracle : le téléphone sonne ! Un deuxième planton s'éloigne... Il n'en reste plus qu'un... promptement assommé par un Jean Ayral vif comme l'éclair, qui s'empare de son arme. Déjà, la porte à tambour du hall d'entrée tourne sur elle-même, vide. Jean Ayral s'est évadé avec les trois autres résistants.

Le fugitif s'engouffre sous le premier porche de la rue du Bac, traverse la cour et monte quatre à quatre les sept étages de l'immeuble. Une locataire, intriguée par le bruit, ouvre la porte de sa chambre de bonne. Jean repère au plafond une trappe qui conduit aux combles. Il s'y précipite et s'y tapit. Mais Ayral a été vu et dénoncé ; du fond de sa cachette, il peut entendre les cris, les bruits de bottes, les chiens dans l'escalier... la trappe se soulève... puis se referme. Vacarme et danger s'éloignent peu à peu. Le silence retombe sur Jean aux aguets. La trappe s'ouvre à nouveau : c'est la concierge. De sa loge, elle a vu sa fuite et le cherche. Jean fond en larmes, excédé par la terrible tension. À 5 heures, le lendemain, le chef du BOA rejoint son amie salvatrice. Il se lave, avale un merveilleux petit-déjeuner puis sort dans le matin frais. À Passy, Ayral sait trouver un foyer sûr. Jean Moulin, apprenant l'extraordinaire évasion de son compagnon, lui dit toute sa joie et lui ordonne… de rentrer au bercail, c'est-à-dire à Londres. La tête de Jean Ayral est en effet mise à prix ; une évacuation définitive s'impose.

Le combattant mourra lors des combats du débarquement en Provence, pris pour un Allemand par un patriote.

→ 20, boulevard des Filles-du-Calvaire, 11ᵉ

38, boulevard Raspail, imprimerie clandestine ■ 1941-18 février 1944

Marc Sangnier, fondateur avant guerre du Sillon, un mouvement social-démocrate chrétien, ouvre les portes de son imprimerie, La Démocratie sociale, aux résistants de 1940. Émilien Amaury, chef du groupe dit de la rue de Lille, la recommande à tous.

À partir de 1942, les publications clandestines deviennent de véritables journaux. *Résistance*, *Le Franc-Tireur*, *Libération*, *Les Lettres françaises*, mais aussi *Le Médecin français* et *L'Éternelle revue*, de Paul Éluard, sortent des presses du boulevard Raspail. Le 18 février 1944, tandis qu'un numéro de *Défense de la France* est en cours d'impression, la Gestapo surgit. Le matin, elle avait arrêté la secrétaire. Tout le personnel – ouvriers, chefs d'atelier, directeur – est emmené. La plupart des ouvriers périssent en déportation.

▽ Clicheuse du service B, SR du PCF.

▷ Deux titres clandestins imprimés au 38, boulevard Raspail : *Le Médecin français* et *Défense de la France*. En bas de page, *Défense de la France* appelle à lire *Combat*, *Libération*, *Franc-Tireur*, *Résistance*, *Lorraine*, autres organes du MLN.

Boulevard des Invalides, actions résistantes ■ dès 1940

M. et Mme Morin, concierges de l'hôtel des Invalides, sont horrifiés d'apprendre la courte visite à Paris du chancelier Adolf Hitler : celui-ci veut se rendre devant le tombeau de Napoléon. Songerait-il secrètement, en cet été 1940, à envahir un jour la grande Russie ?

Ils se refusent quant à eux à donner les clés de la crypte, ce qui se sait rapidement dans le petit monde des premiers patriotes.

Dès l'automne 1940, le couple héberge les premiers prisonniers évadés ou des aviateurs alliés. La nuit, des promenades sont parfois permises autour du célèbre dôme. Rien de plus amusant pour des aviateurs américains que de voir déambuler, en contrebas, les sentinelles allemandes. Mais le silence absolu est recommandé, non sans peine parfois.

Par ailleurs des dépôts d'armes sont répartis dans le vaste bâtiment. Les Morin sont ainsi affiliés au réseau Turma-Vengeance, qui se déploie dans Paris en 1942.

17, rue Barbet-de-Jouy, dépôt et fabrication de faux papiers (Résistance) ■ 1942

En 1941, l'imprimeur de Rudder dépose régulièrement à l'hôtel du duc d'Harcourt, 17, rue Barbet-de-Jouy, des tracts clandestins. La concierge a remarqué les allées et venues et fait comprendre au résistant qu'elle est en plein accord avec son action. La loge de Jeanne Sauthier devient dès lors une plaque tournante du mouvement Résistance.

Dès l'impression du premier numéro de *Résistance*, les communs de l'hôtel sont le plus gros dépôt du journal. Le groupe de Versailles s'y approvisionne ainsi que de très nombreux groupes parisiens. Des réseaux provinciaux s'alimentent à la même source.

L'adresse, qui abrite également un atelier de faux papiers, ne sera jamais découverte.

→ 40, rue Taine, 12ᵉ

114, rue du Bac, organisation du Cosor ■ 1943-1944

Berty Albrecht (adjointe de Frenay à la tête de Combat) a créé en zone sud un service social pour les familles de résistants éprouvées par l'arrestation des leurs. La

▽ Hitler dans la cour de l'hôtel des Invalides lors de son unique passage à Paris, le 23 juin 1940.

Délégation générale aimerait élargir cette initiative au plan national. À la demande de Jacques Bingen, récemment arrivé de Londres, le père Chaillet, fondateur du journal *Témoignage chrétien*, s'emploie pendant l'été 1943 à unifier les divers groupes d'entraide financière et sociale. Argent, médicaments, ravitaillement… tout peut venir à manquer aux familles ou aux résistants contraints de se mettre au vert.

Le jésuite obtient les soutiens les plus larges, de l'OCM au Front national. En février 1944, le Comité des œuvres sociales des organisations de résistance est officiellement fondé, et son siège – secret – établi au bureau du père Chaillet, rue du Bac. Celui-ci gère la trésorerie et dirige les activités. Des dépôts parisiens de ravitaillement sont créés.

→ 13, rue Jacob, 6ᵉ

155, rue du Bac, planque d'Henri Vidal (Service B) ■ à partir de 1942

Affecté au service de renseignements du PCF, Henri Vidal plonge dans la clandestinité. À l'automne 1942, il loue sous une fausse identité une chambre de bonne rue du Bac. Sa fortune personnelle (il fut riche commerçant) lui permet de ne pas être appointé par le parti. C'est lui qui verse d'abondants subsides au réseau, dit Service B. Janine Niépce (la petite-fille de l'inventeur de la photographie), son agent de liaison, lui transmet des données militaires rassemblées par Charles Chézeau, son responsable régional parisien. Henri les analyse, les complète.

Au début de 1943, il part en mission en banlieue parisienne puis en Normandie. À Magny-en-Vexin, un paysan a remarqué une insolite circulation de wagons sous un tunnel bien gardé par les *Feldgrau*.

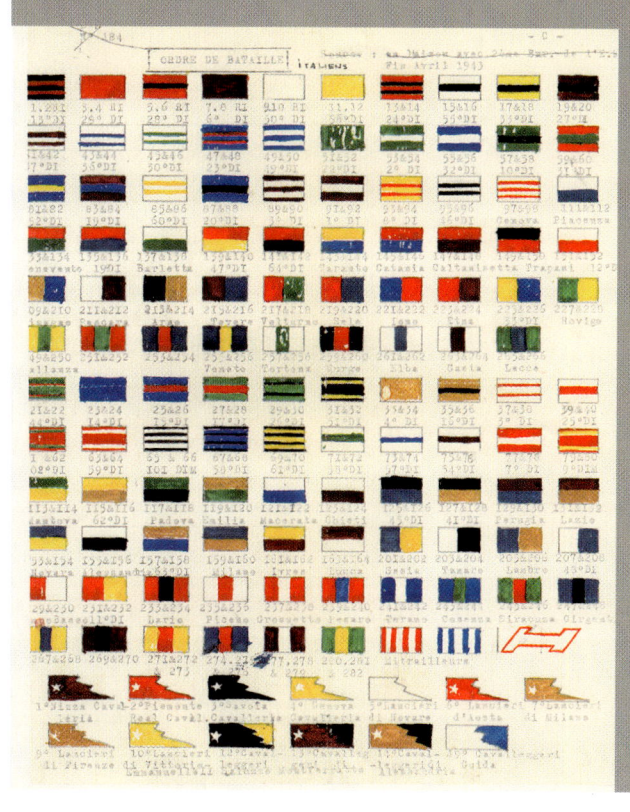

La ligne est pourtant fermée aux convois réguliers. Henri Vidal parvient à savoir qu'il s'agit là d'un entrepôt ultrasecret de fusées V1.

À Paris – où il ne rentre que tous les quinze jours – le résistant a constitué son propre réseau d'informations avec les lingères chargées de nettoyer les uniformes des officiers allemands. Insignes et numéros permettent à Henri de reconstituer des unités et de les localiser.

→ Rue Saint-Simon, 7ᵉ

10, rue Oudinot, filière d'évasion Comète ■ mars 1942-7 juin 1943

Germaine et Robert Aylé, patriotes désœuvrés depuis le démantèlement, fin 1941, de leur organisation (les groupes dits Guédon), acceptent avec enthousiasme la proposition qui leur est faite d'assurer à Paris l'hébergement d'aviateurs abattus pour la ligne d'évasion Comète.

△ Ordre de bataille italien de la fin avril 1943, reconstitué par le service B.

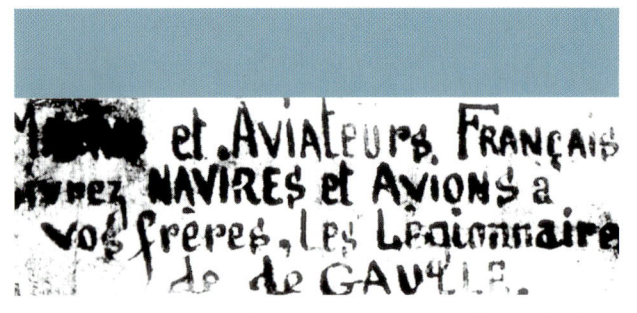

Papillon gaulliste de l'été 1940.

L'appartement loué au 10, rue Oudinot devient rapidement le plus fréquenté de l'antenne parisienne du réseau.

Lucienne Laurentie et Aimable Fouquerel assurent le ravitaillement, organisent les départs et les arrivées des « colis ». Peu conscients du danger, les fugitifs rechignent à demeurer enfermés entre quatre murs. Par ailleurs, les liaisons radio défectueuses obligent souvent à différer les sorties, exaspérant parfois l'impatience des pilotes.

En 1943, un an après son implantation parisienne, Comète est devenue une ligne sûre et appréciée. Elle est pourtant infiltrée par l'agent Jacques Desoubries. Le 7 juin, Robert et Germaine Aylé sont arrêtés ainsi que Fouquerel et Lucienne Laurentie. Tout le réseau de la zone nord est anéanti. Il perdure cependant en zone sud, se consacrant alors plus particulièrement au sauvetage d'enfants juifs.

26, rue Pierre-Leroux, boîte aux lettres et dépôt de faux papiers (Saint-Jacques)
■ automne 1940-3 juin 1942

Membre du groupe dit du Bon Conseil, fédéré autour de l'abbé Roger Derry, Marc Dufour s'engage dans une résistance active à partir de l'automne 1940. Son domicile, rue Pierre-Leroux, devient la boîte aux lettres principale des patriotes André Bureau, Pierre Aussenaire, Charles Deprez ou des frères Ponchel, qui collectent tous des renseignements militaires pour le compte du (futur) BCRA dans Paris et sa région. La centrale du réseau Saint-Jacques transmet directement au 2e Bureau de la France libre à Londres les informations recueillies. Mais, le 9 octobre 1941, tous les compagnons de Marc Dufour, sauf André Bureau, sont arrêtés.

Sans changer de domicile, le résistant poursuit ses activités clandestines, se spécialisant dans la production de tracts et surtout de faux papiers. Le 3 juin 1942, Marc Dufour, trahi à son tour par l'agent double André Folmer, est arrêté par la Gestapo rue Pierre-Leroux.

Après plus d'un an d'emprisonnement en France, il est transféré en Allemagne. Condamné à mort à Berlin le 14 octobre 1943, il est décapité à la hache le lendemain dans la cour de la prison de Cologne. L'aumônier Gertges, bénissant sa dépouille, note secrètement le numéro de sa tombe pour, un jour, en informer sa famille.

20, avenue de Ségur, état-major de Résistance-PTT
■ décembre 1940-5 décembre 1943

Dès l'hiver 1940, un petit groupe d'employés au ministère des PTT s'emploie à fabriquer de faux papiers pour les prison-

▷ *Véhicule de la poste utilisé par la Résistance-PTT.*

niers ou les aviateurs et à diffuser des tracts refusant l'armistice. Ils sont alors contactés par Ernest Pruvost, rédacteur au ministère. Bien vite, Simone Michel-Lévy, déjà entièrement dévouée à la cause résistante et douée d'un très grand sens de l'organisation, devient son adjointe, entraînant ses premiers compagnons dans son sillage. Célibataire, d'une disponibilité totale, sachant user des possibilités offertes par son propre emploi de rédactrice comme de ses compétences de télégraphiste, Simone, dite *Emma* ou *Françoise*, crée en particulier les services courrier et radio. Au cours de l'année 1942, tandis qu'Ernest Pruvost se rapproche de l'Organisation civile et militaire et de la Confrérie Notre-Dame, dont l'essor est spectaculaire, *Emma* organise en Normandie une antenne radio du réseau, s'appuyant sur les postiers résistants de la région. En juillet 1943, Pruvost dirige un véritable état-major de la Résistance PTT, avec Horvais comme adjoint, Debeaumarché, responsable des liaisons, Simone Michel-Lévy, responsable radio. À partir de l'automne, Pruvost lui confie la direction du service courrier de l'imposant réseau du colonel *Rémy* (CND). Gare de Lyon et gare Montparnasse, Simone Michel-Lévy organise, avec les groupes d'ambulants de la poste (ils trient le courrier dans le train) qu'Ed-

▽ Défilé de résistants ayant été déportés. Edmond Debeaumarché est le troisième à gauche.

Simone Michel-Lévy.

mond Debeaumarché a constitués, des filières rapides d'acheminement « approvisionnées » par les chauffeurs des voitures postales.

Lorsqu'en 1943 la centrale Coligny rassemble les renseignements des réseaux CND, Fana, Cohors et Centurie, c'est encore *Emma* qui prend la direction de l'opération. L'imbrication des réseaux rend cependant périlleuse toute action, suspendue au silence d'un camarade arrêté. Le pire se produit le 4 novembre 1943 lorsque le responsable radio de la CND, *Tilden*, est arrêté par le sinistre *Masuy*. Épouvanté à la seule idée de la torture, l'ancien compagnon du colonel livre tout ce qu'il sait, même ce qu'il aurait pu taire. Quatre-vingt-dix noms sont ainsi donnés au patron meurtrier de l'avenue Henri-Martin.

Le lendemain de la trahison de *Tilden*, Simone Michel-Lévy est arrêtée. L'ancien radio lui a donné rendez-vous au café François Coppée, à l'angle du boulevard du Montparnasse et de la rue de Sèvres. Les gestapistes s'emparent aussitôt d'elle et la conduisent dans leur repaire, aussi luxueux que sinistre. La résistante, soumise aux pires sévices, ne parle pas. Jetée en prison, elle parvient à alerter les siens. Un mois plus tard, c'est au tour de Debeaumarché et d'Horvais, son adjoint de la CND, d'être traqués. Alertés in extremis, ils parviennent à s'échapper du ministère par le bureau 41, qui donne sur l'avenue de Saxe. Déportée en Allemagne en mars 1944, d'abord à Ravensbrück puis à Flossenburg, Simone Michel-Lévy est convaincue de sabotage et condamnée à mort. Deux jours avant sa pendaison, elle écrit à sa mère ce court billet : « Ne pleurez pas, c'est un ordre. Ne soyez pas tristes. Moi, je ne le suis pas. Mon cœur est calme autant que mon esprit. Dans ma petite cellule, j'interroge le ciel, je pense à tout ce qui est beau, à tout ce qui est clair. » Ni la disparition de Simone, ni l'arrestation de Debeaumarché n'entraveront la puissante efficacité de l'EM-PTT. Lorsque, le 6 juin 1944, le message personnel lancé sur les ondes de la BBC – « Les dés sont sur le tapis » – donne le signal de la mise en opération du plan violet (sabotage des lignes de communication), celui-ci est aussitôt exécuté en Normandie selon les consignes précises laissées par *Emma*.

→ 13, rue du Vieux-Colombier, 6ᵉ

35, avenue de Ségur, PC de la Délégation générale
■ mars-août 1944

Nommé délégué général du Comité français de la libération nationale, Alexandre Parodi se préoccupe de la préparation politique de la Libération. Il propose des nominations de commissaires de la République et de secrétaires généraux. Il doit néanmoins composer avec les chefs communistes, partisans de l'insurrection immédiate, comme avec le CNR, qui manifeste son indépendance vis-à-vis de la Délégation générale. Redoutant que le soulèvement parisien ne s'achève en bain de sang, il tente, avec Jacques *Chaban-Delmas*, délégué militaire national, d'imposer une trêve. En vain. L'arrivée très rapide de la 2e DB écarte le danger.

▷ Alexandre Parodi.

▽ *La voix de la France*, journal des Comités de la France combattante.

33, avenue Duquesne, domicile de Georges Tournon (Jade-Fitzroy)
■ janvier-mai 1943

Membre début 1943 du SR Jade-Fitzroy, opérationnel à Paris depuis 1941, Georges Tournon assure des liaisons et des collectes d'informations, utilisant par ailleurs son imprimerie de la rue Delambre comme dépôt de courrier. Mais en avril 1943, l'arrestation d'une opératrice radio révèle un grave défaut de cloisonnement. En mai, l'échec d'une opération aérienne en raison de l'amateurisme de ses organisateurs incite les patriotes à mieux préparer leurs actions. Georges Tournon quitte son domicile du 33, avenue Duquesne et envoie sa famille en Lozère. Plongeant dans une semi-clandestinité, il se consacre à la recherche de renseignements.

→ 20, rue Delambre, 14e

24, rue du Général-Bertrand, Source K (Direction des recherches et du contrôle technique des PTT)
■ septembre 1941-décembre 1942

En 1941, l'ingénieur Edmond Combaux, colonel démobilisé, retrouve son poste à la Direction des recherches et du contrôle technique des PTT. Il s'est engagé à fournir à l'état-major allié le plus possible d'informations en écoutant les communications téléphoniques allemandes. Son service chapeaute en effet celui des lignes souterraines à longue distance. Le câble Paris-Berlin transmet les conversations les plus secrètes de l'ennemi. Cependant, le centre interurbain de Saint-Amand, véritable bunker à 20 mètres sous terre, hautement surveillé, est inaccessible.

Edmond Combaux et son collègue Sueur cherchent pendant un an le moyen d'écouter les échanges de l'ennemi. Ils ont bien l'idée de mettre une dérivation sur le fameux câble, mais un projet aussi insensé demande autant de technicité que de sang-froid. Le 17 septembre 1941, Combaux en soumet la proposition à l'ingénieur Robert Keller. Ce père de quatre enfants, engagé dans un groupe de résistance depuis 1940, accepte la mission malgré les risques et se fait fort de recruter une équipe de patriotes dont il se porte garant.

En avril puis en décembre 1942, la « Source K » est opérationnelle en deux points de dérivation. Les conversations au sommet de la hiérarchie de la Luftwaffe, de la Kriegsmarine, de la Wehrmacht et de la Gestapo sont écoutées. À Londres, Français et Anglais s'émerveillent. Mais à l'hiver 1942, les contacts avec le SR établi à Vichy, par lequel transitent les informations, s'interrompent. Combaux cherche une liaison radio avec Londres tandis que s'accumulent les rapports d'écoute des opérateurs. Il part à Lyon, désespérant d'y trouver un relais. Le 25 décembre, de retour à Paris, Combaux apprend la terrible nouvelle : Robert Keller a été arrêté.

→ 2, rue du Docteur-Landouzy, 13e

Place de Fontenoy, destruction du fichier du STO ■ février 1944

Informés à l'automne 1943 de l'existence d'un fichier du STO de 200 000 noms (la classe 42), les responsables Léo Hamon et Yves Farge, du Comité d'action contre la déportation, décident de le détruire. *Rol*-Tanguy, alerté en sa qualité de chef FTP, s'engage à fournir un groupe de protection et veut participer lui-même à l'action. Un certain Robert Ladelle, employé à l'administration du STO, s'est chargé de donner de précieuses informations aux émissaires du commando. Le fichier se trouve au second étage du ministère du Travail, et personne n'est en faction devant la porte du local. Services et couloirs sont déserts après la sortie du personnel, à 19 heures. Une première tentative échoue. Yves Farge et *Rol*-Tanguy sont cependant grillés et ne peuvent récidiver.

Serge *Ravanel*, patron des groupes francs du MLN, prend dès lors l'organisation du sabotage en main. Cinq partisans armés assureront la couverture du seul Léo Hamon. L'action est décidée pour le 25 février 1944 : suivi de deux de ses anges gardiens, Hamon pénètre à 19 heures dans le ministère. À l'extérieur, trois partisans surveillent les alentours depuis leur Traction.

Léo Hamon passe devant le concierge, lançant un « Service ! » sonore, tout en brandissant un faux laissez-passer. L'homme demeure indifférent. Aussi rapidement que discrètement, les trois résistants grimpent à l'étage du fichier. Ils tombent nez à nez avec un « compagnon de France », séminariste pétainiste pénétré de sa cause, montant la garde et n'entendant pas céder aux exhortations de Léo Hamon. Le temps presse et ne prête pas aux discussions. Comme la menace d'une arme ne vient pas à bout des ardeurs du cerbère, on l'assomme proprement d'un coup de crosse. À présent, il s'agit de forcer la porte, qui résiste aux mains inexpertes de Léo Hamon. Une pince-monseigneur surgit à point nommé des mains d'un partisan plus averti. Le bruit résonne abominablement aux oreilles des patriotes. Enfin, la porte cède ! Léo et son compagnon (l'autre garde le maréchaliste étourdi) s'empressent de jeter dans la pièce leurs bananes incendiaires et y mettent le feu.

Les trois saboteurs, après avoir invité le compagnon de France, qui retrouve ses esprits, à quitter les lieux sans délai, s'enfuient à toutes jambes et descendent en trombe les deux étages. Devant la loge du concierge, on ralentit toutefois l'allure

▽ *Rol*-Tanguy.

△ Serge Ravanel.

pour ne pas éveiller les soupçons. Les résistants franchissent enfin le seuil du ministère et se retrouvent place de Fontenoy, déserte et obscure.

Dans une petite rue à droite, la Citroën attend. Léo Hamon et ses deux compagnons s'y engouffrent tandis que sur la place retentissent les premiers cris. « Au feu ! » La voiture démarre en trombe et traverse Paris ; deux partisans braquent leurs pistolets à l'arrière, mais personne ne prend en chasse la Traction.

Quelques jours plus tard, l'exploit est annoncé et commenté avec passion sur les ondes de la BBC : le fichier STO de 200 000 noms a été entièrement détruit ! Léo Hamon en a eu la confirmation dès le lendemain par ses informateurs du ministère du Travail. Quant au compagnon, il guérit de sa bosse à l'hôpital. Hamon lui envoie un colis avec un billet qui se conclut ainsi : « Vous avez risqué votre vie, que la prochaine fois ça soit pour la France et pas contre elle. Bonne santé. »

Courut alors, dans toute la Résistance, où il resta fameux, le distique de Pascal Copeau :

« Léo, mellifluent, se penche avec onction
Sur le garde assommé sur ses indications. »

→ 13, rue Pierre-Nicole, 5ᵉ

40, avenue Charles-Floquet, planque du réseau Shelburne
■ janvier (ou novembre) 1943-juin 1944

Rescapés des arrestations qui ont frappé la ligne d'évasion Oaktree, le capitaine canadien Lucien Dumais et son radio Raymond Labrosse constituent à partir de novembre 1943 le nouveau réseau Shelburne.

Devenu très dangereux depuis 1942, le passage en Angleterre par la filière pyré-

▷ Graffitis allemands au pied du pilier Sud de la Tour Eiffel.

néenne est abandonné au profit d'évasions par voie maritime depuis la Bretagne. S'appuyant sur la Résistance locale (Front national) et sur l'AS comme sur un soutien plus efficace des services secrets britanniques, les deux officiers parviennent à monter d'importantes opérations au départ de la plage Bonaparte de l'anse Cochat à Plouha (Côtes-du-Nord).
Les pilotes patientent dans la maison de Jean et Marie Gicquel puis, la nuit, descendent la falaise, en évitant les patrouilles allemandes, avant d'embarquer.
À Paris, Lucien établit une de ses planques avenue Charles-Floquet. À la veille de la libération de Paris, le réseau Shelburne peut s'enorgueillir d'avoir évacué de France 143 personnes.

→ 6, rue des Capucines, 2ᵉ

39, avenue de La Bourdonnais, domicile de Jean de Vogüe et centrale Comac ■ 1944

Que se passera-t-il à Paris lors de la Libération ? Comment préparer le combat ? Les communistes voudront-ils s'emparer du pouvoir ? Depuis l'été 1943, ces questions ne cessent de diviser les chefs nationaux de la clandestinité. Chacun comprend ainsi l'importance stratégique et politique des conditions de la libération de la capitale.
Le 29 décembre, un accord militaire est conclu entre les communistes et les non-communistes en vue d'une unification des forces armées clandestines. Au début de 1944, à l'initiative des mouvements représentés au Conseil national de la Résistance, le Comité militaire d'action est créé. Sa centrale est établie au 39, avenue de La Bourdonnais, domicile de Jean de Vogüe. Le comité directeur, gaulliste en février, devient majoritairement communiste en mai avec la nomination comme président de Pierre Villon, patron du Front national. Les deux grands courants de la Résistance – gaulliste et communiste – s'accordent sur la nécessité de l'action immédiate dans la perspective de la Libération.

39, avenue de La Bourdonnais, dépôt d'armes et de journaux
■ 1943-1944

Directeur du cours Frédéric-Le-Play, Raymond Massiet fait profiter les patriotes de ses salles de classe. Mêlés aux élèves et aux professeurs qui entrent et sortent de l'établissement, des agents de liaison du MLN viennent y déposer des armes, qu'on dissimule dans les caves.

Les portes s'ouvrent aussi aux *Cahiers du Témoignage chrétien*, implantés en zone nord à partir de 1943.

Le cours privé de l'avenue de La Bourdonnais devient le dépôt des journaux pour Paris et sa banlieue. Emballés, stockés, les paquets sont ensuite transportés par les résistants vers différents centres de diffusion.

170 bis, rue de Grenelle, arrestation de Georges Politzer et Danielle Casanova (PCF)
■ 15 février 1942

En octobre 1940 le professeur Paul Langevin, communiste, est arrêté. Responsable des intellectuels du parti, Georges Politzer se propose dès lors de rassembler les consciences. Jacques Solomon, *Jacques Decour*, Frédéric Juliot-Curie et Pierre Maucherat créent *L'Université libre*. À Paris, Politzer s'attelle à la création de *La Pensée libre*, véritable revue littéraire de 96 pages (voulue par Aragon) dont le premier numéro paraît en février 1941. Le deuxième sort un an plus tard.

Cependant, la Brigade spéciale n° 1 organise plusieurs filatures de cadres communistes en janvier 1942. Le 15 février, des inspecteurs s'emparent de Danielle Casanova dans l'escalier de l'immeuble où demeure Georges Politzer. Ils sont arrêtés. Tous deux sont conduits à la préfecture de Police, interrogés, puis livrés aux Allemands. Georges Politzer est fusillé le 23 octobre 1942 au mont Valérien ; déportée à Auschwitz, Danielle Casanova meurt du typhus le 9 mai 1943.

▷ Georges Politzer.

▽ Timbre de la RDA honorant la mémoire de Danielle Casanova.

▽ Pierre Maucherat.

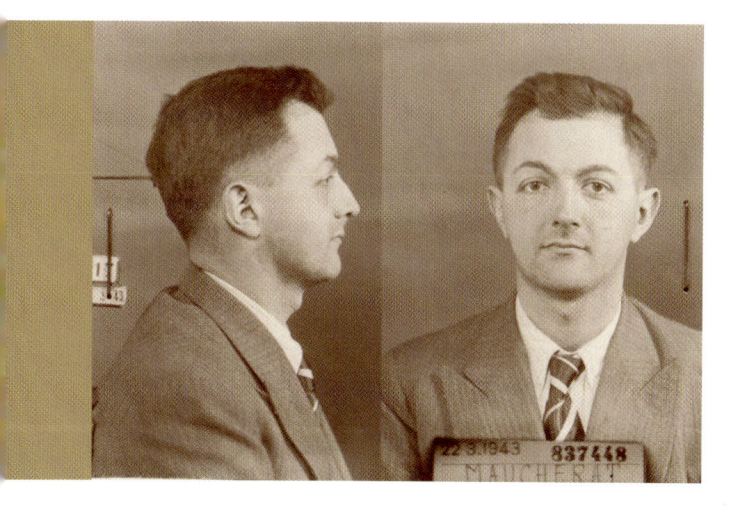

11 bis, rue Cognacq-Jay, arrestation du général Verneau (ORA)
■ 23 octobre 1943

Le général Verneau succède au général Frère, arrêté en juin 1943, à la tête de l'ORA, giraudiste. La victoire politique du général de Gaulle à Alger conduit

△ L'imprimeur clandestin Comte pendant l'Occupation, dans le quartier de l'École militaire.

◁ Maurice Chevance-Bertin.

Verneau à rapprocher son organisation clandestine de l'état-major de la France combattante. L'opposition communiste s'avère farouche.

Mais, le 23 octobre 1943, le général Verneau est arrêté lors d'une réunion. Déporté, il meurt à Buchenwald le 15 septembre 1944.

8, rue de Monttessuy, hébergement de Maurice Chevance-Bertin (Combat)
■ octobre 1943-avril 1944

Fidèle d'entre les fidèles d'Henri Frenay, dont il est le premier compagnon en 1940, Maurice Chevance assure rapidement de hautes fonctions dans le mouvement Combat. En 1943, il dirige les MUR en zone sud. Trahi par son secrétaire, Jean Multon, dit *Lunel*, il parvient, bien que blessé, à échapper le 27 avril à ses poursuivants gestapistes. Il est hébergé, soigné et évacué par un policier patriote de Marseille.

À l'automne, Maurice estime que sa nécessaire mise au vert a assez duré. Il quitte sa cachette des Basses-Alpes pour reprendre à Paris toute sa place dans Combat. Maryse Pilot lui trouve une planque chez les demoiselles Bertrand, au 8, rue de Monttessuy. Ces deux républicaines passionnées disposent d'une bibliothèque très fournie et le chef résistant aura l'occasion d'étoffer sa culture politique en puisant dans les rayonnages ou au cours de longues conversations.

Le clandestin qu'il est devenu organise également ses activités. Brantôme, son agent de liaison, le rencontre dans la rue ; au café-tabac Laffond, 57, avenue Rapp. Chevance, connu sous le nom de *Bertin*, a trouvé une excellente boîte aux lettres : le patron et son fils, sûrs depuis 1940 de la victoire finale, sont d'un patriotisme à toute épreuve.

Toute la journée, *Bertin* disparaît dans Paris, allant de rencontres en réunions. Le soir, il ne regagne la rue de Monttessuy qu'avec une prudence de chat. Il dépasse toujours le n° 8 en arrivant du trottoir des numéros impairs. Au bout de la rue, il traverse, rebrousse chemin, ralentit le pas, tous les sens aux aguets. Il retient son souffle avant de pousser le lourd battant, et pénètre ensuite avec précaution dans le hall. Parfois, il ne s'arrête pas au bon étage mais poursuit sa montée, puis redescend, le pied léger, le cœur battant. Enfin, selon un code convenu, il sonne chez ses charmantes amies. Un jour de plus, sain et sauf. Mais que sera demain ? Conversons plutôt de la République, invite une demoiselle Bertrand…

Bientôt, Frenay lui fait savoir qu'il l'attend à Alger. En avril 1944, Maurice Chevance-*Bertin* quitte sa vie de clandestin et « vingt mille heures d'angoisse ».

HUITIÈME ARRONDISSEMENT

76, boulevard Haussmann, centrale de Combat ▪ été 1943

À l'été 1943, Pierre de Bénouville quitte Lyon pour réorganiser les services de Combat en zone nord. En l'absence d'Henri Frenay, il assure la direction du mouvement, ce qui à l'automne devient effectif : le fondateur clandestin ayant été nommé par de Gaulle membre du Comité français de libération nationale à Alger.

▷ Pierre de Bénouville.

Quartier de la Madeleine.

Timbre de propagande pétainiste en faveur des prisonniers de guerre.

Sous le faux nom de *Langlois*, le résistant monte une affaire d'import-export dont il installe les bureaux boulevard Haussmann, en face d'une banque très fréquentée. Pour justifier de nombreuses allées et venues et obtenir les *Ausweis* nécessaires, *Langlois* endosse les fonctions de représentant de sa société.

La question du fonctionnement (structurel et financier) de l'Armée secrète après la double arrestation du général Delestraint et de Jean Moulin est alors aiguë : les maquis se développent, la rumeur court d'un débarquement allié en septembre et l'argent manque.

Langlois (que ses employés soupçonnent avec une secrète admiration d'entretenir un lucratif marché noir) fait donc de fréquents allers-retours en Suisse, où se discutent avec des représentants alliés les financements de la résistance armée.

6, place de la Madeleine, centrale du MRPGD ■ mars-10 août 1943

Des prisonniers évadés d'Allemagne entendent poursuivre en France leur engagement résistant. En mars 1943 se crée le Mouvement de résistance des prisonniers de guerre et déportés, d'obédience gaulliste. Au 6, place de la Madeleine s'établit une centrale parisienne, dirigée par Jean Duprat-Geneau. Sa secrétaire, Marie-Thérèse Dorechin, assure les liaisons et les transports de courrier comme de faux papiers. Le local abrite aussi un dépôt d'armes.

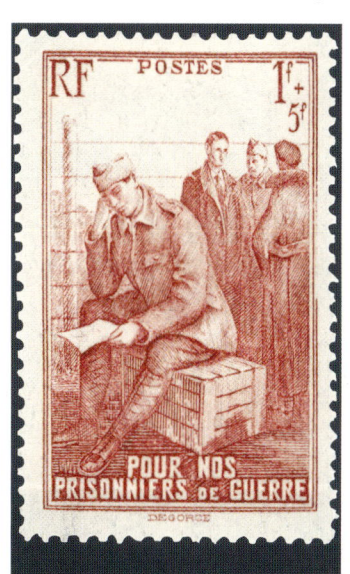

Le 10 août 1943, Duprat-Geneau est arrêté. Jacques Bourgeois, secrétaire général du mouvement, lui succède.

→ *47, rue de Boulainvilliers, 16ᵉ*

Rue Tronchet, comité rédacteur de « L'Arc » ■ octobre 1940-janvier 1941

Économiste qui signa avant guerre de multiples ouvrages sous le nom de Probus, Jules Corréard, exaspéré par la défaite et l'armistice, s'empresse de prendre contact avec des patriotes convaincus. À son domicile de la rue Tronchet, il réunit le secrétaire général de la CFTC, Gaston Teissier, le colonel Roux et le pasteur Durrleman, qui décident de se réunir régulièrement et créent ainsi une feuille clandestine. *Libre France*, premier nom de la petite revue, devient *L'Arc*, dont la référence à Jeanne d'Arc est explicitée dans le n° 8 : « Que l'arc dont Jeanne a porté le nom soit notre signal. »

Pendant quatre mois, d'octobre 1940 à janvier 1941, vingt numéros paraissent, comptant chacun une petite dizaine de feuillets. Dénonçant le défaitisme, le comité de rédaction s'attache à contrer la propagande officielle : Darlan, amiral de la flotte, Pétain, ancien vainqueur de Verdun, trahissent leur passé glorieux.

Les Français sont invités à redresser la tête. L'Afrique française lutte déjà pour la patrie. Un jour, ce sera la victoire. Dès à présent il faut entrer dans la lutte, en recopiant les articles de *L'Arc*, en cherchant dans son entourage les bonnes volontés : « C'est une minorité agissante qui sauvera notre patrie ! »

Mais les appels vibrants, diffusés en 300 exemplaires, cessent en janvier 1941. Probus-Corréard a été arrêté.

▽ *Veritas* du 25 août 1941. En haut à droite, la maxime « La vérité est notre arme ».

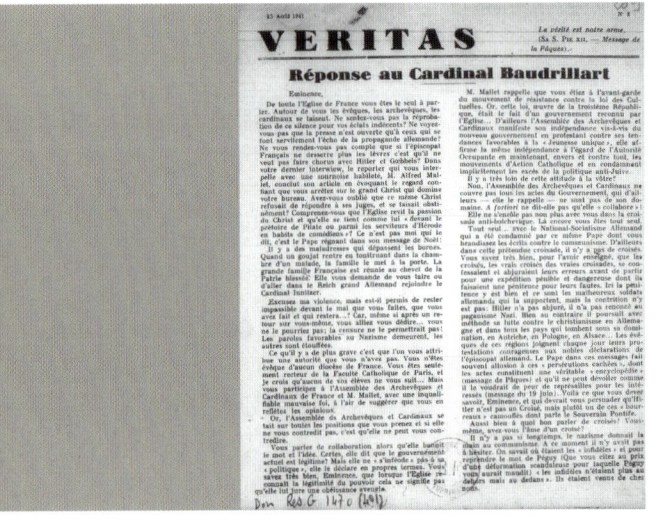

30, rue de Surène, rédaction de « Veritas » ■ 1941-février 1942

Affecté au Bureau des secrétariats sociaux et prêtre du diocèse de Saint-Brieuc, Armand Vallée circule en zone nord et y constitue un petit réseau de résistants chrétiens. Ceux-ci rédigent un journal clandestin, *Veritas*.

Quand il est à Paris, l'abbé Vallée se sert de son emploi aux secrétariats comme couverture. Au 30, rue de Surène, un autre petit groupe est chargé de rechercher des informations et de rappeler les textes de Pie XII condamnant le nazisme. Cinq pages ronéotypées constituent la version parisienne de *Veritas*, dont la maxime est : « La vérité est notre arme. »

En 1941, le prêtre est recruté par Robert Guédon, adjoint d'Henri Frenay pour la zone nord. L'abbé Vallée met alors en contact Guédon avec le père Riquet, déjà une immense figure de la Résistance parisienne, et s'emploie à établir en zone occupée le Mouvement de libération nationale en s'associant à la diffusion de son journal, *Les Petites Ailes de France*.

En février 1942, le prêtre est victime de la trahison de Marongin, qui démantèle Combat en zone nord. Condamné à mort en 1943, Armand Vallée meurt le 30 mars 1945 au camp de Mauthausen.

11, rue des Saussaies, siège de la Gestapo ■ 1940-1944

Dès le 10 août 1940, le 3e *Kommando* des troupes de Knochen, futur chef de la Sipo-SD, s'installe dans les locaux de la Sûreté nationale aux 11, rue des Saussaies et 11, rue Cambacérès. À l'automne 1941, les services de l'Abwehr et de la Feldgendarmerie, malgré une importante augmentation de leurs effectifs, demandent à la Gestapo de se charger des enquêtes politiques, des perquisitions et des arrestations.

La multiplication des attentats dans Paris depuis l'invasion de l'URSS par l'Allemagne change la donne : il ne s'agit plus seulement d'assumer une occupation militaire, mais de traquer et de réprimer les « terroristes ». Dès 1941, des résistants sont enfermés et suppliciés rue des Saussaies. C'est cependant après l'arrivée, le 5 mai 1942, du général Oberg, nommé chef suprême des SS et de la police pour la France occupée, que dans les sinistres immeubles de la Sûreté nationale passent des centaines de résistants humiliés, enchaînés, torturés. Les patriotes, quand ils arrivent rue des Saussaies pour subir les interrogatoires, sont d'abord enfermés dans ce qu'ils appellent la ménagerie, un local situé dans la cour, dont le sol est recouvert de paille et qui fait aussi office d'écurie pour les chevaux des officiers de la police politique. Un autre local, qui abritait la caisse centrale de la Sûreté nationale, sert de cellules pour les chefs de la Résistance. L'afflux de détenus ne pose aucun problème particulier, ni de nourriture, ni d'hébergement : les résistants sont tout simplement enfermés dans divers réduits devenus autant de cellules, souvent sans fenêtre, ni aération, ni lumière. Aucune distribution de repas n'est évidemment assurée.

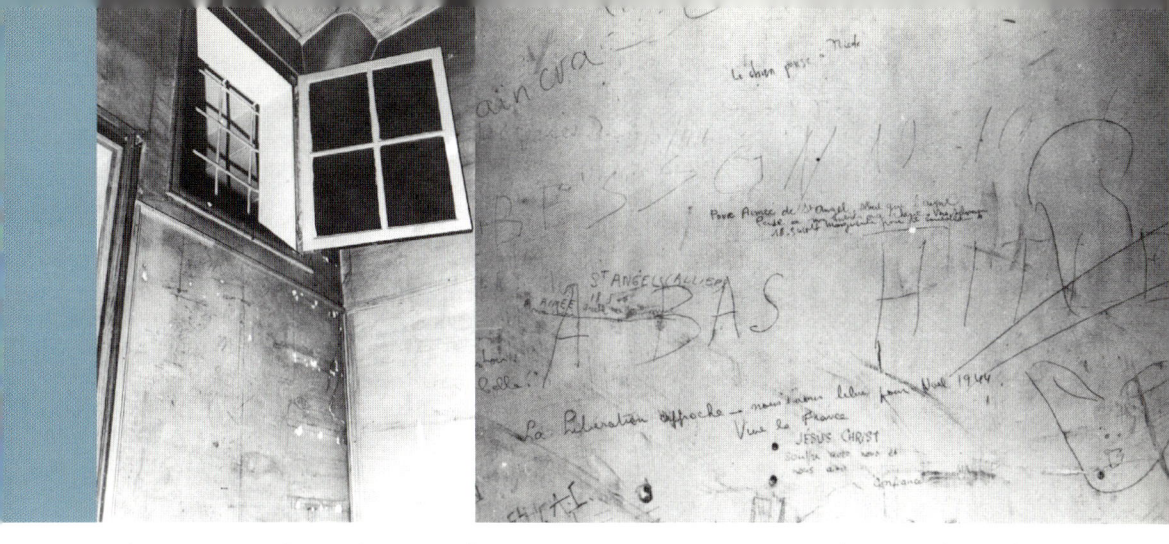

Au cinquième étage, le plus souvent, les patriotes arrêtés peuvent attendre des heures, debout, menottés dans des cabinets de toilette ou autres pièces obscures et exiguës. Les interrogatoires ont lieu dans divers bureaux où une « souris grise » saisit à la machine les aveux que les tortionnaires ont arrachés. Le supplice très redouté de la baignoire est fréquemment utilisé par les hommes de la Gestapo. Les confrontations entre résistants ayant parlé ou non, les trahisons, les chantages se succèdent.

À la fin de la journée, quand on ne l'oublie pas dans un cagibi, le résistant est reconduit dans un fourgon cellulaire jusqu'à la prison de Fresnes ou à celle de la Santé. Sur les murs des cellules de la rue des Saussaies, quelques-uns parviennent à graver avec une épingle des encouragements ou des informations parfois signées d'un pseudonyme ou d'initiales, dont le but est de prévenir les camarades qui vont leur succéder. D'autres disent leur foi en Dieu, en de Gaulle, en la patrie, dans le parti communiste... L'injure n'a pas sa place dans ces graffitis de souffrance et de courage.

▽ Fenêtre d'une cellule de la Gestapo, rue des Saussaies.

△ Une cellule du siège de la Gestapo, rue des Saussaies. Sur un mur, les graffitis de résistants emprisonnés.

▽ Ces caisses au couvercle vitré étaient utilisées par la Gestapo pour transporter le corps de leurs victimes mortes sous la torture. Leur aspect inoffensif évitait que les passants en soupçonnent le contenu.

Jean Sainteny.

On ne connaît qu'une seule évasion réussie de ce lieu sinistre ; celle de Jean *Sainteny*, arrêté deux ou trois jours avant la libération de Paris. Parvenant à scier un barreau de sa cellule, il se glissa par l'étroite ouverture, descendit les huit étages, se faufila jusqu'à la petite cour, puis gagna le couloir qui relie la rue des Saussaies à la rue Cambacérès. Cour Périgny, il se plaqua dans l'ombre d'un porche pour laisser passer une patrouille SS. Enfin, porche Cambacérès, il réussit à faire sauter le cadenas. Personne à droite ; à gauche, un gardien de la paix, dos tourné. Jean *Sainteny*, silencieux comme un chat, bondit et s'enfuit.

11, rue d'Aguesseau, crédits clandestins ■ 1943-1944

À partir de l'automne 1943, la Délégation générale de la France combattante crédite de 50 millions de francs les mouvements de la zone nord. Paris bénéficie de la plus forte subvention.

Distribuées rue d'Aguesseau, au siège de la Société nancéenne de Crédit, les coupures sont ensuite transportées par des ambulants PTT et des agents de liaison munis de valises à double fond.

Place Clemenceau, anniversaire du 11 novembre ■ 1940

Quelques jours avant le 11 novembre, commémoration de l'armistice de 1918, André Weil-Curiel poste à quelques connaissances sûres l'invite suivante : rendez-vous au pied de la statue du Tigre, qui jamais ne capitula ni ne désespéra de la patrie. André Weil-Curiel veut déposer une gerbe au nom du général de Gaulle et de la France libre. Un fleuriste de confiance de l'avenue du Maine la confectionne.

Rue de l'Université, avec Léon-Maurice Nordmann, sa sœur et un couple d'amis – les Fatien – André Weil-Curiel fabrique sur un très grand carton blanc une immense carte de visite, entourée d'un ruban tricolore. En lettres majuscules, les résistants signent : « Le général de Gaulle. » À l'aube du 11 novembre, peu avant 5 h 30, l'anarchiste italien Maggio vient chercher avec une vieille Citroën B2 la petite troupe des patriotes. Le grand carton, d'un mètre de haut, est chargé sans encombre. Tandis que Maggio fait le guet au volant de la camionnette, André adosse au socle de la statue de Clemenceau la gerbe tricolore. Léon-Maurice Nordmann dépose la carte de visite de l'homme de Londres.

Au cours de la matinée, les deux amis apprennent que carte et ruban ont disparu. Mais la gerbe est là. Mieux, quelque cinq cents bouquets s'amoncellent autour d'elle... Nordmann et Weil-Curiel jouent les badauds. Venant de la statue de Strasbourg, elle-même pavoisée, les résistants remontent doucement le trottoir de droite de l'avenue des Champs-Élysées. D'un geste solennel, les Parisiens jettent des fleurs au pied de la statue. Un commissaire, débonnaire, tente de mettre un peu d'ordre dans l'amas de bouquets puis prévient André Weil-Curiel et Léon-Maurice Nordmann que les Allemands en ont assez. La manifestation doit finir. Les *Feldgrau* surgissent effectivement et enlèvent les fleurs. La foule se disperse. Vers 17 heures, à hauteur du cinéma George-V, c'est soudain une clameur immense : « Vive la France ! » La manifestation des lycéens et étudiants commence.

5, rue Roquépine, boîte aux lettres
MLN ■ 1943-1944

Claire Chevrillon, responsable du service du chiffre à la Délégation générale, camoufle ses codes secrets dans les tuyaux d'orgue du temple du Saint-Esprit. Le pasteur Daniel Monod lui a donné son accord et a aussi accepté de servir de boîte aux lettres. Cependant, le protestant ne peut en conscience établir de certificat de baptême pour deux Juifs pourchassés. Claire s'essaie donc elle-même à établir des faux pour secourir ses amis.

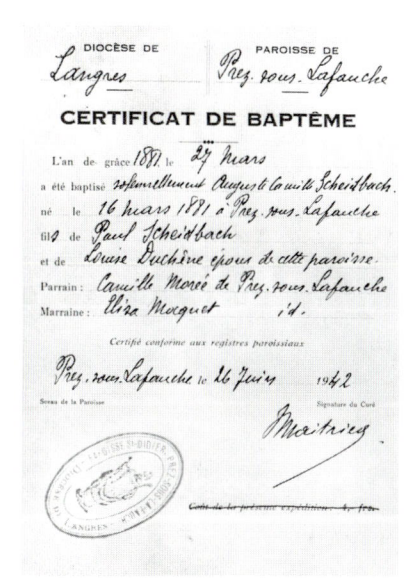

30, rue de Miromesnil, domicile de Marcel Renet (Résistance)
■ octobre 1942-23 novembre 1943

Jeté par le hasard de l'exode dans la ville de Gramat (Lot), le docteur Marcel Renet y apprend, ulcéré, le vote du 10 juillet 1940 qui livre la France à l'autorité du seul maréchal Pétain. Comme il manifeste ostensiblement sa colère, on l'expulse de la ville. Il rejoint alors la capitale, en observant les unités militaires allemandes sur les routes. À Paris, le contact s'effectue avec le mouvement Valmy, qui imprime tracts puis feuilles. Marcel s'en fait un diligent diffuseur. Diverses missions de renseignement le conduisent à sillonner la province. Cependant, le 2 avril 1942, le chef de Valmy, Raymond Burgard, est arrêté. Marcel Renet poursuit son combat en installant à Paris, au 30, rue de Miromesnil, son cabinet de consultations qui constitue une excellente et pratique couverture. Ancien de la Jeune République, il réactive ses réseaux, s'appuie sur les rescapés de Valmy et des Bataillons de la mort, découvre des groupes isolés. Il a le grand projet d'un journal – *Résistance* – qui serait la base

▷ Le premier numéro du journal clandestin *Résistance*, 21 octobre 1942.

△ Plaque honorant la mémoire de Marcel Renet.

◁ Certificat de baptême.

d'un nouveau mouvement. André Lafargue, Roger Lardenois, Jean de Rudder, Maurice Lacroix, tous anciens de Valmy, et le jeune musicien Paul Steiner sont enthousiastes.

En octobre, 5 000 exemplaires de *Résistance, le Nouveau Journal de Paris* circulent parmi les patriotes. Marcel en signe l'éditorial, sous le pseudonyme de *Jacques Destrée*, mais il a écrit tous les articles du premier numéro. L'impression est confiée à Jean de Rudder, imprimeur à Montrouge. La diffusion s'organise sous la houlette du véloce Paul Steiner et de son ami André Lafargue, d'importants dépôts sont établis (rue de Rocroy, boulevard de Sébastopol…) ; fin 1943, le journal tire à 100 000 exemplaires.

Gaulliste, républicain, *Résistance*, le dernier-né des grands journaux clandestins, bien distribué en province, touche un large public. Parallèlement, grâce aux recrutements qui se multiplient, le mouvement se structure. Très présent à Paris dès la fin de 1942, il doit compter avec l'acharnement policier. *Jacques Destrée* décide alors la création d'Honneur de la police, un réseau chargé d'infiltrer les forces de répression et de préparer la Libération.

Trop récent (automne 1942), le mouvement Résistance n'est pas convié à siéger au CNR en mai 1943. *Jacques Destrée*, avec *Défense de la France*, s'engage activement dans le MLN et prend l'initiative de fonder, en septembre 1943, la Fédération de la presse clandestine.

Cependant, le péril guette : le chef résistant échappe en octobre aux griffes de l'ennemi mais est arrêté le 23 novembre. Incarcéré, torturé, Marcel Renet est déporté à Buchenwald.

Résistant dans l'âme, il réussit en mars à faire s'évader du camp le haut responsable russe Stalaroff, condamné à mort. Convaincu ensuite de sabotage, il est versé dans un commando disciplinaire pendant plus d'un mois. Il survit à cette épreuve et intègre immédiatement le Comité de défense des détenus français à Buchenwald même.

Le 13 avril 1945, les Alliés libèrent le camp. Marcel Renet est rapidement rapatrié à Paris.

22, rue Pasquier, trésorerie de la CND ■ 1942-1944

Le colonel Marcel Verrière, dit *Lecomte*, est le trésorier du réseau de renseignements Confrérie Notre-Dame. Ses fonctions officielles à la Banque industrielle et mobilière privée au 22, rue Pasquier lui permettent de gérer au mieux les besoins en liquidités du réseau. Lecomte camoufle également dans un coffre du Crédit du Nord, boulevard Haussmann, les fonds parachutés de Londres. Le sérieux et l'ingéniosité du résistant trésorier, la relative sécurité du lieu (le 22, rue Pasquier possède une double entrée sur la rue de l'Arcade) réjouissent le colonel *Rémy*. Mais *Lecomte*, désireux de plus d'action encore, a créé une unité de combat et de renseignements dans la région parisienne.

En novembre 1943, échappant aux dramatiques conséquences de la trahison de *Tilden*, il fonde le réseau Castille, formé des rescapés de la CND.

8, rue de Laborde, action FTP ■ 31 janvier 1943

Au début de 1943, on apprend que la VIe armée allemande du maréchal von Paulus s'est laissée encercler à Stalingrad. Pour la première fois, à l'Est, Hitler est battu. Pour l'Europe occupée, c'est un immense espoir ; pour la Résistance, c'est un second souffle. Personne n'est mort pour rien. Les communistes français veulent amplifier la lutte et, en dépit de moyens dérisoires, galvaniser les ardeurs.

Boris Holban, responsable militaire des FTP-MOI parisiens, dirige lui-même une opération contre un garage de la Wehrmacht rue de Laborde. Tandis qu'une équipe neutralise les soldats et les concierges, une autre incendie les véhicules. Cette action réussie veut montrer la voie : les partisans doivent s'engager dans une lutte armée intensifiée.

101, boulevard Malesherbes, sabotage du courrier ■ 1942-1944

Le receveur du bureau de poste Paris 37 feint d'ignorer les très fréquents sondages de courrier qu'opère le commis aux pneumatiques, Serge Lafourcade. Le contrôle minutieux des plis adressés à la Feldgendarmerie (35, boulevard de Courcelles), au domicile de Marcel Déat (1, rue Louis-Murat) et au siège de la Milice (41, rue de Monceau) s'avèrent aussi fructueux qu'utiles. Les lettres anonymes dénonçant des résistants, des Juifs ou des prisonniers cachés disparaissent dans la chasse d'eau des toilettes.

→ Rue des Favorites et 134, rue de Vaugirard, 15ᵉ

15, rue de Rome, évasion de Leopold Trepper
■ 13 septembre 1943

Arrêté le 24 novembre 1942, Leopold Trepper, chef du réseau de renseignements soviétique en Europe de l'Ouest, s'est attaché la confiance de ses geôliers en jouant un double jeu. L'un d'eux, malade, se plaint à lui de tous ses maux. Compréhensif, le résistant lui a recommandé l'excellente et réputée pharmacie Bailly, sise à l'angle de la rue de Rome et de la rue du Rocher. Le 13 septembre 1943, l'Allemand et son prisonnier s'y rendent en voiture. Trepper propose d'aller chercher le précieux médicament. L'autre acquiesce et attend dans le véhicule. Leopold Trepper, dit le Grand Chef, entre dans la pharmacie Bailly par le 15, rue de Rome et en ressort par la rue du Rocher. Le chef de l'Orchestre rouge vient de s'évader.

→ 12, rue Pernelle, 4ᵉ

△ La gare Saint-Lazare. À gauche, la grande pharmacie Bailly d'où Leopold Trepper, chef de l'Orchestre rouge parvint à prendre la fuite.

82, rue de Rome, domicile d'Henri Manhès (Délégation générale)
■ 1940-mars 1943

Le 1ᵉʳ décembre 1940, Jean Moulin est en zone sud. À Paris, ses fidèles compagnons Robert Chambeyron, Pierre et Simone

◁ 82, rue de Rome.

Meunier, tentent d'établir à son intention un inventaire de la Résistance en zone nord. Henri Manhès est lui aussi chargé de mener des investigations dans les milieux clandestins et d'assurer la liaison entre l'ancien préfet et son groupe de travail parisien. Ainsi Manhès seconde-t-il Moulin dans sa prospection en zone sud. En réalité, Henri Manhès représente officieusement celui qu'on appelle *Rex,* puis *Max.* Arrêté en mars 1943, Henri Manhès, déporté, reviendra en France en 1945.

→ 6, rue de Turenne, 4ᵉ

△ Henri Manhès.

23, rue de Constantinople, arrestation de Jean-Pierre Levy, chef de Franc-Tireur
■ 16 octobre 1943

Jean-Pierre Levy, alias *Michel Coulon,* loge chez le docteur Colle, en banlieue. Gilbert Védy, dit *Médéric,* chef de Ceux de la Libération, lui propose d'utiliser son appartement du 8ᵉ arrondissement en cas de besoin. Jean-Pierre s'installe ainsi sans encombre au domicile de son ami au 23, rue de Constantinople.
Mais, à la mi-octobre 1943, *Médéric* est très activement recherché par la Gestapo.

La concierge de l'immeuble signale à la police la présence d'un nouvel arrivant dans l'appartement. Le 16 octobre, Jean-Pierre Levy est arrêté, trahi par des faux papiers trop parfaits.

→ 33, rue de Bellechasse, 7ᵉ

42, rue de Constantinople, réunion clandestine ■ mai 1944

Mai 1944... les Alliés n'ont pas débarqué mais tout le monde comprend que les jeux sont faits. Les patriotes réunis, un matin au 42, rue de Constantinople, sont bien dix ou douze. Est-ce bien prudent ? La concierge, alertée par les allées et venues dans un appartement ordinairement vide, a prévenu la police française. Plusieurs participants parviennent à s'échapper. Restent trois militaires, tous officiers : le colonel Brisac, le colonel d'Alès et le commandant Gonze. Le brigadier principal, entouré de ses hommes, entend conduire un premier interrogatoire avant de livrer les « terroristes » aux autorités allemandes. Un car de police stationne dans la rue.

▷ Jean-Pierre Levy.

Jouant le tout pour le tout, *Caron* (le colonel Brisac) décline l'identité réelle des trois résistants arrêtés : « Je ne vous en dis pas plus, vous êtes fixés, à vous de juger… » Le brigadier-chef marque un temps d'arrêt, semble réfléchir intensément, demande qu'on le laisse seul (il va régler l'affaire), qu'on renvoie le car… Les trois patriotes prennent la clef des champs par l'escalier de service. Le vent tourne…

◁ Pierre Georges, dit *colonel Fabien*.

10, rue Saint-Philippe-du-Roule, incarcération de Pierre Georges (FTP) ■ décembre 1942

De nombreux hôtels sont réquisitionnés par les autorités d'occupation pour devenir autant d'officines d'agents du SD ou de l'Abwehr. Des cellules sont aménagées dans les caves, où les résistants arrêtés sont enfermés, sans aucune possibilité de suicide ni d'évasion.
La Gestapo a ainsi investi l'hôtel Bradford, 10, rue Saint-Philippe-du-Roule. Le 5 décembre 1942, les inspecteurs français des Brigades spéciales livrent le *colonel Fabien* aux hommes du SD. Pierre Georges (*Fabien*), torturé, mis au secret à Fresnes puis transféré au fort de Romainville, parvient cependant à s'évader.

21, rue Jean-Mermoz, imprimerie clandestine ■ 1940-1941

Émile Florin, cinéaste, et Gilberte Arcambol, son adjointe, « se comprennent » dès l'automne 1940 : tous deux veulent « faire quelque chose ». Dans les locaux de la société Optimax Films, rue Jean-Mermoz, ils n'hésitent pas à écrire, taper et imprimer à la ronéo tracts et feuilles refusant l'anéantissement de la France dans la défaite. Quelques patriotes se joignent à eux.
En 1941, le petit groupe est anéanti ; Gilberte n'est toutefois pas arrêtée mais doit se cacher et quitter son travail. En 1943, ayant renoué avec la Résistance parisienne, elle sera versée à la Délégation générale comme agent de liaison de Jacques Bingen. Elle connaîtra les joies de la Libération, transportant dans tout Paris insurgé les ordres de mission FFI.

Avenue des Champs-Élysées, vols de voitures allemandes (Turma-Vengeance) ■ 1943

Chefs de la section spéciale du réseau Turma-Vengeance, Bernard Chevignard et Michel Pelletier spécialisent des volontaires dans le vol de véhicules de la police allemande. En 1943, douze sont ainsi « détournés », surtout sur la large avenue

▽ La prison de Fresnes.

▷ Le 72, avenue des Champs-Élysées en 1941.

des Champs-Élysées, qui permet une fuite rapide dans les rues adjacentes (Paris ne connaît aucun embouteillage sous l'Occupation).

Conduite en voiture sur les lieux, l'équipe spéciale repère une automobile dont l'occupant descend pour rentrer dans un immeuble. Un combattant, aguerri, rapide, plein de sang-froid s'approche alors et, avec un jeu de passe-partout et de clefs de contact, ouvre la portière, démarre et s'éloigne sans accélération particulière pour ensuite disparaître au plus vite. Les véhicules dérobés sont cachés dans des garages à Montrouge, Draveil ou Passy. S'ils sont maquillés, les numéros d'immatriculation demeurent allemands.

22, rue de Marignan, microfilms clandestins ■ été 1940-avril 1941

Membre du réseau de la France libre Saint-Jacques, l'ancien officier du 2ᵉ Bureau d'Orient, M. Chalugnon, s'engage activement dans la transmission et la reproduction de documents. Certains proviennent de la Commission d'armistice de Wiesbaden, d'autres d'Alsace, zone interdite depuis l'armistice et directement administrée par le IIIᵉ Reich. Chalugnon transforme ainsi son domicile de la rue de Marignan en un véritable laboratoire de microphotographie. La chute du réseau, le 8 août 1941, interrompt ses activités.

→ 8, place Vendôme, 1ᵉʳ

72, avenue des Champs-Élysées, centrale de la CND ■ décembre 1941-15 mai 1942

Recruté à la fin de 1941 par *Rémy* pour être son second à la tête du réseau, François Faure, dit *Paco*, donne à la Confrérie Notre-Dame un nouvel essor. De nouveaux venus, tels le banquier Marcel Ver- rière, promu trésorier, et le pilote Dumont, nommé responsable de la section Luftwaffe, apportent leurs compétences et leurs propres relations.

Dans le même temps, François Faure retrouve un camarade de captivité, Marcel Prenant, chargé en avril, lors de la création des FTP, de leur direction militaire. Ainsi s'amorce le contact entre les communistes et la CND. En mars, Georges Beaufils, dit *Joseph*, assure la liaison entre les deux organisations clandestines.

Ce début 1942, décidément très fertile, voit aussi s'organiser les rencontres décisives, grâce à Pierre Brossolette, recruté également sur le conseil de *Paco*. La CND, pourvue en services de liaison et de radio,

▷ François Faure.

connue du BCRA, est alors en plein développement et ouvre la route de Londres aux résistants parisiens. En février, le patron de Libération-Nord, Christian Pineau, s'envole pour Londres, accompagné de *Rémy*.

Durant l'hiver, le lien est également établi avec l'OCM, alors dirigée par le colonel Touny. Pour ce mouvement, l'apport de la CND est décisif et jette les bases d'une extension de la recherche de renseignements avec la fondation du réseau Centurie.

Jusqu'en mars, date du retour de Londres de *Rémy*, François Faure assure le lourd intérim. Sa centrale, établie au-dessus du cinéma l'Ermitage, avenue des Champs-Élysées, offre de nombreux avantages de sécurité. Mais, le 15 mars 1942, François Faure est arrêté avenue de l'Observatoire. En juin, la trahison de *Capri* menacera l'existence même du réseau. *Rémy* est contraint de se réfugier à Londres, pour n'en revenir qu'à la fin de l'été.

→ Avenue de l'Observatoire, 14ᵉ → Boulevard du Montparnasse, 14ᵉ → 12, rue Dufrénoy, 16ᵉ

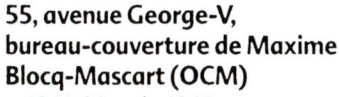

55, avenue George-V, bureau-couverture de Maxime Blocq-Mascart (OCM)
■ 1941-28 août 1943

Membre fondateur à l'hiver 1940-1941 de l'Organisation civile et militaire, Maxime Blocq-Mascart succède à Jacques Arthuys, arrêté en 1941, à la direction de la branche civile. Les locaux de sa société, avenue George-V, lui servent de couverture.

Dès le début de l'Occupation, ce mouvement de résistance – c'est là son originalité – propose des réformes politiques et sociales à mettre en œuvre à la libération du territoire.

Maxime Blocq-Mascart prend en charge la rédaction des *Cahiers de l'OCM*, publiés par les soins du réseau d'Émilien Amaury. Très conservateur, ni gaulliste ni pétainiste, le mouvement s'impose en 1942 comme un des plus importants de la zone nord. Ses propositions antisémites font scandale dans la Résistance.

Le 28 août 1943, prévenu par sa concierge d'une descente de la Gestapo avenue George-V, Maxime Blocq-Mascart s'enfuit de chez lui pour entrer dans la clandestinité. Hanté par le risque de l'arrestation et s'entourant de grandes précautions, il ne se fera jamais prendre.

→ 13, rue du Vieux-Colombier, 6ᵉ

6, rue Lammenais, couverture de Charles Deguy (Saint-Jacques)
■ août 1940-18 août 1941

Maurice Duclos, dit *Saint-Jacques*, est envoyé en France occupée par le général de Gaulle pour y organiser le premier service de renseignements de la France libre, dès le début d'août 1940. Il prend pour adjoint parisien Charles Deguy, dont le discret bureau, à la Compagnie française des pétroles, rue Lammenais, se transforme rapidement en officine clandestine pour

△ Maxime Blocq-Mascart.

▷ Charles Deguy.

les – encore très rares – patriotes. Chaque agent remet rue Lammenais le courrier que leur patron étudie, classe, code et transmet à Mulleman, « pianiste » du réseau depuis avril 1941.

Pendant six mois, l'organisation fonctionne à merveille. Le colonel *Rémy* (futur patron du grand réseau CND) n'hésite pas à proposer ses services aux résistants de Saint-Jacques, et rend souvent visite à Charles Deguy. Le matin du vendredi 8 août, *Rémy* a précisément rendez-vous rue Lammenais. Mais l'huissier (peu à l'aise, remarque le résistant) assure que Charles Deguy est absent. Il a en réalité été arrêté à l'aube, trahi par le radio Mulleman. Le bureau est transformé en souricière dans laquelle vient de tomber l'agent de liaison. Le colonel *Rémy* pressent quelque chose d'anormal et rebrousse chemin sans demander son reste.

Au même moment, la répression s'abat sur le siège du réseau clandestin, place Vendôme. Le soir, Maurice Duclos est averti du drame. Charles Deguy, emprisonné à Fresnes, est fusillé le 29 juillet 1942 au mont Valérien.

→ 8, place Vendôme, 1ᵉʳ

Place de l'Étoile (place Charles-de-Gaulle) ■ 11 novembre 1940

Au matin du 11 novembre 1940, des Parisiens ont jeté quelques maigres bouquets sur la dalle du soldat inconnu. On murmure qu'une gerbe en l'honneur du général de Gaulle a été placée à l'aube au pied de la statue de Clemenceau. Les Champs-Élysées ont leur allure habituelle. Pour-

▽ L'unique photographie de la manifestation du 11 novembre 1940.

tant, une autre rumeur rapporte que les jeunes du Quartier latin ont décidé de faire quelque chose.

Depuis quelques semaines, lycées et universités, non seulement de la place du Panthéon et du boulevard Saint-Michel, mais aussi des 15e, 16e et 17e arrondissements, sont en effervescence. L'arrestation du savant Paul Langevin, professeur au Collège de France, a soulevé une grande émotion. Beaucoup d'adolescents arborent sur leur costume des insignes narguant les soldats allemands. Des feuilles recopiées à la main circulent sous le manteau. On colle des papillons gaullistes dans le métro. On met du sucre dans le réservoir des véhicules de la Wehrmacht. Mais l'agitation juvénile aspire à quelque chose de grand, nouveau et national. Après les cours, tous se retrouvent à l'Étoile pour commémorer le 11 novembre 1918, cette fête de la patrie interdite par l'occupant. Dès 16 heures, de l'avenue Victor-Hugo ou de l'avenue des Champs-Élysées, de petites troupes commencent à affluer vers la place. Des drapeaux tricolores flottent au vent.

À 17 heures, à la hauteur du cinéma George-V, l'hymne national retentit par deux fois, puis c'est le *Chant du Départ*. De tous côtés apparaissent les groupes. On chante, on crie : « Vive la France ! », « À bas Hitler ! À bas Pétain ! » On est nombreux, on est ensemble ; il n'y a

▽ Au pied de la statue de Clemenceau, un petit groupe de patriotes a déposé, au matin du 11 novembre 1940, une gerbe de fleurs tricolores.

qu'un seul cortège. Mais les Allemands arrivent en lourds et menaçants convois motorisés. Armés, matraque au poing, ils se jettent sur les patriotes, les frappent, les poursuivent à coups de crosse. Des manifestants se battent aussi contre une cinquantaine de jeunes Français pronazis du Front franc, qui estiment devoir apporter leur renfort aux *Feldgrau*. Des mitrailleuses sont mises en batterie sur la chaussée. De la place de l'Étoile, les Allemands ne cessent d'arriver. Voitures et side-cars chargés d'hommes en armes roulent à toute allure sur les trottoirs. Les arrestations commencent. Environ cent jeunes patriotes sont jetés dans les camions bâchés. Beaucoup sont conduits à la prison du Cherche-Midi, d'autres enfermés dans des commissariats. Mais quelques jours plus tard, tous sont relâchés, contraints de signaler quotidiennement leur présence au poste de police du quartier. Les autorités d'occupation décident la fermeture de l'université jusqu'au 20 décembre... veille des vacances de Noël. Ordre est donné à la presse officielle de ne rien dire de l'incident. La manifestation des jeunes a pourtant un écho considérable.

Dans le pays tout entier, la nouvelle s'est propagée comme une traînée de poudre. Les résistants parisiens peuvent se savoir nombreux. Mais les futurs clandestins et chefs de mouvement, mesurant les risques d'une telle action, se sont abstenus de participer à la manifestation. À Londres, la France libre dit son admiration.

→ **Place Clemenceau, 8e**

NEUVIÈME ARRONDISSEMENT

6, rue Drouot, actions résistantes de Maurice Cheneau ■ 1940-1944

Employé comme courrier à la mairie du 9e, l'ancien typo communiste de *L'Humanité* Maurice Cheneau ne tarde pas, malgré l'attentisme du parti, à s'engager dans une résistance résolument active. Son poste lui permet de subtiliser de nombreux documents officiels, transmis aux patriotes du quartier. Maurice distribue leurs tracts, en lien avec un centre de diffusion installé rue de Dunkerque. Par ailleurs, le résistant, qui, dans les locaux municipaux mêmes a constitué un petit groupe, assure la liaison avec celui qui s'est organisé à l'hôtel de ville de Paris.

Chacun distribue dans les bureaux vides à l'heure du déjeuner tracts et publications clandestines, sous le patronage informel du Front national (d'initiative communiste).

En août 1944, Maurice Cheneau investit la mairie du 9e à la tête des FFI et la rend à la République.

plus paraître. Émilien Amaury contacte alors le siège de *L'Auto*, rue du Faubourg-Montmartre. Ses presses s'ouvrent au journal et assurent ainsi la publication des deux derniers numéros clandestins avant la Libération.

→ 18, rue de Romainville, 19ᵉ

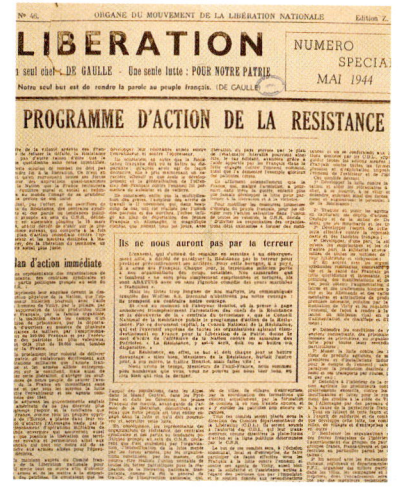

5, rue du Faubourg-Montmartre, boîte aux lettres (Sussex) ■ 1943

Margot Khill, patronne du café de l'Électricité, 5, rue du Faubourg-Montmartre, ouvre ses portes en 1943 aux résistants du réseau Sussex. Formés à l'action clandestine par les services alliés en Angleterre, les agents sont envoyés en France pour y renforcer les dispositifs d'espionnage militaire. Les patriotes établissent chez Margot la boîte aux lettres de leur réseau parisien et y tiennent de nombreuses réunions clandestines. Au café du faubourg Montmartre se rencontrent aussi les résistants du réseau Éleuthère.

10, rue du Faubourg-Montmartre, imprimerie clandestine de « Libération-Nord » ■ avril-mai 1944

Les arrestations du printemps 1944 ont presque anéanti le réseau Police et Patrie de Libération-Nord, et le journal ne peut

△ Un foulard en soie représentant une carte de France est donné aux agents anglais envoyés en France.

◁ *Libération*, mai 1944.

Rue de Montyon, arrestation de Claude Lamirault (Jade-Fitzroy) ■ 15 décembre 1943

Au matin du 15 décembre 1943, Claude Lamirault (dit *Fitzroy*), patron du SR Jade-Fitzroy, veut être fixé sur le sort d'un de ses agents qui ne s'est pas présenté à un rendez-vous. Avec André Plateaux, il se rend rue de Montyon à l'hôtel du même nom, où l'intéressé descend habituellement lors de ses missions parisiennes. Les deux résistants, munis de fausses cartes de police, exigent de la réceptionniste la liste des clients. Leur comportement intrigue toutefois un employé qui alerte le commissariat. André, saisi d'un sinistre pressentiment, prévient son chef selon le code convenu : « Ta cravate ! »
À peine sortis, ils sont appréhendés par un

policier : « Nous sommes de la même maison », lance le chef clandestin. L'interlocuteur n'en croit rien et se fait menaçant. Lamirault brandit aussitôt son arme, tire… et l'homme s'effondre, mort, au milieu du carrefour. Les deux patriotes s'enfuient, protégés par la panique qui s'est emparée des passants. Leur course les sépare ; André se dirige tranquillement vers la station Richelieu-Drouot, tandis que Claude disparaît dans les rues.

Cependant, dans l'après-midi, André est toujours sans nouvelles de son patron. Il retourne alors sur les lieux, et dans un café, à l'angle de la rue du Faubourg-Montmartre et de la rue de Montyon, se mêle aux conversations : un « terroriste » a été arrêté ce matin rue Favart ; son arme s'est enrayée, il n'a pu tirer. Pour André Plateaux, la chose est claire : *Fitzroy* est aux mains de l'ennemi (il sera livré aux Allemands le lendemain). Plateaux prévient Denise Lamirault. Celle-ci succède à son mari à la tête du réseau.

→ 20, rue Delambre, 14ᵉ

13 bis, rue Sainte-Cécile, fabrication de « Défense de la France » ■ décembre 1941-août 1944

Dès les débuts de *Défense de la France*, les Radiguer père et fils soutiennent Philippe Viannay et ses camarades. Ils ouvrent non seulement aux patriotes les portes de leur fonderie rue Sainte-Cécile (tous les matériels sont mis à la disposition des résistants) mais leur assurent une formation d'imprimeur. Quel directeur de journal clandestin ne rêverait pas d'une telle disponibilité… et d'une telle abondance ! En août 1943, Viannay pourra ainsi dépanner son camarade André Bollier, du journal *Combat*, en lui donnant le matériel qui lui fait défaut.

Rapidement Philippe Viannay et le fils Radiguer se lient d'amitié : Alain est nommé conseiller technique pour tout ce qui concerne la fabrication de *Défense de la France*. À partir d'avril 1944, il rejoint Viannay dans le maquis de Seine-et-Oise, tout en continuant d'assurer à Paris sa mission pour le journal.

7, rue du Faubourg-Poissonnière, sabotages (PCF-MOI) ■ 1942

Deux groupes de quatre ouvriers communistes sabotent régulièrement la production de l'atelier : des coupures de courant paralysent la production. Autant d'occasions d'avancer des revendications salariales et de pousser des harangues patriotiques.

19, rue Richer, domicile de Maurice Rolland (Comité national judiciaire) ■ 1940-15 septembre 1943

Dès le début de l'Occupation, l'avocat général Maurice Rolland mène une action patriotique avec d'autres juristes parisiens. Leur groupe, dit de la Première Présidence, s'accroît et tente, en 1942, de se démarquer du Front national des juristes, animé

△ Claude Lamirault.

△ Maurice Rolland.

par les communistes. Membre de l'OCM, Maurice Rolland fonde aussi le Comité national judiciaire.

L'ampleur croissante de ses activités résistantes l'incite à quitter son travail au prétexte d'un congé de maladie fourni par un médecin patriote. L'avocat général entre dans la clandestinité. La Gestapo le recherche et se présente à son domicile de la rue Richer le 15 septembre 1943. Mais Maurice Rolland a fui à temps la capitale et rejoint Londres. À la BBC, il fustige l'esprit de collaboration, ce qui lui vaut d'être exclu de la magistrature en mai 1944. Ayant gagné Alger, où le général de Gaulle a constitué son gouvernement provisoire, Maurice Rolland est chargé du personnel au ministère de la Justice et prépare les lendemains judiciaires de la Libération.

Angle des rues Lamartine et Buffault et 18, rue Cadet, action du groupe Coquillet (JC)
■ **18 décembre 1941**

Trois jeunes gens avancent dans une ombre froide trouée de rares lueurs bleutées. *François* (Marcel Bertone) et *René* (Louis Coquillet) surveillent les alentours tandis qu'*Albert* (Maurice Touati) asperge d'essence un camion de la Wehrmacht et y met le feu.

À peine l'incendie s'est-il déclaré, illuminant les façades muettes aux volets soigneusement clos, que surgissent de toutes parts policiers allemands et français ; ils s'emparent de Bertone. Touati et Coquillet s'enfuient.

Dans la confusion, Bertone parvient à se dégager et court à perdre haleine vers la rue Cadet, s'engouffre sous le porche du 21, grimpe quatre à quatre les étages. Il

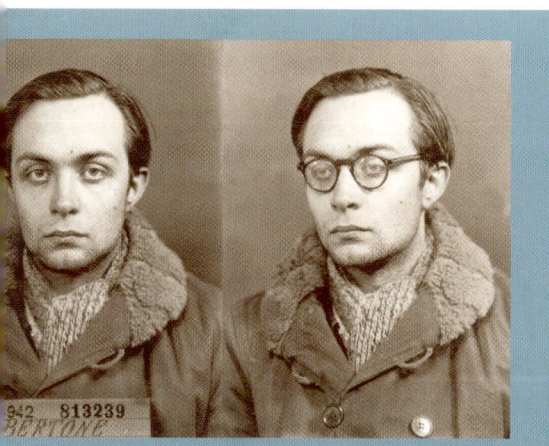

◁ Angle des rues Lamartine et Buffault.

▷ Marcel Bertone.

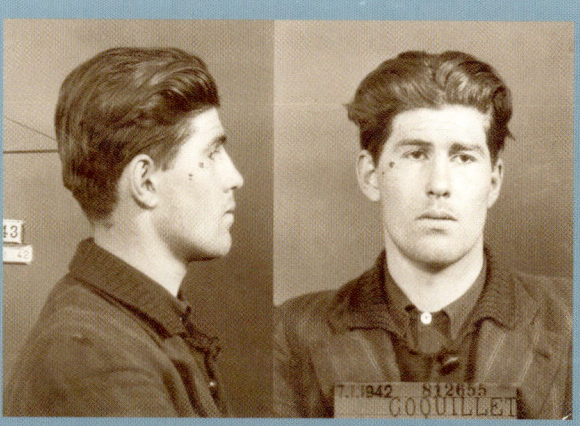

▽ Louis Coquillet, finalement arrêté le 3 janvier 1942.

demande asile à un locataire croisé dans l'escalier ; celui-ci le lui accorde… et alerte les policiers qui passent dans la rue. Marcel Bertone est aussitôt conduit dans les locaux de la sinistre Brigade spéciale 1 à la préfecture de Police.

→ 35, rue des Saints-Pères, 6e

◁ Porche d'entrée de l'imprimerie Keller.

▷ Première page des *Conseils à l'occupé*.

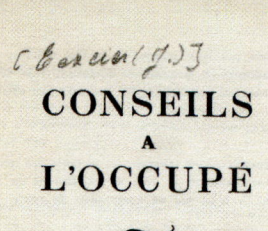

88, rue de Rochechouart, imprimerie clandestine
■ 1940-1944

M. Bourquin dirige l'imprimerie Keller, des presses de laquelle sortent en août 1940 les *Conseils à l'occupé* de Jean Texcier. Le succès de la brochure est si vif dans la capitale que Londres fait savoir sa satisfaction par la BBC. Les dix-sept ouvriers et artisans de l'imprimerie refusent l'armistice et ont été associés à l'initiative. Dès lors, l'imprimerie Keller se met entièrement au service de la Résistance, sortant ses publications, fournissant en faux *Ausweis* des agents ou des réfractaires. Confiance et discrétion sont si complètes que ni Bourquin ni aucun des ouvriers ne sont inquiétés. La joie est donc complète quand sonne, le 25 août 1944, l'heure de la délivrance.

→ 4, rue Leneveux, 14e

23, rue Rodier, centrale des Bataillons de la mort
■ décembre 1940-août 1942

Si Maurice Petit a transformé avec enthousiasme son domicile de la rue Rodier en atelier clandestin d'imprimerie du *Coq enchaîné*, le journal des Bataillons de la mort, il espère plus encore – avec les fondateurs du mouvement, Albert Dubois, Marcel Bouet (aveugle de guerre) et René Denis – trouver le contact avec Londres. Cette poignée de patriotes isolés dans Paris occupé s'acharne à rechercher, consigner, classer des renseignements militaires. Mais comment transmettre un si précieux courrier ? Ne pas l'exploiter serait d'autant plus dommage qu'au groupe des Bataillons s'ajoute celui dit Dauphin-Simon, fondé par deux employés de la SNCF, Albert Rey et Thomas, qui proposent de couvrir les très sensibles secteurs du nord et de l'est de Paris.

La chance sourit enfin aux patriotes. À la fin 1941, le contact est établi avec F2, le réseau franco-polonais de renseignements extrêmement actif et pourvu d'émetteurs radio. F2 propose l'acheminement vers l'Angleterre. Est-ce possible ? Personne n'en revient. Un soir, la BBC passe le message personnel convenu : « Pour nos amis de la zone occupée, voici *Auprès de ma blonde...* » Le contact est établi ; les renseignements parviennent bien à Londres ! L'appartement de Maurice Petit se transforme en centrale de renseignements. À ceux, très précis, concernant l'implantation militaire allemande dans les différents arrondissements (garnisons, garages, dépôts, cantonnement des troupes), s'ajoutent ceux du sous-réseau Dauphin-Simon de la SNCF (trafic et plan des dépôts, tels les docks de Saint-Ouen).

La trahison de Pereau en août 1942 décime les Bataillons de la mort. Un mois plus tard, Maurice Petit est arrêté.

→ 17, rue Fondary, 15ᵉ

15, rue des Martyrs, centrale de faux papiers (MLN)
■ fin 1943-mai 1944

Constitué en décembre 1943, le Mouvement de libération nationale, qui fédère Défense de la France, Voix du Nord, Résistance et les MUR de la zone sud, a installé à Paris son comité directeur. Les services centraux (recherche de planques, réparation des postes émetteurs, constitution de stocks de papier, d'encre, fabrication de faux papiers...),

▽ Microphone de la BBC.

toujours lyonnais, sont alors frappés par une répression sévère.

À la fin de la terrible année 1943, les rescapés se replient sur Paris, devenue la capitale de la Résistance. Au 15, rue des Martyrs, le MLN établit sa centrale de faux papiers avec son matériel nécessaire (liste des villes dont les registres d'état-civil ont disparu, demandes, photographies, tampons, fausses cartes...). L'atelier de fabrication lui-même est installé rue du Temple.

→ 151, rue du Temple, 3ᵉ

8, rue Alfred-Stevens, alerte arrestation ■ 1942

M. Servin est standardiste au commissariat du 17ᵉ arrondissement. Aussi peut-il intercepter à deux ou trois reprises quelques communications téléphoniques particulièrement menaçantes. Telle celle qui demande la présence de « deux inspecteurs, rue X ». L'adresse exacte n'est pas mentionnée, ce qui indique plus clairement encore une proche arrestation.

L'employé, lorsqu'il connaît la rue et qu'elle est courte, s'empresse de prévenir du danger. Un jour, c'est de la petite rue Alfred-Stevens qu'il s'agit. Servin part à vélo alerter sa fille, Yvette, qui loge rue des Abbesses. Un de ses amis, Claude Masaraki, habite au 8 de la ruelle avec sa mère, juive, qui porte l'étoile ; Claude, lui, s'y refuse. Yvette Servin prévient à temps ses amis ; cette nuit-là, Claude ne rentre pas chez lui.

Place Pigalle, arrestation de Boris Vildé (musée de l'Homme)
■ 26 mars 1941

Depuis début janvier, les arrestations sur dénonciations entament le réseau du musée de l'Homme. Le 20, Boris Vildé, un des fondateurs, se laisse enfin convaincre de quitter Paris et se réfugie en zone sud (où il rendra visite à André Gide). En février, les arrestations s'enchaînent ; l'existence même du réseau est menacée. Les trois rédacteurs, Anatole Lewitsky, Jean Cassou et Claude Aveline envisagent même de gagner le Sud. Cependant, à Toulouse, Boris Vildé se morfond ; sa mise au vert lui semble de plus en plus insupportable à mesure que lui parviennent les nouvelles de Paris. Début mars, en dépit des efforts de Claude Aveline et de Paul Rivet pour l'en dissuader, il part pour la capitale. À Paris, c'est la stupéfaction et l'inquiétude. Simone Martin-Chauffier, saisie d'un doute, s'enquiert auprès de son chef : a-t-il de bons faux papiers ? Non, il n'en a pas : peut-on lui en fournir ? Simone lui donne rendez-vous le lendemain, 26 mars, à 15 heures dans un café de la place Pigalle. Qu'il vienne avec une photo d'identité.

Le jour dit, à 16 heures, Boris ne s'est toujours pas présenté. Simone, au comble de l'inquiétude, ne cesse de faire mine de lire son journal. Pierre Walter, un camarade, entre dans le café presque désert, s'assoit à ses côtés en lui recommandant de garder le sourire. Il avait rendez-vous, lui aussi place Pigalle, avec *Maurice* (Boris Vildé) et Albert Gaveau dans le restaurant d'en face. À la fin du déjeuner, Boris s'est levé pour rejoindre Simone. Il était à peine 15 heures… mais c'était de l'autre côté de la place. Boris Vildé a tout simplement disparu. Pour Pierre Walter, il a été arrêté. Simone, elle, n'y croit pas. « Ils » l'auraient filé et ne se seraient pas contentés d'un seul !

La nouvelle se répand rapidement parmi

△ Boris Vildé.

▷ En avril 1942, une publicité pour le cabaret Monte-Cristo, couverture pour l'OCM d'importantes activités de renseignement.

les résistants. Le lendemain l'arrestation de Boris Vildé est confirmée. Nul ne se doute encore de la trahison d'Albert Gaveau.

Emprisonné et jugé, lui et les siens, lors d'un procès largement relayé par la presse officielle, Boris Vildé est fusillé le 23 février 1942 au mont Valérien.

→ 1, place du Trocadéro, 16e

8, rue Fromentin, renseignements (OCM) ■ 1940-1943

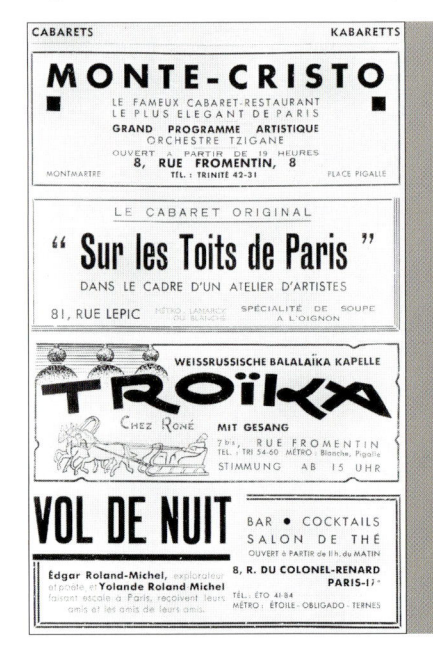

Recruté par son amie Vicky Obolensky, qui en cet automne 1940 participe à la création de l'OCM aux côtés de Jacques Arthuys et du colonel Touny, Cyrille Makiwsky, sans emploi, ouvre un cabaret rue Fromentin. Le Monte-Cristo, réservé au Tout-Paris, devenu tant allemand que collaborateur, ne peut être qu'une excellente couverture pour l'obtention de renseignements militaires. Le colonel Touny recommande vivement de faire du Monte-Cristo le cabaret le plus prisé des noctambules parisiens, d'y produire les meilleurs spectacles et d'y faire – surtout – couler le champagne à flot. La solde des officiers leur permet tous les excès, et l'occupant est particulièrement friand de lieux de plaisir. Les autorisations, en effet, ne tardent pas. Fin 1940, cette antenne du SR de l'OCM, immergée dans la nuit allemande, ouvre ses portes.

Cyrille applaudit aux victoires des as de la Luftwaffe, plaisante, se mêle aux rires… et retient soigneusement un nom, un mouvement d'unité, une mutation d'officier… Il rend compte directement au colonel Touny, responsable militaire du mouvement, recherché par toutes les polices allemandes.

À la mi-juin 1941, vers 6 heures du matin, un officier d'état-major du commandement suprême de la Wehrmacht en France balbutie soudain dans une heureuse ivresse : « Dans huit jours, tout ça, c'est

△ Quartier Pigalle sous l'Occupation, l'imprimeur d'art Manequin sort clandestinement des lithographies.

fini ; on va chez les Russes. » Prodigieuse nouvelle ! Un second front, malgré l'Angleterre toujours invaincue !
Fin décembre 1943, Cyrille Makiwsky est arrêté, une souricière ayant été tendue dans sa planque après l'arrestation d'un membre du réseau.

→ 5, rue du Général-Langlois, 16ᵉ

28, rue Saint-Lazare, arrestation de Raphaël Touret (CND)
■ 29 mai 1942

Radio de la CND au printemps 1942, Bob dépose le 29 mai son poste émetteur, dissimulé dans une valise, dans la cuisine du restaurant de son camarade Raphaël. Mais c'est une dure journée pour le réseau du colonel *Rémy* : en fin d'après-midi, Mec, parachuté la veille, et Bob sont arrêtés. Mec se suicide tandis que Bob est conduit rue des Saussaies.
Raphaël est resté à ses fourneaux. Il a découvert la valise du radio et, la jugeant trop visible, a jeté des vêtements sur le compromettant objet et l'a enfermé dans un placard. Vers 21 heures, deux gestapistes surgissent, revolver au poing, dans la cuisine et menacent le résistant. Ce dernier se débarrasse d'abord d'un papier glissé dans sa poche (un rendez-vous avec *Rémy*), proteste et récrimine. Le poste n'est pas trouvé. L'un des policiers téléphone rue des Saussaies : il n'y a rien. Pourtant l'interlocuteur confirme l'information. Raphaël, placé non loin du combiné, entend toute la conversation. Une voix française qu'il connaît bien s'élève à son tour : « Elle y est ! Il n'y avait personne ; je l'y ai mise moi-même ! »… C'est Bob ! Interrogée, la plongeuse désigne la cachette où elle a vu Raphaël dissimuler la valise. Ordre est donné au cuisinier d'ouvrir le placard, fermé à clef. Il s'exécute quand, soudain, le plus âgé des deux Allemands hurle : c'est une bombe ! Que tout le monde sorte ! Raphaël profite de cette panique inespérée pour s'enfuir dans l'arrière-cour. Gagnant sa planque, il en retire son propre poste émetteur caché dans sa cave, mais ne quitte pas le domicile.
Le lendemain matin, il est arrêté par la Gestapo. Le colonel *Rémy*, averti huit jours plus tard, fait évacuer son frère, Léon Touret, vers Londres.

48, rue Taitbout, centrale de renseignements (SOE)
■ juin 1940-juillet 1943

En juin 1940, le désastre est tel que rien ne paraît plus pouvoir s'opposer non seulement à l'occupation de la France mais aussi, bientôt, à l'invasion de l'Angleterre par les puissantes divisions hitlériennes. Paris s'est vidé de ses habitants, pris de panique par l'avancée allemande. Rares sont les responsables d'administration ou d'entreprise à ne pas avoir fui la capitale, déclarée « ville ouverte ». Le directeur de

◁ Valise contenant un poste-émetteur.

△ Lancer de tracts dans le quartier de Notre-Dame-de-Lorette.

contacts britanniques achemineront vers Londres par la Suisse. Ils établissent leur centrale au 48, rue Taitbout.

Churchill, avide d'informations sur l'état des préparatifs allemands pour l'invasion de l'Angleterre, exige la mise en place rapide de réseaux de renseignements. Mais, sur le territoire français, à présent livré à l'ennemi en zone nord, les services britanniques eux-mêmes sont quasi inexistants. Bachelet, Weil et Worms jettent dès lors les bases d'une organisation bientôt prise en main par le SOE, que le Premier ministre britannique vient de créer. Espionnage et sabotage doivent « mettre le feu à l'Europe » hitlérienne. En France, il ne s'agit pour l'heure que d'étincelles.

Jusqu'en juillet 1943 et l'arrestation de Jacques Weil, le groupe des trois hommes parvient à implanter des réseaux (Famille Martin, Juggler…) rattachés au commandement anglais.

À l'été 1943, outre une activité intense de renseignements et de transmissions, le sabotage s'est développé… qui peine néanmoins à entamer les capacités ennemies. La section F (française) du SOE est à partir de mai 1943 quasiment détruite par les services allemands. La chute du réseau Prosper, l'arrestation de son chef, le major Suttill, entraînent avec elles celle des résistants de la rue Taitbout. Seul Jacques Weil parvient à s'échapper pour se réfugier en Suisse.

la firme anglaise Kirby, Beard & Co, Bachelet, n'a pourtant pas quitté son poste. Avec deux autres hommes d'affaires demeurés également sur place, Jean Worms et Jacques Weil, il décide, trois jours après l'armistice, de contacter tous les diplomates encore présents à Paris et favorables aux Alliés, c'est-à-dire aux Anglais. Ces trois résistants de la première heure organisent également une collecte de renseignements militaires que des

34, rue de la Victoire, boîte aux lettres (Résistance, OCM) ■ 1943

Quand Odette Vignon, employée d'une banque du boulevard Haussmann, rentre chez elle, c'est pour « faire quelque chose, rendre service ». Pleine d'un enthousiasme communicatif, elle réconforte ses camarades et camoufle leur courrier, provenant

du mouvement Résistance ou de l'Organisation civile et militaire.
Marie-Claire Chamming's, agent de liaison de Charles Verny, responsable du secteur jeunesse de l'OCM, aime retrouver cette merveilleuse amie, toujours forte et confiante malgré les coups durs. Mais il est plus utile qu'Odette conserve son emploi afin de continuer d'assurer, avec plus de sécurité, l'accueil des camarades clandestins.

Rue de Provence, boîte aux lettres de Jean Moulin ■ avril 1941

Lors de son second séjour dans la capitale occupée, Jean Moulin fait un premier bilan avec son groupe parisien. Ils se retrouvent en avril 1941 au restaurant La Providence, rue de Provence, boîte aux lettres du petit réseau. Robert Chambeiron, Pierre et Simone Meunier – qui se sont efforcés de recenser les groupes résistants – reconnaissent une maigre moisson tout en insistant sur une constitution plus solide, mais encore ténue, de certains mouvements : l'OCM, le Front national (émanation d'un parti communiste au bord de l'effondrement souhaitant élargir son recrutement). Un premier rendez-vous avec Maurice Ripoche, chef de Ceux de la Libération, est prévu avec Jean Moulin.
En zone sud, le travail a été plus aisé : des organisations importantes comme le Mouvement de libération nationale, d'Henri Frenay, Liberté, de François de Menthon, Libération, d'Emmanuel d'Astier, le journal lyonnais *Le Franc-Tireur*, fondé par Jean-Pierre Levy, annoncent un avenir prometteur. Pour Jean Moulin, il importe à présent de rallier Londres pour présenter au général de Gaulle un premier état des lieux de la résistance métropolitaine.

→ 6, rue de Turenne, 4ᵉ

64, rue de la Chaussée-d'Antin, fondation du corps franc Vengeance ■ 13 janvier 1943

Début 1943, les patriotes du réseau Turma, jusqu'alors cantonnés aux activités de renseignement, passent à l'action. Le 13 janvier, sous l'impulsion du médecin François Wetterwald, engagé dans la résistance active depuis deux ans, les groupes paramilitaires déjà existants sont fédérés en un seul corps franc, Vengeance.
C'est dans le bureau d'un de leurs chefs, André Mulle, directeur de la Caisse d'allocations familiales de la Seine, que les divers responsables établissent les directives. Le docteur Vic-Dupont, fondateur de Turma, conserve la direction des filières d'évasion et de la recherche de renseignements. Cependant il accepte que soient versés au nouveau groupe franc deux de ses agents, Bernard Lauvray et *Jean-Marie* Charbonneau. François Wetterwald devient quant à lui le patron de Vengeance. Tout partisan devra signer une lettre d'engagement et sera pourvu d'un matricule.

△ Jean Moulin.

▷ Sur un mur mitoyen au siège de la milice française, la célèbre *Affiche rouge*. Collée dans toute la ville lors du procès du groupe Manouchian, elle sera honorée de nombreux bouquets déposés par des Parisiens inconnus.

CHAQUE VENDREDI
DES LIBÉRATEURS?
MILICE FRANÇAISE
COURS DE CUISINE AU GAZ
45 RUE LAFAYETT
CAFÉ-EXPRESS
TÉLÉPHONE
A LA TRIBOULETTE
COIFFEUR

Chaque groupe, constitué de dix combattants et d'un chef, veillera à un cloisonnement rigoureux. Pour Wetterwald, le recrutement des cadres est une priorité. Vengeance entend se spécialiser dans des actions spécifiques de vol de véhicules ou d'uniformes, et de sabotage (particulièrement en région parisienne).
En octobre 1943, Vic-Dupont, Lauvray, Charbonneau ainsi que deux camarades postiers sont arrêtés. Tous périssent en déportation. François Wetterwald, responsable de Vengeance, succède à Vic-Dupont à la tête de Turma-Vengeance.

→ 4, rue Francisque-Sarcey, 16ᵉ

Carrefour des rues de la Chaussée-d'Antin et La Fayette, manifestation (PCF) ■ juin 1942

Pour répondre aux arrestations du 31 mai 1942 qui ont frappé la manifestation de la rue de Buci, une centaine de militantes des Comités de femmes de Paris, de la Seine et de la Seine-et-Oise convergent vers l'angle des rues de la Chaussée-d'Antin et La Fayette. Il fait beau sur le boulevard Haussmann et la foule se presse. Soudain, les manifestantes se rassemblent. Un mannequin de Laval prend feu, pendu à un lampadaire. Des tracts sont lancés ; le refrain de *La Marseillaise* s'élève. Puis toutes se dispersent avant l'arrivée de la police. Encouragés par la réussite de cette manifestation, les Comités de femmes en préparent une autre, dans le 12ᵉ arrondissement, le 27 juin 1942.

24, rue de Clichy, arrestation de Roland Fargeon (OCM) ■ 23 octobre 1943

Le responsable de l'Organisation civile et militaire pour le nord de la France, Roland Fargeon, est arrêté le 23 octobre 1943 avec le général Verneau, patron de l'ORA. Conduit avenue Foch, le résistant est fouillé. Les Allemands trouvent une facture portant l'adresse d'un local au 24, rue de Clichy. Aussitôt, ils investissent le lieu. La perquisition est dramatique car Roland Fargeon y avait établi la centrale de l'OCM région nord. L'ennemi y trouve un courrier abondant (actions des PTT, recrutements de l'Armée secrète…), les adresses des unités de combat et de renseignement et leurs organigrammes, celles des boîtes aux lettres dans Paris, la liste des rendez-vous prévus pour la semaine suivante… la plupart des noms propres étant écrits en clair. La Gestapo a de quoi décapiter l'OCM de la région nord et espère pouvoir enfin se saisir du colonel Touny, son très recherché chef militaire. Une centaine d'arrestations s'ensuivent.

20, rue Vignon, renseignements (Saint-Jacques) ■ août 1940-août 1941

En août 1940, le Bruxellois Lucien Feltesse constitue à Paris un réseau de renseignements dépendant du réseau Saint-Jacques, première organisation de renseignements implantée par la France libre en France occupée.
Le capitaine Maxime Roberte, aviateur dans l'armée belge, très introduit auprès de ses compatriotes, militaires ou politiques, est une recrue de choix pour le résistant. Dès lors, à son domicile de la rue Vignon, Maxime Roberte (dit *Maxime*) note et trie les informations collectées, particulièrement sur les terrains d'aviation de la région parisienne. Mais l'arrestation de Lucien Feltesse le 8 août 1941 au siège clandestin de Saint-Jacques interrompt à son tour les activités du capitaine.

→ 8, place Vendôme, 1ᵉʳ

DIXIÈME ARRONDISSEMENT
10

190, rue Saint-Maur, planque de David Diamant (Solidarité)
■ automne 1941

Le parti communiste a lancé la consigne de saboter les productions destinées à l'armée allemande ; à Paris, les fourreurs, qui confectionnent des gants chauds et autres vêtements pour la Wehrmacht sur le front de l'Est, sont particulièrement visés. Depuis sa minuscule planque de la rue Saint-Maur, David Diamant lance un appel à la grève parmi les ouvriers et petits patrons des faubourgs et étudie tous les moyens de détruire ou de retarder la pro-

▷ David Diamant.

duction. Les grèves sont cependant peu suivies dans les petits ateliers soumis à la surveillance allemande, et les coups de main demeurent très coûteux en hommes. Les actions de sabotage des ateliers de confection seront suspendues un an plus tard.

▷ Petite fabrique mécanique de chaussettes, sous l'Occupation

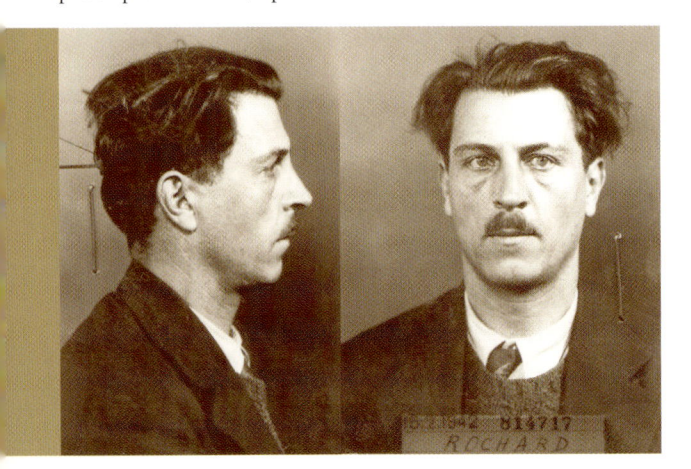

3, rue du Buisson-Saint-Louis, arrestation d'André Pican (PCF)
■ 14 février 1942

Pour Lucien Rottée, commissaire à la BS1 (lutte anticommuniste), l'heure est venue de s'emparer d'André Pican, qui seconde Félix Cadras dans l'organisation clandestine du parti communiste. Pican est filé depuis trois semaines. En cette froide soirée du 14 février 1942, il revient de la gare Montparnasse au 3, rue du Buisson-Saint-Louis; une femme l'accompagne. Les nouvelles sont terribles : au moins 80 militants viennent d'être arrêtés. Le parti a décidé de mettre au vert les plus exposés, et le lendemain matin une camarade doit s'enfuir au Mans par le train de 8 heures.
À 3 heures du matin, les inspecteurs investissent l'appartement. André Pican, surpris en plein sommeil, a pourtant le réflexe de fourrer dans sa bouche un document, sans parvenir à l'avaler. Fouillé, le communiste est aussitôt conduit au dépôt de la préfecture de Police.

▽ Rochard, dit André Pican.

→ 34, rue Letort, 18ᵉ ■ → 119, boulevard Davout, 20ᵉ

55, rue Corbeau (rue Jacques-Louvel-Tessier), arrestation de militants (MOI) ■ 15 mai 1941

Fondée par la très active section juive de la Main d'œuvre immigrée dès l'automne 1940, l'organisation Solidarité s'attache à secourir les familles en difficulté comme à sensibiliser les plus volontaires contre l'ennemi. Encore fidèle aux directives communistes, la section juive s'alerte cependant de plus en plus du sort fait aux siens. Tandis que s'organise, à partir du 13 mai 1941, la rafle des Juifs étrangers des 11ᵉ et 12ᵉ arrondissements, quelques jeunes militants sont réunis au 55, rue Corbeau. Sans doute débattent-ils entre eux des actions de propagande et des collectes. S'inquiètent-ils de ce billet vert, envoyé chez les adultes juifs et les invitant à se rendre, munis d'une valise, dans des centres de recensement ? La section, et sa feuille *Unzer Wort*, n'a pas donné d'alerte particulière. Le parti communiste non plus. Tous les participants à cette réunion sont arrêtés deux jours plus tard.

57, rue Corbeau (rue Jacques-Louvel-Tessier), arrestation de Sarah Kowalski (MOI)
■ 15 mai 1941

Dans la cour du groupe d'immeuble, Sarah Kowalski, militante de Solidarité, distribue aux habitants des tracts et le journal *Presse nouvelle*. Derrière le portail, deux policiers français se sont dissimulés qui se saisissent de la jeune fille. Arrêtée, incarcérée à la Petite Roquette, elle est livrée aux Allemands. Le 17 juillet 1942, elle est déportée à Auschwitz où elle est assassinée dans une chambre à gaz.

8, rue Tesson, planque de Gitel Birenbaum (Solidarité)
■ après juillet 1942

Après la grande rafle du Vel' d'Hiv', le 16 juillet 1942, l'organisation d'entraide et de propagande Solidarité crée une section paramilitaire. Les jeunes, galvanisés par l'horreur, veulent cette fois-ci faire face à l'ennemi.
Gitel Birenbaum, qui a fait des collectes au profit des internés de Drancy et caché des enfants, s'engage dans cette voie. La direction militaire de la MOI la charge de transporter armes et explosifs. Ce qu'elle fait, avant de revenir rue Tesson où elle planque avec sa sœur.

23, rue de la Grange-aux-Belles, dépôt (PCF) ■ été 1941-mi-juin 1942

À l'été 1941, le parti communiste veut élargir son recrutement et s'attache à mieux cibler sa propagande. Jean Letienne est responsable des publications clandestines du parti diffusées auprès des jeunes et des étudiants en région parisienne. Le résistant a camouflé un très important dépôt de matériels (journaux, tracts, mais aussi encre, plombs d'imprimerie) au 23, rue de la Grange-aux-Belles, à côté de l'ancienne Maison des syndicats, lieu emblématique des luttes ouvrières s'il en est. À la mi-juin 1942, Jean Letienne est arrêté, pris dans un vaste coup de filet de la police française contre les « terroristes ». Le partisan est fusillé le 11 août 1942 au mont Valérien.

△ *L'Humanité*, numéro spécial de juillet 1941.

Rue de l'Hôpital-Saint-Louis, arrestation de Jean Biondi (CAS)
■ 13 janvier 1944

Secrétaire général du parti socialiste clandestin et son représentant au CNR depuis septembre 1943, Daniel Mayer est recherché par les polices allemande et française. C'est lui qui a apporté le soutien de Léon Blum au général de Gaulle.

L'année 1944 s'annonce terrible. Le 10 janvier, deux miliciens ont assassiné Victor Basch, âgé de 80 ans, et sa femme Hélène, 79 ans. Juif, socialiste, résistant, président de la Ligue des droits de l'homme, Victor Basch était plus qu'un symbole. Daniel Mayer se sait de plus en plus menacé. Cletta, sa femme, est aux aguets ; elle veille aussi sur la santé, devenue très fragile, de son époux. Le 13 janvier 1944, tous deux se rendent rue de l'Hôpital-Saint-Louis, où doit se tenir une importante réunion du comité directeur socialiste.

Il est 13 h 30. Dans la rue, Cletta remarque une certaine agitation ; sur le trottoir, le responsable de la région Est est immobile, droit comme un i, les yeux baissés, juste en face du local prévu pour le rendez-vous. À ses côtés une voiture, qui ne peut qu'être de la Gestapo.

Cletta comprend aussitôt le manège de Jean : arrêté, il veut prévenir tous ses camarades. Qu'ils rebroussent chemin, supplie donc son étrange allure ! Daniel, qui n'a rien remarqué, veut saluer son compagnon ; Cletta le détourne aussitôt.

Pourtant, la courageuse trouve le moyen de s'aventurer jusqu'à l'intérieur du local : personne. La souricière n'est pas encore tendue… Le couple s'éloigne pour tenter d'avertir aux sorties de métro voisines les résistants dépêchés. Chacun à son tour prévient les autres. Henri Ribière, Robert Verdier, Élie Bloncourt, Gérard Jacquet, Germain Rincent échappent ainsi à l'arrestation. Jean Biondi sera déporté mais retrouvera la France en 1945. De nombreux résistants de la Marne seront cependant arrêtés, une liste non codée des noms ayant été trouvée sur l'un d'entre eux.

131, boulevard de la Villette, dépôt d'armes (PCF) ■ 1941

Coordonnés par Eugène Hénaff, évadé du camp de Châteaubriant en juin 1941, des militants se chargent de récupérer pistolets et revolvers jetés dans les caniveaux ou les poubelles. De nombreux Parisiens se sont en effet débarrassés des armes qu'ils pouvaient posséder après qu'on en a promulgué l'interdit. Des égoutiers joignent leurs efforts à ceux des équipes de ramasseurs.

Simone Schloss transporte les trouvailles au 131, boulevard de la Villette, où Paul et Marie-Thérèse Lefèbvre tiennent un atelier de réparation de cycles. Y sont également entreposées les armes dérobées à l'ennemi par l'un des chefs de la MOI,

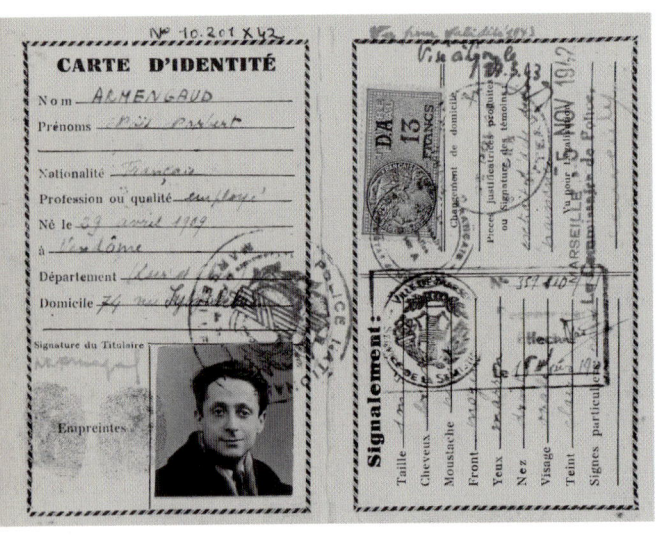

△ Fausse carte d'identité au nom de Noël Armengaud (Daniel Mayer, 1909-1996, membre de la Résistance et fondateur du CAS).

Conrado Miret-Must, dont Simone est l'agent de liaison. Ouvert sur une artère fréquentée, apprécié par sa clientèle de plus en plus nombreuse à circuler à bicyclette (les vols sont d'ailleurs nombreux) et très soucieuse de maintenir sa machine en état de marche en ces temps de pénurie (pneus, chambres à air, pièces de rechange sont rares ou de piètre qualité), l'atelier est propice aux discrètes allées et venues. Et quand Marie-Thérèse ferme boutique, Paul se consacre à son activité clandestine d'armurier. Beaucoup des revolvers récupérés sont quasi inutilisables, anciens, enrayés. Avec patience et méticulosité, Paul nettoie, démonte, remonte, puis trie les munitions correspondant aux divers calibres. Enfin, il fabrique des explosifs. Et dissimule le tout soigneusement dans l'atelier envahi de bicyclettes convalescentes.

L'équipe sera cependant emportée dans la tourmente de novembre 1941, à la suite de la découverte de l'atelier clandestin avenue Debidour. Marie-Thérèse, Paul et Simone sont jugés en avril 1942 avec leurs compagnons des Jeunesses communistes. Simone Schloss périra à Hambourg, décapitée à la hache le 12 février 1943.

→ 5, avenue Debidour, 19ᵉ

211, rue La Fayette, imprimerie clandestine de « Libération-Nord »
■ 1941-1942

Dactylographié en sept exemplaires par son fondateur Christian Pineau, le journal *Libération-Nord* est recopié par ses premiers lecteurs, pour la plupart syndicalistes. En 1941, la CGT (qui œuvre secrètement pour la Résistance) met à la disposition des patriotes son établissement d'assurances, le Travail, rue La Fayette. Le journal, qui se veut hebdomadaire, y est dactylographié et ronéotypé à quelques dizaines d'exemplaires. Le Travail fournit également les timbres, *Libération-Nord* se faisant connaître en province auprès des anciens militants socialistes.

Christian Pineau parti à Londres en février 1942, Jean Cavaillès prend en charge la partie technique du journal. Mais seul un imprimeur professionnel pourrait donner au mouvement lui-même une plus large extension. En juillet 1942, le contact est établi avec l'imprimerie Norgeu.

→ 52, rue de Verneuil, 7ᵉ → 113, avenue Félix-Faure, 15ᵉ

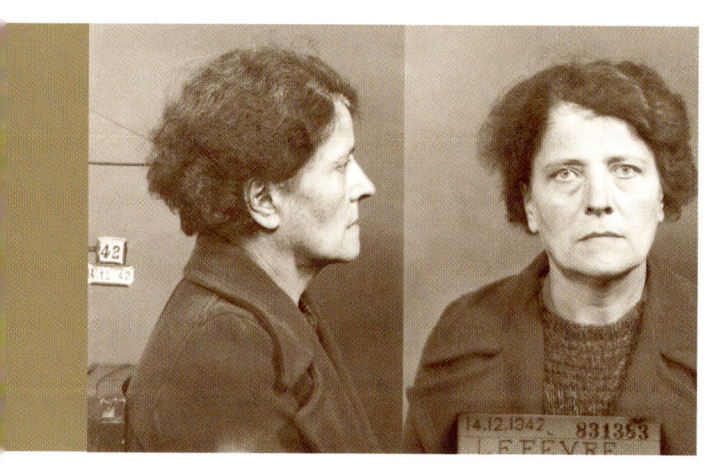

△ Eugène Hénaff.

▷ 211, rue La Fayette.

▽ Marie-Thérèse Lefèbvre.

Station Barbès-Rochechouart, attentat (FTP) ■ 21 août 1941

L'invasion de l'URSS par les armées hitlériennes précipite les communistes français dans la résistance. Cependant, la terrible répression qui s'est abattue sur le parti depuis 1940 et les effets de la propagande plus hostiles à l'État français qu'à l'occupant rendent difficile une mobilisation effective des militants. L'appel à la lutte armée se heurte à une répugnance profonde : on ne tue pas des « camarades soldats », fussent-ils allemands. La direction clandestine décide donc d'une action d'éclat qui marque les esprits : abattre un officier en plein Paris. Il s'agit de sonner l'alarme dans les rangs ennemis et de convaincre par l'exemple les partisans encore désemparés ou désorientés.
L'arrestation de Samuel Tyszelman et Henri Gautherot après la manifestation du 13 août à la station Strasbourg-Saint-Denis et leur exécution deux jours plus tard servent de prétexte : il faut venger les camarades. Pierre Georges (*Fabien*, alors dit *Fredo*), responsable militaire des Jeunesses communistes, Albert Gueusquin et Fernand Zalkinov se procurent des armes et organisent l'opération. Elle est prévue le 21. Le 20, Fredo se fait prêter par Jacques d'Andurain le petit pistolet 6,35 mm de sa mère et va ensuite repérer les lieux. Le jour dit, à 8 heures, chacun se tient prêt sur le quai de la station Barbès-Rochechouart. Zalkinov, au bout du quai, ne doit pas intervenir ; Gueusquin est placé en observateur, Gilbert Brustlein assure la protection. *Fredo* s'approche du bord du quai. Un officier de la Kriegsmarine s'avance et se place à la hauteur du wagon de 1ʳᵉ classe.
La rame arrive. L'Allemand ouvre la porte du wagon ; *Fredo* tire deux balles. L'officier tombe, le corps dans le wagon, les jambes sur le quai. Deux Allemands, sidérés, ne réagissent pas. L'un d'eux ramasse la casquette de l'aspirant Moser. Le partisan, simulant la poursuite de l'assassin, court en criant : « Arrêtez-le ! arrêtez-le ! »
Brustlein sort son arme pour couvrir la course de *Fredo* et réussit à le dégager d'un passant qui le ceinturait. Il s'enfuit pour rejoindre son compagnon, square Willette, avant de gagner un bistrot du Quartier latin.

△ Avis allemand publié dans un quotidien, le 6 septembre 1941.

◁ Fernand Zalkinov.

→ 7, rue Le Goff, 5ᵉ

160, boulevard de Magenta, arrestation d'Armand Desangin (Zéro-France) ■ 23 juin 1944

Responsable de la reproduction des renseignements collectés par le réseau Zéro-France, le photographe Armand Desangin dissimule dans son atelier du boulevard de Magenta les microfilms qui seront transmis aux Alliés. Le résistant cumule cette activité avec l'importante fonction d'inspecteur général adjoint de Résistance-Fer à l'état-major FFI.

En juin 1944, alors que les armées alliées peinent à atteindre la ville de Caen, les résistants de la SNCF s'acharnent à communiquer le plus de renseignements possible. Par ailleurs, le Plan vert, déclenché sur tout le territoire occupé, consistant dans le sabotage des voies ferrées, doit non seulement entraver les offensives ennemies mais encore contribuer à faire croire à une diversion en Normandie.

Desangin, particulièrement recherché par la Gestapo, est arrêté le 23 juin. La perquisition de son atelier apporte les preuves irréfutables de ses activités clandestines.

4, rue de Rocroy, dépôt (Résistance) ■ 1942-1944

Paul Jouan dirige un commerce de papiers peints. L'installation, au 1, rue de Rocroy, en face de son magasin, d'un bureau allemand de censure ne l'empêche aucunement de développer la confection et la diffusion de tracts.

En 1942, Jouan est heureux de participer à une action plus significative. Il propose en effet aux équipes du mouvement Résistance, nouvellement fondé, de dissimuler leur imprimés clandestins dans son arrière-boutique. La rue de Rocroy devient rapidement un des plus importants dépôts du journal *Résistance*. André Lafargue et Paul Steiner, principaux agents transporteurs du mouvement, se relaient pour enlever de l'arrière-cour les stocks cachés parmi les rouleaux de papier-peint. Chargeant les paquets de journaux clandestins sur leurs vélos, les deux résistants entament la tournée des diffuseurs. Le dépôt Jouan ne sera jamais découvert.

△ ◁ Reconstitution de l'attentat du 3 septembre 1941 contre le sous-officier Ernest Hoffman à l'hôtel Terminus-Est (boulevard de Strasbourg) par Brustlein, Zalkinov et Semahiya. Ce dernier blesse l'officier à l'omoplate.

18, rue de Chabrol, domicile de Jeanne et Léon Pakin (FTP-MOI)
■ mai-juin 1942

Pour Sevek Kirschenbaum, fondateur du tout nouveau 2ᵉ détachement de la MOI (ou détachement juif car presque entièrement constitué de Juifs polonais), les états de service – Brigades internationales en Espagne, évasion d'un camp d'internement en France – de Léon Pakin en font une recrue de choix : Abraham Lissner, responsable des cadres de la MOI, s'en frotte les mains.

Actif dès mai 1942, le 2ᵉ détachement suit les consignes de la direction : le sabotage des ateliers des fourreurs (qui fournissent gants et autres vêtements chauds aux armées allemandes du front de l'Est) est prioritaire. Léon Pakin, au courage physique peu commun, et son camarade Élie Wallach se réunissent pour préparer les expéditions punitives contre les récalcitrants. Le 8 juin, ils incendient ensemble un atelier. Le 29, une autre opération est prévue rue Saint-Antoine. Mais, ce jour-là, les deux camarades n'échappent pas à l'arrestation.

La femme de Léon, Jeanne, enceinte, doit quitter de toute urgence la rue de Chabrol. Pakin est fusillé en juillet au mont Valérien. Pour la section juive des FTP-MOI, cette arrestation est dramatique. Les responsables militaires renforcent les consignes de prudence et récusent les actions punitives contre les ateliers juifs.

△ Photographiés en 1938, tous s'engageront dans la Résistance. De gauche à droite : Léon Pakin, et Alser Kermar, Aron Linsberg et Isaak Kotlaz.

Rue des Petites-Écuries, fuite de Maurice Feld et Maurice Feferman (JC) ■ 10 mai 1942

Maurice Feld et Maurice Feferman, tous deux membres des Jeunesses communistes, sont devenus inséparables depuis que Feferman a sauvé Feld de l'arrestation après une opération de sabotage. Toute l'année 1941, ils ne cessent de harceler l'occupant à Paris, exécutant des officiers boulevard de Magenta, rue La Fayette…

Le 10 mai 1942, c'est un hôtel réquisitionné pour les soldats de la Wehrmacht, square Montholon, que les deux jeunes résistants attaquent. L'action réussit. Mau-

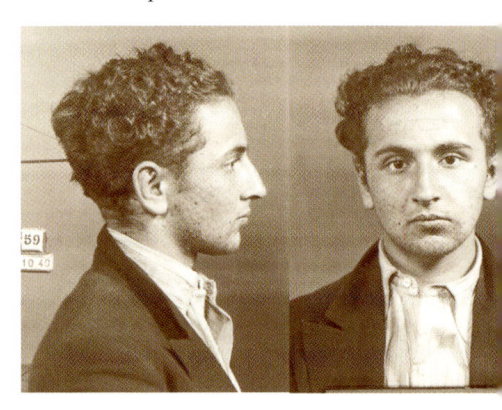

▷ Maurice Feld.

rice Feld s'enfuit en se laissant emporter par le flot dense de la foule. Mais Maurice Feferman est pourchassé par la police. Tout en courant, il tire. Lui-même est blessé. Il se replie rue des Petites-Écuries. Dans son revolver, il ne reste qu'une balle et il est à bout de forces.

Maurice Feld, qui a entendu le bruit de la fusillade, est revenu sur ses pas pour le secourir. La police arrive… Maurice n'a que le temps de voir son camarade se tirer une balle dans la tête. Lui-même bondit sur un vélo ; malgré une jambe blessée par le feu nourri de ses poursuivants, il appuie de toutes ses forces sur les pédales. Mais un passant se jette devant le cycliste, qui tombe à terre. Les inspecteurs des sinistres Brigades spéciales se saisissent de ce partisan tant recherché. Après avoir été supplicié, Maurice Feld, âgé d'à peine 18 ans, est fusillé le 22 août 1942 au mont Valérien.

34, rue d'Hauteville, sabotage (PCF-MOI) ■ 1942

Membre du groupe de Willy Schapiro, Bernard Weil est responsable du sabotage de plusieurs ateliers de confection. Chez Cohen Frères, où travaillent plus de 120 ouvriers, des militants détériorent des pièces jusqu'à les rendre inutilisables ou en dérobent qu'ils entreposent ensuite dans les caches de leur réseau clandestin.

→ Rue Béranger, 3ᵉ

Rue de Mazagran, arrestation de Francis Suttill (SOE-Prosper) ■ 24 juin 1943

Francis Suttill (*Prosper*), chef en France du grand réseau britannique du même nom, a fait part à Londres de sa vive inquiétude : en avril 1943, les arrestations ont été nombreuses. Il demande des armes supplémentaires. En mai, il est à nouveau parachuté en France. Pendant son séjour londonien, des agents sont tombés en Sologne sous les coups de boutoir de l'Abwehr. Tout se passe mal.

Le major Suttill, de plus en plus soucieux, rejoint Paris, louant une chambre dans un petit hôtel de la rue de Mazagran, sous la fausse identité de François Desprée, ingénieur.

Le 23 juin, il attend en vain, à la gare d'Austerlitz, un contact. Le rendez-vous de rattrapage, prévu le lendemain, échoue également. Regagnant vers 10 h 30 son hôtel, Suttill tombe dans une souricière : la Gestapo l'attend dans sa chambre.

Conduit au 84, avenue Foch, Francis Suttill est très longuement interrogé sans toutefois subir de sévices. L'ennemi connaît en effet à peu près tout du réseau, de ses ramifications, de ses activités. Tous les agents ou presque sont repérés ou déjà arrêtés. Le désastre est total. *Prosper* ne peut que le reconnaître.

Le 27 juin, d'autres arrestations ont lieu. Le réseau est bel et bien anéanti. Un « pacte d'honneur » se négocie alors entre le militaire anglais et les officiers allemands. S'il livre les dépôts d'armes, ses agents menacés ou arrêtés seront-ils traités selon les lois de la guerre ? Le lieutenant-colonel SS Hans Kieffer en donne sa parole. Les prisonniers, transférés à Berlin, ne seront pas considérés comme « terroristes ». Le radio du réseau, Gilbert Norman, extrait de sa cellule de Fresnes et informé de l'accord, donne toutes les caches d'armes.

Les agents du réseau Prosper, Francis Suttill en premier, devenus inutiles, sont dès lors livrés à la Gestapo. Presque tous périssent en déportation. Francis Suttill, envoyé au camp de Sachsenhausen, y est cruellement exécuté le 19 mars 1945.

→ 28, rue Saint-André-des-Arts, 6ᵉ

Station Strasbourg-Saint-Denis, manifestation (PCF-JC)
■ 13 août 1941

Danielle Casanova, Camille Baynac, André Leroy, Lucien Dorland, Pierre Georges, Albert Ouzoulias, cadres dirigeants des Jeunesses communistes, décident d'une manifestation gare Saint-Lazare, à 18 h 30, heure de grande affluence, le 13 août 1941.

▷ Lucien Dorland, arrêté par la BS en 1942.

◁ Henri Gautherot.

Vers 18 heures, de toutes les rues du quartier Saint-Lazare et autour du square de la Trinité, les militants se dirigent vers la gare. Mais sur les lieux, il y a plus de policiers que d'habitude. Des fuites, sans doute… Les militants se passent alors la consigne : « Tous à Strasbourg-Saint-Denis ! » Chaque petit groupe prend alors le métro.
À 19 heures, un dirigeant des étudiants communistes, Olivier Souef, sort de la station Strasbourg-Saint-Denis en brandissant un grand drapeau tricolore. C'est le signal. Les jeunes se groupent autour de lui. *La Marseillaise* éclate, les cris fusent : « À bas Hitler ! Vive la France ! Vive l'Union soviétique ! Vive l'Angleterre ! » Les manifestants, sur le trottoir de droite du boulevard Saint-Martin, se dirigent vers la place de la République. À l'angle du boulevard de Sébastopol, un cordon de policiers français ne parvient pas à les arrêter.

Mais, après la rue du Faubourg-Saint-Martin, surgit un détachement allemand motorisé, cantonné au Conservatoire des arts et métiers. Les militants fuient par les ruelles, poursuivis par les side-cars. Des commerçants ouvrent leurs portes… Rue de Bondy (rue René-Boulanger), Madeleine Capievic, agent de liaison des Jeunesses communistes, tombe à terre, embarrassée par sa jupe droite. Un artisan ouvre son échoppe ; elle entre et retrouve des camarades. L'homme reprend son poste de guet…
Plus loin, de jeunes communistes sont coincés contre les grilles qui bordent le boulevard Saint-Martin. Un sous-officier allemand s'élance vers Pierre Daix, un des dirigeants des étudiants communistes, et Olivier Souef. L'Allemand met en joue, mais Henri Gautherot, jeune métallurgiste chargé des groupes de protection de la manifestation, s'élance et l'abat d'un coup de poing formidable. Il tombe à son tour, entraîné, se relève, mais l'Allemand parvient à lui tirer dans les jambes. Arrêté, le résistant est transporté à l'Hôtel-Dieu.

Angle des rues du Château-d'Eau et Taylor, arrestations (PCF-JC)
■ 13 août 1941

De jeunes résistants qui participent à la manifestation du 13 août 1941 à la station Strasbourg-Saint-Denis sont encerclés par la troupe allemande devant le Théâtre de la Porte Saint-Martin. Georges Ghertman et son ami Samuel Tyszelman, que tous appellent *Titi*, membres des Jeunesses communistes, alertent leurs

camarades. Ils s'approchent des soldats de la Wehrmacht. Un nazi s'écrie en allemand : « Arrêtez celui-là, le Juif ! », en désignant Georges Ghertman, responsable des Jeunesses communistes pour les 3e, 4e, et 10e arrondissements.
Titi et Georges s'enfuient aussitôt, égarant leurs poursuivants dans les rues du quartier Saint-Martin. Rue de Bondy (rue René-Boulanger), ils tentent de semer les side-cars. Rue Taylor, juste derrière le théâtre de l'Ambigu, ils courent jusqu'à la rue du Château-d'Eau. Chacun doit tenter sa chance. Ils se séparent ; Georges part à gauche et Samuel à droite. Mais, depuis le carrefour de la rue du Château-d'Eau et du boulevard de Magenta, les poursuivants ont vu les fugitifs. Samuel Tyszelman se rue dans le premier hall d'immeuble venu, se cache dans une cave. Il ne peut échapper à l'arrestation. Condamnés à mort le 15 août 1941, *Titi* et Henri Gautherot, lui aussi arrêté lors de la manifestation de Strasbourg-Saint-Denis, sont fusillés, attachés à un arbre dans les bois de Verrières.

19, rue de l'Échiquier, fondation de la Fédération de la presse clandestine ■ 23 septembre 1943

Marcel Renet (*Jacques Destrée*), fondateur de *Résistance*, propose dès mai 1943 la fédération de tous les grands journaux parisiens. Pascal Copeau pour *Libération*, George Altman pour *Le Franc-Tireur*, Philippe Viannay pour *Défense de la France*, Pascal Pia pour *Combat* donnent leur accord.

▷ Samuel Tyszelman.

△ Affiche allemande annonçant l'exécution de Samuel Tyszelman et Henri Gautherot. Au-dessous, un avis interdisant « l'altération de la présente affiche ».

◁ La vallée aux Loups. Monument commémoratif du bois de Verrières.

▷ Le chef d'escadron Jean Vérines.

Le 23 septembre 1943, M. Hytte accueille dans son appartement, au 19, rue de l'Échiquier, les patrons de la presse clandestine. Jean Texcier représente *Libération* et Robert Salmon *Défense de la France*. Jacques Destrée préside la réunion.
Alors que les mouvements de la zone nord et les MUR de la zone sud s'apprêtent à fusionner en un seul Mouvement de libération nationale, la Fédération de la presse clandestine est créée au début du mois d'octobre. *Le Franc-Tireur*, *Libération*, *Combat* mais aussi *Résistance*, *Défense de la France* et *Lorraine* seront chacun représentés au comité de presse du Mouvement de libération nationale.

11, rue Bouchardon, impression clandestine du « Franc-Tireur »
■ février-7 juillet 1944

Transférée de Lyon à Paris dans l'été 1943, la direction clandestine du *Franc-Tireur* décide d'une implantation du journal en zone nord. Georges Altman puis Albert Bayet, professeur à la Sorbonne, mettent au point une formule parisienne du journal, tout en assurant les liaisons avec Lyon, où se poursuit l'édition de la zone sud. Le premier numéro sort en février 1944. Albert Bayet s'est chargé de trouver un imprimeur : ce sera principalement celui de la rue Bouchardon, les deux directeurs Baumann et Ochs assurant seuls le tirage du journal clandestin. Des équipes de diffusion organisées par Albert Bayet distribuent dans Paris les quelque vingt mille exemplaires du journal clandestin.
Le 7 juillet 1944, Baumann, Ochs et Georges Altman sont arrêtés en pleine nuit et en plein ouvrage. Incarcérés à la Santé, ils sont libérés dans la première quinzaine d'août sur intervention de la résistance policière.

2, rue Beaurepaire, actions résistantes de Jean Vérines (Saint-Jacques) ■ 1940-10 octobre 1941

Jean Vérines, ancien combattant et grand mutilé de la Première Guerre mondiale, assiste, accablé, à la victoire allemande. Chef d'escadron de la caserne du Prince-Eugène, place de la République, il n'a pas ménagé sa peine, aidé de son fils Guy, pour soulager les réfugiés du Nord puis tous les désespérés revenus d'exode.
L'appel du 18 juin 1940 est bien entendu au domicile familial du 2, rue Beaurepaire et redonne espoir au militaire. Mais comment entrer en contact avec un groupement dissident ? La « drôle de guerre » de 1939-1940 a resserré les liens entre les anciens combattants : Jean Vérines se rend régulièrement à la Chope de l'Est, un café de la gare de l'Est, pour retrouver des amis. André Visseaux, recruté dès août 1940 par Maurice Duclos, pour le réseau Saint-Jac-

ques, est de ceux-ci. Les deux hommes sympathisent et apprécient de discuter ensemble tout en regagnant à pied la place de la République au sortir de leurs réunions.

Un soir, Jean Vérines se décide : il aimerait « faire quelque chose » mais ne sait comment contacter Londres. André Visseaux répond à son ami qu'il peut faciliter la miraculeuse liaison… Quelques jours plus tard, Jean reçoit la visite de Maurice Duclos, envoyé du général de Gaulle en France. Jean Vérines entre au réseau Saint-Jacques, et le 2, rue Beaurepaire devient un dépôt de courrier et le lieu de réunion avec Lucien Feltesse et André Visseaux.

Le chef d'escadron Vérines est cependant arrêté le 10 octobre 1941, trahi par un agent double infiltré par l'Abwehr. Son domicile est fouillé ; des papiers sont saisis. Les Allemands n'ont toutefois pas mis la main sur le vaste plan de la base sous-marine de Lorient, construite en 1941 pour abriter les bâtiments revenus de leurs missions en Atlantique. Celui-ci, glissé dans un tissu, est plié sur toute la surface de la table à manger, elle-même recouverte d'une nappe.

En déposant du linge dans les prisons, Guy apprend que son père est incarcéré à Fresnes. Mais à partir du 10 décembre, la famille n'a plus ni contact ni nouvelles. Classé NN, suivant le décret *Nacht und Nebel* du 7 décembre 1941 qui condamne à l'oubli dans les forteresses allemandes tous ceux qui commettent des actes délictueux « contre le Reich ou la puissance occupante », le chef d'escadron Vérines a été transféré à la prison de Düsseldorf. Jugé par le Tribunal du peuple, il est condamné à mort.

→ **8, place Vendôme, 1ᵉʳ**

▽ Place de la République.

11 ONZIÈME ARRONDISSEMENT

Place de la Nation, attentat (MOI)
12 décembre 1942

Le 12 décembre 1942, deux jeunes Juifs du 2ᵉ détachement de la MOI attaquent un détachement allemand place de la Nation. Pour la première fois depuis l'automne 1942, les partisans utilisent des grenades. Leur fuite est sans encombre.

▷ Prison de femmes de la Petite Roquette.

△ Rafle de Juifs boulevard Voltaire en août 1941.

179, boulevard Voltaire, planque de Jean Moulin (DG) ■ juin 1942

Henri Manhès, adjoint de Jean Moulin en zone nord, alerte son camarade Pierre Meunier : *Max* (Jean Moulin) va arriver à Paris ; il faut des planques. Un immeuble à double entrée du boulevard Voltaire ouvre aussi sur la rue des Boulets (rue Léon-Frot). Il jouxte un cinéma dont les toilettes sont dans la cour. Pourvu d'un billet, *Max* pourra ainsi rejoindre ou quitter son appartement sans être vu.

→ 6, rue de Turenne, 4ᵉ

144, avenue Ledru-Rollin, domicile de Germaine Trugnan (PCF)
■ mai 1941

Germaine, membre d'une équipe de propagande, diffuse des tracts communistes. En mai 1941, des inspecteurs la filent jusqu'au 144, avenue Ledru-Rollin, où elle vit chez ses parents.
La police perquisitionne aussitôt les lieux. M. et Mᵐᵉ Trugnan ne s'inquiètent pas d'abord pour leur fille mais plutôt pour eux-mêmes, anciens syndicalistes. C'est pourtant de Germaine qu'il s'agit : « Où sont les tracts ? », hurlent les policiers. L'appartement, mis sans dessus dessous, ne livre rien. Germaine est emmenée à la préfecture de Police, tandis que son paquet de tracts est toujours posé sur le rebord de la fenêtre où elle l'a caché. La jeune fille reste muette ; elle est incarcérée à Fresnes mais son dossier est vide. Placée en liberté surveillée, Germaine retrouve son foyer. La famille décide alors de s'enfuir en zone sud.
Deux ans plus tard, en avril 1944, la Gestapo arrête les parents et leur fille. Tous périssent en déportation.

36, passage Saint-Bernard, filière de sauvetage ■ 1942

L'abbé Raymond Dumortier, vicaire de la paroisse Sainte-Marguerite, stocke de faux certificats de baptême, précieux sésames en 1942 pour les Juifs persécutés. Ces derniers sont ensuite mis à l'abri chez des amis.

Poste émetteur.

39, rue de la Roquette, rencontre clandestine (PCF) ■ 16 juillet 1942

Le 16 juillet 1942, Jean Jérôme a rendez-vous chez ses amis Zerman, 39, rue de la Roquette, pour y rencontrer un correspondant. Sortant du métro place de la Bastille, il s'inquiète d'une importante présence policière à l'angle de la rue de la Roquette. L'opération « Vent printanier » est en cours, autrement dit la grande rafle du Vel' d'Hiv'. Entendant du bruit et des cris dans les escaliers de leur immeuble, les Zerman ont été bien inspirés de ne pas répondre aux ordres des agents leur intimant l'ordre de sortir, et de rester silencieux derrière leur porte verrouillée. Les policiers s'éloignent enfin mais se renseignent auprès de la concierge : les Zerman sont-ils chez eux ? Non, ils sont absents de Paris pour plusieurs jours, rétorque la gardienne. La famille Zerman part aussitôt se réfugier en zone sud. Julien, le fils, s'engage dans l'Armée juive ; il est tué dans une mission en 1944, à l'âge de 18 ans.

54, rue Saint-Sabin, arrestation de Robert Bernadac (Alliance) ■ 13 mars 1943

Le 13 mars 1943, Robert Bernadac, chef radio du SR Alliance en zone nord, rentre hâtivement chez lui. Il lui faut préparer une importante réunion pour le lendemain soir. Le camarade qu'il héberge, Jean Kiffer, patron de la région Centre, est déjà arrivé et l'attend.
Jusque tard dans la nuit, les deux résistants dressent les plans que *Tatou*, chef du SR en zone nord, leur a demandés. Dans le placard à balais, Dan, le poste émetteur, sommeille paisiblement. Robert cache dans la cuisinière les précieux documents. Jean s'allonge sur le divan du salon ; Robert va lui aussi se coucher.

Le silence de Paris occupé est profond. À peine, de temps en temps, le bruit lointain d'un moteur… Soudain, on sonne. Robert sursaute ; encore titubant de sommeil, il ouvre la porte : « Police allemande ! » Par une fenêtre ouverte, le chef radio voit nettement des Citroën noires garées dans la rue. Visiblement, les nazis sont pressés. Qui est cet homme installé dans le canapé ? Un copain de régiment, répond Bernadac, qui a retrouvé tous ses esprits. Dans la poche de sa veste, son calepin est rempli de noms et de rendez-vous écrits en clair : de quoi livrer à la torture et à la mort tous ses compagnons… Il lui faut s'en débarrasser immédiatement. On l'autorise à aller aux toilettes ; le carnet accusateur disparaît aussitôt dans la cuvette. Robert est soulagé. Ni Dan ni les plans n'ont été découverts. Il est sûr qu'il ne parlera pas. Il n'y a aucune preuve contre Jean et chacun sait, en 1943, que les nazis ne condamnent pas sans preuve. Il faudra tout nier en bloc. Avant de partir, Robert tire les volets de la façon convenue pour signaler un danger et éviter ainsi que les camarades ne se précipitent dans une souricière. Jetés dans une voiture, Jean et Robert sont conduits rue des Saussaies. Les deux résistants demeurent maîtres d'eux-mêmes et étrangement sereins. Aucun interroga-

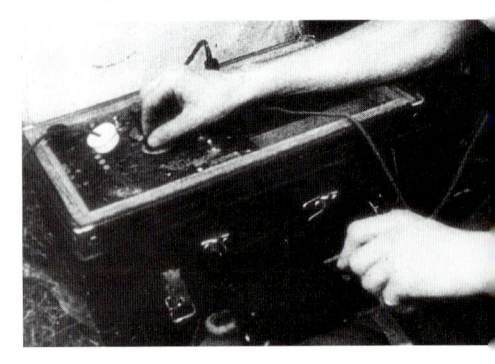

toire n'aboutit. Kiffer ne peut être mis en cause. Bernadac répond invariablement qu'il n'a aucune activité clandestine, qu'il ne connaît personne : ni Marie-Madeleine Fourcade, ni le duc de Magenta…
Mais en lui-même, le chef radio d'Alliance s'interroge : les questions, précises, démontrent clairement une grande connaissance du réseau avant l'arrestation en novembre 1942 de son chef en zone nord, le colonel Rétoré. Comment cela est-il possible ? Robert, horrifié, comprend l'unique explication. Rétoré a trahi. Lui seul, en effet, connaissait l'adresse de son chef radio.
De sa cellule de Fresnes, Robert Bernadac parvient à transmettre des messages à sa femme. Avec une épingle dont il trempe la pointe dans son sang, il alerte ses compagnons : Rétoré a livré tout le réseau nord ; Rétoré est un traître. Déporté, le résistant survivra à cette épreuve et regagnera la France en 1945.

➔ 44, rue Amelot, 11ᵉ ➔ 3, rue Nicolo, 16ᵉ

2, rue Bréguet, bureau-couverture de Germaine Tillion
■ juin 1940-13 août 1942

La nouvelle de l'armistice du 22 juin 1940 s'abat sur Paris, un Paris désert et ensoleillé. Les rares habitants à être restés et qui s'attendaient au déferlement d'une horde barbare se rassurent en considérant la « correction » des Allemands. On attend des nouvelles des familles, des amis, des prisonniers.
Quelques-uns, cependant, sont révoltés et ne peuvent retenir leurs imprécations contre Pétain. Parmi eux, un militaire à la retraite, le colonel Paul Hauet, et une jeune ethnologue, Germaine Tillion. Que faire et comment ? Le colonel s'inquiète du sort réservé aux soldats noirs faits prisonniers par les Allemands. Il faut les évacuer des camps de prisonniers installés à la hâte dans le nord d'une France anéantie. Avec sa nouvelle amie, il visite les nombreux appartements vides de la capitale, et Germaine, qui habite Saint-Maur, choisit un local dans le 11ᵉ arrondissement, au n° 2 de la rue Bréguet, pour y établir le PC de leurs futures activités. C'est sur le chemin du Trocadéro, où la jeune femme travaille auprès de Boris Vildé, au musée de l'Homme. Entre son domicile (à Saint-Maur se constitue un petit groupe avec Jacqueline Bordelet, secrétaire au musée de l'Homme) et son lieu de travail, la rue

△ Germaine Tillion.

▽ 2, rue Bréguet.

Bréguet, transformée en respectable local de l'Union nationale des combattants coloniaux (UNCC) soucieux des prisonniers, offre aux yeux de Germaine d'inestimables avantages pratiques. De son côté, le colonel Hauet se met en quête d'un professionnel du renseignement qui puisse transmettre à Londres des informations militaires dignes de ce nom. En juillet, l'oiseau rare est trouvé en la personne de Charles Dutheil de La Rochère. Le même mois, Germaine Tillion et Boris Vildé jettent les bases du groupe du Trocadéro.

Au 2, rue Bréguet, une intense vie clandestine s'organise. Grâce au soutien efficace de deux patriotes de l'hôpital du Val-de-Grâce, le médecin-chef colonel Le Bourhis et le capitaine Gerbal, l'évacuation des combattants français d'Afrique s'accélère. Hébergements, caches, relais sont trouvés. Infirmières, religieuses et bénévoles encadrent les évasions et glanent aussi quelques renseignements militaires (à la grande joie du colonel Hauet), tous rassemblés au local de l'UNCC. Le renfort de La Rochère élargit lui aussi les rangs. Mais chacun – le colonel, Germaine, La Rochère – reste discret sur ses propres contacts, établissant ainsi, d'instinct, un cloisonnement.

En cet automne 1940, Germaine Tillion unit ses efforts à ceux de Boris Vildé. Le réseau est entièrement constitué, partageant ses activités en trois secteurs principaux : filière d'évasion, renseignements et rédaction de *Résistance*, une feuille dont le premier numéro voit le jour le 15 décembre 1940.

Au printemps 1941, la foudre s'abat sur le mouvement. Boris Vildé, trahi, est arrêté le 26 mars. La prudence du tandem Hauet-Tillion épargne la rue Bréguet. Germaine fait tout son possible pour obtenir une grâce de ses compagnons mais apprendra, en février 1942, leur condamnation puis l'exécution de sept d'entre eux, dont Boris Vildé, au mont Valérien.

L'été 1941 est tout aussi triste : les colonels Hauet et La Rochère sont arrêtés à leur tour (tous deux périront en déportation). Germaine doit retisser seule la toile. Au début de 1942, combien reste-t-il de ceux de 1940 ? Presque tous sont déjà tombés, déjà disparus, déjà morts… Pourtant, la Résistance parvient à reconnaître les siens ; les contacts se multiplient, s'organisent. À son ami Jacques Lecompte-Boinet, désireux de créer un service de renseignements (ce sera Manipule), Germaine Tillion s'empresse de fournir une boîte aux lettres dans le 5e arrondissement.

Par Jacques Legrand, du réseau de l'IS Gloria SMH, le contact avec Londres – désespérément recherché depuis juin 1940 – est enfin établi ; les renseignements se sont accumulés rue Bréguet malgré l'élimination de La Rochère. Les groupes fondés au lendemain de l'armistice, comme Valmy ou Maintenir, élargissent leur audience. Gloria SMH et Manipule demeurent cependant les deux principaux réseaux auxquels se rattache Germaine Tillion, véritable cheville ouvrière de la Résistance à Paris. Mais, profondément marquée par la trahison et ses conséquences, elle s'efforce surtout de faire évader les camarades condamnés. Le 14 juillet 1942, elle parvient à sauver ainsi la jeune Juliette Ténine, juive et communiste. Le 13 août, elle se rend à la gare de Lyon pour rejoindre des amis afin de préparer l'évasion de deux résistants de Gloria SMH, les frères de Vomécourt, incarcérés à Fresnes. Trahie à son tour, Germaine Tillion y est arrêtée.

→ Gare de Lyon, 12e

20, boulevard des Filles-du-Calvaire, arrestation de Vivier et Jean Ayral (BOA) ■ 28 avril 1943

Jean Ayral, nommé par Jean Moulin responsable du Bureau des opérations aériennes en zone nord, se rend chez son adjoint Vivier, architecte de son état. Son cabinet, dans le 11ᵉ arrondissement, sert de lieu de réunion : le va-et-vient de la clientèle favorise la discrétion des rendez-vous. En ce 28 avril 1943, quelques personnes sont d'ailleurs installées dans la salle d'attente. À la recherche d'appartements sans doute, se dit Jean Ayral, qui prend place, lui aussi. Soudain la police allemande pénètre dans l'officine à la recherche de Vivier, qu'elle arrête. Tous les clients sont interpellés. Jean Ayral ne parvient pas à convaincre entièrement les Allemands. Avec Vivier, il est conduit dans les bureaux de l'Abwehr, à l'hôtel Cayré.

La veille, un carnet qui portait l'indication du rendez-vous a été trouvé sur un résistant de la région parisienne. Ce militant avait été pour sa part livré à la Gestapo par le traître Gilbert, encore insoupçonné par la direction du BOA.

→ 4, boulevard Raspail, 7ᵉ

36, rue Amelot, actions résistantes juives ■ 1940-1942

Afin de resserrer les liens entre les multiples œuvres juives d'entraide que le désastre de la défaite a désorganisées, Léo Glaeser fonde dès juin 1940 au 36, rue Amelot, la Colonie scolaire, tout à la fois cantine et dispensaire. David Rapoport, Juif sioniste venu du Bund, anime cet organisme bientôt connu sous le nom de Comité de la rue Amelot. Si les militants, dont Henri Bulawko, se dépensent sans compter pour soulager la misère des familles (La Mère et L'Enfant distribue 2 000 repas par jour

△ Henri Bulawko.

◁ David Rapoport.

en 1941), leurs activités sont de plus en plus clandestines. Le rattachement du comité à l'Union générale des Israélites de France, sorte de collège exécutif juif voulu par les nazis, permet surtout à David Rapoport et Henri Bulawko d'user de lui comme d'une couverture. Malgré les fréquents contrôles de la police, les résistants organisent des réunions politiques à la can-

◁ 36, rue Amelot.

tine du 10, rue Elzévir. Les rafles de 1941 contre les Juifs étrangers ont révolté les jeunes qui, par tous moyens, veulent lutter contre l'occupant nazi.

Le groupe s'engage bientôt dans la lutte armée aux côtés des communistes juifs, dont ceux de la MOI. Mais la répression antisioniste et anticommuniste s'affirmit à partir de 1942. David Rapoport, directeur de la Colonie scolaire, depuis longtemps soupçonné d'actes de résistance par les Allemands, est arrêté à l'été 1943 et déporté à Auschwitz. Henri Bulawko, arrêté en novembre 1942, part aussi « pour l'Est ». Déporté à Auschwitz, il survit et retrouve la France en 1945.

44, rue Amelot, centrale de renseignements (Alliance)
■ **14 mars 1943**

À la tête du SR Alliance en zone nord, le duc de Magenta a pris le relais du colonel Rétoré, arrêté en novembre 1942. D'abord implanté en zone sud, Alliance s'établit en zone nord au début 1943. L'organisation, déficiente jusqu'alors, a été revue. Doté d'une dizaine de postes émetteurs, d'un service de convoiement maritime ou aérien vers Londres, Alliance s'impose alors comme le plus important réseau de l'IS sur tout le territoire occupé. Sa centrale de renseignements zone nord est située au 44, rue Amelot.

Le 14 mars 1943, une importante réunion doit se tenir entre deux chefs régionaux de Bretagne et du Nord, le cartographe Paul Raulo et Robert Bernadac, chef radio de Paris.

Robert tarde à venir. Tous s'inquiètent. Henry Fremendity, le responsable breton, se glisse avec précaution dans la nuit silencieuse. Robert habite presque à côté, rue

▷ Henry Fremendity.

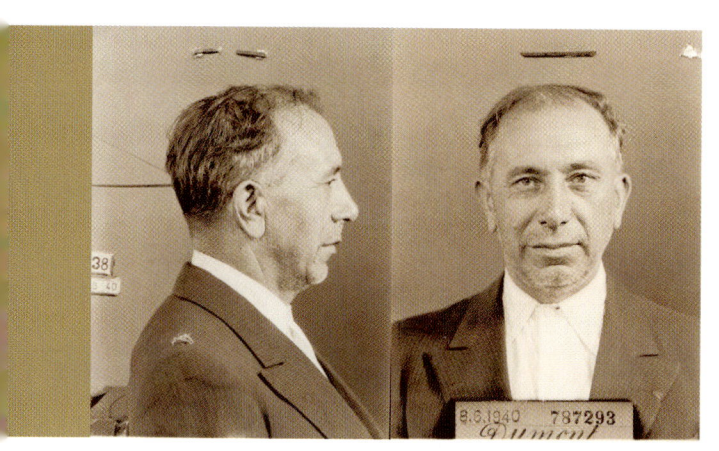

Saint-Sabin. Fremendity remarque le signal d'alerte – un volet à moitié tiré – dès qu'il arrive au bas de l'immeuble. Robert a été arrêté !

Les compagnons de résistance se dispersent aussitôt pour rejoindre leurs planques.

△ Jules Dumont, photographié le 6 juin 1940, lors de la constitution du fichier communiste.

➜ 54, rue Saint-Sabin, 11ᵉ ➜ 3, rue Nicolo, 16ᵉ

78, rue Sedaine, planque du colonel Dumont (OS) ■ 1941

Fin novembre 1941, le commissaire David découvre dans le 19ᵉ arrondissement le laboratoire clandestin de fabrication d'explosifs de l'Organisation spéciale du parti communiste. Une note d'électricité au nom de Journé a également été trouvée sur les lieux. Coulibœuf, le concierge de l'immeuble, épouvanté à la perspective de la torture, donne le signalement de l'homme recherché. Sans le savoir, la Brigade spéciale est sur la piste du commissaire militaire de l'Organisation spéciale, le colonel Dumont. Tous les inspecteurs des Brigades spéciales le traquent dans Paris. C'est vers le 11ᵉ arrondissement que conduisent les investigations. Le colonel Dumont, alias *Journé*, habite effectivement au 78, rue Sedaine, chez sa compagne, Lucienne Palluy. Le 12 décembre 1941, les hommes de la BS perquisitionnent le domicile de Lucienne, sans toutefois mettre la main sur Dumont. Dans une tringle à rideau, les policiers découvrent un descriptif récent de l'Organisation spéciale : le commissaire David réalise l'importance du résistant au sein de l'appareil communiste clandestin. Au cours de l'hiver, l'organisation communiste est pratiquement anéantie.

➜ 5, avenue Debidour, 19ᵉ

16, avenue Parmentier, imprimerie clandestine ■ 1940-1944

Dès septembre 1940, l'imprimeur Louis Frémiot et son associé Théavault assurent la livraison des publications communistes clandestines telles *L'Humanité* et *France d'abord*. Mais *Combat*, *Libération* et de nombreux tracts sortent également de leurs presses.

Très exigeants sur la question du cloisonnement entre les transporteurs de matériel et les diffuseurs des imprimés, les résistants traversent l'Occupation sans être inquiétés ni dénoncés.

Lors de la libération de Paris, c'est de l'imprimerie Frémiot que sortent les affiches appelant aux armes les Parisiens.

Rue du Marché-Popincourt, imprimerie clandestine du Travailleur des PTT
■ à partir de décembre 1940

Fernand Picot veut maintenir un esprit de résistance parmi les postiers et entend publier à nouveau *Le Travailleur des PTT* dès le premier hiver de l'Occupation. La recherche d'un abri sûr et discret l'absorbe jusqu'en décembre, quand il trouve rue du Marché-Popincourt un local de deux pièces retiré au fond d'une cour et au-dessus d'une remise. Sous la fausse identité de François, représentant de commerce, il loue le refuge clandestin.

Aidé d'Henri Gourdeaux, d'Emmanuel Fleury et de Marie Couette, Fernand déménage du boulevard Voltaire une machine Gestetner, dissimulée dans une carriole de chiffonnier. La vie clandestine s'organise alors rapidement. Marie assure la frappe des articles et le secrétariat. Un tirage de 1 000 exemplaires est prévu, l'équipe de diffusion s'étant assurée d'un bon accueil auprès de nombreux postiers. Imprimé dans la pièce du fond, *Le Travailleur des PTT* est dupliqué sans faire de bruit. Jean Darlavoix et Jean Calvet se partagent ensuite la distribution de la publication, dont chaque numéro est très attendu par ses lecteurs.

130, rue Saint-Maur, imprimerie clandestine
■ août 1940-novembre 1941

Les frères Robert et René Blanc, imprimeurs associés, sortent de leurs presses les toutes premières publications de la résistance. En août 1940, c'est *Pantagruel*, journal créé et écrit par Raymond Deiss, *Résistance*, fondé par le groupe du Trocadéro, *Veritas*, feuille catholique de l'abbé Vallée, *La France continue* et *Les Petites Ailes* d'Henri Frenay.

Les deux frères travaillent à l'écart, au fond d'un couloir, pour ne pas se faire repérer par le bruit des machines.

Ils sont cependant arrêtés en novembre 1941. Robert périt en déportation ; René meurt de la tuberculose en 1945 dans un camp que les Soviétiques viennent de libérer.

118, rue d'Angoulême (rue Jean-Pierre-Timbaud), imprimerie clandestine (PCF) ■ 1941

Membre du parti communiste depuis 1930, Rudolf Zeiler imprime des tracts dont, à l'automne 1941, un appel d'Ilya Ehrenbourg au soulèvement contre la tyrannie hitlérienne.

Surveillé par la police, Zeiler est arrêté le 29 octobre 1941 ainsi que sa femme. Celle-ci assiste au jugement qui condamne à mort son époux. Il est fusillé le 19 décembre.

▽ Feuille de Résistance PTT, février 1941.

DOUZIÈME ARRONDISSEMENT

76, boulevard Soult, arrestation de Jean Lemberger (FTP-MOI)
22 avril 1943

Après la grande rafle du Vel' d'Hiv', de nombreux jeunes Juifs communistes se sont engagés dans la lutte armée. Jean Lemberger ainsi que son frère Nathan ont voulu être versés au détachement Stalingrad, dirigé par Marcel Rayman, membre très actif et très recherché des FTP-MOI parisiens.

Le 22 avril 1943, alors qu'il entre dans le hall de son immeuble, 76, boulevard Soult, Jean est arrêté par les inspecteurs français de la Brigade spéciale et aussitôt transféré à la préfecture de Police, où il est durement interrogé. On lui montre une photo de Marcel Rayman ; Jean connaît ce cliché et en déduit qu'il n'a pas été pris par les policiers mais qu'on leur a transmis.

Pour le résistant, seule compte alors la communication de cette terrible découverte au partisan Rayman. Un détenu italien peut transmettre le message. Jean l'authentifie d'un pseudonyme que seul Marcel reconnaîtra : *Simon Maujean*. Ainsi les deux amis signaient-ils leurs tracts.

Mis au secret à Fresnes puis déporté au Struthof en juillet 1943, Jean survit à la déportation et rentre en France en 1945. Au camp, il aura assisté dans ses derniers instants David Kutner, rédacteur en chef de la presse clandestine juive.

▷ Robert Scaffa.

137, avenue du Général-Michel-Bizot, PC paramilitaire de Résistance ■ 1942-novembre 1943

Dès 1940, Fayard, directeur d'une usine de tôles, s'est attaché à collecter des renseignements et à préparer des sabotages. En 1943, le contact est enfin établi avec le mouvement Résistance. Son chef, *Jacques Destrée*, veut créer une section paramilitaire. Fayard, chargé de la formation et de l'encadrement des futurs saboteurs, reçoit le renfort du colonel Durand de Villers, spécialiste du renseignement.

Dans la perspective de la Libération, Fayard, qui ne croit guère à une insurrection générale, juge essentiel de former les futurs combattants et d'infiltrer la police parisienne. C'est le rôle d'Honneur de la police, dirigé par les inspecteurs désignés par les pseudonymes de *Germain* et de *Dupa*.

À la fin de 1943, l'équipe paramilitaire est décimée après avoir été dénoncée. Fayard est arrêté ; Frichet, son voisin de l'avenue Daumesnil, lui succède.

4, place du Louvre, 1ᵉʳ → 130, avenue Daumesnil, 12ᵉ →

40, rue Taine, boîte aux lettres et dépôt (Valmy, Résistance) ■ automne 1940-1942

Robert Scaffa et sa mère rentrent d'exode et ouvrent à nouveau leur pâtisserie de la rue Taine. Les bouquets tricolores qui ornent victorieusement la devanture ne passent pas inaperçus dans le quartier. Des clients s'aventurent à commenter avec sympathie l'initiative. L'un deux, Paulin Bertrand, membre du groupe Valmy, qui vient de se constituer en cet automne 1940, s'ouvre davantage auprès de la commerçante : aucun doute, Mᵐᵉ Scaffa cherche bien à être utile à la Résistance. Paulin et sa nouvelle recrue s'entendent aussitôt.

Les Scaffa, qui ont été généreusement accueillis durant l'exode par des patriotes du Loiret, n'hésitent pas à leur confier des journaux de Valmy ; un réseau s'établit ainsi entre Paris et la région de Montargis. En 1942, après la chute de Valmy, la pâtissière intègre le mouvement Résistance. Son arrière-boutique devient un très gros dépôt du journal clandestin.

Elle accueille aussi de nombreuses réunions du comité paramilitaire que dirige Pierre Frichet, habitant lui aussi le 12ᵉ arrondissement.

La pâtisserie devient une véritable plaque tournante du mouvement à Paris, qui finit par attirer l'attention de la Gestapo. La commerçante échappe de justesse à une

▷ Le numéro 17 de l'édition parisienne du journal *Résistance*, 15 septembre 1943. En bas, le nom de l'éditorialiste, *Jacques Destrée*, son fondateur.

souricière et se réfugie chez Jeanne Sauthier, dans le 7ᵉ arrondissement.

→ 17, rue Barbet-de-Jouy, 7ᵉ

11, rue de Bercy, centrale de Valmy
■ septembre 1940-décembre 1941

Membre du comité directeur de Valmy, fondé le 20 septembre 1940, l'agent d'assurances Paulin Bertrand ouvre largement les portes de son domicile, rue de Bercy, aux patriotes. Ils y confectionnent ou recopient des tracts appelant à la lutte. Bientôt, un périodique est créé. Paulin Bertrand est nommé responsable de son impression et de sa diffusion. Grâce à ses contacts de quartier (Mᵐᵉ Scaffa, rue Taine, plus particulièrement), le résistant peut recruter et organiser de véritables équipes de diffuseurs qui sont autant d'observateurs des mouvements allemands dans Paris.
Un contact avec deux agents de la France libre, les frères Le Tac, permet le développement du secteur de renseignements, parallèlement à celui du réseau Saint-Jacques, dont Bertrand est membre. L'arrestation en août 1941 du chef parisien de cette organisation impose cependant l'évacuation de Bertrand. À la fin de décembre 1941, le résistant, convoyé par Yves Le Tac en Bretagne, rejoint Londres. C'en

△ La feuille *Valmy* qui circule dans Paris dès 1940.

◁ 11, rue de Bercy.

est fini pour lui de la résistance en France occupée, mais il s'emploie alors à faire connaître dans toute l'Angleterre le groupe Valmy et les vicissitudes de la clandestinité. Ses conférences remportent un grand succès. En 1943, le général de Gaulle préface le livre qu'il vient d'écrire, *Un seul ennemi, l'envahisseur*.

→ 12, rue Gramme, 15ᵉ

3, rue du Charolais, liaisons de Résistance-Fer ■ juillet-août 1942

Gilbert Védy, *Médéric*, chef de Ceux de la Libération, sait pouvoir trouver des appuis sûrs au dépôt SNCF de machines et de

▷ Gilbert Védy.

△ Cheminot français.

locomotives de la rue du Charolais : il s'agit d'organiser le passage en zone sud de clandestins, de courrier ou de matériel. Assurant la ligne Paris-Vichy, le chauffeur Pierre Turbot et le mécanicien Roger Brunet aménagent une planque entre la cuve d'eau et la soute à charbon, susceptible d'accueillir des objets encombrants (postes radio, stocks de journaux clandestins…) ou des « colis » (aviateurs évadés). Le courrier est dissimulé dans de petits sacs accrochés à l'extérieur de la locomotive. Lors de chaque voyage de l'été 1942, Roger Brunet transporte ainsi agents de liaison, radios de toute nationalité, pilotes évacués…

21-23, rue de Cognac (disparue), transmissions radio (BCRA-Phratrie) ■ juin 1943-29 juillet 1944

André a succédé à son père à la tête de son entreprise de commerce de vin, Bleynie & Cie, au 21-23, rue de Cognac. Dans les vastes entrepôts de Bercy, les caches sont nombreuses et les allées et venues incessantes dissimulent des rendez-vous qui ont peu de rapport avec le commerce. Par ailleurs, le négociant bénéficie d'un *Ausweiss* lui permettant de circuler dans les deux zones. Avec son camarade italien Bruno Bernieri, Bleynie commence à stocker des armes dès 1941 dans les caves de l'entrepôt.

En juin 1943, André reçoit un visiteur peu commun, qui croise les pieds sur la table et allume une cigarette avant de lui lancer : « Vous devriez faire davantage. » Cet inconnu est le colonel Albert Mouchet, chef d'un SR du BCRA. Il a besoin d'une cache pour l'émetteur radio qui doit transmettre les renseignements de son réseau, Phratrie, à Londres. Les entrepôts en béton sont un lieu idéal dans la mesure où ils empêchent le repérage des ondes par les voitures goniométriques allemandes. Les mesures de sécurité sont strictes : seul le « pianiste » se rendra sur les lieux, les émissions n'excèderont pas cinq minutes et André n'aura connaissance d'aucun message, d'aucun nom, d'aucune adresse. Il pourra poursuivre ses propres activités de résistance. Mais il intègre aussi la direc-

tion de Phratrie en participant aux réunions qu'organise à son domicile, 25, rue Drouot (9ᵉ), le colonel Mouchet.
Cependant, un an plus tard, en juin 1944, les contacts sont coupés. Dénoncé par une lettre anonyme, André Bleynie est contraint de fuir Paris. Le 29 juillet, une descente de la Gestapo se solde par la mort d'un patriote et l'arrestation de trois autres. Averti du drame, André veut coûte que coûte rejoindre la capitale alors qu'il est recherché par toutes les polices. Il faudra qu'un de ses camarades – Robert Jourdan, le trésorier du réseau – le menace de son arme pour qu'il entende raison.
La déception de ne pas participer aux ultimes combats est oubliée quand, le 25 août 1944, Bleynie, Jourdan et Bernieri se retrouvent enfin pour savourer ensemble la libération de Paris.

130, avenue Daumesnil, réunions de Résistance ■ 1942-1944

Employé à la mairie du 12ᵉ arrondissement, Pierre Frichet imprime dès 1940 de nombreux tracts sur les ronéos de son service, qu'il se charge ensuite de diffuser. En 1942, il établit le contact avec le mouvement Résistance. Frichet est une recrue de choix qui se voit confier l'impression clandestine de la charte d'Honneur de la police, réseau infiltrant les forces de l'ordre à Paris, y compris les sinistres Brigades spéciales.
Au début de 1943, Pierre Frichet seconde Fayard, qui a en charge de créer à Paris la branche militaire du mouvement et d'en recruter des cadres. Le général Hanote, chef militaire national de Résistance, supervise l'opération. De nombreuses réunions animées ont lieu dans le bureau municipal de Frichet.
À la fin de l'année, la trahison éclaircit les rangs des paramilitaires. Fayard est arrêté en novembre, Le Gall un peu plus tard. Frichet est isolé, en dépit des contacts maintenus avec Marc Ogé, caché dans l'Yonne et très actif. Il prend part aux combats de la Libération à la tête de ses groupes.

→ 4, place du Louvre, 1ᵉʳ
→ 137, avenue du Général-Michel-Bizot, 12ᵉ

31, passage Montgallet, arrestation d'Odette et Georges Fauveaux (PCF) ■ 11 décembre 1941

Depuis l'automne 1940, la police traque les membres de l'Organisation spéciale, service commando du parti communiste. De plus en plus harcelés par les autorités françaises, les communistes parisiens cherchent à élargir leur recrutement en province ; la liaison entre les contacts provinciaux et le comité central, représenté par Pierre Rebière, est assurée par Odette et Georges Fauveaux. C'est à leur porte, 31, passage Montgallet, que cognent les inspecteurs de la Brigade spéciale le 11 décembre 1941.

◁ Ronéo de la Résistance.

Train saboté par la Résistance : « Wagons de denrées destinées aux enfants des centres urbains. Voici l'œuvre des bandits à la solde de l'Anti-France ! ».

La prise des inspecteurs français est d'autant plus importante qu'une souricière tendue passage Montgallet permet également l'arrestation de Pierre Rebière.

→ 59, rue Chardon-Lagache, 16e

9 bis, passage Stinville, planque de Marcel Rayman (FTP-MOI)
■ août 1943

En juillet 1943, les Brigades spéciales concentrent leurs efforts sur les « terroristes » de la MOI. Marcel Rayman, responsable du détachement des dérailleurs, Missak Manouchian, chef militaire, et Léo Kneler, combattant très aguerri, sont les plus recherchés. La planque de Marcel, rue de Belleville, est déjà connue des Renseignements généraux, mais ceux-ci préfèrent prolonger la filature plutôt que de se contenter d'une seule arrestation.

Début août, Lajb Goldberg, farouche partisan depuis juillet 1942 (ses parents ont été raflés), est identifié et suivi jusqu'au 9 bis, passage Stinville. Au bout d'une heure, le jeune homme en sort accompagné du très recherché Marcel Rayman. Sans relâche, l'inspecteur Constant colle à ses proies. À la fin de l'été, presque tous les combattants de la MOI sont repérés. Il suffira de les cueillir au bon moment : à l'automne, il ne restera plus rien des FTP-MOI.

→ 11, rue de Plaisance, 14e

42, rue de Picpus, attentat FTP
■ nuit du 22 au 23 juin 1944

Alors que l'armée allemande mobilise ses troupes pour contrer l'avance des Alliés en Normandie, les FTP s'acharnent à détruire les stocks d'essence ou les véhicules de transport.

◁ Tract de la Résistance.

Rue de Picpus, un gros garage réquisitionné par les Allemands abrite trente-quatre camions et douze chassis qui doivent rejoindre le front de l'Ouest. Dans la nuit du 22 au 23 juin, vingt FTP pompent les 500 litres d'essence de la citerne, qu'ils répandent sur les véhicules avant d'y mettre le feu.
Camions et chassis sont totalement détruits. Les résistants se replient sans encombre.

Angle de la rue de Reuilly et du boulevard Diderot, arrestation d'Arthur Dallidet (PCF)
■ 28 février 1942

Arthur Dallidet a échappé aux arrestations de l'automne 1940. Très proche de Jacques Duclos, il tente de réorganiser un parti communiste décimé. Responsable national aux cadres (fonction de l'appareil central qui consiste à sonder, recruter et « bioter », c'est-à-dire établir la biographie des responsables du parti), il veut parer aux coups de la répression policière en créant l'Organisation spéciale, sorte de police clandestine chargée d'exécuter les traîtres et de protéger les camarades.
En dépit de cette précaution, le développement de la lutte armée à partir du 21 juin 1941 expose cependant de plus en plus les militants. Depuis janvier 1942, la Brigade spéciale chargée de la lutte anticommuniste marque des points. En février, Danielle Casanova puis Félix Cadras ont été arrêtés. Le 28 au matin, Arthur Dallidet est repéré et identifié par les inspecteurs de la BS. Il est filé à travers Paris jusqu'à un rendez-vous avec une résistante, vers 19h30, dans le hall de la station Reuilly-Diderot. Les deux clandestins gagnent un café dont ils ressortent dix minutes plus tard. Arthur Dallidet paraît inquiet ; les hommes du commissaire David se saisissent de lui et le conduisent aussitôt à la préfecture de Police.
Duclos, informé de l'arrestation de son responsable national aux cadres, refuse de quitter sa planque : « Dallidet ne parlera pas. » Celui-ci meurt en effet sous la torture sans avoir prononcé un mot.

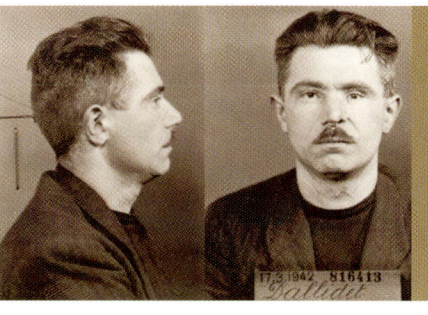

▷ Arthur Dallidet.

15, rue de Prague, archives de Turma-Vengeance ■ 1943

François Wetterwald, patron des groupes francs de Vengeance depuis janvier 1943, dépose les archives du service de renseignement (Turma) au 15, rue de Prague. Bien implanté en région parisienne à partir de l'été, Turma-Vengeance, en lien avec la Résistance-Fer, dresse les plans des gares de triage, tout en indiquant aux Alliés (on espère un débarquement imminent) les cibles prioritaires à bombarder.

Le 12 janvier 1944, François Wetterwald est arrêté. Sa mère, aidée de Jacques Chataigneau, évacue aussitôt les documents très secrets du dépôt clandestin.

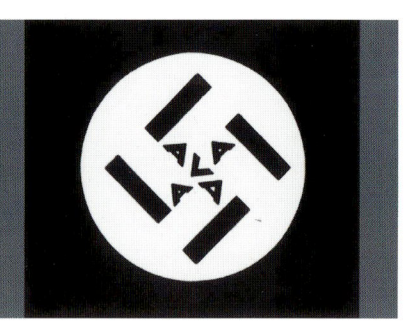

◁ Tract de la Résistance.

Angle de l'avenue Ledru-Rollin et de la rue du Faubourg-Saint-Antoine, manifestation (PCF)
■ 27 juin 1942

Quelque deux cents femmes, communistes pour la plupart, se rassemblent au pied du socle de la statue déboulonnée du député Baudin, à l'angle de la rue du Faubourg-Saint-Antoine et de l'avenue Ledru-Rollin, le 27 juin 1942 à 15 heures. *La Marseillaise* retentit. Les manifestantes lancent de petits tracts aux passants, qui lisent sans crainte les papillons : « C'est magnifique ! Quel courage elles ont, ces femmes ! » Malheureusement, Jean Lehen, membre des FTP, n'a pu installer à temps la potence destinée à pendre symboliquement Laval, qui devait prendre place sur le socle. Les femmes chargées d'apporter le mannequin arrivent une fois la manifestation terminée. Lehen construit cependant sa potence rudimentaire, deux briques maintenant un bâton, et finit par y accrocher un Laval de chiffon. Tout l'après-midi, les Parisiens du 12ᵉ arrondissement peuvent ainsi contempler « Laval pendu », car la police a pris les deux briques pour des explosifs et a sagement attendu l'intervention des artificiers.

14, rue Moreau, dépôt de presse clandestine (UJRE)
■ à partir de 1941

Herschel Wolmark, imprimeur de son état, dirige le dépôt clandestin de l'abondante presse juive qu'héberge son atelier. S'y ajoute la propagande du parti communiste ainsi que des stocks de papier, d'encre, de stencils. Également artisan menuisier, Hershel fabrique pour les résistants juifs et communistes des appareils de tirage. Anna Waksberg dirige la petite équipe de transporteurs.

211, rue de Bercy, dépôt de presse (PCF) ■ juin 1942

À la mi-juin 1942, les Brigades spéciales mettent la main sur le principal dépôt des publications clandestines des Jeunes-

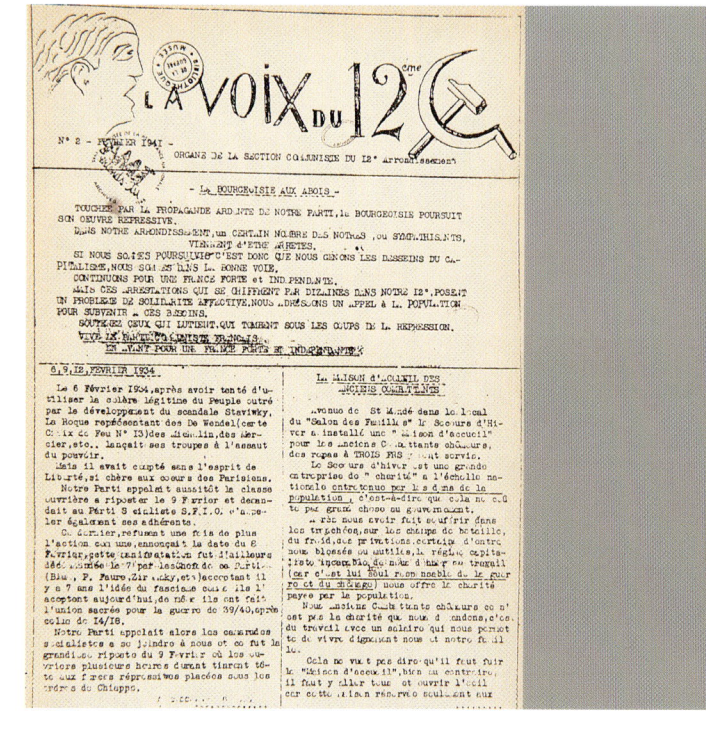

▽ Feuille clandestine du PCF du 12ᵉ arrondissement.

Intérieur de la chapelle du mont Valérien où les condamnés attendaient. Au premier plan à gauche, les poteaux d'exécution, à droite, les cercueils.

ses communistes en région parisienne, au 211, rue de Bercy. Les 18 et 19, trente-sept partisans sont arrêtés. Tous sont fusillés le 11 août au mont Valérien.

12, boulevard Diderot, hébergement clandestin (Résistance)
■ février 1943-août 1944

Recommandé en 1943 par le colonel Hauet auprès des chefs du mouvement Résistance, le patron de l'hôtel Dauphiné Oriental héberge tous les réfractaires au STO qu'on lui envoie. Son établissement est situé à deux pas de la gare de Lyon, dont la quasi-totalité des cheminots sont acquis à la Résistance.

Dans ses caves, le patron établit un véritable service photographique à l'intention des fugitifs. Les chambres servent bien sûr de planques. Faux papiers en main, les volontaires sont convoyés vers les maquis.

Gare de Lyon, arrestation de Germaine Tillion ■ 13 août 1942

Depuis le printemps 1942, Germaine Tillion est hantée par le sort de ses camarades arrêtés suite à la dénonciation de l'indicateur Albert Gaveau. Le petit groupe de patriotes de Saint-Maur, où demeure la résistante, nourrit le grand projet de faire évader les deux frères de Voméco urt incarcérés à Fresnes. Il s'attache le concours de l'abbé Robert Alesch, vicaire de la paroisse voisine de la Varenne, qui appartient au réseau. Il cache chez lui un Allemand, fiancé à une Française, qui redoute plus que tout d'être envoyé sur le front de l'Est. Germaine propose un marché : son évacuation vers la zone sud contre son aide pour l'évasion des frères de Voméco urt.

Alesch assure que l'Allemand est d'accord mais qu'il lui faudra une avance pécuniaire. Le contrat est finalement signé et un reçu établi, à valoir après la guerre. Le rendez-vous est fixé gare de Lyon, le 13 août. Alesch et Germaine, qu'accompagne à distance leur camarade Jacques Legrand, se dirigent vers la grande grille d'accès aux quais. La jeune femme souhaite remettre à l'abbé de précieux documents cachés dans une boîte d'allumettes. Alesch est le premier à passer devant le poinçonneur de billets. Il s'éloigne tandis qu'une main s'abat sur l'épaule de Germaine : « Police allemande… Suivez nous. » Alesch disparaît ; le quai est vide. Jetée dans une Citroën noire, Germaine Tillion est conduite rue des Saussaies. Elle ignore que Jacques Legrand a été lui aussi arrêté.

Incarcérée à la Santé, Germaine est déportée à Ravensbrück en 1943 avec sa mère. Celle-ci y mourra ; Germaine reviendra en France en 1945. Ce n'est qu'après la guerre qu'Alesch est convaincu de trahison. Condamné à mort, il est exécuté un an après son procès, en mai 1949.

→ 2, rue Bréguet, 11ᵉ

TREIZIÈME ARRONDISSEMENT

21, rue de Tolbiac, planque de Fernand Mercier (Jade-Fitzroy)
février 1943 - 9 janvier 1944

Technicien en télécommunications et ardent patriote, Fernand Mercier, déjà actif au réseau Jade-Fitzroy, veut mettre plus largement ses compétences au service de la Résistance. Dès août 1942, il tente les premiers recrutements dans son milieu professionnel. Six mois plus tard, Fernand, dit *Yves*, peut se féliciter de l'excellence de son organisation, fortement cloisonnée, spécialisée dans les écoutes mais également efficace dans la collecte des informations militaires.

Rares sont les agents à connaître sa planque du 21, rue de Tolbiac, qui sert pourtant à Mercier d'école du chiffre pour les responsables radio. Le courrier codé est transmis à Londres lors d'émissions effectuées en divers endroits de la capitale. Cependant, l'arrestation de Claude Lamirault, patron de Jade-Fitzroy, en décembre 1943, entraîne de lourdes pertes.

Le 9 janvier 1944, la Gestapo fait une descente rue de Tolbiac et interroge la concierge, Alice Sabarly : *Yves* Mercier est-il ici ? Complice du résistant, elle oriente les policiers sur le n° 22 et profite de ce répit pour courir à la crèmerie voisine demander qu'on téléphone à un certain numéro pour passer le message suivant : « Votre cousine est gravement malade. » Au bout du fil, à son bureau, Mercier ne comprend pas bien de quelle cousine il s'agit. C'est au tour de la crèmière de devenir perplexe ; elle ne peut que répéter ce qu'on lui a demandé de dire en précisant qu'elle est une commerçante de la rue de Tolbiac. Aussitôt, l'avertissement est reçu cinq sur cinq. Le résistant échappe de justesse à la Gestapo, déjà sur les lieux (Le Matériel téléphonique, à Boulogne-Billancourt).

L'extrême rigueur du cloisonnement limite à deux les arrestations sur environ soixante-dix agents. Mais l'exfiltration de Mercier vers Londres désorganise le réseau et ses volontaires rejoignent les FFI ou les FTP. Le courrier est alors transmis par les réseaux du BCRA.

41, rue Cantagrel, actions du sous-réseau Mercier-AB (Jade-Fitzroy)
■ **1943-1944**

Créé en 1943 par Fernand Mercier, opérateur-radio du SR Jade-Fitzroy, le sous-réseau dit Mercier-AB recrute essentiellement parmi les employés des PTT. Écoutes téléphoniques, sabotage des centraux, missions de renseignement s'effectuent dans un réel cloisonnement. Aucun agent ne connait l'identité du chef ou de ses camarades.

À Paris, rue Cantagrel, les employés de la Société d'application téléphonique se sont efforcés depuis 1940 de contrarier l'action ennemie en usant de leurs compétences techniques ; l'adresse devient à partir de l'hiver 1943 un centre important des activités du sous-réseau de Jade-Fitzroy. Ici, il ne s'agit pas de plonger dans la vie clandestine mais au contraire de conserver son emploi pour accéder aux meilleures sources et mieux servir la Résistance.

→ 21, rue de Tolbiac, 13ᵉ

◁ Poste émetteur anglais, 1941.

9, rue Caillaux, planque de Joseph Boczor (FTP-MOI)
■ 20 septembre 1943

Fondateur du 4ᵉ détachement, dit des « dérailleurs », en mai 1942, Joseph Boczor se distingue autant comme organisateur que comme spécialiste en explosifs. Aguerri à la vie combattante durant la guerre d'Espagne, il ne conçoit l'attaque d'un objectif qu'en protégeant soigneusement la retraite de ses camarades.
Le 20 septembre 1943, les policiers de la BS2 voient Emeric Glasz entrer à l'hôtel des Deux Avenues, 9, rue Caillaux. Il en ressort avec Joseph Boczor, dès lors logé dans une de ses planques. À son tour, le chef du détachement des dérailleurs est pris en filature.

→ 1 bis, rue de Lanneau, 5ᵉ

2, rue du Docteur-Landouzy, domicile de Robert Keller (Source K)
■ 1940-23 décembre 1942

Août 1940. S'approchant des débris d'un avion ennemi abattu non loin de Saint-Clair-sur-Epte, Robert Keller y trouve des plans de la défense aérienne britannique et veut aussitôt transmettre à Londres la preuve de cette fuite. À Paris, des contacts avec des patriotes lui permettent de s'acquitter de cette mission ; il entre aussi à Vengeance, un groupe de patriotes plus attirés par l'action et le renseignement que par la résistance politique.
En apparence, Keller mène une vie normale, partagée entre sa famille et son travail d'ingénieur aux lignes souterraines à longue distance des PTT. Ni sa femme ni ses quatre enfants ne se doutent de ses activités. Un soir de septembre 1941, il rentre chez lui, plus silencieux qu'à l'ordinaire : on vient de lui confier la mission périlleuse d'opérer des écoutes par dérivation sur les câbles longue distance.
Sur la foi d'une lettre de dénonciation, Robert Keller est arrêté en décembre 1942. La paie du résistant n'étant plus versée, une collecte est organisée, et les SR de Londres allouent une subvention particulière.

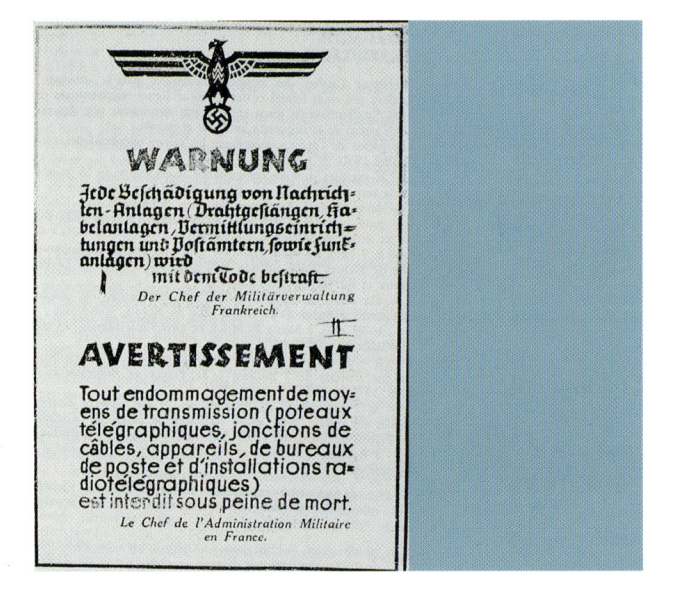

▷ Robert Keller.

▽ Première affiche bilingue affichée dans les services de PTT.

Jusqu'à la fin de la guerre, les familles de Robert Keller et des membres de son équipe arrêtés eux aussi perçoivent l'intégralité de leurs « salaires ».

Robert Keller, supplicié, ne parle pas. Il meurt du typhus au camp de Bergen-Belsen en mars 1945.

➔ 24, rue du Général-Bertrand, 7ᵉ
➔ 8, rue des Entrepreneurs, 15ᵉ

36, rue Brillat-Savarin, arrestation de « Betka » Weinraub (MOI)
■ 1942-14 avril 1943

Depuis 1942, une chambre louée sous le nom de Boudé au 36, rue Brillat-Savarin sert de planque à *Betka* Weinraub, agent de liaison du comité directeur de la MOI. La filature de la résistante permet aux Brigades spéciales de la loger le 22 mars 1943. À la mi-avril, la 3ᵉ section des Renseignements généraux décide d'arrêter toutes les personnes ayant eu un contact avec *Betka*. À 9 heures, le 14 avril 1943, *Betka* Weinraub est arrêtée. Elle périra en déportation.

127, rue de la Santé, centrale du réseau Jade-Amicol ■ 1942-1944

Depuis juin 1940, mère Jean, supérieure au couvent de la Sainte-Agonie, rue de la Santé, n'accepte pas la défaite. Les neuf religieuses qu'elle dirige sont infirmières et ont accès au camp de prisonniers de la Croix-de-Berny. Dans leurs grands paniers, elles prennent soin de dissimuler sous les trousses médicales et autres boîtes de pansements, nourriture et vêtements civils… remis aux soldats qui veulent s'évader.

Le dispensaire du couvent accueille les premiers fugitifs, qui se mêlent discrètement aux civils. Les dix religieuses mèneront à bien près de mille évasions pendant toute l'Occupation.

Lorsqu'en 1942 le colonel Claude Arnould, dit *Ollivier*, veut établir à Paris la centrale de son réseau de renseignements, Jade-Amicol, il est sûr de trouver à la Sainte-Agonie des auxiliaires sûres et discrètes. Recherché par toutes les polices allemandes (sa tête est mise à prix), le colonel Arnould, rattaché aux services secrets britanniques, dirige une puissante organisation qui couvre tout le territoire. Les renseignements collectés par les agents représentent une masse considérable d'informations, qu'il faut trier, rédiger. Un service régulier d'opérations aériennes (vingt-quatre entre 1942 et 1944) permet de transmettre le courrier à Londres.

△ Le colonel Claude Arnould et mère Jean, supérieure du couvent de la Sainte-Agonie. Elle sera décorée de la légion d'honneur à titre militaire.

▷ Cour intérieure du couvent de la Sainte-Agonie, aujourd'hui détruit.

Le couvent abrite les secrétaires et les chiffreurs dévolus au courrier tandis qu'une cachette ultrasecrète est aménagée dans le tabernacle de la chapelle.

Aucune police, ni française ni allemande, ne soupçonne jamais l'intense activité clandestine des sœurs infirmières, ni celle de certains de leurs hôtes.

Rue des Cinq-Diamants, imprimerie clandestine (PCF)
■ août 1942-novembre 1943

Typographe communiste, Émile Le Gaillard plonge dans la clandestinité en août 1942. Chargé par le parti de monter une imprimerie clandestine, il loue sous un faux nom un local rue des Cinq-Diamants. Paul, son assistant, est arrêté en novembre mais garde le silence. La rue des Cinq-Diamants tient bon. Le typographe Blot lui succède pendant qu'Émile poursuit son activité en implantant dans Paris divers ateliers.

Dans l'hiver 1943, les Brigades spéciales repèrent l'agent de liaison des différents services clandestins et organisent sa filature ; en décembre, c'est le coup de filet général, et cinq imprimeries sont démantelées.

Émile Le Gaillard, déporté, rentrera vivant de Mauthausen.

18, rue Vulpian, réunion du comité directeur du FN police
■ 13 août 1944

Depuis trois jours, les grèves de cheminots, de postiers… se multiplient dans Paris. La capitale croit en sa proche libération. Les forces de police doivent-elles rejoindre ce mouvement lancé par la résistance communiste ? Sur les quelque 22 000 agents, pas plus de 2 000 sont des sympathisants du PCF. Pour les responsables du Front national police, d'obédience communiste, la question est ouverte. Le risque paraît grand d'un échec de la grève ou d'un débordement, d'une allégeance policière non au PCF mais aux gaullistes du CNR. Vers 11 heures, un agent de liaison apporte une nouvelle qui emporte la décision : des agents ont été désarmés par les Allemands aux commissariats de Saint-Denis et d'Asnières. Devant la menace d'un désarmement général, et sans même consulter Honneur de la police et Police et Patrie, les deux autres organisations policières résistantes, le mot d'ordre de grève est voté par acclamation.

Une heure plus tard, Lefranc et Pierre se rendent au square Denfert-Rochereau pour informer le délégué de Police et Patrie, Marcel Lamboley. Placé devant le fait accompli, celui-ci s'engage à faire imprimer 20 000 tracts appelant à la grève de tous les agents de police. Malgré les réticences des responsables non communistes de la résistance policière, la grève est déclenchée le mardi 16 août. Le 17, la préfecture de Police est investie par 1 500 patriotes.

8, avenue de la Sœur-Rosalie, imprimerie clandestine de « Témoignage chrétien »
■ printemps 1944

Avisé par Marcel Colin de l'arrestation, le 18 février, de tous les ouvriers de l'imprimerie La Démocratie, Émilien Amaury, véritable patron de presse clandestin, dirige le responsable de la fabrication de *Témoignage chrétien* vers l'importante imprimerie Artra, avenue de la Sœur-Rosalie. Colin, qui s'est déjà assuré le concours de l'artisan Vaillant, bénéficie ainsi du renfort de Philippe Dilleman, patron d'Artra. Trois *Cahiers* et les *Courriers* 9, 10 et 12 de *Témoignage chrétien*, sortent de ses presses.

→ **Boulevard Raspail, 6ᵉ**

9, avenue de la Sœur-Rosalie, diffusion de « Résistance »
■ 1942-1944

Mme Maurice est la belle-mère de Jacques Destrée, fondateur du journal *Résistance*. En octobre 1942, elle montre à une amie, Mme Balossier, le premier numéro de la publication clandestine. Enthousiastes, les deux femmes décident de créer un groupe de diffusion. Avec trois colocataires de l'immeuble du 9, avenue de la Sœur-Rosalie, Melle Légarée, Mmes Alexandre et Ernanet, elles font connaître le journal.

Mme Maurice communique des exemplaires au curé de Saint-Médard, sa paroisse. Mme Balossier recrute le facteur Pontic, qui fait des collectes pour le compte de la fabrication du journal. Chaque membre du groupe se charge d'une diffusion de 50, puis de 80 et enfin de 120 exemplaires. Le réseau s'étend jusqu'en région parisienne, notamment à Taverny.

▽ Le numéro 10 de *Témoignage chrétien*.

35, rue de la Glacière, arrestations
■ 22 novembre 1941

Les dominicains du monastère Saint-Jacques dénoncent, au nom de la foi chrétienne, l'antisémitisme et la morale païenne prônés par le IIIe Reich.

Le prieur Desorby commente ainsi devant ses étudiants *Mit brennender Sorge*, encyclique de Pie XI, et rappelle la condamnation du nazisme. Le père Rémi Chenault stigmatise la débauche et la violence qui règnent dans les camps de la jeunesse hitlérienne. Le père Joseph Guihaire dénonce dans la feuille clandestine *La Vérité française* la persécution des Juifs.

Le 22 novembre 1941, la Gestapo perquisitionne au couvent. Les trois prêtres sont arrêtés. Le prieur Desorby, jeté à la prison de Fresnes, en est libéré après cinq mois de mise au secret. Les pères Chenault et Guihaire périssent en déportation.

9-23, rue des Wallons, résistance policière ■ 1940-1943

Les vastes garages et ateliers des services techniques de la préfecture de Police, rue des Wallons, sont particulièrement propices aux rencontres de policiers patriotes. Dès 1940, le commissaire Dubent fédère divers petits groupes et prend la tête de ce qui deviendra Honneur de la police. En 1942, à l'instar des responsables du réseau Police et Patrie, affilié à Libération-Nord, et des communistes du Front national police, Dubent organise l'infiltration des Brigades spéciales, chargées des filatures, arrestations et interrogatoires des « terroristes ».

Les grands locaux de la rue des Wallons abritent alors les véhicules allemands de détection des émissions clandestines et sont placés, en conséquence, sous haute

△ Le commissaire Dubent.

surveillance. Les résistants peuvent-ils rêver meilleure cache ?
Cependant, en 1943, le commissaire Dubent est arrêté. Nul ne sait ce qu'il advient de lui. Bien que la cohésion du mouvement soit entamée, Honneur de la police survit à la disparition de son chef. La rue des Wallons, véritable centrale clandestine de la résistance policière, toujours insoupçonnée de l'ennemi, demeure sa principale boîte aux lettres.

13, boulevard Saint-Marcel, arrestation d'Arthur Airaud (FN police) ■ 18 février 1944

Arthur Airaud, dit *Montigny*, patronne au printemps 1943 le réseau communiste d'infiltration de la préfecture de Police. Rattaché au Front national, mouvement à l'initiative du PCF, le comité police de *Montigny* recrute d'abord chez les agents de la paix. Par leur intermédiaire, il espère pouvoir étendre plus avant son réseau dans la hiérarchie. Des inspecteurs y adhèrent en effet, dont deux des Brigades spéciales. Cependant, la filature d'un partisan, commencée à la fin de l'année 1942, mène à la piste d'Arthur Airaud. Le 18 février 1944, il est arrêté dans sa planque du boulevard Saint-Marcel et aussitôt conduit dans les bureaux de la préfecture de Police. Les sinistres commissaires Rothée et David tiennent là leur pire ennemi. Supplicié, il ne parle pas. Hospitalisé à l'Hôtel-Dieu, Airaud s'en évade le 3 juillet. Au lendemain de la Libération, le résistant présidera le Comité d'épuration de la police.

88, boulevard de l'Hôpital, imprimerie clandestine du « Silence de la mer » ■ décembre 1941-février 1942

Jean Bruller, fondateur des Éditions de Minuit, maison d'édition clandestine en ce début décembre 1941, prend contact, sur recommandation de l'imprimeur Aulard, avec l'artisan Oudeville. Celui-ci tient au 88, boulevard de l'Hôpital une petite imprimerie spécialisée dans les faire-part. Il lui demande d'imprimer *Le Silence de la mer*. L'homme est seul et ne pourra travailler sur plus de quatre pages quotidiennement ; il lui faudra donc environ trois mois pour s'acquitter de l'ouvrage. L'auteur du roman n'est autre que Bruller, dissimulé sous le pseudonyme de *Vercors*. Chaque jeudi, Bruller vient prendre livraison des feuillets préparés et remet à Oudeville la suite du travail. Le brochage est assuré par Yvonne Paraf, au siège clandestin des éditions, rue Vineuse. À la fin février 1942, *Le Silence* a enfin pris la forme d'un livre revêtu de la couverture des Éditions de Minuit, inconnues de tous même dans le milieu résistant.

Le succès est foudroyant et fait date dans le petit milieu des intellectuels parisiens, qui s'interroge sur l'identité de l'auteur. Certains s'attribuent même la paternité de l'œuvre, au grand amusement de Bruller-Vercors. À Londres, on s'émerveille. Il faut réimprimer. C'est Aulard, rue Tournefort, qui s'en chargera, Oudeville ne disposant pas du matériel lui permettant de faire face en un délai raisonnable.

△ Claude Oudeville, imprimeur clandestin du *Silence de la mer* (reconstitution).

QUATORZIÈME ARRONDISSEMENT

20, rue Delambre, groupe Panta (Jade-Fitzroy)
mai 1943-août 1944

Après l'arrestation en décembre 1943 de Claude Lamirault et ses désastreuses conséquences sur le réseau Jade-Fitzroy, les services britanniques londoniens ont exigé la cessation complète des activités.

Mais Georges Tournon ne l'entend pas ainsi. Il veut reconstituer un réseau à partir de relations personnelles très sûres, dont aucune n'est issue de l'ancienne organisation. Ayant quitté son domicile, il installe dans les locaux de son imprimerie, 20, rue Delambre, sa planque principale, et y organise les premières rencontres du nouveau groupe, dit Panta : l'officier d'active Maurice Delaire, l'acteur Gilbert Gil recrutent eux-mêmes quelques amis sûrs.

Le courrier, caché dans les multiples recoins, ne peut être transmis ; Londres refuse de répondre aux appels radio. Les informations restent inexploitées. Georges Tournon court de rendez-vous en rendez-vous, toujours à pied, jamais en métro, à la recherche d'un nouveau contact pour Londres.

Par Gilbert Gil, une première occasion se présente avec *Sainteny* (Jean Roger), membre du grand réseau Alliance. Mais le rattachement aux services britanniques de cette organisation française ne permet pas une collaboration durable. En cette année 1943, la plus dramatique pour la Résistance, le réseau est à la peine. Ce n'est qu'aux heures de la Libération qu'une transmission s'effectuera par un groupe rattaché au 2e Bureau de la France combattante ; l'opiniâtreté de Georges Tournon et des siens aura enfin porté ses fruits.

37, rue Delambre, boîte aux lettres de Turma-Vengeance ■ 1941

Dès l'automne 1940, un petit groupe de patriotes se rassemble autour de deux jeunes médecins, Victor Vic-Dupont et François Wetterwald. Un contact avec le SR Air à Vichy donne l'assurance d'une transmission régulière aux services de la France libre des renseignements collectés en zone nord. Au 37, rue Delambre, le capitaine Masson organise la principale boîte aux lettres du réseau. Le courrier est soit transmis directement par Vic-Dupont soit déposé rue Delambre.

Boulevard du Montparnasse, arrestation de François Faure (CND) ■ 15 mai 1942

François Faure, adjoint du colonel *Rémy* et chef du réseau de renseignements Confrérie Notre-Dame, se rend à un important rendez-vous au café Dumesnil, boulevard du Montparnasse.
Faure, alias *Paco*, est en compagnie du nouveau responsable Luftwaffe du réseau, auquel il veut présenter l'inspecteur des agences provinciales. Celui-ci n'a toutefois pas pu faire le déplacement et a délégué deux agents.

Le café Dumesnil est fermé. Les deux hommes retrouvent brièvement les patriotes dans un café voisin. Ils poursuivent ensuite leur chemin vers Port-Royal.
Mais les deux agents ont été filés par la Gestapo. À la hauteur du café le Dôme, des Allemands surgissent d'une grosse Mercedes arrêtée près du trottoir. Revolver au poing, ils entourent les Résistants. François Faure tente de faire disparaître le courrier qu'il porte sur lui. Le paquet tombe, s'éventre ; les feuilles se dispersent sur le trottoir. Les Allemands s'en emparent avec précipitation et poussent les trois « terroristes » dans la voiture. François se souvient alors de son agenda dans la poche de son veston : il n'a jamais pu retenir de mémoire ses rendez-vous, les lieux, les heures… Au 15 mai, il a noté « pour midi, Jean-Luc, Presbourg » (*Jean-Luc* est un pseudonyme du colonel *Rémy*, qui, de midi à 13 heures, attendra en vain son adjoint au Presbourg) ; « pour 19 heures, Morin, Duphot » (*Morin* est un autre pseudonyme de *Rémy*).

△ Portrait de François Faure au Struthof en août 1944.

Le résistant parvient à extirper le carnet de son veston et à le glisser sous la banquette de la voiture. L'agenda ne sera découvert qu'en fin d'après-midi. Le colonel échappera à l'arrestation grâce au sang-froid du maître d'hôtel du restaurant Prunier, rue Duphot.

→ 72, avenue des Champs-Elysées, 8ᵉ

Angle de la rue Daguerre et de l'avenue d'Orléans (avenue du Général-Leclerc), manifestation (PCF) ■ 1ᵉʳ août 1942

Les funèbres affiches allemandes apposées sur les murs de Paris annoncent l'exécution en date du 23 février 1942 des FTP Delmas, Lefébure et Meunier. Tous trois assuraient la protection des femmes communistes manifestant au carrefour de Buci contre les rigueurs du rationnement. L'action s'était soldée par l'arrestation de nombreux partisans.

La direction de l'Union des femmes françaises, émanation du PCF, entend bien ne pas se laisser abattre et veut endiguer un éventuel découragement de ses troupes. Surtout, il s'agit de montrer à l'ennemi que la lutte se poursuit malgré les arrestations, les exécutions, les représailles. Roger Linet, commissaire politique interrégional des FTP, averti par Claudine Chaumat de l'audacieux projet d'une manifestation retentissante, donne l'accord du parti.

L'action doit se dérouler à l'angle de la rue Daguerre et de l'avenue d'Orléans, devant un des plus grands magasins Félix Potin de Paris. La date en est fixée au 1ᵉʳ août 1942.

Lise London, chargée de l'organisation, prévient les camarades et mobilise les groupes de trois qui constituent les cellules de base des organisations communistes. Chaque femme fabrique ou reproduit des tracts par dizaine. Mots d'ordre et slogans mais aussi consignes de sécurité sont appris par cœur. Roger Linet présente à Lise Fontgamant, dit *Roland*, qui est chargé avec son groupe d'assurer sa protection personnelle ainsi que celle des militantes les plus menacées.

Le jour dit, Lise London et Eugénie Duvernois, dite *Viviane*, sont sur place un peu avant 16 heures ; depuis la place Denfert-Rochereau, elles observent l'angle de l'avenue d'Orléans et de la rue Daguerre. Leurs camarades, vêtues comme pour un dimanche et munies de cabas – remplis de tracts et autres papillons – se mêlent à la foule, prennent place dans la file d'attente, qui s'allonge maintenant : les ménagères ne veulent pas rater l'ouverture du Félix Potin quand les denrées sont rares et disparaissent en bien peu de temps. Enfin, les vendeurs ouvrent les portes. La foule s'engouffre, les manifestantes s'empressent. Déjà *Viviane* et Lise ont traversé l'avenue. La rue Daguerre est noire de monde. *Roland* donne le signal. Lise London bondit sur un étal et exhorte les passants au refus de la relève, à la confiance dans une prochaine libération, au rejet du gouvernement de Vichy. Silencieuse, la foule écoute. Une pluie de tracts tombe sur les épaules. Soudain c'est *La Marseillaise*. Il faut conclure ; déjà, on entend la police.

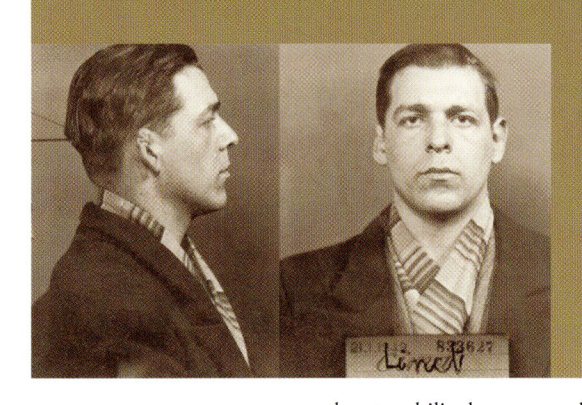

△ Roger Linet. Il sera finalement arrêté à l'hiver 1943.

▽ Carte de points pour les vêtements et les articles textiles.

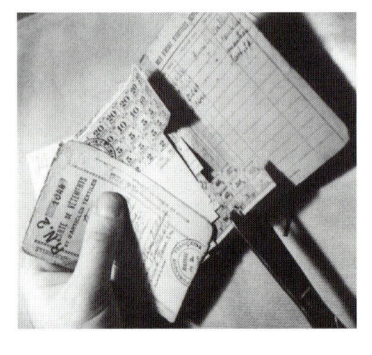

Lise London s'enfuit, remontant la rue Daguerre. *Roland* et ses hommes disloquent la manifestation. Les forces de l'ordre dispersent rudement les derniers curieux.

La manifestation est un succès. Dans tout le quartier, on vante le courage admirable de ces femmes et surtout de celle qui parlait. Lise London s'entend traiter à la radio de « mégère de la rue Daguerre » par le ministre de l'Intérieur, Pierre Pucheu. La presse des collaborateurs fulmine contre l'oratrice. La nouvelle de cette action d'éclat conduite en plein jour par une quinzaine de FTP au cœur même de la capitale occupée se propage encore plus vite et plus loin que ne l'escomptait Henri Tanguy, commissaire militaire interrégional des FTP d'Île-de-France.

Radio-Londres et Radio-Moscou saluent « l'héroïne de la rue Daguerre ».

9, rue Schœlcher, PC de Rol-Tanguy ■ 19 août 1944

Le service technique des Eaux et de l'Assainissement de Paris, dont l'immeuble du 9, rue Schœlcher abrite la direction, bénéficie d'un abri souterrain exceptionnel établi dans les anciennes carrières, à proximité des Catacombes. De nombreuses galeries rayonnent autour de la place Denfert-Rochereau, offrant de multiples sorties. Surtout, l'abri est équipé d'un réseau téléphonique indépendant inconnu des Allemands. Entré fin 1942 dans la Résistance, l'ingénieur Tavès informe le chef FFI d'Île-de-France, Henri Tanguy, de l'existence du lieu.

▽ *Rol*-Tanguy au PC de la rue Schœlcher en août 1944.

▷ Le philosophe Jean Cavaillès.

Le 20 août 1944, au lendemain de l'investissement de la préfecture de Police par ses agents, *Rol*-Tanguy installe son PC aux Catacombes. Le soir-même, les membres du Comac et de l'EMR se réunissent dans l'abri souterrain. Pour plus de discrétion, les agents de liaison gagnent le PC, non par la rue Schœlcher, mais par un accès discret depuis la gare de Denfert-Rochereau.
Pendant les cinq jours d'insurrection, l'abri devint le véritable PC militaire des FFI.

36 bis, avenue de l'Observatoire, fuite de Jean Cavaillès (Cohors)
■ 28 juin 1943

Le 28 juin 1943, la centrale du réseau Cohors, rue Chardon-Lagache, est cernée par la Gestapo. Son patron, le philosophe Jean Cavaillès, parvient à s'échapper et à se réfugier avenue de l'Observatoire, dans un pied-à-terre mis à la disposition des agents de province lors de leurs missions parisiennes.

▷ Avenue de l'Observatoire, la dernière planque connue de Jean Cavaillès.

Le lendemain, dès 6 heures, le résistant traqué s'engage dans les rues encore désertes. Il lui faut gagner la zone sud. Deux mois plus tard, il est arrêté, trahi par son agent de liaison.
Mis au secret à Fresnes, interrogé par la Gestapo plus de douze fois, il est exécuté le 17 février 1944.
→ 109, rue de Vaugirard, 15ᵉ
→ 36, rue Chardon-Lagache, 16ᵉ

Avenue de l'Observatoire, rendez-vous « Rémy »/François Faure (CND) ■ novembre 1941

L'arrestation, en zone sud, de Louis de La Bardonnie, complice historique du colonel *Rémy* dans la mise sur pied du premier réseau de renseignements en France occupée, interdit désormais le franchissement régulier de la ligne de démarcation. Cependant, l'extension de la future CND (ainsi nommée en janvier 1942) se poursuit.
Le colonel *Rémy*, de plus en plus surchargé et conscient des périls qui guettent tout patriote, doit trouver un adjoint capable de lui succéder. Le hasard s'en mêle, qui fait bien les choses. Gay, agent de liaison du colonel, rencontre, dans le métro, un ami qui lui parle avec enthousiasme d'un

certain François Faure, capitaine de son état. Il brûle de servir et cherche en vain un contact avec la Résistance.

Rémy n'hésite pas une seconde : un capitaine peut se révéler très utile. Rendez-vous est fixé avenue de l'Observatoire, au début de novembre 1941. Il fait beau, l'avenue est déserte. *Rémy* et Jourdain voient s'approcher un homme de petite taille à l'allure un peu effacée. Le regard est direct, la voix calme, le langage simple. Le colonel est immédiatement conquis. Sans ambage, il lui expose sa mission : devenir son second et, en cas d'arrestation, son successeur.

Heureux de servir, François Faure prend le pseudonyme de *Paco*.

L'organisation s'étend maintenant à toute la zone nord. Il faut organiser un PC à Paris le plus rapidement possible. En deux mois à peine, *Paco* mène la tâche à bien, installant, avenue des Champs-Élysées, la première centrale du réseau Confrérie Notre-Dame. Il donne, par ses relations personnelles, une ampleur nouvelle à l'organisation, déjà très structurée. Au mois de décembre 1941, il organise un rendez-vous entre le colonel *Rémy* et Pierre Brossolette. Rencontre décisive pour les hommes et pour l'histoire de la Résistance elle-même.

→ 72, avenue des Champs-Élysées, 8ᵉ

26, rue du Faubourg-Saint-Jacques, création du réseau Interallié
■ novembre 1940-janvier 1941

Replié à Toulouse lors du terrible été 1940, l'officier polonais Roman Czerniawski s'est efforcé de constituer un service de renseignements soutenu par l'IS. Sa rencontre, fortuite, avec Mathilde Carré, l'incite à implanter à Paris son organisation. La

△ Mathilde Carré, dite « La chatte », dans les années 1930. Résistante française, elle fut ensuite agent double. Condamnée à mort en janvier 1949, sa peine se commua en prison à perpétuité ; elle fut finalement libérée en 1954.

jeune femme, pratique et persuasive, en sera le chef d'état-major.

Mathilde loue une chambre rue du Faubourg-Saint-Jacques et y emménage avec Roman le 16 novembre. Celui-ci, plongé dans une clandestinité complète, se fait appeler *Armand Borni*. L'hiver est froid, la pièce mal chauffée. Les Français sont sous le coup du désastre, absorbés par les difficultés du ravitaillement et inquiets du sort de leurs prisonniers. Très rares sont ceux, en ces six premiers mois d'occupation, qui croient en la victoire et veulent y contribuer. *Armand* et Mathilde s'acharnent à monter leur réseau. Un bel organigramme divise la France en treize secteurs avec treize responsables dirigeant des sous-agents. Mais il n'y a personne !

À la fin décembre, une vingtaine de « cadres » et plus encore d'agents ont toutefois répondu aux invites tâtonnantes des deux résistants. Michel Brault (qui en 1943 deviendra responsable national des maquis), René Aubertin, Lucien Rocquigny, eux-mêmes en quête d'action, recrutent à leur tour.

Grâce à *Boby*, un résistant policier, le réseau Interallié obtient de vraies fausses cartes d'identité. *Boby* entraîne certains de ses collègues et parvient à constituer un véritable sous-réseau. Il est si dynamique et efficace qu'*Armand* le nomme responsable d'Interallié à Paris.

Au début de l'année 1941, des antennes sont créées en Bourgogne et en Normandie. La réussite est incontestable. Aucun drame n'a frappé l'extension du réseau. Les postes émetteurs fonctionnent.

Mathilde et Roman quittent l'inconfortable studio pour un appartement meublé, mieux chauffé, rue du Colonel-Moll, dans le 17ᵉ arrondissement.

→ 14, rue du Colonel-Moll, 17ᵉ

12, villa Saint-Jacques, actions résistantes (Vengeance-Libre Patrie, Défense de la France) ■ 1941

Louis Pascano et sa mère vivent dans un ancien atelier d'artiste, au cœur du 14ᵉ arrondissement. Ni l'un ni l'autre ne supportent l'Occupation. Louis, en contact avec la caserne de la rue de Tournon, fait partie du groupe Vengeance-Libre Patrie qui, en 1940, cherche à se constituer en réseau de renseignements. À la fin du printemps 1941, le résistant rencontre Philippe Viannay, qui veut publier un journal clandestin, *Défense de la France*. Plus attiré par l'action immédiate, Louis n'intègre pas le jeune mouvement. Mais il ouvre bien volontiers – avec l'accord de sa mère – la villa Saint-Jacques au petit groupe qui y installe sa machine offset. En juin, tout est organisé et le premier numéro de *Défense de la France* est prêt à sortir. Cependant, Mᵐᵉ Pascano, plus prudente que son fils, prête une oreille attentive aux commérages d'un voisinage intrigué par les nombreuses allées et venues. Pour Philippe Viannay et ses amis, la recherche d'une nouvelle planque s'impose.

△ Alfred Lesouef.

▽ Le premier numéro de *Défense de la France*, 1941. Le journal deviendra un des plus grands titres de la presse clandestine.

13 bis, rue Jean-Dolent, imprimerie clandestine de « Défense de la France » ■ mai 1944

La rue est discrète, à l'ombre des murs de la prison de la Santé. Et le local, un atelier de lithogravure, est superbe. Philippe Viannay décide d'y installer l'imprimerie de *Défense de la France*. Il veut aussi en faire le PC de ses troupes quand viendra enfin l'heure du Débarquement ; il faut tenir jusqu'à la libération de Paris. L'atelier servira aussi de dépôt de vivres pour ravitailler les combattants.

Mais le 27 mai, un camarade, Alfred Lesouef, est arrêté. Aussitôt les lieux sont désertés. Philippe Viannay préfère alors se préparer aux combats de la Libération dans un maquis de la région parisienne.

35, boulevard Saint-Jacques, arrestation d'Antoine Hajje (PCF) ■ 25 juin 1941

Depuis deux jours, les armées du Reich ont franchi la frontière soviétique. L'URSS entre à son tour dans la guerre. Tout communiste devient dès lors officiellement un ennemi. Les autorités allemandes délèguent à la police française le pouvoir d'arrestation (dont elle a déjà fait un large usage).

À 6 heures du matin, trois inspecteurs français sonnent à une porte au 2ᵉ étage du 35, boulevard Saint-Jacques, chez Mᵉ Antoine Hajje. Connu pour être membre du parti communiste, l'avocat est aussitôt conduit, « pour simple vérification d'identité » au commissariat du 4ᵉ arrondissement.

Interné à Romainville puis à Compiègne il est fusillé par les Allemands le 20 septembre.

1, rue Cabanis, évasion d'André Postel-Vinay (Pat O'Leary)
■ 3 septembre 1942

André Postel-Vinay est arrêté le 14 décembre 1941 sur dénonciation. Redoutant de parler sous la torture, le résistant (qui appartient à la filière d'évasion britannique Pat O'Leary), incarcéré dans une cellule du deuxième étage à la Santé, se jette par-dessus la passerelle intérieure. Très grièvement blessé (colonne vertébrale et deux jambes fracturées), il endure trois jours sans aucun soin. Transféré à l'hôpital de la Pitié-Salpêtrière, il est enfin opéré et plâtré.

Cependant, André songe toujours à éviter l'interrogatoire et simule la folie. En avril, on lui ôte ses plâtres ; la marche demeure douloureuse et difficile, mais le résistant réintègre quand même la Santé.

Son comportement intrigue les médecins qui se déclarent favorables à une mise en observation à l'hôpital psychiatrique Sainte-Anne. Dans l'après-midi du 1ᵉʳ septembre, André, extrait de sa cellule, est conduit en ambulance jusqu'à un lieu inconnu. Transféré ensuite dans une pièce, il s'y retrouve seul, un seau et un lit de camp pour tout mobilier. Par la fenêtre, André peut voir s'agiter dans un jardin des fous, des *Feldgrau* aux gestes insensés…

Le résistant est examiné par un psychiatre allemand. Tout en poursuivant sa pantomime (phases alternées d'agitation et d'abattement), André Postel-Vinay devine toutes les questions, anticipe toutes les réponses… Au bout de deux jours, alors que l'épuisement menace son esprit et ses forces, on vient le chercher. Un médecin militaire est assis, dos à la fenêtre, dans une pièce sombre ; il ne croit rien de sa composition et l'affecte à l'hôpital-prison de la Pitié.

Attendant l'arrivée de l'ambulance dans le hall d'entrée de Sainte-Anne, André pro-

△ André Postel-Vinay.

◁ Plan du rez-de-chaussée de la prison de la Santé établi en 1943 par le service B du PCF.

fite d'un éloignement momentané de l'officier chargé de le surveiller. Devant lui, une grande porte s'ouvre sur Paris. Il se lève et péniblement, lentement, s'avance vers les marches du perron; le planton reste impavide. À des ouvriers affairés dans l'allée, André demande le plus naturellement où est la sortie. Le résistant poursuit son chemin, s'évadant au grand jour, aux yeux de tous. Il sort par la grande porte. La rue Ferrus est déserte. Rue Cabanis, il sollicite un passant qui lui donne la monnaie pour un ticket de métro. Le voici bientôt dans une rame qui l'emporte loin, jusque dans le 17e arrondissement, où l'évadé trouve enfin un abri sûr chez des amis.

→ 68, rue Nollet, 17e

Hauteur du 49, rue Dareau, dépôt central de propagande (PCF)
■ 1er octobre 1941

Le 16 août 1941, le commissaire André Baillet est nommé à la BS1. Il entend mener avec éclat la lutte contre les terroristes et lance ses inspecteurs dans Paris. Les policiers affectés au secteur de la porte d'Orléans constatent que des cyclistes tirent de lourdes remorques qu'ils abandonnent à des inconnus. Ce manège, singulier, se répète aux alentours d'un hangar qui jouxte l'immeuble du 49, rue Dareau.
Le 1er octobre, les inspecteurs du commissaire Baillet investissent les lieux; ils se saisissent de six hommes et découvrent un stock impressionnant: près de 4 tonnes de papier blanc, 1,5 million de brochures, de tracts et autres imprimés. La BS1 vient de mettre la main sur le dépôt central pour la région parisienne des matériels de propagande communiste.

→ 5, rue Pajol, 18e

17, rue Dareau (rue Rémy-Dumoncel), actions résistantes de Rémy Dumoncel ■ 1940-4 mai 1944

Croix-de-guerre, cinq fois blessé entre 1914 et 1918, Rémy Dumoncel n'entend en aucune manière se soumettre à l'occupant en 1940. Maire d'Avon, il transmet documents administratifs et tickets de rationnement aux groupes qui se constituent. Lui-même héberge les pourchassés puis les réfractaires. À Paris, il dirige les éditions Tallandier. En dépit des consignes officielles, Dumoncel refuse toute traduction d'œuvre nazie. Il soutient par ailleurs financièrement les auteurs renonçant à publier pendant l'Occupation.
Le 4 mai 1944, le téléphone retentit dans son bureau parisien de la rue Dareau. Un ami d'Avon l'alerte: ses adjoints ont été arrêtés en pleine mairie. Il doit fuir! Mais le résistant, considérant que son sort ne peut différer de celui de ses subordonnés, de ses camarades, prend le train pour Avon. Il est arrêté à la gare, interné puis déporté. Il meurt d'épuisement le 13 mars 1945 à Neuengamme.

7 ter, rue d'Alésia, domicile de Peter Mod (MOI) ■ jusqu'au 17 avril 1943

Fin mars 1943, les fileurs de la BS logent Peter Mod, responsable national aux cadres de la MOI, au 7 ter, rue d'Alésia. Le 14 avril, la police vient l'arrêter mais Peter n'est pas là. Sa femme est emmenée et une souricière tendue dans l'appartement. En vain.
Trois jours plus tard, Mme Mod, relâchée, rejoint son domicile, toujours surveillé. Profitant d'une courte absence des policiers, la concierge monte prévenir la femme du résistant, lui conseillant de sortir avec son pot de lait, faisant mine d'aller faire ses courses... et de prendre le large. Peter Mod, rejoint par sa femme, s'enfuit.

▽ Un impact de balle dans la porte de la salle à manger du couvent où fut arrêté et tué le père Cloarec.

◁ Le père Corentin Cloarec.

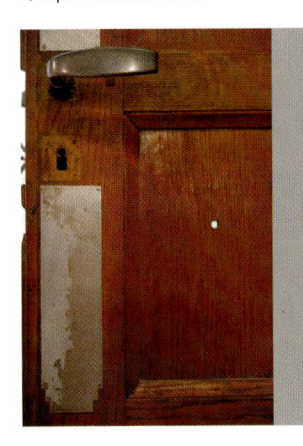

7, rue Marie-Rose, action résistante ■ 1940-28 juin 1944

Ancien combattant de la Grande Guerre, le père Corentin Cloarec est de nouveau mobilisé en mai 1940. À Brest, il refuse de se constituer prisonnier et parvient à rejoindre son couvent franciscain, à Paris, rue Marie-Rose. Dès lors, il met son sacerdoce au service des patriotes qui cherchent réconfort et conseils ; il est l'ami de tous. Des réfractaires au STO trouvent refuge au couvent… et sont évacués très tranquillement par la grande porte, vêtus de la robe de bure franciscaine. Soupçonnant la présence d'un dépôt clandestin de ravitaillement, deux gestapistes et deux supplétifs français enfoncent la porte le 28 juin 1944 et se ruent à l'intérieur du couvent. Dans le cloître, ils mitraillent d'une rafale Corentin, qui s'effondre. Il meurt peu de temps après dans une clinique de la rue Marie-Rose.

La nouvelle se répand comme une traînée de poudre. Des milliers de personnes se pressent à la porte du monastère, déposant des bouquets tricolores. Lors des obsèques, l'église est pleine et une foule silencieuse se masse sur le parvis, malgré la menace de représailles.

△ France Bloch et Frédo Serazin.

1, rue Monticelli, armement (OS) ■ automne 1940

Laminé dès octobre 1940 par la répression policière, le parti communiste crée, à l'automne même, une organisation spéciale chargée de la sécurité des cadres. Des groupes paramilitaires, n'ayant aucune activité de propagande, sont ainsi constitués ; France Bloch et Frédo Serazin ont en charge le service des armes et explosifs. La mission des deux résistants est de collecter revolvers et autres pistolets, d'aménager des caches, de créer des laboratoires clandestins, de recruter des chimistes…

Le soir, ils se retrouvent dans leur planque de la discrète rue Monticelli pour débattre des actions à mener ou des rendez-vous à organiser.

➜ 9, avenue Debidour, 19ᵉ

6, rue Georges-de-Porto-Riche, alerte arrestation ■ novembre 1943

Depuis 1940, les inspecteurs Angelot et Bourgeon, aidés de Solange Mourgues, secrétaire au cabinet du préfet de police, sabotent les opérations des Brigades spéciales en prévenant les patriotes.
Un soir de novembre 1943, les trois résistants se pressent vers le 6, rue Georges-de-Porto-Riche, pour prévenir *Nicou* de la menace qui pèse sur lui. Son arrestation en entraînerait beaucoup d'autres. La rue est déserte ; pas de voitures, pas de bruit. Angelot, armé, surveille les alentours tandis que Bourgeon se poste dans la cage d'escalier ; Solange monte jusqu'à l'étage

◁ Un rendez-vous clandestin dans la nuit du couvre-feu.

indiqué dans les rapports de filature. Des éclats de rire filtrent à travers la porte… La résistante frappe ; un jeune homme, souriant, lui ouvre. Très fermement, Solange lui dit de quitter immédiatement les lieux avec ses camarades et de ne pas y revenir : les Brigades spéciales ne vont pas tarder.
Elle s'esquive ; Bourgeon et Angelot se séparent dans la nuit.

8, rue Georges-de-Porto-Riche, arrestation d'Étienne-Michel Laurent (BCRA) ■ 22 juin 1942

Au cours du premier semestre 1941, le SR de la France libre à Londres organise ses premières missions Action. Il s'agit essentiellement de parachuter des équipes de deux volontaires, dont l'un est radio, et de prendre contact avec les groupes de résistance en France occupée. Le lieutenant Laurent, dit *Din W* (la lettre W indiquant la qualité de radio) et Donnadieu Din sont envoyés en mission dans la région bordelaise en septembre 1941. C'est la mission Barter, qui doit se faire connaître des résistants déjà contactés par une mission précédente.
Étienne-Michel Laurent est plongé dans une complète clandestinité. Très exposé aux risques d'arrestation, le « pianiste » parvient à échapper une première fois à la Gestapo, qui le surprend en pleine émission. Mais les Allemands retrouvent sa trace et l'abattent à Paris, le 22 juin 1942, dans sa planque du 14ᵉ arrondissement.

5, rue du Général-Séré-de-Rivière, dépôt de « Témoignage chrétien » ■ été 1943

Témoignage chrétien, que le père Chaillet a fondé en zone sud, reste inconnu de la zone nord. Envoyé en juin 1943 à Paris, Marcel Vanhove tente de recruter une équipe de diffuseurs ; une tâche ardue malgré l'impression dans la capitale de deux *Cahiers* et de deux *Courriers*. Un certain Christian Leiminger s'en charge. Dans un local du 5, rue du Général-Séré-de-Rivière, il entrepose toutes les publications clandestines. L'arrestation, en septembre, de son agent de liaison oblige la petite équipe de « TC » à évacuer les stocks. Le 30, deux militants attendent devant l'immeuble le camion qui doit transporter les journaux chez le père Riquet, rue d'Assas.
Le véhicule intrigue-t-il les policiers allemands effectuant une ronde ? Toujours est-il que Colin et Beck sont séparés et interrogés. Après un long examen, leurs papiers sont confisqués : les deux Français sont invités à les récupérer avenue Foch, au siège de la Gestapo ! Colin parvient à prendre le large, mais il n'y aura plus de nouvelles de Beck.

10, boulevard Brune, domicile de la famille Mary (PCF-FTP) ■ 1941-1943

Rentrée de la zone sud, où s'était repliée l'imprimerie de la Poste, Lucie Mary prend domicile au 10, boulevard Brune et retrouve son emploi de vérificatrice de tim-

▷ Poste émetteur-récepteur portatif.

Code d'Honneur du Franc-Tireur et Partisan Français

Dans notre France opprimée qui veut se débarrasser au plus vite de ses envahisseurs, le peuple tout entier se lèvera demain en une formidable insurrection nationale qui sera, sur le continent, la participation la plus efficace à la stratégie alliée. Mais l'insurrection nationale dont le général de Gaulle a dit, avec raison, qu'elle ne peut se séparer de la libération nationale doit se préparer, et c'est la tâche des Francs-Tireurs et Partisans Français de contribuer puissamment à cette préparation en développant les détachements armés de patriotes et en livrant quotidiennement des combats qui sont le prélude indispensable du soulèvement armé de la Nation contre l'envahisseur.

Francs-Tireurs et Partisans de France, qui avez écrit vos titres de gloire sur le sol de la Patrie l'avant-garde armée de la France combattante, vous êtes couverts de la même gloire qui couvre les héroïques marins de Toulon, les soldats de Bir-Hakeim et ceux de Tunisie, la gloire de ceux qui luttent pour la délivrance de la Patrie.

C'est vous Francs-Tireurs et Partisans de France, qui avez dans vos rangs, de nombreux officiers, sous-officiers et soldats de l'armée d'armistice dissoute par les boches, qui formez le noyau de la future Armée Nationale de la libération, vous êtes la fierté et l'honneur de la France, et en signant solennellement les engagements précis qui constituent le code d'honneur du Franc-Tireur et Partisan Français, vous contribuerez à rehausser encore, davantage le prestige des F.T.P.F. et à resserrer les liens qui unissent l'armée de la France Combattante, encadrée par les patriotes qui montrent le chemin de la lutte armée à la masse du peuple de France qui, tout entier, prendra les armes demain.

Engagement d'honneur du Franc-Tireur et Partisan Français

Après avoir pris connaissance des conditions garanties par le Comité Militaire National des Francs-Tireurs et Partisans Français à chaque soldat engagé dans leurs rangs, conditions en vigueur dans les formations de la France Combattante et assurant notamment :

Article I. — Les volontaires de tous grades participant à l'action militaire des F.T.P.F. contre l'ennemi sur le territoire ont droit, en cas d'arrestation, pour eux et leur famille à un dédommagement matériel périodique.

Article II. — En cas d'invalidité constatée, une action dans les rangs des F.T.P.F. ou en cas de décès, les volontaires ou leurs ayants droit bénéficieront du régime et pensions militaires applicables à tous les anciens combattants, leurs descendants directs avant de droit pupilles de la nation.

Article III. — Tous les droits et avantages reconnus par la France libérée à tous ceux qui auront combattu les armes à la main contre l'envahisseur, sont acquis de plein droit aux volontaires engagés dans les F.T.P.F. et soldats de la France Combattante.

JE SOUSSIGNÉ, déclare m'engager dans les rangs des F.T.P.F. pour servir avec honneur, en tous lieux et jusqu'à la libération totale du territoire Français.

JE JURE de combattre avec fidélité et discipline dans les unités des F.T.P.F. qui sont sur le sol de la Patrie l'avant-garde armée de la France Combattante.

J'ai conscience des devoirs que j'assume en appartenant aux forces de la libération nationale et de combattre aux côtés des soldats de l'armée du Général DE GAULLE, illustrés à Bir-Hakeim et l'armée du Général GIRAUD.

En souscrivant formellement aux prescriptions du Code d'Honneur des F.T.P.F. je m'engage :

1° A SERVIR la France en y consacrant toutes mes forces à l'action contre les envahisseurs et les traîtres à leur solde afin que la France, libre de tout occupant retrouve son indépendance et sa souveraineté au milieu des nations libres.

2° A EXÉCUTER avec discipline et conscience tous les ordres, instructions qui me seront donnés par mes chefs, la discipline librement consentie, fermement appliquée, étant indispensable à l'accomplissement de notre mission et à la sécurité générale de nos forces.

3° A GARDER le secret le plus absolu envers quiconque sur tout ce qui concerne les unités de F.T.P.F. et tout ce qui s'y rapporte : Leur organisation, leur action, leurs chefs, ainsi que toutes les organisations de patriotes quelles qu'elles soient.

4° A ASSISTER, au cas où je serais fait prisonnier par l'ennemi, à toutes les menaces comme aux pires tortures, mais à ne jamais faire aucune déclaration ou indication quelle qu'elle soit pouvant servir l'ennemi, de F.T.P. ou autre, ou sur aucune personne, connue ou inconnue, sur telle ou telle opération passée ou à venir.

5° A VENGER tous les crimes commis par l'ennemi et ses policiers contre les patriotes.

6° A RECHERCHER tous les traîtres coupables d'égard à l'égard d'un patriote ou d'une organisation et que je serais mené condamné au châtiment de la peine de mort qui doit lui être appliqué dans le plus court délai et sans recours possible, même lors la libération du territoire. Tout individu s'opposant à l'application du châtiment à l'égard d'un délateur devant être considéré comme solidaire de la trahison et puni en conséquence.

7° A OBSERVER scrupuleusement toutes les règles de l'action illégale et clandestine auxquelles sont soumis tous ceux qui combattent dans les conditions de l'occupation du territoire (ces principales obligations et règles sont énumérées dans la note 210 A sur la sécurité, dont je déclare avoir pris connaissance).

8° A ACCOMPLIR toutes les missions qui me seront confiées avec célérité, esprit d'initiative et abnégation, à reconnaître pour chef celui qui m'en sera confié la direction privée de son commandement, tout ce qu'il faut, de l'action, soit un supplément, le meilleur et le plus expressément des combattants, afin de mener l'action jusqu'au bout.

9° A PRÊTER au maximum aide à tout patriote en danger ou blessé et à faire le maximum d'efforts pour l'aider à conserver ou à recouvrer la santé.

10° A PARTICIPER activement au recrutement de nouveaux combattants pour renforcer les unités de F.T.P., à accroître mon instruction militaire, à aider à l'instruction de mes camarades afin d'accroître la qualification de mon unité par l'étude de l'art militaire, la connaissance des armes, et apporter un effort constant pour accroître sa force offensive, ses moyens de combat, et élever toujours plus le niveau de son action.

△ Engagement sur l'honneur demandé aux FTP. Signé de la main des partisans, un tel document s'avère rapidement dangereux. Il sera finalement annulé.

▽ Machine à écrire ayant été utilisée par la Résistance.

11, villa Duthy, domicile de Rose Merot (PCF) ■ 1942

Chef du Service B, réseau de renseignements communiste, Georges Beyer confie à Rose Merot la recherche des planques et l'organisation des réunions. Rose, laborantine à l'hôpital Cochin (elle est entrée dans la Résistance par le service de santé des FTP, dont Georges Beyer est également le patron), est âgée de 40 ans : cette « vieille » aux yeux des jeunes du réseau a l'allure respectable qui convient parfaitement aux missions à haut risque.

Pour son chef, elle trouve un pavillon discret à Louveciennes. À Vaucresson, elle organise encore une réunion entre responsables du parti et de l'ORA.

À son domicile, dans une discrète impasse du 14e, elle héberge Jean Jérôme, le trésorier du parti. Après l'arrestation de ce dernier, Rose est isolée pendant de longs mois. Puis Georges Beyer lui demande d'héberger son agent de liaison, Marguerite Demailly. Tenue en très haute confiance par la direction du parti, Rose dactylographie aussi en cinquante exemplaires les directives militaires interrégionales.

121, rue d'Alésia, PC de Défense de la France ■ printemps-juillet 1943

Hélène et Philippe Viannay se sont mariés malgré les rigueurs qu'impose la vie clandestine. Ils s'installent dans un petit hôtel dont le propriétaire, retiré en province, s'est laissé convaincre par sa petite-fille, Jacqueline Pardon, membre elle aussi de Défense de la France, de le laisser à disposition. Philippe décide aussitôt d'en faire un lieu ultrasecret du journal clandestin. Il est difficile de trouver des locaux, et quand il s'en présente un qui peut aussi servir d'hébergement, il convient de le préserver au maximum. Rares sont ceux qui accèdent à ce PC : Charlotte Nadel, responsable typographe, Alain Radiguer, imprimeur, Jacqueline Pardon…

bres. Veuve et mère de cinq enfants, cette ancienne militante communiste reprend contact. On lui confie d'abord des tâches de propagande dans son quartier (collage d'affiches, distribution de tracts…). Mais bientôt elle héberge des combattants recherchés. Parmi eux, son frère, FTP, qui a abattu un officier allemand dans le bois de Vincennes. Son arrestation déclenche une perquisition de l'appartement de Lucie ; la police y trouve des armes déposées par le partisan, qui sera fusillé le 6 octobre 1943 au mont Valérien. Lucie est arrêtée.

Alain a installé la clicherie, Charlotte apporte les pages composées. On récupère de vieux caractères qu'on fait fondre dans une casserole. L'organisation tourne. Malheureusement, la découverte en juillet 1943 d'une boîte aux lettres du mouvement, rue Bonaparte, impose de déménager en catastrophe.

➜ 68, rue Bonaparte, 6ᵉ

37, rue de Vanves (rue Raymond-Losserand), réunions clandestines
■ 1940-25 août 1944

Dès le début de l'Occupation, Joseph Lacan met son café de la rue de Vanves à la disposition de tous ceux qui « font quelque chose ». Un bistrot est idéal pour couvrir les allées et venues. Dans le tout petit monde des patriotes, la chose se sait vite mais le secret sera pourtant assez bien gardé pour que Joseph Lacan ne soit jamais inquiété.

À partir de novembre 1943, Albert Bayet, responsable national de la commission de la presse clandestine, prend l'habitude de corriger les épreuves du *Franc-Tireur* dans l'établissement.

11, rue de Plaisance, planque de Missak Manouchian (MOI)
■ 16 novembre 1943

En 1943, la MOI a pris le relais des JC, décimées, pour conduire la guérilla. En juillet, Boris Holban, chef du groupe clandestin, refuse d'obéir aux consignes d'activisme du parti communiste, qu'il juge suicidaires. L'action gagne cependant en intensité, la direction refusant de replier les combattants en zone sud ; Manouchian devient le responsable de la guérilla parisienne. L'exécution le 28 septembre 1943 de Julius Ritter, chargé de l'application du STO en France, a un retentissement considérable. Toutes les polices, notamment celle des commissaires David et Rotée, s'acharnent contre les « terroristes ». À la fin octobre, la vie de Missak Manouchian devient celle d'un homme traqué.

Au 11, rue de Plaisance, domicile clandestin qu'il partage avec sa compagne Mélinée, l'angoisse grandit. Manouchian est isolé et sans argent pour survivre. Alors que les arrestations se comptent par dizaines, Manouchian fait part en clandestin expérimenté de ses inquiétudes à ses chefs communistes. Ni lui ni ses camarades ne sont cependant évacués en zone sud. Manouchian est agité et taciturne. Où trouver refuge pour éviter l'arrestation et la mort ? Nulle part.

Au matin du 16 novembre 1943, Missak Manouchian est arrêté en gare d'Évry-Petit-Bourg. Supplicié, il est exécuté avec vingt-deux camarades en février 1944 après un procès retentissant. Mais l'affiche rouge, placardée sur les murs de Paris par l'ennemi, produit l'effet contraire à celui escompté : pour toute la Résistance, elle devient l'emblème du martyre. Les soutiens de sympathisants se multiplient.

➜ 9 bis, passage Stinville, 12ᵉ

◁ Missak Manouchian.

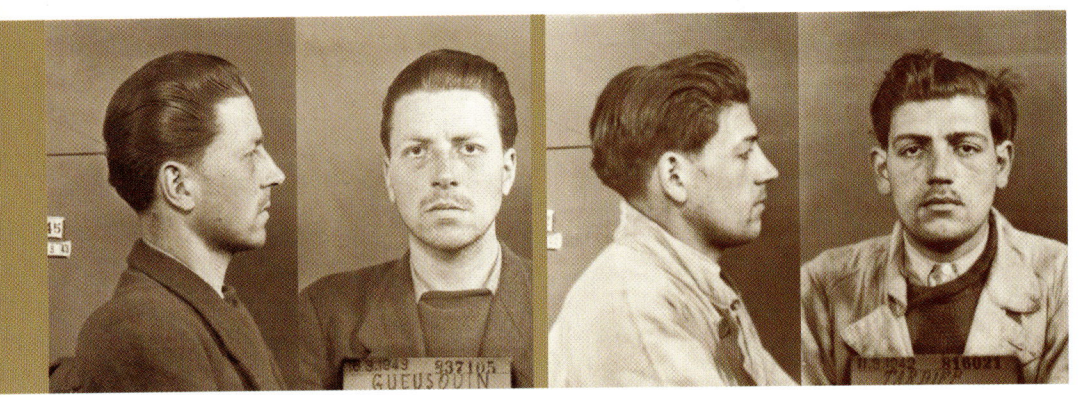

14-22 Alfred Gueusquin et Raymond Tardiff. Ils seront finalement arrêtés.

Rue du Château, imprimerie clandestine ■ 1940-1944

M. Cornu et son fils, imprimeurs, traversent sans drame l'Occupation. À partir de 18 heures, quand les ateliers ferment, ils travaillent pour la Résistance. Des faux en tout genre sortent de leurs presses : certificats de baptême, cartes d'identité, *Ausweis*…

En 1942, l'impression de *Défense de la France* s'ajoute à leurs activités. Père et fils n'hésitent pas à soutenir leurs collègues clandestins de plus en plus sollicités par les mouvements et réseaux.

Certificat de baptême.

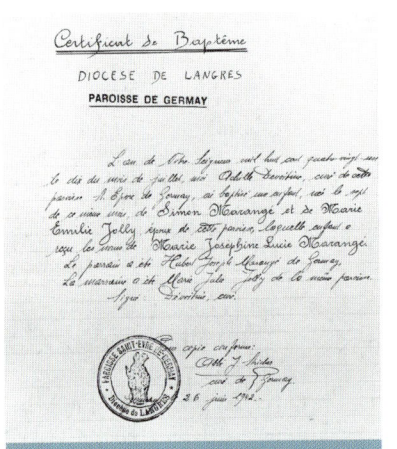

100, avenue du Maine, attentat (JC) ■ 22 novembre 1941

Trois partisans des Jeunesses communistes, Albert Gueusquin, Raymond Tardiff et Jean Garreau, lancent une grenade incendiaire à travers les vitres d'un hôtel réservé aux Allemands, 100, avenue du Maine.

L'attentat avait été prévu pour la fin octobre, mais Gueusquin, chargé d'apporter la bombe, avait oublié de remonter son réveil.

132, avenue du Maine, dépôt EM-PTT ■ 1943

Dans sa boutique de l'avenue du Maine, M. Dolin cache le courrier des résistants de l'État-major PTT. Leur chef, Maurice Canon, victime de la trahison de l'agent *Tilden*, est arrêté en novembre 1943. La résistante Colette s'empresse d'évacuer les très précieux documents enfermés dans de lourdes valises.

QUINZIÈME ARRONDISSEMENT

△ Henri Frenay, futur patron de *Combat*, prêtant serment lors d'un procès en août 1940.

16, boulevard Pasteur, action des jeunes du lycée Buffon
■ 20 avril- fin 1942

Les élèves du lycée Buffon apprennent le 20 avril 1942 l'arrestation de leur professeur Raymond Burgard, fondateur du journal *Valmy*. Ils réclament aussitôt sa libération et manifestent. Des lycéens chantent *La Marseillaise*. Mais Jacques Baudry, Pierre Benoît, Pierre Grelot, Jean Arthus et Lucien Legros, galvanisés par le sort de leur aîné, et ayant pu échapper aux poursuites policières, décident d'agir immédiatement contre l'occupant nazi. S'étant procuré armes et explosifs, les cinq jeunes gens s'engagent dans la lutte armée. Quatre mois plus tard, tous sont arrêtés et fusillés au champ de tir de Balard, à la fin 1942.

14, rue Émile-Duclaux, séjour d'Henri Frenay (Combat) et arrestation d'Anne Noury
■ 30 avril-15 octobre 1941

Ayant jeté à Lyon les bases de son futur mouvement Combat, Henri Frenay effectue en avril 1941 un premier voyage en zone occupée. Il entend renforcer à Paris les groupes créés par Robert Guédon et Jeanne Sivadon dont il veut élargir le recru-

△ Avenue de la Motte-Picquet pendant l'Occupation, un mess pour soldats allemands.

tement grâce au lancement d'une feuille clandestine, *Les Petites Ailes de France*. Pendant ce séjour, Frenay loge chez son amie Anne Noury, rue Émile-Duclaux. De retour à Lyon, Frenay confie à Henri Devillers, un employé des messageries Hachette dûment équipé d'un véhicule et pourvu d'un *Ausweis* officiel, la liaison entre les deux zones. Mais Devillers est un agent à la solde de la Gestapo chargé d'infiltrer le mouvement. Le 15 octobre 1941, Anne Noury est arrêtée à son domicile. Déportée à Ravensbrück, elle y meurt le jour de la libération du camp.

→ 7, rue du Colonel-Moll, 17e

23, rue du Docteur-Roux, dépôt du Comité médical de la Résistance
■ 1944

En 1944, Paul Milliez, secrétaire général du CMR, entend multiplier les dépôts clandestins de matériel médical. L'un d'eux, sous la direction du professeur Jacques Tréfouël, est organisé dans les caves de l'Institut Pasteur. Des valises chirurgicales sont prêtes à être remises aux agents de liaison des médecins en cas de nécessité.

→ 1, rue Le Nôtre, 16e

52, avenue de La Motte-Picquet, domicile de « Rémy » (CND)
■ décembre 1941-13 juin 1942

À l'automne 1941, « Jean-Luc », alias Gilbert Renault, dit *Rémy*, créateur de la Confrérie Notre-Dame, le réseau de renseignement de la France libre, s'établit à Paris. Chargée par le BCRA de surveiller le système de défense côtière allemand, l'organisation clandestine a pu implanter des agences régionales sur l'ensemble du territoire dès l'été 1941. Grâce à son service de liaison très efficace (radio et opérations maritimes) avec Londres, la CND est le seul réseau de résistance gaulliste à avoir le contact et une expérience réelle du terrain.

Le séjour de *Rémy* à Paris correspond à une importante vague de recrutement – particulièrement ceux de François Faure et Pierre Brossolette – et à plusieurs rencontres décisives. Au premier semestre 1942, Christian Pineau, le patron de Libération-Nord, puis Pierre Brossolette, s'envolent pour Londres. Le rapprochement entre l'OCM du colonel Touny et la CND assure aux deux réseaux un développement considérable.

◁ ◁ Hélène et Isabelle Renault.

Rémy est par ailleurs à l'initiative des premières conversations avec les communistes, qui faciliteront le soutien du parti au général de Gaulle. Mais la trahison de *Capri*, au début juin 1942, contraint le chef résistant à une évacuation sur Londres. Ses deux sœurs, Hélène et Isabelle, qui assuraient son secrétariat, sont arrêtées le 13 juin. Déportées à Ravensbrück, elles retrouveront la France en 1945.

→ 72, avenue des Champs-Elysées, 8ᵉ
→ 89, rue de la Pompe, 16ᵉ

10, rue Alasseur, filière d'évasion
■ jusqu'en automne 1943

Chez Mᵐᵉ Julien, rue Alasseur, les aviateurs évadés et autres fugitifs trouvent bon accueil avant leur départ pour Londres ou Alger. En automne 1943, alors que *Marie-Claire* Chamming's (OCMJ) y accompagne deux pilotes, elle apprend l'arrestation de l'hôtesse clandestine. Elle prévient immédiatement ses camarades dont certains sont, à leur tour, évacués.

5, rue Dupleix, planque du colonel Rétoré ■ printemps 1942

Fin 1941, le grand SR Alliance rattaché à l'IS est décimé en zone nord. Son chef, Marie-Madeleine Méric, veut le réimplanter et installer des centrales à Paris. Léon Faye, son adjoint, recommande le recrutement du colonel Rétoré, un militaire capable d'endosser la responsabilité d'une ample réorganisation. L'homme ne convainc pourtant guère Marie-Madeleine, qui le trouve fade et compliqué lors de leur première rencontre, au début 1942.

Fernand Rétoré est cependant nommé nouveau responsable d'Alliance en zone nord. Ses atouts ne sont pas négligeables car il dispose d'une couverture formidable au journal de Marcel Déat et entretient des contacts dans tout le milieu collaborateur… Dès le 1ᵉʳ avril, il se met à la tâche. Le colonel, dit *Panthère*, s'installe dans un premier domicile clandestin, rue Dupleix. Son agent de liaison, Maurice, dit *Tigre*, lui communique toutes les adresses des membres d'Alliance «en sommeil».

Cependant les difficultés s'accumulent : les agents sont laissés sans ordres au prétexte de manquements graves à la sécurité, et le

▷ 5, rue Dupleix.

◁ L'armoire abritant l'atelier de faux papiers de Défense de la France. Plus de 12 000 faux tampons et formulaires y furent fabriqués notamment par Michel Bernstein.

rattachement aux Alliés plutôt qu'au général de Gaulle semble insupportable au patron d'Alliance en zone nord. Il se constitue donc un réseau personnel et entre en contact avec la puissante OCM, dont Maurice Berthelot est le chef des renseignements. Cette structure ayant sa préférence, Rétoré fait savoir à Marie-Madeleine Méric sa démission et confie à l'efficace Léon Faye le soin de régler les conséquences de son départ. En juillet, il quitte sa planque du 15e pour une autre dans le 16e.

→ 3, rue Nicolo, 16e

17, rue Fondary, faux papiers
■ septembre 1940-10 septembre 1942

Démobilisé en juin 1940, le typographe Maurice Petit retrouve son emploi à la Néogravure, grande imprimerie du 15e arrondissement. Réquisitionné par l'occupant, l'établissement est dirigé par des officiers allemands qui veillent à la bonne production des revues hitlériennes. Cette sujétion nourrit les ardeurs résistantes de Maurice Petit. Deux ouvriers, Fernand Lyautey et Marcel Champeil, et la secrétaire, Renée Schneider, partagent sa répulsion et son espoir. En octobre, la chance sourit au trio quand Champeil établit le contact avec le dentiste Albert Dubois qui s'applique à créer un groupe d'informateurs et une filière d'évacuation des prisonniers évadés.

Une première mission est confiée aux patriotes de la Néogravure : fournir de fausses feuilles de démobilisation aux soldats encore internés en France et candidats à la fuite. Le groupe de la rue Fondary, rapidement connu des rares résistants parisiens, se spécialise dès lors dans la production de faux papiers, fournissant la plupart des mouvements de la capitale jusqu'en 1942.

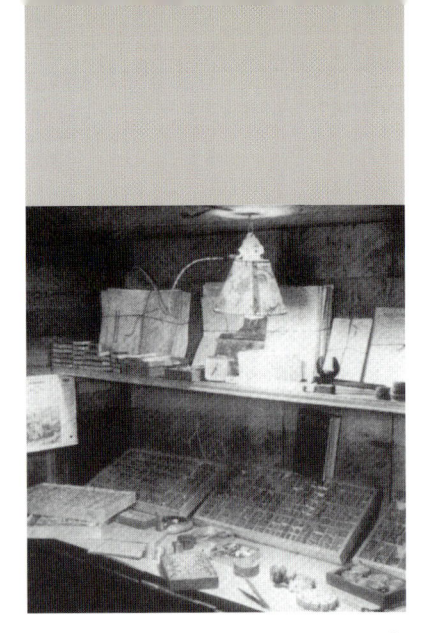

Tandis que Maurice constitue une centrale de renseignements et une imprimerie clandestine rue Rodier, le travail s'accumule à la Néogravure ; il faut maintenant tirer aussi tracts et journaux. En conséquence, le recrutement s'élargit à Ralph Luginbuhl, le fils du patron, à Jean-Jacques Pierson, chimiste, et Gustave David, chef linotypiste. Maurice Petit utilise également les rotatives pour son propre journal, *Le Coq enchaîné*. Gustave fait en sorte que le résistant puisse écrire ses articles à l'heure du déjeuner.

Maurice Petit est arrêté le 10 septembre 1942, mais son silence lors des interrogatoires préserve ses compagnons de la rue Fondary. Il survit à la déportation et retrouve la France en 1945, reprenant à Paris ses activités d'imprimeur.

→ 23, rue Rodier, 9e

Rue Tournus, fabrication de faux papiers (Défense de la France)
■ 1940-1944

Soldat emprisonné, Michel Bernstein s'évade en ayant pris soin de se munir de livrets militaires vierges et d'un tampon officiel de recrutement : ce libraire parisien vient de se découvrir une vocation de faussaire… Grâce aux précieux sésames dûment remplis, il fait libérer une dizaine de camarades. Michel regagne alors Paris où sa femme, Monique, l'attend vaillamment dans leur librairie de la rue Tournus. Tous deux sont cependant soucieux d'une résistance active et efficace, et quittent la capitale pour Lyon. Ils y améliorent leur technique de fabrication puis reviennent à Paris.

Dans son arrière-boutique, loin des regards, Michel Bernstein se consacre entièrement à sa tâche. Membre du mouvement Défense de la France, il assure avec sa femme une production quasi industrielle de faux papiers. En avril 1944, 12 500 pièces ont été fournies à la Résistance, dont il est l'un des plus grands faussaires. Menacés à la veille de la Libération, Monique et Michel se réfugient dans un maquis de la région parisienne. Ils ont la joie de savourer les heures inoubliables de la délivrance.

Rue Ginoux, imprimerie clandestine du « Gaulliste »
■ 1940-9 juillet 1942

Gaëtan Charpentier est typographe-linotypiste au *Matin*. Le journal est revenu à Paris à l'automne 1940, et l'artisan peut constituer un groupe sûr, prêt à imprimer clandestinement *Le Gaulliste*, dont Gaëtan est le rédacteur en chef. Relié au réseau de renseignements Hector (fondé par le colonel Heurteaux, chef du SR à Vichy), le patriote entend diffuser ainsi des informations contrant la propagande en zone nord. S'y ajoutent des comptes-rendus fournis par l'écoute de la BBC ainsi que les premiers récits d'actes résistants.

Une première composition est effectuée dans les locaux du *Matin* puis confiée à la petite imprimerie de M. Bijoux, rue Ginoux, qui se charge des titres et de la mise en page. Engagés dans l'aventure, Dubreuil, Cabrol et Salman transportent à pied les lignes de plomb dans des sacoches noires. Des *Ausweis* tout ce qu'il y a d'officiel permettent de franchir les contrôles allemands. Rue Ginoux, des stocks de papier sont dérobés au *Matin*. À l'aube, toute trace d'activité suspecte a disparu. Les transporteurs repartent dans la ville encore endormie déposer les précieux imprimés dans leurs principaux centres de diffusion.

△ Laissez-passer permettant de circuler la nuit dans Paris et « le département de la Seine après le couvre-feu ».

▽ La feuille *Le gaulliste* se réfère dès 1940 au Général de Gaulle, ce qui est tout à fait exceptionnel. Gaétan Charpentier a daté ce numéro 6 de « septembre, octobre, novembre, décembre 1941 » et l'a signé « Alceste ».

Le 9 juillet 1942, Gaëtan Charpentier et sa femme sont arrêtés. La Gestapo perquisitionne en vain l'atelier de la rue Ginoux. Mais le 5 septembre, Gaëtan est fusillé à 16 heures, dans la cour de la prison de Fresnes.

▷ Le pavillon de la source K à Livry-Gargan.

8, rue des Entrepreneurs, services techniques des câbles à longue distance (Source K)
■ avril-décembre 1942

Responsable des services techniques des câbles téléphoniques à longue distance, l'ingénieur Robert Keller est chargé par le colonel Combaux de réaliser un système d'écoutes clandestines des lignes allemandes Paris-Berlin. Il constitue son équipe. Le 2 avril 1942, les techniciens Levavasseur, Abscheid, Matheron et Guillou, employés rue des Entrepreneurs, sont mis en contact avec Fugier, à la Ferté-sous-Jouarre, et Lobreau, à Saint-Amand. Sous la houlette de Robert Keller, deux chantiers s'organisent, à Noisy-le-Grand au printemps, à Livry-Gargan en décembre. L'opération, techniquement délicate, est menée dans la plus grande discrétion : sous prétexte de réparer les lignes, les résistants branchent un système de dérivation qui permet d'écouter les conversations les plus secrètes de la Luftwaffe, de la Gestapo, de la Wehrmacht… et de tous les services nazis.

Les renseignements de cette source prodigieuse (dite Source K) sont transmis à Londres. Mais à l'hiver 1942, le relais par radio (poste P2), établi à Vichy, ne passe plus. Le colonel Combaux, informé, cherche désespérément un contact avec la France libre et part à Lyon le 22 décembre. Le 25, de retour à Paris, il apprend une terrible nouvelle : la Gestapo a arrêté Robert Keller et s'est abattue sur la Source K.

→ 2, rue du Docteur-Landouzy, 13ᵉ

129, rue du Théâtre, planque de Louis Duriez (FTP) ■ 29 février 1942

Le militant communiste Louis Duriez est intégré au groupe Fabien, très actif dans la lutte armée et le sabotage. Il est arrêté le 29 février 1942 ; sa planque de la rue du Théâtre est perquisitionnée. On y trouve le *Manuel du patriote*, fascicule instruisant le combattant des méthodes et des techniques clandestines, ainsi que des armes. Déporté, Louis meurt à Mauthausen le 16 mai 1944.

150, rue du Théâtre, domicile de Jules Eidelman ■ 1940-1941

Comme tous ceux qui veulent agir dès 1940, Jules Eidelman écrit des papillons et recopie avec enthousiasme les quelques tracts qu'il reçoit. Chez lui s'entassent les feuilles clandestines. Jules crée une petite équipe de diffuseurs puis, au contact de patriotes pourchassés, s'emploie à la confection artisanale de faux papiers.

Son petit groupe veut organiser dans le 15ᵉ arrondissement une distribution spectaculaire de tracts appelant à la résistance. La méthode consiste à les lancer à la volée dans les rues fréquentées. Elle sera fatale à Jules qui se fait arrêter. Il est fusillé comme otage à Caen le 14 mai 1942.

12, rue Gramme, fondation de Valmy
■ 21 septembre 1940-avril 1942

À l'initiative de Raymond Burgard, professeur de français au lycée Buffon, un petit groupe d'intellectuels patriotes se réunit le 21 septembre 1940 chez Alcide Morel. Avec Paulin Bertrand, Jules Ballaz et André Vellay, les deux hommes ont décidé la fondation d'un journal, grâce auquel pourront se rassembler tous les opposants parisiens à la défaite, à l'Occupation et à la fin de la République. Ce sera *Valmy*, du nom de la victoire révolutionnaire sur la coalition autrichienne, le 21 septembre 1792. Un tract ainsi baptisé dénonce « un seul ennemi, l'envahisseur » et s'oppose à la propagande anglophobe. Il stigmatise le pillage (« l'aspirateur hitlérien vide le pays en moins que rien ») dont tout Français rationné peut mesurer l'ampleur.

Il s'agit d'abord de papillons laissés dans le métro, sur des bancs, dans des boutiques... Londres en a connaissance et la BBC cite sur les ondes les slogans de Valmy. En décembre, les résistants passent à l'impression d'une feuille : dans la salle à manger d'Alcide, cinquante exemplaires sont composés... sur une imprimerie d'enfant !

En avril 1942, Raymond Burgard est arrêté. Le mouvement s'effondre et les rescapés intègrent alors Résistance, fondé par *Jacques Destrée*.

→ 30, rue de Miromesnil, 8ᵉ

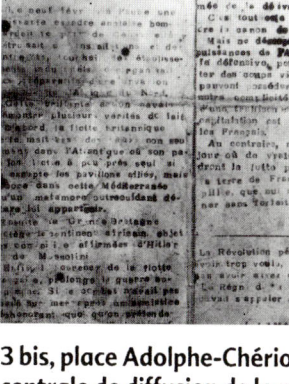

▷ Un numéro de *Valmy*.

3 bis, place Adolphe-Chérioux, centrale de diffusion de la presse clandestine, sabotage des dossiers du STO ■ 1943-5 août 1944

En 1943, Guy Flavien est employé à l'office régional du Travail de Paris, au service de la main-d'œuvre. Il est diffuseur de *Résistance, Défense de la France, Front national, Témoignage chrétien*.

Son poste place Adolphe-Chérioux permet au jeune homme, qu'une foi très profonde a détaché de tout souci matériel, de donner à son activité résistante une exceptionnelle dimension. Guy Flavien sait ainsi avant même la parution au Journal officiel le contenu des décrets concer-

▽ Guy Flavien, une cheville ouvrière de toute la Résistance à Paris pendant la terrible année 1943, la pire de toute l'Occupation.

nant le Service du travail obligatoire. Il en informe alors les différents mouvements de Résistance qu'il connaît.

Flavien, dit *Sangnier* ou *Marc Pavillot*, « égare » entre 10 000 et 12 000 dossiers de jeunes hommes, étudiants, ouvriers, employés qui, sans lui, auraient été requis par les autorités d'occupation et envoyés en Allemagne. N'ignorant rien des risques encourus, il rédige son testament en avril 1944. Dans une lettre, il écrit : « Dieu me donnera la force de braver la souffrance – si je dois mourir fusillé, ce sera en chantant *La Marseillaise*. »

Guy Flavien est arrêté le 5 août 1944. Il meurt non pas fusillé mais d'épuisement, au soir du 1ᵉʳ avril 1945, après cinq mois passés dans la mine de sel de Leau Plomnitz, en Thuringe.

14, rue des Favorites et 134, rue de Vaugirard, actions de résistance de Serge Lafourcade ■ 1940-1944

Serge Lafourcade, démobilisé le 6 septembre 1940, reprend son emploi de postier au Service postal des prisonniers de guerre, rue des Favorites. Farouchement patriote, révolté par l'armistice et antinazi convaincu, il entend, même en civil, combattre l'envahisseur. Ses collègues, abattus par la débâcle, apprécient toutefois modérément son soutien inconditionnel à l'Angleterre, pourtant la seule nation européenne à batailler contre l'aviation hitlérienne. Serge se désole de ne pouvoir trouver le contact avec d'autres patriotes. Il est heureusement muté au bureau du 134, rue de Vaugirard. La surveillance permanente des Allemands, qui se sont installés dans les services, y est évidemment peu populaire. S'appuyant sur les succès anglais, Serge tente de démoraliser quelques *Feldgrau*.

△ La collecte du courrier en 1940. Les facteurs résistants faisaient disparaître de nombreuses lettres de dénonciation adressées aux officiers de l'occupant et aux collaborateurs français.

Grâce à d'anciens syndicalistes, il entre en 1942 au Front national PTT – tout en ignorant la nature de l'organisation – et assure les périlleuses missions d'agent de liaison et de transporteur de propagande clandestine.

Muté dans le 8ᵉ arrondissement, Serge Lafourcade poursuit ses activités. Muni d'un sac postal, le facteur à vélo camoufle une fausse tournée qui le conduit du quai de Valmy à la gare Montparnasse en passant par les Buttes-Chaumont.

310, rue de Vaugirard, dépôt du Cosor ■ à partir de mars 1944

L'arrestation d'un résistant a entre autres conséquences celle de précipiter sa famille dans la précarité : il manque un salaire au foyer. Et il faut bien envoyer des colis aux prisonniers, à Fresnes ou à la Santé.
Le Comité des œuvres sociales des organisations de résistance, créé au début de mars 1944, entend subvenir aux besoins des familles de résistants arrêtés. Il organise à cette fin des centres clandestins de ravitaillement, tel celui du 310, rue de Vaugirard.

Rue Jobbé-Duval, filière anti-STO ■ 1943

Le groupe Duplessis accueille des réfractaires au Service du travail obligatoire. Les jeunes provinciaux sont pris en charge à leur arrivée dans les gares de la capitale et conduits au domicile de Gisèle et Robert Brion, rue Jobbé-Duval. Des faux papiers leur sont fournis par Libération-Nord. Les réfractaires sont ensuite affectés à un maquis et transférés clandestinement.

2, rue du Bocage, composition clandestine de « Défense de la France » ■ 1942

Charlotte Nadel, responsable de la composition du journal, a recruté trois nouveaux patriotes qui sont initiés aux techniques de composition par l'imprimeur Jacques Grou-Radenez. Un second atelier clandestin s'ouvre au 2, rue du Bocage courant 1942.

10, rue Léon-Dierx, planque de Sophie Schwartz (MOI) ■ printemps-été 1943

La grande filature de la Brigade spéciale contre la section juive de la MOI loge le 25 mai 1943 Sophie Schwartz au 10, rue Léon-Dierx, « 7ᵉ étage, chambre 17 ». Celle-ci dirige le secteur de la solidarité, du sauvetage d'enfants et des groupes de femmes. Elle ne doit son salut qu'à une intervention chirurgicale (les policiers l'ont vue entrer « à 16 heures rue Guynemer, au n° 30, 2ᵉ étage, chez le Dʳ Bréchot ») nécessitant son hospitalisation. Les policiers ne trouvent – et pour cause – personne à son domicile. Sophie Schwartz échappe à la vague d'arrestations de juillet 1943 et rejoint la zone sud.

10, rue Léon-Dierx, boîte aux lettres (Résistance) ■ 1943-1944

Le lycéen Jean Weibel est âgé de 16 ans quand il obtient l'autorisation paternelle de devenir un agent de liaison du mouvement Résistance. Il sillonne Paris sans se départir de son allure de potache, mais recrute aussi Mamita, concierge au 10, rue Léon Dierx, qui transforme sa loge en boîte aux lettres.

▽ Le numéro 13 de *Défense de la France*, 10 avril 1942. La une est consacrée à l'exécution de Boris Vildé et à ses compagnons du groupe du Trocadéro (Musée de l'Homme). *Défense de la France* publie également la dernière lettre de Boris Vildé à sa femme qui s'achève ainsi : « Je suis prêt, j'y pars. Je vous quitte pour vous retrouver dans l'éternité. »

▷ 14, rue Thureau-Dangin.

▷ Charles Tillon.

14, rue Thureau-Dangin, réunion secrétariat clandestin du PCF
■ mars 1941

Le pacte germano-soviétique dicte la politique des communistes, qui se contentent dans un premier temps de dénoncer l'État français et de prôner l'attentisme face à une guerre interimpérialiste qui ne saurait concerner la classe ouvrière. Il se trouve cependant de nombreux militants de base qui s'engagent dans les groupes de résistance sans en attendre la consigne. La ligne légaliste semble toutefois porter ses fruits pendant l'été 1940 : 300 militants emprisonnés en 1939 sont libérés. En réalité, l'organisation, qui veut agir au grand jour, est extrêmement vulnérable aux menées policières. À l'automne, les arrestations déciment ses rangs.

Au premier hiver de la guerre, la situation du parti est catastrophique. L'existence même de la direction semble menacée. Le fossé avec la société s'agrandit. Jacques Duclos (qui demandait en septembre 1940 la parution officielle de *L'Humanité* à Otto Abetz) se doit d'agir. Début mars 1941, il convoque une réunion au 14, rue Thureau-Dangin avec Benoît Frachon, Charles Tillon, Arthur Dallidet (responsable aux cadres du parti). Ce rendez-vous est le premier d'une série de rencontres mensuelles où l'influence de Charles Tillon ne cesse de s'affirmer. La reconnnaissance du IIIe Reich comme « autorité occupante » sur le sol français infléchit les perspectives politiques. Duclos, Frachon, Dallidet et Tillon jettent par ailleurs les bases d'une Organisation spéciale, où les groupes de futurs partisans seront versés. L'OS doit assurer la sécurité de cadres menacés par la police française et s'acquitter d'actions punitives contre les « traîtres ».

Pour combler le fossé que les positions du parti ont creusé entre lui et la société française, l'idée est lancée d'un Front national visant à fédérer les patriotes, quelle que soit leur origine politique. Mais ce n'est qu'au début 1943 qu'une telle structure prendra son essor. Quatre mois avant l'entrée officielle du parti dans la Résistance, s'esquissent ainsi, avec Charles Tillon, les grandes lignes de l'action communiste qui marqueront les années à venir.

Toutefois, et ce sera encore le cas après l'entrée en guerre de l'URSS, les militants envisagent avec une extrême répugnance l'exécution d'un soldat, qui peut être un ouvrier, comme eux. Le retentissant attentat de *Fabien* à la station Barbès-Rochechouart, en août 1941, se voudra, à ce titre, exemplaire.

386, rue de Vaugirard, arrestations (BOA)
■ **10 novembre 1943**

En l'absence du chef du Bureau des opérations aériennes pour Paris et sa région, parti à Londres en novembre 1943, Albert Touba en assure l'intérim. N'étant à Paris que depuis deux mois, il n'a qu'une maigre expérience de la vie clandestine et n'a pas suivi les stages pour officiers de liaison organisés par les Britanniques.
Le résistant fixe au 10 du mois une réunion de son état-major parisien au café Dupont-Versailles. Lors du premier rendez-vous, les agents de liaison Fanette Rohr et Michel Rollin, le saboteur « Pal-A » (traqué par la Gestapo) et Jean Granet, responsable national aux liaisons aériennes, sont arrêtés par la Gestapo et conduits rue des Saussaies. Albert Touba, très en retard, échappe au coup de filet.

15, rue du Hameau, réunion et arrestations (ORA) ■ **3 juin 1944**

L'échec des négociations avec le parti communiste à la fin 1943 a exclu la direction de l'ORA, giraudiste, du Comité d'action militaire de la Résistance pour ne lui accorder qu'un rôle de conseil.
Le 3 juin, l'organisation parisienne du mouvement se réunit rue du Hameau. Marc du Garreau de la Mecherie, délégué auprès du Comidac, se concerte avec son état-major. Quelle stratégie adopter vis-à-vis des partisans de Pétain, « prisonniers » des Allemands ? Malgré une tardive entente avec le général Koenig, général en chef des FFI, seul le général Giraud demeure légitime aux yeux des militaires issus de l'ancienne armée d'armistice. Convient-il de soutenir l'action immédiate, prônée par le parti communiste, qui de toute évidence veut s'emparer du pouvoir lors des combats de la Libération ?
La délibération tourne court : la Gestapo surgit. Tous les responsables parisiens de l'ORA sont arrêtés. Pour faire bonne mesure, l'agent infiltré livre aussi les chefs militaires communistes réunis ce même jour rue Lecourbe.

Station Convention, arrestation de Jacques Oudin (Défense de la France) ■ **31 janvier 1944**

Jacques Oudin, responsable du service diffusion de *Défense de la France*, premier journal de résistance de la zone nord, est arrêté à la gare Saint-Lazare, porteur de la publication clandestine.
Interrogé par des policiers français au commissariat du quartier, il parle des raisons de son engagement, du refus du nazisme, de la foi en la patrie. Les policiers le relâchent… et gardent quelques exemplaires. Mais le résistant, trahi par l'agent double *Actu*, est à nouveau arrêté le 31 janvier

△ Tourelle allemande à l'angle de la rue de la Convention et de la rue de la Croix-Nivert.

1944 à la station Convention. Horriblement supplicié, le jeune homme est ensuite déporté au camp de Buchenwald et assigné au Kommando d'Erlich. Il y meurt.

184, rue de la Croix-Nivert, domicile du couple Hervé ■ 23 avril 1941

Albert Hervé et sa femme, non contents de collecter des renseignements pour Londres, hébergent chez eux des aviateurs anglais évadés. Les pilotes britanniques sont activement recherchés par les Allemands et il faut les évacuer le plus rapidement possible.
Le 23 avril 1941, la Gestapo surgit au domicile des Hervé et se saisit d'Albert. Sa femme est arrêtée le 14 février 1942 puis déportée. Il est fusillé le 23 mai de la même année au mont Valérien.

→ 13, rue de la Convention, 15ᵉ

6, rue François-Mouthon, planque de Jean-Claude Camors (Bordeaux-Loupiac)
■ 1942-mai 1943

Au début 1942, Jean-Claude Camors est parachuté en France avec la mission de constituer une filière d'évasion des aviateurs alliés abattus. Il se met aussitôt à la tâche, constituant son réseau, Bordeaux-Loupiac, dont des agents forment aussi un sous-réseau de renseignements. Entre les deux zones, les allées et venues de *Gérard* sont incessantes. Sa tête est mise à prix par la Gestapo. À Paris, il trouve une planque sûre au 6, rue François-Mouthon.

216, rue Lecourbe, dépôt de « Témoignage chrétien » en zone nord ■ 1943-1944

M. Coquel, patron des établissements Corecta, met ses entrepôts de la rue Lecourbe à la disposition de *Témoignage*

△ Jean-Claude Camors.
Il périra en 1943.

▽ *Libération*, 7 août 1942.
Ce numéro évoque la manifestation de la rue Daguerre (14ᵉ) organisée par le PCF.

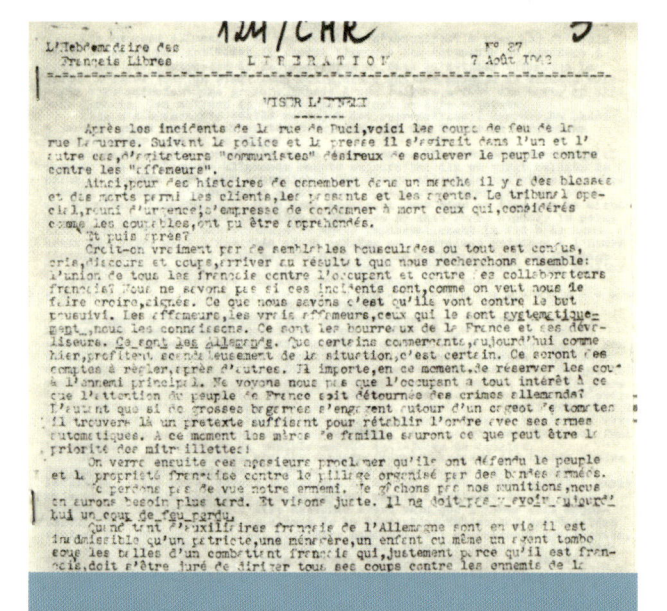

chrétien et de Marcel Colin, cheville ouvrière de l'implantation en zone nord du mouvement clandestin. Un dépôt national du journal y est organisé tandis qu'un dépôt régional est établi dans le 7ᵉ arrondissement. La diffusion prend rapidement son essor. Deux triporteurs, prêtés également par le patron, permettent aux diffuseurs de transporter leurs liasses vers les gares parisiennes sans éveiller l'attention. Les cheminots prennent alors le relais.

113, avenue Félix-Faure, imprimerie clandestine de « Libération-Nord » ■ 1942

Jean Cavaillès supervise la rédaction et la fabrication de *Libération-Nord* quand Christian Pineau, fondateur du titre, doit partir pour Londres.
Les articles sont dactylographiés puis les journaux sont ronéotypés et stockés en différents lieux. Ogliastro, responsable de la diffusion, circule de l'un à l'autre. Au

△ Transport de propagande et transmission de courrier.

113, avenue Félix-Faure, c'est Auguste Bostsarron, aidé de sa secrétaire, Madeleine Durantin, qui tire à la ronéo les numéros de l'hebdomadaire. Des exemplaires sont mis sous enveloppe et envoyés à des lecteurs recommandés par Jean Cavaillès, tandis que d'autres sont répartis par Ogliastro entre différents petits dépôts, soit chez des particuliers, soit dans les ateliers et bureaux où se sont constitués des groupes de résistants.

Le processus demeure artisanal et entrave l'essor du journal, qui demeure confidentiel. Au printemps 1942, Auguste Bostarron contacte Marthe Norgeu, propriétaire d'une imprimerie rue du Moulin-Joli. À la fin juillet, le premier numéro imprimé de *Libération-Nord* sort de ses presses.

△ Avenue de la Porte de Sèvres, le champ de tir dit de Balard. Plaque honorant la mémoire des fusillés.

77, rue de Lourmel, actions résistantes (Action orthodoxe)
■ 1941-8 février 1943

Religieuse orthodoxe, mère Marie Skobtsova est scandalisée par les persécutions antisémites. Lors des rafles de 1941, cette intellectuelle brillante se dépense sans compter pour sauver des Juifs.
Elle entre en contact avec la Résistance juive, semi-clandestine en ses débuts. Travaillant directement avec l'équipe de David Rapoport, du Comité de la rue Amelot, elle met à la disposition des pourchassés sa chapelle au 77, rue de Lourmel.
De nombreuses cachettes permettent d'héberger une ou deux nuits les réfugiés en attendant que leur soit transmis leur jeu de faux papiers. Avec l'active complicité du père Dimitri Klépinine, mère Marie distribue de faux certificats de baptême.
À la fin 1941, l'organisation tourne à plein. Prévenue avant le 16 juillet 1942 de l'imminence d'une rafle de très grande ampleur (enfants, femmes, hommes, vieillards, cette fois-ci de nationalité française, sont concernés), mère Marie constitue et camoufle rue de Lourmel des stocks de ravitaillement, appelle son voisinage et ses amis orthodoxes à cacher les Juifs et prépare le plus grand nombre possible de planques.

Quand se déclenche la terrible opération Vent printanier, la religieuse soulage de son mieux les familles, les enfants, les malades retenus au Vélodrome d'hiver. Elle est arrêtée, ainsi que le père Dimitri, le 8 février 1943. Tous deux périssent en déportation, elle au camp de Ravensbrück, lui à Buchenwald.

239, rue Saint-Charles, laboratoire clandestin de fabrication d'explosifs (MOI)
■ août-3 décembre 1942

Samuel Weissberg, dit *Gilbert*, cumule en août 1942 la double qualité de responsable du 2e détachement de la MOI et d'artificier du groupe. Ancien étudiant en chimie, il connaît les rudiments de la fabrication d'explosifs. Un ancien de la guerre d'Espagne lui a appris comment confectionner des bombes à retardement au système simple mais efficace. La cuisine du petit appartement qu'il loue au 3ᵉ étage du 239, rue Saint-Charles, devient son laboratoire. Le 3 décembre 1942, vers 6 heures, c'est la catastrophe. Pressé par le temps, Samuel néglige quelques précautions de base et provoque une explosion qui dégénère en incendie.

Abasourdi, suffoquant, brûlé aux mains et au visage, le résistant parvient néanmoins à revêtir un manteau dissimulant ses blessures puis à se faufiler dans la rue. Son allure ne lui permet pas d'aller bien loin. Une femme se tient sur le seuil de sa boutique. « Madame, je suis un patriote, il m'est arrivé un accident, se risque Weissberg, je ne peux pas rester dans la rue. Pourriez-vous me garder ici une heure ou deux ? » Sans un mot, la commerçante le fait entrer et le soigne.

Sirènes des voitures de pompiers et sifflets de la police. Une foule s'attroupe : « Tout un arsenal vient de sauter. On dit que des résistants y fabriquaient des bombes », affirme une femme devant l'échoppe. Une locataire a été blessée ; les autres habitants, presque tous ouvriers chez Citroën, étaient déjà partis à leur travail.

L'agitation retombant, Samuel Weissberg, grelottant de fièvre et souffrant le martyre, se traîne plus qu'il ne marche vers le domicile d'une amie, rue Saint-Martin. Les agents de liaison font venir à son chevet le docteur Chatock, membre du comité médical communiste.

Celui-ci parvient à évacuer et à cacher Weissberg dans une clinique du quartier de l'Observatoire.

39, rue Sébastien-Mercier, planque de Robert Pavart (FTP) ■ 1942

Le partisan Robert Pavart loue une chambre à la pension de famille du Cygne bleu. Militant des Jeunesses communistes du 15ᵉ arrondissement avant la guerre, il a repris contact avec le parti clandestin. Versé à l'Organisation spéciale en 1941, il participe à diverses actions de lutte armée. En mars 1942, après un lancer de grenade salle Wagram, il est repéré et arrêté par les Brigades spéciales.

La perquisition de sa chambre, rue Sébastien-Mercier, livre un carnet où sont notés en clair adresses et rendez-vous. Robert est livré aux Allemands et condamné à mort le 7 août 1942. Il est fusillé au champ de tir de Balard, le 22 août, avec d'autres camarades.

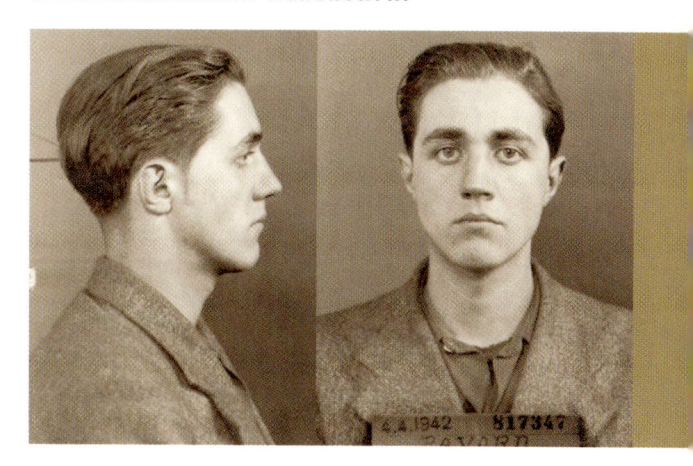

△ Robert Pavart.

13, rue de la Convention, centrale de renseignements
■ jusqu'en avril 1941

Vendeur d'automobiles rue de la Convention, Albert Hervé voit son commerce – et son garage – mis sous tutelle allemande. Non loin de là, quai de Javel, se trouve l'usine Citroën. Le 15ᵉ arrondissement,

▷ Saint-Christophe-de-Javel où, le 14 juillet 1943, *Défense de la France* organisa une distribution publique.

dont le pourtour est presqu'entièrement dévolu à la construction mécanique, est particulièrement surveillé par l'occupant. Il intéresse aussi les agents soucieux de transmettre à Londres toute information militaire et technique susceptible d'aider l'Angleterre dans sa bataille des airs.

La concession d'Albert Hervé se transforme, en 1940-1941, en centrale de renseignements. En avril, la Gestapo arrête le résistant.

→ 184, rue de la Croix-Nivert, 15ᵉ

27, rue de la Convention, activités de résistance ■ 1940-1944

L'armistice conclu en juin 1940, l'occupant investit aussitôt l'Imprimerie nationale, fournisseur officiel des imprimés administratifs français. L'établissement est placé sous direction allemande et une grande partie du personnel est licenciée (l'activité chute de près de 99 % en 1943 !). Cependant, l'esprit général des cadres et ouvriers de la célèbre maison est à la résistance. En 1940, les employés Prilot et Gatti s'empressent de soustraire à l'ennemi les collections typographiques et les timbres administratifs. Le nouveau directeur, M. Blanchot, quoique soumis aux pressions nazies, parvient à préserver une large part des stocks de métaux de l'imprimerie. Lors de l'instauration du STO, il fait son possible pour placer les artisans requis dans des chantiers forestiers en France. Avec sa complicité, l'imprimerie passe à une résistance active. Organisée autour du contremaître principal Arnoult, du lithographe Maurice Van Kemmel, et surtout d'Armand Prudhomme, la confection clandestine de vrais faux papiers (cartes de ravitaillement, de fonctionnaire…) s'effectue dans le cadre d'heures supplémentaires judicieusement employées. À tous les documents nécessaires aux résistants, Maurice van Kemmel ajoute l'impression d'outils de propagande en allemand destinés à démoraliser les troupes. L'artisan en organise lui-même la diffusion dans les très nombreux cantonnements parisiens de *Feldgrau*. Une perquisition de la Gestapo à son domicile ne donne rien : Maurice n'est plus inquiété et aura la joie de connaître la libération de Paris.

Armand Prudhomme s'attache pour sa part à organiser une antenne du Front national au sein de l'établissement. Les contacts s'élargissent à d'autres institution du 15ᵉ, à l'hôpital Boucicaut, au ministère de l'Air… En juin 1944, Louis Camin prend la succession d'Armand, inquiété par la police sans être toutefois arrêté.

Dix-sept personnes travaillant à l'Imprimerie nationale et menant hors de ses murs des actions résistantes seront arrêtées, puis fusillées ou déportées.

28, rue de la Convention, distribution de « Défense de la France » ■ 14 juillet 1943

Défense de la France, journal fondé par Philippe Viannay et Robert Salmon, fête ses deux ans le 14 juillet 1943. C'est l'occasion d'une distribution spectaculaire dans le métro, à la sortie des églises, sur les marchés. Une manchette annonce fièrement : « Journal diffusé face à l'ennemi. »

À Saint-Christophe-de-Javel, rue de la Convention, trois patriotes distribuent le journal à la sortie de la messe. En face, Robert Salmon observe la scène : les paroissiens ont l'air ravi…

5, rue Laure-Surville, domicile de Cécile Ouzoulias-Romagon (FTPF) ■ 1942

Cécile Ouzoulias-Romagon loge en 1942 avec sa mère rue Laure-Surville. Toute la famille, farouchement combattante, est engagée dans les rangs communistes et observe les consignes de sécurité du parti : la jeune femme vit séparément de son mari, Albert Ouzoulias, responsable national aux opérations.

Cécile n'est pas inactive pour autant, assurant le rôle d'agent de liaison du tout nouveau Comité militaire national dirigé par Charles Tillon, fondé en mars. Le parti se dote en effet d'une forte organisation clandestine, cloisonnant ses activités politiques, militaires et de renseignement avec le réseau Fana (ou Service B). Un journal, *France d'abord*, informe les comités provinciaux des orientations et diffuse les consignes. Les trois groupes armés de 1941, dont les très rares survivants des Jeunesses communistes, sont unifiés en une seule structure, les FTPF. Seuls les combattants de la MOI, tous basés à Paris et dirigés par Conrado Miret-Must, conservent leur autonomie.

L'arrestation du père de Cécile grille le domicile familial. La jeune femme plonge dans une clandestinité complète.

Station Javel, arrestation de Pierre Manuel (BOA) ■ 20 mars 1944

Pierre Manuel, dit *Doyen*, est l'agent de liaison de Michel Pichard, responsable du Bureau des opérations aériennes. Ce 20 mars, il se rend à une réunion rue de Lourmel. Il est arrêté à la sortie de la station Javel. Pichard, retenu par un précédent rendez-vous, arrive en retard… et échappe ainsi au coup de filet.

▽ Sortie du métro Javel.

◁ Tract de la résistance des Jeunesses communistes.

SEIZIÈME ARRONDISSEMENT

Avenue Foch, rendez-vous ambulant Rémy/Beaufils (CND, PCF) ■ mai 1942

Depuis le début de l'année 1942, des contacts sont noués entre le SR Confrérie Notre-Dame et les FTP. Les séjours londoniens de *Rémy*, puis de Pierre Brossolette, de février à mars, confortent le rapprochement des parties. Le BCRA fait connaître tout son intérêt quand le comité central du PCF dirigé par Jacques Duclos manifeste le désir d'entrer en relation directe avec la France libre.

Le BCRA, pour qui les perspectives demeurent exclusivement militaires, demande la création d'un service de renseignements communiste (dit Fana), plus particulièrement attaché aux défenses côtières de l'ennemi. Deux agents, désignés par le parti, sont ainsi formés par les Britanniques, l'un comme instructeur en sabotage, l'autre comme opérateur radio. Si François Faure, adjoint de *Rémy*, assure de fait la liaison avec la branche armée du parti, Londres demande la nomination et l'envoi d'un émissaire qualifié du côté des communistes : Georges Beaufils, dit *Joseph*, est désigné.

Début mai 1942, le parti a entièrement restructuré sa stratégie militaire (FTP) et politique (l'élargissement du Front national aux non-communistes). Les entretiens avec la CND se poursuivent ; *Rémy* et Beaufils arpentent inlassablement l'avenue Foch tout en discutant. Mais, à la fin du mois, la trahison d'un agent de liaison de *Rémy* contraint le colonel à rejoindre Londres.

→ 12, rue Dufrenoy, 16ᵉ

72-86, avenue Foch, siège de la Gestapo ■ 1940-1944

Les locaux de l'avenue Foch sont exclusivement consacrés aux interrogatoires de la police politique nazie et de ses affidés. René Launay, auxiliaire de la Gestapo, officie au 74. Aux derniers étages des immeubles, des cellules individuelles ont été aménagées. C'est de l'une d'elles que Pierre Brossolette se jettera dans le vide le 22 mars 1944, préférant se suicider de crainte de ne pas résister à la torture.

180, rue de la Pompe, officine Gestapo ■ avril-août 1944

Du 17 avril au 17 août 1944, la Gestapo œuvre au 180, rue de la Pompe. Friedrich Berger, après avoir dû interrompre sur injonction de sa hiérarchie les trafics de grande ampleur auxquels il se livrait rue du Colonel-Moll, spécialise une trentaine de sbires dans l'infiltration des réseaux de résistance. Durant les quatre derniers mois de l'occupation de Paris, Berger et sa bande assassinent cent dix personnes, déportent quatre cents résistants dont moins d'une centaine survivront à l'épreuve. Karzowoski, chef de la résistance polonaise, et le Dʳ Blanchet, du réseau Vélites-Thermopyles, font partie des victimes supprimées dans les locaux de la rue de la Pompe. Le 16 août 944, Friedrich Berger fait arrêter trente-cinq jeunes résistants de divers mouvements. La nuit suivante, après avoir été torturés, ils sont conduits à la cascade du bois de Boulogne, où les Allemands les assassinent à la mitrailleuse et à la grenade.

▷ Rue de la Pompe. Piano sur lequel jouaient parfois les officiers nazis pendant les séances de torture.

△ Le chêne du bois de Boulogne, au lieu-dit La Cascade où furent assassinés trente-cinq jeunes résistants le 17 août 1944.

◁ Au 84, avenue Foch, graffitis dans une chambre de bonne ayant servi de cellule.

Jacques Arthuys.

72, avenue Victor-Hugo, fondation de l'OCM
■ **septembre 1940-21 décembre 1941**

Jeune officier pendant la Grande Guerre, Jacques Arthuys, capitaine de réserve, est mobilisé en 1939. L'été du désastre, il est à Vichy; malgré un goût prononcé pour un pouvoir autoritaire, il revient convaincu de l'inanité complète du régime du Maréchal.

Démobilisé, il entreprend aussitôt de rassembler des patriotes parisiens qui, comme lui, n'acceptent pas la fatalité de l'Occupation. À son domicile de l'avenue Victor-Hugo, quelques rencontres suffisent pour organiser avec Lefaurichon une première filière d'évasion des aviateurs britanniques abattus sur le sol français. L'architecte Roger Souchère et le colonel Touny jettent les bases du réseau Hector, service de renseignements relayé à Vichy par le colonel Heurteaux, qui transmet à Londres les informations.

Par ailleurs, Jacques Arthuys veut publier *l'Équipe française d'organisation et de redressement (Efor)*, appelant les citoyens à secouer le joug de la défaite, à lutter contre l'idéologie nazie, à soutenir la lutte héroïque de l'Angleterre. En décembre, le premier numéro est prêt.

Un an plus tard paraîtront les premiers *Cahiers de l'OCM*. Car en cette fin d'année, le groupe de l'avenue Victor-Hugo fusionne avec celui fondé par Maxime Blocq-Mascart dans le 17ᵉ arrondissement et prend le nom d'Organisation civile et militaire, dont Jacques Arthuys et le colonel Touny se partagent la direction. Le mouvement se déploie lentement, recrutant essentiellement parmi les professions libérales. Hector, son réseau de renseignements, s'implante sur les littoraux du Nord, y compris en zone interdite.

Le 21 décembre 1941, Jacques Arthuys est cependant arrêté, condamné et déporté en Allemagne. Il meurt au camp de Hinzert pendant l'été 1943, alors que l'OCM est devenue le plus important mouvement de zone nord.

→ 5, rue de Logelbach, 17ᵉ

Rue Copernic, rendez-vous Michel Debré/Pierre Arrighi (CDLR)
■ **automne 1943**

La perspective du débarquement des Alliés avant la fin 1943 semble une hypothèse si sérieuse qu'il convient de procéder sans attendre aux nominations des futurs commissaires de la République issus de la Résistance. Michel Debré, membre du comité directeur de Ceux de la Résistance, chargé d'une réforme de l'administration et du renouvellement de ses cadres, souhaite proposer à Pierre Arrighi, responsable militaire du mouvement, un poste dans l'Est de la France, appelé à être traversé par les armées alliées.

Rendez-vous est pris rue Copernic, au cœur d'un 16ᵉ arrondissement placé sous haute surveillance allemande. Les deux résistants marchent en sens opposé, chacun sur un trottoir, puis se rejoignent avenue Kléber, mimant la surprise. Tandis qu'ils déambulent et passent devant les guérites des plantons, Pierre Arrighi apprend le rôle qu'il est appelé à jouer et voit confirmée l'utilité de son action militaire. Mais il est arrêté le 19 novembre 1943.

3 bis, place des États-Unis, officine de la Carlingue ■ 1941-1944

Maîtres parisiens de l'argent et du crime, Bonny et *Lafont* ont fait du 3 bis, place des États-Unis une prison de la Carlingue. Parmi tous les membres de Défense de la

France arrêtés en juillet 1943 rue Bonaparte, se trouve la nièce du général de Gaulle, chef du Comité français de libération nationale, qui vient de se constituer à Alger…

Les résistants retenus au 3 bis, place des États-Unis ne sont pas interrogés par les hommes de Bonny. *Lafont* informe de sa prise Helmut Knochen, adjoint du général SS Oberg, qui fait immédiatement transférer Geneviève de Gaulle et ses compagnons de Défense de la France rue des Saussaies. Chacun d'entre eux y est interrogé. Geneviève de Gaulle est envoyée au camp de Ravensbrück. Elle survivra à sa déportation.

➜ 68, rue Bonaparte, 6ᵉ

93, rue Lauriston, officine de la Gestapo française ■ 1941-1944

En 1941, le truand Henri Chamberlin, dit *Lafont*, prospère dans le marché noir. Il obtient du SS Radecke la libération de quarante malfrats emprisonnés pour créer un service de police supplétive à la solde de la Gestapo. L'étoile montante du milieu parisien place à la tête de cette bande Pierre Bonny, ex-inspecteur de police, homme des basses œuvres de la IIIᵉ République. Bonny prend en main l'équipe dont le quartier général est établi 93, rue Lauris-

ton ; on y torture dans les caves et on y constitue méthodiquement des fichiers. Dès la fin 1941, la Gestapo étend son emprise sur la police parisienne, particulièrement sur les Brigades spéciales.

129, rue de la Pompe, centrale de la DG zone nord ■ 25 septembre 1943

Succédant de fait à Jean Moulin, Claude Bouchinet-*Serreulles* installe en juillet la centrale de ses services à Paris, 129, rue de la Pompe. L'intérim est difficile, en attente de la nomination officielle du nouveau

▽ Hall d'entrée du 3 bis, place des États-Unis, officine de la Gestapo française.

△ Cellules du 3 bis, place des États-Unis, dont les portes sont équipées d'un judas et de barres de renfort.

▽ Claude Bouchinet-Serreules.

délégué général. Pourtant de nombreuses commissions se créent ou s'étoffent: CAD, Cosor, NAP, BIP, tandis qu'est remaniée l'organisation paramilitaire des mouvements.

À l'automne 1943 – le bruit court d'un débarquement imminent des Alliés –, on attend l'installation du premier délégué militaire national, Pierre Marchal. Celui-ci est arrêté peu de temps après son arrivée à Paris et se suicide.

L'enquête qui s'ensuit permet à la Gestapo de trouver l'adresse de la centrale clandestine. Le samedi 25 septembre, ce sont les Allemands qui ouvrent la porte au délégué général Bouchinet-*Serreulles*. Le résistant, avec un grand sang-froid, parvient néanmoins à égarer les soupçons de gestapistes particulièrement stupides… et s'esquive. Mais une souricière est tendue ; plusieurs sont arrêtés dont Laure Diebold,

△ Laure Diebold

◁ Daniel Cordier implante, à partir du printemps 1943, le secrétariat de Jean Moulin en zone Nord.

responsable du secrétariat. Aucun des patriotes ne parle ; le drame demeure circonscrit.

Les archives livrent en revanche bien des secrets dont des noms de résistants. Claude Bouchinet-*Serreulles* parvient à prévenir les intéressés, qui ont juste le temps de se mettre à l'abri. Aucune arrestation n'est à déplorer.

➜ 8, rue de la Michodière, 2ᵉ
➜ 86, rue de Grenelle, 7ᵉ

Rue du Général-Appert, domicile d'André Vagliano ■ 1940-1944

Dans la paisible rue du Général-Appert, les résistants savent pouvoir trouver repos et refuge dans l'accueillante maison d'André Vagliano. Le patriote soutient la Résistance et verse d'importants subsides à son œuvre sociale, le Cosor.

78, rue de la Faisanderie, réunion clandestine (DG, EMZO) ■ 12 avril 1943

L'immeuble habité par Claire Davinroy l'est aussi par de nombreux Allemands. Suivant le principe qu'on n'est jamais mieux caché qu'au milieu de ses ennemis, Jean Moulin, délégué du général de Gaulle pour les deux zones, y a convié les résistants les plus recherchés de toutes les polices. Le général Delestraint, chef de l'AS, le colonel *Passy*, patron du BCRA (venu de Londres pour la mission Arquebuse-Brumaire), Pierre Brossolette, Georges Beaufils, délégué par le parti communiste, le colonel Touny, patron de l'impressionnante OCM, Schimpf, du très puissant CDLL, Jacques Lecompte-Boinet et Pierre Arrighi, de CDLR, le colonel Zaparoff gagnent un à un l'appartement de la résistante.

La discussion s'annonce houleuse. Jean Moulin a été informé de l'initiative de Brossolette, qui a réuni sans mandat officiel, une quinzaine de jours plus tôt, les chefs des principaux mouvements pour fonder un Comité de coordination des mouvements de zone nord. *Passy*, cependant, rappelle les consignes : tous les éléments paramilitaires sont versés à l'AS, dont Delestraint est l'unique chef. L'action se déclenchera lors du Débarquement. La controverse s'engage sur le sujet de l'action immédiate prônée par les communistes, comme par Henri Frenay en zone sud, mais récusée par Delestraint. Cependant, depuis février 1943, le STO change la donne : les maquis grossissent chaque jour de réfractaires qu'il faut préparer autant que nourrir. C'est la population des alentours (villageois, paysans), largement favorable à la Résistance, qui fournit le ravitaillement. Comment ces jeunes et nouvelles recrues peuvent-elles interpréter la distinction – toute théorique – entre l'action politique et l'action militaire ?
Le parti communiste entend préserver sa liberté de mouvement tandis que Moulin exige que les FTP soient versés à l'AS et en observent la discipline.

◁ Le colonel Delestraint, dit *Passy*, organisateur à Londres du BCRA. Au printemps 1943, il se rend à Paris avec Pierre Brossolette pour mener à bien la mission Arquebuse-Brumaire.

◁ Au 57, boulevard Lannes (aujourd'hui détruit), demeure de Karl Oberg.

△ Vue intérieure du boulevard Lannes.

78 et 80, rue de la Faisanderie, arrestation de Claire Davinroy et Michel Domenech
■ 8 octobre 1943

En cette fin d'après-midi du 8 octobre 1943, Michel Domenech est heureux : le lendemain, il doit partir se reposer à la campagne. Pour ce résistant de la SNCF, responsable parisien du service des renseignements transmis par les cheminots, la tension des dernières semaines est devenue harassante. Depuis l'été, les arrestations se sont multipliées ; le courrier, de plus en plus abondant, reste dangereusement en souffrance, faute de secrétaires, de codeurs, d'agents de liaison…

Par hasard, Domenech rencontre Claire Davinroy, versée à l'état-major de l'Armée secrète et membre de la centrale de renseignements Parsifal. Elle est avec une amie. Tous trois se rendent à son domicile, rue de la Faisanderie, où la jeune femme doit relever son courrier.

« Tout va bien », assure le concierge. On monte. Soudain, la sonnette retentit. Les résistants se méfient, tentent de sortir de l'appartement par l'issue de service, mais la porte en est obstinément fermée. Michel passe par une fenêtre, descend l'escalier de service et prend l'ascenseur jusqu'au septième étage. Au passage, il aperçoit sur le palier de Claire deux hommes à chapeau mou qui ne peuvent être que des gestapistes.

Il faut fuir au plus vite. Michel redescend par l'ascenseur, mais un des policiers a remarqué son manège. Des cris retentissent dans la cage d'escalier. Michel sort néanmoins de l'immeuble en restant sourd aux interpellations. On arme alors un revolver ; Michel s'arrête face au 80 de la rue et est aussitôt jeté dans une voiture.

Avec Claire Davinroy, il est conduit au 101, avenue Henri-Martin, où officie *Masuy* (Georges Delfanne).

Déportés, tous deux reviendront en France en 1945.

12, rue Dufrenoy, centrale CND
■ octobre-décembre 1942

La CND souffre durement depuis mai 1942 des effets de la trahison de Capri. Les premiers contacts avec le parti communiste ont dû être interrompus. Le colonel *Rémy*, parti en Angleterre, soutenu par Jean Moulin et le BCRA, parvient à renouer le lien rompu. Entre les gaullistes et les communistes, le rapprochement se fait à grands pas. *Rémy* revient enfin à Paris à l'automne pour y reprendre personnellement les conversations. Le chef résistant doit trouver un lieu sûr où établir sa centrale parisienne.

Max Petit, qui a assuré l'intérim à la tête

▷ Le colonel Gilbert Renault.

du réseau pendant le séjour londonien de son patron, lui recommande un appartement du 16ᵉ arrondissement, dans une rue paisible et retirée. Le propriétaire, le colonel Pierre Lévy, est sûr, patriote et discret. Il brûle de servir la France.

Le matin d'octobre où *Rémy* a rendez-vous avec Pierre Lévy et sa femme, il fait si froid que Mᵐᵉ Lévy s'est enveloppée d'un grand châle de laine grise ; son époux peine à réchauffer ses doigts couverts d'engelures. Suivant son habitude, *Rémy* prévient ses hôtes des terribles dangers qui les guettent en s'engageant ainsi activement dans la Résistance : les polices française et allemande s'acharnent sur l'organisation, qu'elles savent puissante. La trahison est toujours à craindre. Enfin, le colonel et sa femme sont juifs, ce qui augmente les risques. *Rémy* comprendrait parfaitement qu'ils refusent de l'héberger.

Pierre Lévy, dont les yeux se sont remplis de larmes, répond simplement : « Monsieur, cela fait plus de deux ans que je vous attendais. » Le couple a cherché, en vain, un groupe de patriotes pour agir. Leur vœu se réalise enfin. Que doivent-ils faire ? Rien, absolument rien, hors louer leur appartement au réseau.

Pierre et sa femme sont consternés : pas la moindre liaison, le moindre décodage, le plus petit rendez-vous ! Quelle terrible déception ! Il n'est pas question de louer ! L'appartement est donné au réseau.

Fin octobre, la centrale est installée. Un lit, une table et des chaises en constituent le mobilier. Tandis que *Rémy* reprend les entretiens avec le représentant du parti communiste, les renseignements du réseau Centurie sont classés, codés, transmis au service radio.

Pierre Lévy est affublé lui aussi d'un pseudonyme : *Taon* ! Car sans cesse il vient visiter ses amis, suppliant une mission ! Mais *Rémy* demeure intraitable. Tout juste permet-il que le colonel aide, uniquement dans l'appartement, au classement du courrier.

Rémy part de nouveau à Londres en janvier 1943. La centrale déménage.

Le dévouement absolu des Lévy ne sera jamais trahi ni découvert ; le couple connaîtra les heures intenses de la libération de Paris, en août 1944.

→ **2, square Alfred-Capus, 16ᵉ**

89, rue de la Pompe, activités résistantes de Pierre Brossolette
■ **fin 1940-1942**

Pour subvenir aux besoins de leur foyer, Pierre et Gilberte Brossolette ont l'idée d'ouvrir un commerce. Pas une pâtisserie, car le rationnement des denrées alimentaires rendrait l'affaire hasardeuse, ni un hôtel, car le couple n'envisage pas d'accueillir des *Feldgrau* à la réception… Une librairie serait plus adaptée. Le 1ᵉʳ novem-

△ Pierre Brossolette à Londres.

bre 1940, Pierre Brossolette, ancien éditorialiste réputé du *Populaire*, ouvre donc le rideau de la Librairie et Bibliothèque Universelles, au 89, rue de la Pompe, faisant commerce de papeterie et de livres scolaires.

La boutique est située juste en face du lycée Janson-de-Sailly, là où il fit ses études. Les élèves des lycées Claude-Bernard et La Fontaine, boulevard Murat, viennent d'y arriver car l'occupant a réquisitionné les bâtiments scolaires pour des troupes de la Kriegsmarine.

L'hiver promet d'être rude. Gilberte se réjouit d'être avec son mari, d'avoir auprès d'elle ses enfants et de pouvoir assurer le quotidien. Mais Pierre est abattu, amer, découragé. Lui qui rêve de lutter pour un monde juste, plume à la main, lui qui aime convaincre, débattre, en est réduit à vendre des gommes et à rendre la monnaie…

L'après-midi, Gilberte vient vers 13 h 30 relayer son mari à la librairie. Pierre Brossolette s'en va chercher dans Paris les ouvrages commandés. Le couvre-feu a cette vertu de plonger les Parisiens dans la lecture. Gilberte Brossolette organise une bibliothèque de prêt. Vers 18 heures, Pierre revient ; à 19 heures, il baisse le rideau. L'inaction le mine au point qu'il songe, certaines nuits, au suicide.

Le salut viendra de Madeleine Le Verrier, une amie de Pierre en contact avec Agnès Humbert, du groupe du Trocadéro, qui aimerait qu'un homme de talent, foncièrement opposé au nazisme, assure les chroniques du nouveau journal, *Résistance*. Fin 1940, Jean Cassou et Boris Vildé se rendent au 89, rue de la Pompe visiter le célèbre journaliste d'avant-guerre. Dans la librairie, il gèle à pierre fendre ; Brossolette a relevé le col de son pardessus. Jean Cassou lui raconte les actions et les projets des « Français libres de France ». Pierre Brossolette souligne l'effondrement national : où sont les socialistes et les radicaux ? Et les communistes, avec le pacte germano-soviétique ? Il faut vivre dans une histoire morte. Qu'importe ! Brossolette rejoint Jean Cassou et ses amis.

À peine deux mois plus tard, le réseau de Boris Vildé est démantelé. Pierre, qui assure la direction du dernier numéro de *Résistance* (25 mai 1941), échappe à la vague d'arrestations consécutive à la trahison de Gaveau.

Le procès des « Français libres de France » a lieu rue Saint-Dominique à la Maison de la Chimie. La presse officielle en rend compte bruyamment, mais le courage de leurs amis renforce la détermination de Pierre et Gilberte Brossolette. Le résistant est certain qu'en ce printemps 1941, des camarades inconnus se cherchent, désireux d'agir au-delà des clivages politiques. Désormais, il n'y a plus que deux camps : ceux qui font quelque chose et ceux qui collaborent. Le 89, rue de la Pompe devient un lieu de conciliabules discrets. Durant l'hiver 1941-1942, la directrice du collège Sévigné propose à l'ancien journaliste d'assurer quelques cours d'histoire.

△ Le numéro 1 de *Résistance*, 15 décembre 1940.

C'est ainsi que Brossolette est approché par son collègue Louis François et entre, lui, socialiste, au réseau fondé par le colonel *Rémy*, issu de l'Action française. Seule Confrérie Notre-Dame dispose en zone nord du contact avec le BCRA.

Le hasard veut aussi qu'un client de la librairie reconnaisse un jour l'ancien journaliste. Marcel Berthelot et Pierre Brossolette évoquent les déjeuners d'avant-guerre où, dans le restaurant de la place des Saints-Innocents, on s'inquiétait avec Louis Joxe, Pierre Comert, Charles Fleury, de la montée des périls en Europe. Marcel Berthelot est responsable du renseignement à l'Organisation civile et militaire. Lors de sa seconde visite rue de la Pompe, il parle à Pierre Brossolette des activités de son mouvement et évoque ses difficultés : il n'y a pas de contact avec Londres et aucun moyen radio.

Comme tout passe, à la fin 1941, par le patron de la CND, Pierre Brossolette informe immédiatement le colonel *Rémy* de la situation de l'OCM. *Rémy*, le colonel Touny, de l'OCM, et Henri Frenay, de Combat, se rencontrent ainsi dans la librairie en prenant l'air de clients cherchant des crayons de couleur.

Dans la cave, Gilberte Brossolette aménage parmi les quelque 10 000 volumes entassés sur les rayonnages de multiples caches pour le courrier devant être acheminé vers l'Angleterre : revues de presse de Pierre Brossolette, plans des usines Renault obtenus par Louis François, son adjoint à la CND, courrier du réseau Centurie, plans des bases de sous-marin, des batteries côtières…

La librairie du 16ᵉ arrondissement devient une plaque tournante de la Résistance à Paris fin 1941-début 1942.

→ 1, place du Trocadéro, 16ᵉ

Station Rue de la Pompe, arrestation du chef d'état-major du général Delestraint et de son aide de camp (AS) ■ 9 juin 1943

Le colonel Gastaldo, chef d'état-major du général Delestraint, et Jean-Louis Théobald, doivent se rendre à 9 h 30 aux abords de la station de métro Rue de la Pompe. Ils ont mission de conduire le général Delestraint et le patron de Résistance-Fer, *Didot* (René Hardy), à la mairie voisine du 16ᵉ, où doit se tenir une importante réunion avec des responsables militaires. Depuis la station Trocadéro, Gastaldo se rend à pied par l'avenue Henri-Martin (aujourd'hui Georges-Mandel) au lieu de rendez-vous. Chemin faisant, il rencontre Jean-Louis Théobald. Vers 9 h 45, le colonel Sauvebœuf, de l'OCM, les remarque et vient s'assurer auprès d'eux de la présence à la réunion du chef de l'AS puis s'éloigne. Les deux résistants remarquent alors la présence de cinq ou six hommes en civil qui, accoudés à la rampe de la station, paraissent en surveiller la sortie. Inquiets, ils vont s'asseoir sur un banc, face au 65, de l'avenue Henri-Martin, et décident de quitter discrètement les lieux. Tout le carrefour semble en effet être bouclé ; le chef de l'AS – les résistants l'ignorent encore – vient d'être arrêté.

Le général Delestraint est remis au Sipo-SD de la rue des Saussaies par les hommes de l'Abwehr qui sont venus se poster avec le renfort de deux agents de la Gestapo aux alentours de la station Rue de la Pompe. Robert Moog et René Saumande s'emparent de Théobald et de Gastaldo alors qu'ils traversent la rue de la Pompe. Jetés dans une voiture du SD, ils sont aussitôt conduits rue des Saussaies.

→ Angle de la Chaussée de la Muette et de l'avenue Mozart, 16ᵉ → Station Villiers, 17ᵉ

◁ Une cave du 101, avenue Henri-Martin dans laquelle *Masuy* enfermait ses victimes.

101, avenue Henri-Martin, officine de « Masuy » ■ 1941-1944

Georges Delfanne, dit *Henri Masuy*, fait rapidement fortune grâce au marché noir et à ses bureaux d'achat. Mais il est davantage intéressé par l'infiltration – contre rémunération – des réseaux clandestins pour le compte des Allemands.

En 1941, *Masuy* arrête le résistant Bernard Fallot ; l'homme, retourné immédiatement, devient un assistant très zélé. Mais c'est en novembre 1943 que la perspective d'une grosse prise se présente. *Masuy* tient *Tilden*, le radio de la CND, qu'il intimide et menace, parvenant assez facilement à ses fins. Mais *Rémy* est en Angleterre et il faut endormir d'éventuels soupçons. Le radio accepte de se laisser dicter par *Masuy* un message pour Londres assurant qu'il a échappé à l'arrestation et conservé son poste émetteur. Le « pianiste » omet cependant de signer « Edmond », suivant le code convenu pour signifier un message radio transmis sous la contrainte. Mais personne ne s'inquiète de l'anomalie ; on veut croire que le radio, qui vient d'échapper à la Gestapo, est encore bouleversé et s'est trompé de signature…

Londres est rassuré et le colonel *Rémy* ne se doute de rien, alors que *Tilden* livre tous ses camarades. À la mi-novembre, la Confrérie Notre-Dame est complètement détruite. *Masuy* poursuit avec zèle sa traque de ceux de l'OCM ou de Libération.

▽ Georges Delfanne et, à sa droite, Bernard Fallot, lors de leur procès en 1947. Les deux hommes seront exécutés.

5, rue du Général-Langlois, domicile d'Alfred Touny (OCM) ■ août 1940-25 février 1944

Démobilisé, le lieutenant-colonel Alfred Touny rejoint Paris en août 1940, écœuré par la débâcle française et la politique du maréchal Pétain. Un contact auprès d'anciens de Saumur lui donne accès à un groupe que dirige, avenue Victor-Hugo, l'industriel Jacques Arthuys. Le lieutenant-colonel constitue un premier réseau de renseignements.

Arthuys est arrêté en décembre 1941, et le lieutenant-colonel lui succède à la tête de ce qui est devenu l'OCM. Touny, dit *Langlois*, prend comme adjoint militaire Marcel Berthelot, responsable du SR. Maxime Blocq-Mascart dirige la branche civile et politique. Le talent, le courage et l'autorité militaire de *Langlois* font merveille. Une rencontre décisive avec le colonel *Rémy*, patron du grand SR Confrérie Notre-Dame, rattaché au BCRA, propulse l'OCM à la tête de la Résistance en zone nord, et son chef parmi les plus grands de la clandestinité.

Le colonel *Rémy* promet même à son homologue de l'armée des ombres la direction militaire de l'AS en zone nord. Mais à Londres on ne l'entend pas ainsi (de Gaulle ne veut en aucun cas d'un chef résistant à la tête de l'AS) et les malentendus auront des conséquences jusqu'en 1944. Pour l'heure, Berthelot, soutenu par Touny comme par *Rémy*, étend son SR Centurie, qui, dans ses meilleures heures, s'attache la collaboration de 17 000 agents. En 1943, la Résistance intérieure représente un poids politique incontestable et ses grands patrons, dont Alfred Touny, ne veulent pas entendre parler du projet de Jean Moulin, délégué du général de Gaulle, introduisant les partis dans le futur CNR. Pierre Brossolette, très soutenu par la puissante OCM, est tout autant ulcéré du « retour des partis » ; en mars, ne tenant aucun compte des consignes de Londres, il organise un premier rendez-vous des responsables du comité de coordination des mouvements de zone nord. Alfred Touny la préside, tout en ignorant que la réunion est le fruit de l'indiscipline de son camarade. Furieux, Jean Moulin rectifie le tir sans cependant dissoudre cet éphémère organisme qui disparaîtra de lui-même huit mois plus tard.

▷ Plaque commémorative apposée au 5, rue du Général-Langlois, domicile du colonel Touny.

◁ Le colonel Touny.

Alfred Touny, patron de fait de l'AS en zone nord, s'active à soutenir l'installation des délégués militaires régionaux envoyés par Londres dès l'automne 1943. Mise en place difficile, alors que la répression fait des ravages ; en novembre 1943, la trahison du chef radio de la CND décime le réseau de *Rémy* et anéantit Centurie.

En dépit des périls grandissants, Touny tient à conserver et son domicile et ses habitudes, ses meilleures protections à ses yeux. Pourtant, non loin de chez lui, avenue Henri-Martin, le sinistre gestapiste français *Masuy* rêve du jour où il se saisira de *Langlois*.

Le 25 février 1944, la Gestapo frappe au 5, rue du Général-Langlois : elle tient enfin sa proie. Alfred Touny, très calme, fait ses adieux à sa femme. Incarcéré à la forteresse d'Arras, il y est fusillé en avril. Sa dépouille repose dans la crypte des Compagnons de la Libération au mont Valérien.

→ 55, avenue George-V, 8ᵉ → 77, rue Caulaincourt, 18ᵉ

29, avenue Henri-Martin, domicile de Simone Martin-Chauffier
■ 1940-1941

Rentrée d'exode, Simone Martin-Chauffier entre rapidement en contact avec le petit groupe dit du Trocadéro, dont le projet, dès août 1940, est de faire paraître le journal *Résistance*. L'automne est triste et particulièrement froid. Au 29, avenue Henri-Martin, les amis Claude Aveline, Boris Vildé, Jean Cassou se pressent dans la pièce la mieux chauffée. Simone assure le secrétariat tout en faisant circuler le thé chaud.

En mars 1941, l'arrestation de Boris Vildé décide la résistante à rejoindre son mari en zone sud. La maison de famille accueille désormais les pourchassés.

→ 1, place du Trocadéro, 16ᵉ

18, rue Pétrarque, exécution de Julius Ritter (FTP-MOI) ■ avril 1943

Cristina Boïco, cadre FTP-MOI chargée du renseignement, remarque au printemps 1943 un renforcement inhabituel des mesures de sécurité rue Saint-Dominique, dans le 7ᵉ arrondissement. Les alentours de la Maison de la Chimie sont

◁ Celestino Alfonso sera finalement arrêté en octobre 1943.

interdits aux visiteurs et les piétons ne peuvent circuler que sur un seul trottoir. Mais devant une voiture officielle, une grosse Mercedes immatriculée ZF 10 (*Zivil Fahrzeuge*), garnie sur les ailes de fanions à croix gammée, tous les barrages s'ouvrent : elle pénètre dans la cour de la Maison de la Chimie. Un dignitaire nazi descend. Sans jamais se faire remarquer, Cristina Boïco relève de mai à août 1943 les horaires, les itinéraires du mystérieux véhicule, et remonte ainsi au 18, rue Pétrarque.

La direction militaire de la MOI est avisée ; Marcel Rayman, Léo Kneler et Celestino Alfonso décident d'un plan d'attaque. La rue est tranquille et l'homme ponctuel. À 8 h 30, la Mercedes stationne quelques minutes avant d'emporter son passager. C'est à ce moment qu'il faut frapper. L'opération est placée sous l'autorité de Manouchian, responsable militaire des

STO, un départ de Paris pour l'Allemagne.

FTP-MOI depuis fin août 1943. Le jour dit, Alfonso tire sur l'officier SS quand il monte en voiture. Les vitres amortissent les balles. L'homme est blessé ; il tente de fuir par la portière opposée, mais Marcel Rayman l'achève de trois balles.

C'est par la presse allemande que les combattants apprennent l'identité du personnage : il s'agit de Julius Ritter, responsable du STO en France. La dénonciation en première page de cet « acte abominable » et les obsèques officielles en l'église de la Madeleine donnent plus d'éclat encore à l'opération.

1, place du Trocadéro, centrale du groupe du Trocadéro
■ août 1940-avril 1941

Trois salariés du musée de l'Homme, Yvonne Oddon, bibliothécaire, Anatole Lewitsky, anthropologue, et Boris Vildé, linguiste, se regroupent, désireux d'agir, dès l'été 1940. Plusieurs petites cellules de patriotes se constituent alors, bientôt renforcées par les derniers retours d'exode et la démobilisation des soldats français à l'automne.

Boris Vildé, convaincu de la multiplicité des bonnes volontés, propose de les unifier. Le groupe du Trocadéro (après la guerre, le mouvement sera connu sous le nom de réseau du musée de l'Homme) recrute des avocats, des intellectuels, mais aussi des militaires rompus à la recherche de renseignements. Le mouvement se constitue ainsi de personnalités très diverses que la ferveur de Boris Vildé parvient à fédérer : Paul Rivet, directeur du musée de l'Homme, Germaine Tillion, les colonels en retraite Paul Hauet et Charles Dutheil de La Rochère, Jean Cassou, Agnès Humbert et Claude Aveline, tous trois venus du groupe des Français libres de France…

Avis allemand publié en septembre 1941 dans un journal avertissant des risques encourus par toute personne apportant son aide à des aviateurs ou parachutistes alliés.

Grâce à des relais en dehors de Paris (à Versailles, Compiègne, Blois…), les patriotes constituent une ligne d'évasion pour des pilotes ou des soldats prisonniers. Le secteur du renseignement, dirigé par Dutheil de La Rochère, communique son courrier, faute de transmission radio avec Londres, par des diplomates ou des militaires favorables au maréchal Pétain. Enfin, la branche propagande voit le jour le 15 décembre, lorsque paraît le premier bulletin du Comité national de salut public, *Résistance*, dont Jean Cassou est le rédacteur en chef. Mais l'Abwehr est parfaitement informée des activités du groupe : Albert Gaveau, agent de liaison de Boris Vildé, est en réalité un homme de l'ennemi. En avril 1941 il livre son chef, qui est arrêté place Pigalle. Jean Cassou, Claude Aveline et Paul Rivet parviennent à trouver refuge en zone libre. Boris Vildé, emprisonné au Cherche-Midi (il y écrit des *Notes de prison*) attend son procès. En février 1942, il est condamné à mort ainsi que sept de ses compagnons, dont Lewitzky. Le 23, tous tombent sous les balles du peloton d'exécution au mont Valérien.

4, rue Francisque-Sarcey, mort de Jean Charbonneau (Vengeance-CDLL) ■ 4 octobre 1943

Au cours de l'été 1943, le réseau Vengeance et le mouvement Ceux de la Libération fédèrent leurs corps francs. L'implantation en région parisienne et l'efficacité des combattants, dirigés par François Wetterwald, chef de Vengeance, convainc l'état-major de l'AS de confier ses propres troupes au patron de CDLL, Roger Coquoin.

Si l'union fait la force, elle augmente aussi les périls d'un cloisonnement insuffisant entre les différents groupes. Polices allemande et française traquent sans répit Ceux de la Libération comme ceux de Turma. En septembre, seul Roger Coquoin est encore libre.

Le 4 octobre 1943, Jean Charbonneau, adjoint de François Wetterwald, est abattu par un auxiliaire français de la Gestapo, au 5e étage du 4, rue Francisque-Sarcey. Cinq jours plus tard, le fondateur de Turma-Vengeance, Vic-Dupont, tombe à son tour.

→ 64, rue de la Chaussée-d'Antin, 9^e

3, rue Nicolo, arrestation du colonel Rétoré (Alliance) ■ 10 novembre 1942

Ayant tout lieu de se réjouir du bon fonctionnement de son réseau comme du débarquement des Alliés en Afrique du Nord, le colonel Rétoré, chef contesté du SR Alliance en zone nord, ne prête guère attention à l'étrange visite qu'il reçoit à son domicile de la rue Nicolo, au soir du 10 novembre 1942.

Un inconnu l'avertit qu'un homme, incarcéré à la prison de Loos-lez-Lille a parlé ; le réseau est menacé. Quelque temps plus tard, c'est au tour de la police allemande de sonner à la porte du colonel. Rétoré est incarcéré à Fresnes et, trois jours plus tard, transféré à Lille. En janvier, il est libéré ; il a parlé. À partir de mars 1943, les arrestations se succèdent, à commencer par celle de Bernadac, chef radio du SR Alliance en zone nord.

Après guerre, le colonel Rétoré sera mis en cause par les archives de l'Abwehr de Lille. À leur retour des camps, les déportés diront aussi leur conviction de la responsabilité de leur ancien chef dans leur arrestation. Le 20 mars 1947, Rétoré est arrêté. Il se défend en maintenant que les Allemands savaient déjà tout du réseau et qu'il s'est efforcé de les égarer. Le tribunal le relaxe, faute de preuves indubitables de sa trahison, lui reprochant une série d'imprudences.

→ 54, rue Saint-Sabin, 11ᵉ   → 5, rue Dupleix, 15ᵉ

Angle de la rue Nicolo et de l'avenue Paul-Doumer, attentat (FTP-MOI) ■ 23 juillet 1943

Durant l'été 1943, les FTP-MOI décident d'abattre le commandant du Grand Paris, le général von Schaumburg, signataire des affiches placardées dans la capitale annonçant l'exécution des résistants. Cristina Boïco, responsable du service de renseignements, secondée par son agent Jean-Pierre Brover, parvient à loger un cavalier

▽ Entrée de la demeure, aujourd'hui détruite, du général von Schaumburg, commandant du grand Paris en 1943.

Marcel Rayman.

très galonné, repéré au bois de Boulogne et escorté de deux gardes. Après sa promenade, l'homme remonte à cheval l'avenue Raphaël et entre dans la cour d'un hôtel luxueux. Sa voiture de fonction le conduit ensuite à l'hôtel Meurice. Dès lors, l'équipe spéciale s'attache à surveiller le cabriolet, dont l'itinéraire est toujours le même. Elle remarque en particulier que le chauffeur est obligé de ralentir rue Nicolo avant d'emprunter l'avenue Paul-Doumer : c'est donc ici qu'aura lieu l'action.

Le 28 juillet 1943, Marcel Rayman et le jeune Raymond Kojitski se tiennent prêts. Léo Kneler lance une grenade. Le fracas de l'explosion sonne la retraite des résistants. Mais la cible est manquée… De plus, ce n'était pas le commandant du Grand Paris qui se trouvait dans la voiture ce jour-là, mais le lieutenant-colonel Moritz von Maliber et un membre de son état-major.

8, avenue Frémiet, planque de Jacques Bingen (DG)
■ automne 1943-avril 1944

Depuis 1942, responsable de la section politique du BCRA, Jacques Bingen est très informé des réalités de la Résistance intérieure. Après l'arrestation de Jean Moulin, il rejoint la France. Parachuté dans la nuit du 15 au 16 août 1943, il a pour mission de représenter le CFLN en zone sud. Cependant, l'éclatement des organismes fondés par Moulin le conduit à élargir son action. Se rendant souvent à Paris, avec Michel Debré et Claude Bouchinet-*Serreulles*, il renoue les liens de l'administration clandestine de la Résistance et renforce les comités voulus par Jean Moulin (CAD, CGE…). Le 8, avenue Frémiet est alors l'une de ses planques.

À la fin de 1943, il prend la tête de la Délégation générale jusqu'en avril, puis cède sa place à Alexandre Parodi.

Bingen, très conscient des périls encourus, sait qu'en cas d'arrestation il se donnera la mort « afin de vivre dans toute sa profondeur [son] engagement personnel. » Arrêté à Clermont-Ferrand le 13 mai 1944, il échappe à ses geôliers mais est rattrapé sur la dénonciation d'une passante. Arrêté à nouveau, il avale sa pilule de cyanure.

Lettre à mes Amis

Confiée à André MANUEL à son défaut Claude Serreulles à son défaut Janine Serreulles

Si cette enveloppe est ouverte, c'est que je serai mort pour la France et pour la cause alliée.

Je demande que mes Amis sachent que je suis tombé en mission volontaire, ayant librement choisi ma voie.

C'est la pensée de mes Amis qui a dicté mon choix : amis de toujours prisonniers ou déportés en Allemagne ; amis anciens et nouveaux tombés en France sur le front intérieur ou qui y poursuivent un combat dangereux et inégal où je crois de pouvoir les aider. Plus humblement, c'est à Janine que je dois en partie mon choix, elle qui a été mon inspiratrice quotidienne, droite, fière et douce, je l'en remercie.

Il est superflu que j'ajoute que je crois à la cause sacrée que je pars servir dangereusement après l'avoir servie à Londres de toutes mes facultés intellectuelles.

Je prie qu'on dise au Général de Gaulle toute l'admiration que, peu à peu, j'ai acquise pour lui. Il a été l'émanation même de la France pendant ces dures années.

Je le supplie de conserver sa noblesse et sa pureté mais de ne pas oublier après la radieuse victoire que, si la France est une grande dame, les Français seront très fatigués. Il faudra qu'il ait pour eux, non seulement beaucoup d'ambition mais aussi beaucoup d'indulgente tendresse.

Je demande que tout ce qui précède soit communiqué à ma Mère, à ma proche famille, notamment à ma Sœur que je remercie, et en particulier à mon cher Bernard que j'ai retrouvé ici avec joie et fierté.

à mes quelques amis de la France Combattante et notamment à André Manuel, Claude Serreulles, André Philip et Marie Thérèse Bologna (Janine Marchand).

à mes amis de toujours qui auront été prisonniers ou qui auront combattu secrètement en France, en particulier Jules Braunschvig et Michel Pontremoli.

à Janine S., inspiratrice de ma ligne droite depuis trois ans.

à Gustav Knoop, à qui je dois tant.
à Antoinette de Beaumont.

à mes quelques amis anglais, et en particulier à Bill Cavendish Bentinck (du FO), à Lord Leathers et à Ralph Metcalfe.

Je prie Guy de Rothschild, à qui je souhaite un avenir heureux, de transmettre mon souvenir reconnaissant à Rudi.

le 14 août 1943
Bingen

Station Passy, arrestation de Forest Yeo-Thomas (IS)
■ 21 mars 1944

On apprend à Londres l'arrestation de Pierre Brossolette et d'Émile Bollaert. Tous deux tentaient de rejoindre l'Angleterre par la mer, mais le *Jouet des Flots*, sur lequel ils avaient embarqué, faisait naufrage et s'échouait sur une plage de Plogoff. Les résistants, qui avaient pu trouver refuge dans le voisinage, étaient dénoncés à la Feldgendarmerie. Le 7 février, ils étaient aux mains des Allemands.

Le colonel *Passy*, chef du BCRA, grand ami de Pierre Brossolette avec qui il a partagé les heures mouvementées de la mission Arquebuse-Brumaire un an auparavant, décide aussitôt de faire évader les deux résistants. Lui-même veut se rendre en France mais Londres s'y refuse catégoriquement. Le colonel Yeo-Thomas, ami personnel tant de *Passy* que de Brossolette, se porte volontaire. Churchill donne son accord.

Yeo-Thomas, dit *Lapin blanc*, est parachuté *blind* (sans comité de réception) près de Clermont-Ferrand, dans la nuit du 24 au 25 février 1944. Il gagne Rennes et apprend des résistants bretons que les détenus – pas encore identifiés par les Allemands – n'ont pas été transférés à Paris. Le colonel élabore son plan : trois partisans déterminés, dont l'un au moins parle allemand, entreront dans la prison, revêtus d'uniformes de la Wehrmacht et munis de faux *Ausweis*. Une fois dans l'enceinte,

◁ Jacques Bingen.

△ Recto-verso de la « lettre à mes amis » écrite par Jacques Bingen, le 14 août 1943, avant son départ de Londres pour la France.

△ Émile Bollaert.

ils neutraliseront les gardiens, saboteront les téléphones, se feront amener les deux prisonniers. Les cinq s'enfuiront ensuite dans une voiture allemande avant de changer de véhicule. Mais, à la mi-mars, un courrier non codé racontant le naufrage du bateau et le sort des deux Français combattants est saisi à la frontière espagnole. Ni *Brumaire* ni *Baudoin*, les pseudonymes de Brossolette et Bollaert, ne sauraient tromper les gestapistes. Les deux hommes sont identifiés et transférés le 19 mars à Fresnes. Le 22, Pierre Brossolette se jette du 5e étage du 84, avenue Foch pour ne pas courir le risque de parler sous la torture. Yeo-Thomas ignore la mort de son ami. S'il décide, précisément le 19 mars, de se rendre à Paris, c'est pour trouver plus rapidement un résistant parlant l'allemand. Un commando est volontaire pour investir la prison de Rennes. Au matin du 21 mars, Yeo-Thomas est arrêté à la station Passy. Supplicié, il garde le silence. Déporté en septembre, il s'évade une première fois. Repris, il se fait passer pour un aviateur français et est envoyé dans un *Oflag*. Il s'évade à nouveau en 1945 pour, cette fois-ci, rejoindre une unité américaine. Forest Yeo-Thomas n'apprendra le suicide de Pierre Brossolette qu'à la fin de la guerre. Émile Bollaert, déporté également, rejoindra la France après la capitulation allemande.

1, rue Le Nôtre, fondation du Comité de la Résistance médicale
■ octobre 1943

L'unité entre médecins libéraux ayant couru les plus grands risques pour secourir les partisans blessés ou malades et professeurs dans des services hospitaliers à l'engagement plus tardif ne s'impose pas d'elle-même. Cependant, en 1943, la multiplication des maquis ainsi que la perspective, qu'on juge imminente, d'un débarquement allié exigent une politique commune de soins. Le délégué général de la France combattante, Claude Bouchinet-*Serreulles*, demande l'ouverture de négociations entre les parties intéressées. Le docteur Hector Descomps, communiste, s'emploie à conduire les conversations ; comme plusieurs réunions n'ont toujours pas abouti, une nouvelle rencontre est organisée le 29 septembre à son domicile au 1, rue Le Nôtre. On croit trouver un accord, mais un mois plus tard, le très gaulliste Louis Pasteur Vallery-Radot est nommé président du CMR tandis que le communisant Robert Debré devient le patron du Front national des médecins. Le front médical reste divisé.

→ 23, rue du Docteur-Roux, 15e

48, rue de Passy, arrestation de Clément Crochet (CND)
■ 11 novembre 1943

Depuis le 5 novembre 1943, la CND joue de malchance. On est sans nouvelle d'Alex, de Coco, de Rocher… Le radio *Tilden*, qui affirme avoir échappé à l'arrestation erre dans Paris… On ne sait pas encore que dans la nuit du 4 au 5, il a trahi. Certains résistants livrés au sinistre *Masuy* lâchent, à bout de souffrance, quelques informations, espérant que leurs camarades auront été prévenus et auront quitté leur domicile. Le 11 novembre, l'agent de liaison Clément Crochet, attaché à la centrale de la CND, est arrêté à son tour à son domicile rue de Passy. Il périra en déportation.

Un centre de tri postal sous l'Occupation.

40, rue Singer, actions résistantes (Libération-Nord) ■ 1941-1943

Le receveur principal Maurice Delfieu règne sur le centre postal de la rue Singer, qui dessert de nombreux domiciles et bureaux réquisitionnés par l'occupant. Avec ses postiers, il organise le sabotage du courrier. Rattaché en 1941 au mouvement Libération-Nord, le groupe Delfieu se spécialise bientôt dans la confection de faux papiers. Par ailleurs, les renseignements, collectés par les employés patriotes et agents de liaison sont transmis au mouvement.

Maurice Delfieu est arrêté en 1943.

Angle de la Chaussée de la Muette et de l'avenue Mozart, arrestation du général Delestraint (AS)
■ 9 juin 1943

Informés depuis le 27 mai du rendez-vous *Vidal/Didot*, prévu le jeudi 9 juin 1943, à 9 heures, à la Muette, les Allemands sont postés bien avant l'heure aux abords de la station de métro. Kramer, le chef de l'Abwehr, guette l'arrivée du responsable de l'AS, assis dans un taxi à côté du chauffeur ; derrière ont pris place ses deux agents français, Moog et Saumande. Multon, qui a reconnu le chef de Résistance-Fer, *Didot*, dans le train Lyon-Paris dans la nuit du 7 au 8 et l'a fait arrêter en gare de Cha-

Georges Beaufils.

La gare de la Muette.

lon-sur-Saône, est posté à l'intérieur de la station. Dans une autre voiture, le capitaine Schmidt patiente. Les hommes de la Gestapo bouclent le quartier.

À 9 heures, un homme d'allure martiale et d'âge mûr apparaît à l'angle de l'avenue Mozart. Kramer fait un signe discret au chauffeur. Le taxi s'avance à la hauteur du chef de l'Armée secrète. Les deux agents en descendent et informent Delestraint (*Vidal*) que *Didot* préfère le voir à la station Passy ; l'endroit y est plus sûr. Le général ne s'étonne pas de ce changement et s'engouffre dans le taxi, encadré par Moog et Saumande. L'action a été si rapide et si discrète qu'elle est restée inaperçue des gestapistes. Soudain, le général Delestraint pâlit : il vient d'entendre Kramer interpeller en allemand le chauffeur d'une autre voiture pour lui demander s'il faut aller rue des Saussaies ou à l'hôtel Lutetia…

Gare de la Muette, rendez-vous « Rémy »/Beaufils (CND, PCF)
■ octobre-décembre 1942

Dès son retour à Paris, en octobre 1942, le colonel *Rémy* renoue les liens (brisés par la trahison de *Capri* en mai) avec Beaufils, délégué du parti communiste. Les rendez-vous sont souvent fixés à la sortie de la gare de la Muette pour aller converser tranquillement dans les allées du bois de Boulogne.

Lors de son séjour à Londres, le chef de la CND a usé de tout son pouvoir de conviction pour inciter le BCRA et le SOAM à pourvoir en armes et en argent la branche militaire du parti. Une opération (12 tonnes d'armes sur un thonier du Guilvinec) est reportée en raison de l'étroite surveillance des côtes par les Allemands. En octobre, enfin, des armes sont parachutées dans le Nivernais. Mais il en faut davantage, comme de l'argent. 500 000 francs sont transférés en novembre pour empêcher l'envoi de mille ouvriers en Allemagne au titre de la relève; chaque famille doit être gratifiée d'une indemnité permettant de recruter les volontaires pour la lutte clandestine.

Il reste qu'aux yeux de *Rémy* seule une rencontre au sommet entre un représentant du PCF et le chef de la France libre garantirait la permanence des approvisionnements en armes et subventions. Fin novembre, le colonel a rendez-vous avec un membre du comité central dans un modeste pavillon de banlieue. Il y rencontre un homme au visage émacié, Fernand Grenier, évadé du camp de Châteaubriant, ancien député communiste de Saint-Denis. Les communistes, assure *Rémy*, font partie de la Résistance française. Disciplinés, héroïques, ils sont même les plus qualifiés pour une lutte armée. Fernand Grenier affirme pour sa part que le soulèvement général ne peut ni ne doit se faire sans les FTP. Il aimerait d'ailleurs que la BBC mentionne davantage leurs actions contre l'occupant. Début décembre, un délégué communiste remet à *Rémy* deux documents dactylographiés: une lettre de Charles Tillon au général de Gaulle et le procès-verbal de la réunion de novembre, paraphé par le même Tillon. Les deux textes autoproclament le PCF comme un unique mouvement de résistance, contestant ainsi la perspective gaulliste de la France combattante… tout en soutenant de Gaulle contre Giraud. *Rémy*, présenté comme le «représentant des Forces françaises combattantes» dans le procès-verbal, mesure sans doute les conséquences politiques de son initiative.

Quand il informe le BCRA et *Passy* des résultats de ses entrevues, une onde de fureur parcourt l'état-major de Londres. Ordre est donné de prévenir les communistes du complet malentendu dont *Rémy* est le seul responsable! L'émissaire est rappelé immédiatement et définitivement à Londres. Mais le colonel fait de la résistance! Néglige de répondre et n'obtempère pas davantage. Le 30 décembre 1942, *Passy* apprend que le délégué du PCF et *Rémy* projettent de venir ensemble à Londres. Entre-temps, le PCF décide d'adjoindre à ce duo Fernand Grenier, représentant le comité central. La CND se charge de préparer le voyage. Le 11 janvier 1943, le trois hommes arrivent à Londres et sont reçus le soir même par le général de Gaulle. Le chef de la France combattante se félicite haut et fort de l'adhésion du parti communiste, qui met ainsi à sa disposition ses «vaillants francs-tireurs»…

47, rue de Boulainvilliers, centrale du MRPGD ■ à partir de mars 1943

S'étant fait rapatrier d'Allemagne pour une maladie imaginaire, Jacques Bourgeois retrouve Paris en septembre 1942. Il s'emploie aussitôt à conforter le Mouvement de résistance des prisonniers de guerre et déportés, fondé un an plus tôt

△ Fernand Grenier.

avec ses camarades d'infortune. En mars 1943, avec l'arrivée de Duprat-Geneau, l'organisation devient opérationnelle. Jacques établit au 47, rue de Boulainvilliers, dans l'appartement de Cécile Hulot, sa centrale en zone nord. Cécile, responsable des liaisons et du secrétariat, s'emploie également à saboter les dossiers du Commissariat aux prisonniers de guerre, où elle travaille. Intrépide, la résistante n'hésite pas à rechercher armes et explosifs. Arrêtée le 8 juin 1944 par Bonny et *Lafont*, Cécile est déportée. Elle meurt d'épuisement au camp de Ravensbrück.

→ 6, place de la Madeleine, 8e

97, rue du Ranelagh, imprimerie clandestine (« Unter Uns ») ■ 1941

Jean Madeline, rattaché au groupe Guédon, ronéotype à son domicile la feuille clandestine de son camarade Robert Schilling. Alsacien familier de la langue allemande, celui-ci veut faire œuvre de contre-propagande à l'endroit des *Feldgrau* casernés dans Paris et jette son journal, *Unter Uns*, dans les lieux de cantonnement. Robert Schilling, interprète à l'hôtel Majestic, siège du MBF en France, transmet également divers renseignements. Rue du Ranelagh s'ébauche une annexe de la centrale organisée par un autre résistant du groupe, quai Louis-Blériot. En octobre 1941, le groupe Guédon est décimé suite à une dénonciation.

95, avenue Mozart, planque du colonel « Rémy » (CND)
■ 1942

La tension nerveuse de la vie clandestine oblige les chefs à prendre quelques précautions. Certains lieux, ultrasecrets, sont affectés exclusivement à leur repos ; aucune activité illégale ne doit y être menée. Il en est ainsi du 95, avenue Mozart, où M. et Mme Petit sont ravis d'accueillir le très recherché patron de la CND. Sous le nom de *Boulicot*, le colonel à l'allure terne et fatiguée devient un familier et savoure la chaleur de ce foyer amical.

22, avenue de Versailles, imprimerie clandestine (MOI)
■ juin 1942-mars 1943

Fin 1942, Simon Cukier, responsable du service technique de la section juive de la MOI et plus précisément de l'implantation clandestine de ses imprimeries à Paris, organise un atelier au 22, avenue de Versailles. Avec sa femme Rachel, il y élit domicile.

Pour couvrir le bruit des ronéos, Rachel fait furieusement vrombir sa machine à coudre. Paula Zagiengowski, qui a perdu son mari dans l'accident du laboratoire d'explosifs de la rue Geoffroy-Saint-Hilaire, s'est engagée plus encore dans la lutte. Se faisant passer aux yeux du voisinage pour une domestique du couple, elle dirige l'équipe de diffusion de l'abondante presse juive.

Mais les Brigades spéciales entreprennent en mars 1943 une vaste filature. Le 12, Paula est logée avenue de Versailles. Le 22, c'est au tour de Rachel d'être repérée. À la fin du mois, tous sont arrêtés. L'atelier et son service de diffusion sont totalement démantelés.

◁ Tract destiné aux soldats de la Wehrmacht : « Hitler est perdu », septembre 1943.

◁ Robert et Anne-Marie Salmon.

4, rue Paul-Dupuy, réunions clandestines de Défense de la France
■ automne 1942-20 juillet 1943

Anne-Marie et Robert Salmon, jeunes mariés, s'installent dans un trois-pièces de la rue Paul-Dupuy. L'endroit devient très fréquenté par les résistants de Défense de la France comme par les membres d'autres mouvements. Certains connaissent l'identité réelle de leur hôte et savent qu'il s'agit là de son domicile ; d'autres croient simplement venir voir *Robert Tenaille*, qui loue ce local.

Au soir du 20 juillet 1943, un coup de téléphone alerte les époux : un drame s'est produit dans la librairie Au Vœu de Louis XIII, boîte aux lettres du mouvement. Il faut fuir ! Leur ami Jurgensen vient aussitôt les aider à déménager des documents. Tous se réfugient au 83, avenue Denfert-Rochereau, dans la maison vide du professeur Monod.

6, rue des Pâtures, atelier mécanique clandestin
■ mars-août 1944

La section motorisée des équipes nationales, chargée d'alerter la Défense passive des sinistres consécutifs aux bombardements, est installée dans les vastes garages d'une villa. Chaque fois qu'il en est besoin, six motards se rendent rapidement sur les

▽ Tract, 1942.

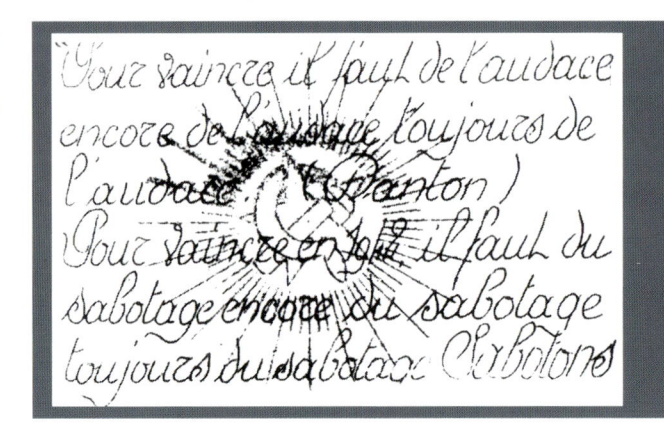

lieux et évaluent les premières urgences. François Azan, exclu de Saint-Cyr par les autorités d'occupation, en est le commandant en second en mars 1944.

L'officier, soutenu par son chef Verdier, détourne l'usage de la section au profit de la recherche de renseignements. Grâce à un don d'argent du directeur de l'usine Gnome et Rhône, et de deux ingénieurs dépêchés sur les lieux, un atelier clandestin de mécanique s'organise rue des Pâtures. Très organisée en mai 1944, cette section motorisée secrète de la Résistance viendra en renfort des FFI lors des durs combats de la Libération dans le 16e arrondissement.

17, rue Mirabeau, action FTP-MOI ■ 3 juin 1942

Des véhicules militaires allemands de transport des troupes sont régulièrement stationnés rue Mirabeau. Le 3 juin 1942, les deux partisans communistes juifs Marcel Rayman et Ernest Blankopf lancent à toute volée leurs grenades sur un car de la Kriegsmarine. Les Allemands ripostent d'un feu nourri. Marcel Rayman, recherché par toutes les polices, parvient à s'enfuir. Ernest, grièvement blessé, se sait perdu. Il préfère se tirer la dernière balle de son revolver en pleine tête. Il s'effondre devant le 17, rue Mirabeau.

176, quai Louis-Blériot, centrale des groupes Guédon ■ 1941

Au début de l'année 1941, la feuille clandestine du mouvement d'Henri Frenay en zone sud circule en zone nord. Robert Guédon et Pierre de Froment en sont les artisans. La diffusion du journal *Les Petites Ailes* permet de faire connaître l'existence d'une résistance et de recruter, parmi les diffuseurs et lecteurs, les premiers patriotes. Les groupes Guédon ont pour consigne d'observer, de recueillr des renseignements tout en diffusant la propagande résistante.

Afin d'établir une première centrale, Louis Durand loue, au 176, quai Louis-Blériot, un local sous le couvert de sa société d'assurances. Avec Robert Guédon, il y trie les informations glanées par les volontaires. Dans les bureaux sont également déposés les paquets des *Petites Ailes*, mis à la disposition des diffuseurs.

La trahison d'Henri Devillers, en novembre 1941, décime les groupes Guédon. Louis Durand est arrêté, la centrale détruite.

→ 1-3, rue Princesse, 6e

13, rue Molitor, fabrication de faux papiers ■ 1940-25 août 1944

Dès le début de l'Occupation, le couple Dillemann veut agir en rédigeant et en imprimant des tracts ; l'affaire est d'autant plus facile que M. Dillemann est imprimeur. Leur domicile, rue Molitor, est ouvert à tous ceux qui « font quelque chose » : les uns y déposent leurs propres publications clandestines et les autres, leur courrier. On y tient de fréquentes réunions. Avec le STO, les besoins en faux papiers augmentent considérablement. M. Dillemann, déjà spécialiste de cette très délicate contrefaçon, s'y consacre entièrement.

◁ Ernest Blankopf.

Au printemps 1943, il fournit le réseau Cohors-Asturies, dont la centrale, rue Chardon-Lagache, est voisine.

36, rue Chardon-Lagache, activités résistantes d'Arlette Lejeune (OCM-CND-Cohors)
■ automne 1940-28 juin 1943

Dès 1940, Arlette Lejeune intègre l'Organisation civile et militaire naissante et assure le secrétariat de Gallois, adjoint du colonel Touny, responsable de la section militaire.

◁ Olivier Courtaud, dit Jacot, chef-radio de la CND. Arrêté le 25 juin 1943, il survit à la déportation et rejoint la France le 5 juin 1945.

Dans son studio du 36, rue Chardon-Lagache, l'ardente résistante ouvre sa porte aux camarades recrutés et parfois déjà pourchassés. Grâce à l'OCM, elle rencontre le colonel *Rémy*, dont le réseau, Confrérie Notre-Dame, est déjà très implanté à Paris et dans sa région à la fin 1941. Arlette Lejeune devient secrétaire de *Rémy*. La jeune fille, propriétaire d'appartements dans l'immeuble, les met à la disposition des patriotes. À partir de 1942, Jacot, chef radio de la CND, établit dans l'un d'entre eux son poste de transmission vers Londres.

Durant l'été, Arlette entre par ailleurs au SR fondé par Jean Cavaillès, Cohors-Asturies, pour en assurer le secrétariat. Le 36, rue Chardon-Lagache devient une véritable plaque tournante de la Résistance et nombreux sont les patrons de la clandestinité, tel André Philip, qui y trouvent refuge. La concierge, Mme Cazelles, veille avec une efficacité et une générosité exemplaires à la sécurité de tous.

En 1943, un double drame frappe toutefois l'ardente troupe des camarades : le 28 juin, c'est la traque de Jean Cavaillès et de son amie Arlette, puis l'arrestation de Jacot. Prenant soin d'emporter avec elle de nombreux papiers du réseau Cohors, Arlette les brûle chez un couple d'amis, M. et Mme Dillemann, 13, rue Molitor. La résistante est évacuée sur Londres au cours de l'été. Jean Cavaillès, arrêté, apprend l'heureuse nouvelle avant de mourir.

→ 109, rue de Vaugirard, 6^e
→ 36 bis, avenue de l'Observatoire, 14^e

59, rue Chardon-Lagache, planque de Pierre Rebière (PCF)
■ octobre 1940-15 décembre 1941

Ouvrier chez Renault, militant très aguerri, combattant expérimenté (chef du bataillon Commune de Paris durant la guerre d'Espagne), Pierre Rebière est devenu membre du Comité central du parti communiste. Quand il rentre à Paris après sa démobilisation, la direction lui demande dès le mois d'octobre 1940 de participer à la création de l'Organisation spéciale, sorte de police politique chargée de protéger les cadres exposés à la répression de Vichy. La donne change toutefois quelques mois plus tard, quand l'opération Barbarossa d'invasion de l'URSS par les armées allemandes précipite officiellement le PCF dans la Résistance.

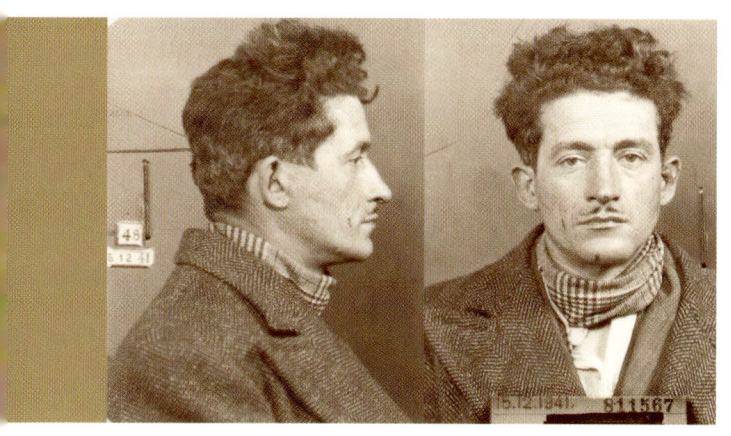

△ Pierre Rebière.

Rebière vit dans une clandestinité complète, et le 59, rue Chardon-Lagache est une de ses planques. Devenu combattant de la lutte armée (à Bordeaux, il abat un conseiller allemand), membre du Comité militaire national, qui veut fédérer les groupes francs, il est aussi exposé que recherché. Il n'échappe pas aux filets de la Brigade spéciale. Arrêté le 15 décembre 1941, il est le principal accusé du procès dit de la Maison de la Chimie. Rebière est condamné à mort et fusillé le 5 octobre 1942 au mont Valérien.

20, rue de Varize, planque d'Albert Ouzoulias (PCF) ■ été 1941

L'attaque allemande contre l'URSS, le 21 juin 1941, lève toute l'ambiguïté de la résistance communiste, qui s'est montrée jusqu'alors plus opposée à Vichy qu'à l'occupant. Le PCF engage désormais complètement ses forces, remanie le contenu de sa propagande et appelle à la lutte armée. Albert Ouzoulias, commissaire politique national, est chargé d'organiser en groupes de combat les Jeunesses communistes, dirigées par le commissaire militaire national Pierre Georges, alias *Fabien*. En cet été décisif pour la guerre comme pour la Résistance, l'organisation de Jacques Duclos, très affaiblie par la répression de la police française et par le désarroi de nombreux militants, se doit de frapper les esprits : le coup de feu de *Fabien* à la station Barbès-Rochechouart, en août, entend convaincre les jeunes de la nécessité du sang.

Albert Ouzoulias, dans sa planque secrète de la rue de Varize, ne ménage pas sa peine pour constituer durant l'été les Bataillons de la jeunesse (terme alors peu utilisé) dont les rangs sont plutôt clairsemés : pas plus de 36 hommes d'août 1941 à mars 1942, date de leur disparition définitive. Si la jeunesse est un atout, c'est sans doute le seul dont puissent se prévaloir les Bataillons.

Ardents, fascinés par les plus anciens, qui ont participé à la guerre d'Espagne, se vouant à un idéal héroïque et ne redoutant pas de mourir, les jeunes se jouent des risques et des conséquenses, peu évaluées, d'une arrestation et de la torture. Tous se connaissent, vivent dans le même quartier (11e et 3e arrondissements notamment), ont fréquenté les mêmes écoles, nagent dans les mêmes piscines, se réunissent dans les mêmes bistrots. Ils partagent leurs maigres ressources et dorment chez les familles des uns et des autres. Ce mode de vie rend inutile l'usage de pseudonymes et parfaitement inapplicables les consignes de sécurité que leurs chefs s'évertuent à répéter, sans toutefois pouvoir les appliquer à eux-mêmes étant donné la rareté des cadres. Les Brigades spéciales de la police ont beau jeu de pourchasser les jeunes combattants. Décimés par cette lutte inégale, les Bataillons de la jeunesse disparaissent huit mois après leur création. En mars 1942, le parti communiste opère une refonte générale de ses forces avec la création des FTP.

35, boulevard Murat, planque du général Delestraint (AS)
■ mai-9 juin 1943

Au printemps 1943, les instances nationales de la Résistance quittent Lyon pour Paris. La ville, selon la volonté de Jean Moulin, doit retrouver son titre de capitale en devenant celle de la Résistance française. Le 27 mai s'est tenue, rue du Four, la première assemblée du Conseil national de la Résistance. La direction clandestine de l'Armée secrète doit s'établir elle aussi dans la capitale.

Jean-Louis Théobald, membre du secrétariat de Jean Moulin en zone nord, est alors affecté auprès du général Delestraint, chef de l'AS, pour préparer sa venue à Paris, prévue début juin. Charles Delestraint doit diriger diverses réunions avec les responsables militaires des mouvements ; l'importance capitale du Plan vert (sabotage des voies ferrées) leur sera exposée par son responsable, René Hardy (*Didot*). Cette réunion, prévue à Lyon depuis le 27 mai, est fixée au 9 juin à 9 h 30, à Paris. L'agenda clandestin de Charles Delestraint est donc lourdement chargé lorsque, le 5 juin au soir, il descend du train en gare de Lyon. Sans encombre, il gagne son refuge du 35, boulevard Murat.

Il s'y trouve en terrain sûr. La concierge de l'immeuble, Flore Sicaud, connaît de longue date la famille. Or, en 1941 l'une des propriétaires de l'immeuble a fui la France en lui confiant les clés de son appartement du 5ᵉ étage et le laissant à sa disposition. Le 7, il y est rejoint par son chef d'état-major, le capitaine Gastaldo, ainsi que Galibier, venu de Lyon. Avec Jean-Louis Théobald, son aide de camp, les modalités du rendez-vous de 9 heures avec le chef de Résistance-Fer (*Didot*) sont alors définies : à 9 heures, à l'angle de l'avenue Mozart et de la Chaussée de la Muette. Les rendez-vous clandestins s'enchaînent. Au matin du 9 juin, le général assiste à la

▽ *Vidal* (pseudonyme du général Charles Delestraint) annonce aux membres de la Résistance qu'il vient d'être nommé commandant de l'armée secrète, 9 décembre 1942.

« Commandement de l'A.S.,
9 décembre 1942.

« Aux cadres et aux Militants de formation « para-militaire des mouvements de Résistance,

« Par ordre du Général de Gaulle, j'ai pris à « la date du 11 Novembre 1942 le commandement « de l'Armée Secrète.

« A tous, j'adresse mon cordial salut. Dans les « circonstances présentes, l'ennemi installé partout « en France, l'union de nos forces est un impérieux « devoir ; « Combat », « Libération », « Franc-« Tireur » l'ont compris et leurs formations para-« militaires constituent, dès à présent, le noyau « de l'Armée Secrète dont j'ai pris le commande-« ment. L'instant est proche où nous pourrons « exercer notre action. L'heure n'est plus aux « atermoiements. Je demande à tous une stricte « discipline, une attitude véritablement militaire. « Nous lutterons ensemble contre l'envahisseur « sous les ordres du Général de Gaulle et à côté « des Alliés jusqu'à la Victoire.

Le Chef de l'Armée Secrète : VIDAL ».

▽ Le général Delestraint.

△ Notre-Dame d'Auteuil. Son parvis fut le lieu de très nombreux rendez-vous entre résistants.

messe à Notre-Dame d'Auteuil, revient boulevard Murat et s'engage dans l'avenue Mozart pour son rendez-vous avec *Didot*. Cependant, la Gestapo n'ignore rien de ce rendez-vous dont elle a intercepté plusieurs jours auparavant la convocation dans la boîte aux lettres de *Didot*. Le piège se referme sur le chef de l'AS.

→ Angle de la Chaussée de la Muette et de l'avenue Mozart, 16ᵉ

2, square Alfred-Capus, arrestation de Paul Mauger (CND)
■ 28 mai 1942

Au printemps 1942, Pierre Lucas, dit *Capri*, quitte Bordeaux : grillé, il y est recherché par la Gestapo. Il rejoint Paris, où il doit succéder à l'agent de liaison du colonel *Rémy*, Paul Mauger, qui doit gagner Londres prochainement. Le 27 mai, *Capri* s'installe chez lui, partageant sa planque.

Le 28, *Capri* manque un rendez-vous place Saint-Augustin avec *Rémy*, qui s'en ouvre le soir même à Mauger, avec qui il dîne chez Prunier. Il se trouve que ce dernier a justement rendez-vous avec *Capri* en fin de soirée. Au sortir du restaurant de l'avenue Victor-Hugo, Mauger va donc retrouver le nouvel agent de liaison au 2, square Alfred-Capus. Il descend l'escalier qui conduit au sous-sol et frappe à la porte qu'il connaît bien. Personne ne répond : Mauger insiste. Enfin la porte s'ouvre sur deux hommes en civil braquant leur arme ! Mauger est aussitôt arrêté. Les deux policiers français l'avertissent que son camarade l'a trahi en dénonçant aux Allemands le rendez-vous du soir. Que le résistant se débarrasse des papiers compromettants qu'il pourrait avoir sur lui avant d'être conduit rue des Saussaies.

Paul Mauger est persuadé qu'il s'agit d'un piège. Face à ses interrogateurs, il nie obstinément, en bloc. On menace d'exécuter devant lui ses parents, dont on connaît l'adresse à Nantes. La Gestapo sait tout : *Capri* a bel et bien trahi. Mauger s'effondre, mais parvient à se ressaisir et garde le silence. D'une cellule voisine, un compagnon auquel il se confie le rassure : ses parents n'ont rien fait et la Gestapo n'arrête pas sans preuves. Il ne risque rien.

Un soir, pourtant, une rumeur court de cellule en cellule : un décret allemand condamnerait les proches des patriotes arrêtés aux mêmes peines qu'eux. À la fin juin, le jeune homme est de nouveau interrogé mais ne sort pas de son mutisme. Il est alors déporté au camp de Buchenwald, dont il reviendra vivant en 1945.

La trahison de *Capri*, qui mit en péril l'existence même du réseau, est cause de cinquante-deux arrestations. Afin d'échapper à la police, le colonel *Rémy* est évacué sur Londres début juin 1942.

41-43, rue Raffet, attentat FTP-MOI
■ 30 septembre 1942

Au 41-43, rue Raffet cantonnent les membres du service d'ordre du Parti populaire français. Le matin, les jeunes doriotistes se réunissent en carré dans la cour pour le salut aux couleurs.

Le 30 septembre 1942, trois partisans espagnols, dont Delgado, ancien responsable des Brigades internationales, lancent des grenades au moment de la cérémonie. Les partisans ouvrent le feu : deux morts parmi les doriotistes et plusieurs blessés. Les trois résistants s'enfuient dans les petites rues du quartier. L'un d'eux est rejoint près de la station Jasmin et arrêté. Ses aveux donnent à la BS2 la matière d'une filature au début octobre.

DIX-SEPTIÈME ARRONDISSEMENT

Passage Pouchet, planque de Madeleine Dubas (PCF) ■ 1943

En janvier 1943, Marcel Hamon, chef du Service B, le SR communiste, s'installe à Paris. Son agent de liaison, Madeleine Dubas, dite *Marcelle*, loue une planque passage Pouchet. Pour camoufler ses activités, Madeleine affirme travailler à la mairie du 11e arrondissement. Afin de n'éveiller aucun soupçon, elle fait mine de s'y rendre chaque matin à bicyclette ; Marcel Hamon ne transige pas sur les règles de sécurité et lui a interdit d'utiliser le métro, où rafles et contrôles sont fréquents.

Qu'il pleuve ou qu'il neige, la jeune femme se déplace donc ainsi de liaison en liaison. Un délai d'une heure doit être impérativement respecté entre deux rendez-vous, et toute attente dans un café est proscrite. Il faut être ponctuel ; l'agent n'attendra pas en cas de retard.

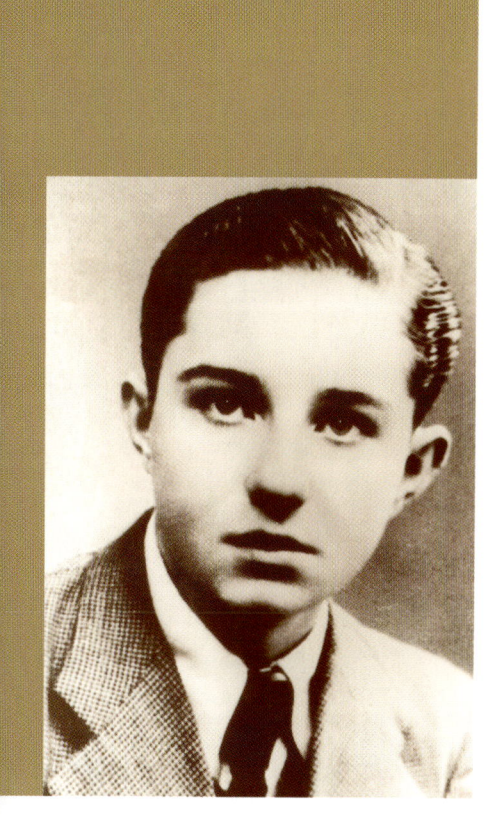

34, rue Baron, domicile de Guy Môquet (JC) ■ 10 octobre 1940

La conclusion du pacte germano-soviétique entraîne la dissolution, le 26 septembre 1939, du Parti communiste français ; les militants repérés par la police sont emprisonnés. Prosper Môquet, cheminot syndicaliste à la gare des Batignolles, élu en 1936 député des Épinettes, est ainsi arrêté le 10 octobre 1939. Sa femme, Juliette, élève donc seule Guy, âgé de 15 ans, et son petit frère Serge, au 34, rue Baron. En juillet 1940, Guy réorganise clandestinement les Jeunesses communistes du 17e arrondissement, multipliant les activités de propagande (graffitis, tracts…) et d'entraide. Mais Guy Môquet est arrêté le 13 octobre 1940 à la gare de l'Est pour distribution de tracts clandestins. Il refuse la liberté en échange de sa trahison et est incarcéré à Fresnes, puis à la prison de Clairvaux, avant d'être transféré au camp de Châteaubriant (Loire-Inférieure). Il est le plus jeune des internés, aimé de tous, qui tentent d'adoucir son quotidien. Après huit mois de captivité, il est fusillé le 22 octobre 1941 avec vingt-six autres otages.

Au printemps 1944, la Gestapo vient arrêter Juliette Môquet. La concierge la dit absente ; sitôt prévenue, Juliette se réfugie avec Serge, malade, chez une voisine. L'enfant, bouleversé et affaibli par la maladie, meurt des suites d'une crise cardiaque le 14 avril 1944.

68, rue Nollet, hébergement d'André Postel-Vinay (Pat O'Leary) ■ septembre 1942

En fin d'après-midi du 3 septembre 1942, André Postel-Vinay parvient, épuisé, au seuil du 68, rue Nollet où il sait pouvoir trouver refuge. Il vient de s'évader de l'hôpital Sainte-Anne et raconte son aventure à ses amis. Londres, rapidement alerté, demande son rapatriement immédiat.
Il est évacué le 21 septembre par opération maritime depuis Gibraltar en compagnie d'Henri Frenay et Emmanuel d'Astier. Postel-Vinay dirige alors la Caisse centrale de la France libre. À partir de 1943, il siège à l'Assemblée consultative provisoire d'Alger.

→ 1, rue Cabanis, 14e

66, rue Truffaut, hébergement (Pernod) ■ janvier-mai 1944

Pierre Morel, responsable d'un réseau SOE dans les Côtes-du-Nord, et Gommeriel, son adjoint, échappent fin 1943 au coup de filet qui s'abat sur leur organisation. Les deux camarades, mis en contact avec le réseau Pernod, doivent être évacués en Angleterre. Une première tentative puis une seconde échouent. Début janvier 1944, le tandem gagne la capitale et trouve refuge

◁ Guy Môquet. Au camp de Châteaubriant où il arrive le 15 mai 1941, il est désigné comme otage en représailles de l'assassinat d'un officier nazi à Nantes. Il sera fusillé avec vingt-six de ses camarades, le 22 octobre 1941, à l'âge de 17 ans.

au 66, rue Truffaut chez les sœurs Benoît, agents de Pernod. Ils doivent y attendre en toute discrétion une troisième opération d'évasion hors de France, prévue en février. Francine et Denise Benoît partagent leur vie entre études et aide aux aviateurs alliés abattus en France. En ce début 1944, un Canadien et deux Américains patientent – difficilement – dans l'appartement des jeunes filles. L'arrivée des deux résistants français offre une heureuse diversion dans la vie des pilotes, inconscients du danger, qui regrettent de si peu profiter des loisirs parisiens. La vie s'organise pour le petit groupe, ravitaillé par les deux étudiantes. L'heure du départ arrive enfin pour les trois pilotes alliés. Puis c'est au tour de Pierre et de son compagnon : par l'Espagne, ils gagneront l'Angleterre.

La première étape consiste à établir le contact avec les sœurs Pignet, qui doivent les prendre en charge à Lannemezan. Mais à la gare, un signe discret des résistantes avertit les fugitifs de la présence de la Gestapo à l'octroi. Il faut rebrousser chemin ! En route pour Tarbes, puis pour Paris et retour « à la maison », rue Truffaut (où ronchonnent d'autres aviateurs désœuvrés). Après ce nouvel échec, Pierre Morel accepte avec enthousiasme la proposition des deux responsables parisiens du réseau Pernod, Pierre Guyot et René Girard : organiser lui-même une filière d'évasion en Bretagne. Pierre s'acquitte aussitôt de sa mission. Au printemps, il revient à Paris et apprend que Guyot et Girard viennent d'être arrêtés. Il court rue Truffaut où la concierge l'informe d'une descente de la Gestapo dans la nuit. Ayant prévenu les sœurs Benoît, Morel, toujours soucieux de gagner l'Angleterre, décide de se débrouiller seul. Il s'envole pour Londres du rocher de Gibraltar le 11 juillet 1944.

▷ Jean Moulin. Il meurt début juillet 1943, dans le train qui le transporte en Allemagne.

Station Rome, départ de Jean Moulin pour Lyon ■ début juin 1943

Le 27 mai 1943, Jean Moulin a présidé au 48, rue du Four, en plein cœur de la capitale occupée, la première séance du Conseil national de la Résistance. La menace ne cesse de s'accroître. Début mars 1943, Manhès, son agent de liaison pour la zone nord, a été arrêté.

Le chef de la Résistance en France se sent de plus en plus isolé. La Gestapo a saisi une circulaire des Mouvements unis de résistance et connaît parfaitement les activités de *Max* (Moulin) comme de *Vidal* (Delestraint). Reste qu'asseoir l'autorité du chef de l'Armée secrète est une tâche essentielle alors qu'à Alger le général de Gaulle défend l'indépendance française face aux Américains et renforce ainsi la position du CNR.

Moulin est prêt à tous les risques ; contre l'avis de son adjoint Pierre Meunier, il décide ainsi début juin 1943 d'aller à Lyon pour rencontrer les chefs de la zone sud. Lors d'un déjeuner chez une amie, rue

Dulong, Pierre et Simone Meunier supplient *Max* une ultime fois de quitter la France. En vain. Sur le pas de la porte, Simone le regarde avec inquiétude. Comme pour répondre à cette muette interrogation, Moulin lui avoue qu'il se sait un mort en sursis depuis le 17 juin 1940. Pierre Meunier l'accompagne jusqu'à la station de métro Rome.
Jean Moulin s'y engouffre. Le 21 juin, il est arrêté à Caluire par les hommes de Klaus Barbie, patron de la Gestapo lyonnaise.

Station Villiers, arrestation de Suzanne Olivier, agent de liaison de Jean Moulin ■ 11 juin 1943

Sur ordre de Jean Moulin, Suzanne Olivier est chargée depuis avril, avec son camarade Jean-Louis Théobald, d'organiser à Paris l'installation des services centraux de la Résistance, dont ceux de l'Armée secrète.

Au matin du 11 juin 1943, Hugues Limonti, membre du secrétariat de Moulin, l'informe de l'arrestation du général Delestraint, suivie de celles de Jean-Louis Théobald et du commandant Gastaldo. Suzanne veut aussitôt débarrasser son appartement des archives clandestines qu'il abrite. Mais alors qu'elle sort de la station Villiers, deux gestapistes l'arrêtent, renseignés par une photo d'elle qu'ils ont trouvée sur un des prisonniers. Poussée dans la voiture, la jeune femme est aussitôt conduite avenue Foch.

→ Angle chaussée de la Muette et avenue Mozart, 16ᵉ

Rue Léon-Cosnard, archives de CDLR ■ novembre 1943-août 1944

Le nouveau patron de CDLR, Jean de Vogüe, a installé le dépôt clandestin de ses archives dans une chambre de bonne de la rue Léon-Cosnard. Le 29 décembre 1943, son agent de liaison, Myriam David, dite *Marianne*, manque un rendez-vous et ne se présente pas davantage au « rattrapage ». Vogüe se précipite rue Léon-Cosnard et brûle tous les papiers.

Myriam a en effet été arrêtée ; elle ne parle pas. En juin 1944, Jean de Vogüe, devenu chef pour la zone nord du Comité d'action militaire, installe de nouveau son bureau clandestin dans cette planque toujours inconnue de l'ennemi.

5, rue de Logelbach, action résistante de Maxime Blocq-Mascart (OCM) ■ octobre 1940-décembre 1941

Maxime Blocq-Mascart, vice-président de la Confédération des travailleurs intellectuels, veut proposer dès l'automne 1940 une réflexion générale sur des réformes administratives et sociales à appliquer lors… de la Libération. Les premières réunions, auxquelles participent le professeur Sainte-Lagüe et l'industriel Lefaurichon, ont lieu au siège du syndicat, rue de Logelbach. Le groupe demeure restreint.

▽ Hugues Limonti, secrétaire de Jean Moulin.

Mais en décembre 1940, un rapprochement puis une fusion s'opèrent avec d'autres patriotes réunis autour de Jacques Arthuys dans le 16e arrondissement. La nouvelle organisation prend le nom d'Organisation civile et militaire. Pendant un an, pourtant, son audience demeure confidentielle parmi la Résistance de zone nord. Maxime Blocq-Mascart, soucieux de l'avenir politique, n'en poursuit pas moins ses réflexions en animant des séances de travail, rue de Logelbach.
En décembre 1941, l'arrestation d'Arthuys incite à la plus grande prudence. C'est dorénavant depuis son bureau de l'avenue George-V que Maxime Blocq-Mascart couvre les projets clandestins du mouvement dont il dirige à présent la branche civile.

→ 55, avenue George-V, 8e → 72, avenue Victor-Hugo, 16e

32, rue Médéric, réunion FTP-MOI
■ 27 mai 1943

Depuis mars 1943, les groupes armés FTP-MOI de Paris et sa région sont presque entièrement anéantis. Quelques jours après la séance inaugurale du CNR, la section juive de la MOI (la plus active) réunit son comité directeur au 32, rue Médéric. La situation est dramatique : le service de sauvetage d'enfants juifs, toujours dirigé par Sophie Schwartz, et celui de l'action militaire supervisé par Pierre Georges (*Fabien*) doivent être évacués. Louis Gronowski, membre du triangle directeur FTP-MOI, a pour mission de reconstituer à Lyon la résistance armée juive. Tandis que les directions clandestines de zone sud s'apprêtent à s'installer à Paris, que la ville est rétablie dans son rôle de capitale par le CNR, le parti communiste, avec ses partisans les plus aguerris, opère donc un mouvement inverse. Cependant, les communistes ne sauraient déserter la place où se concentrent les grands enjeux. Le petit groupe de combattants, très actif mais bientôt dépourvu de tout moyen (et à l'automne livré à l'ennemi par la trahison de Joseph Dawidowicz, le « politique » des FTP-MOI) occupera donc le terrain dans le maquis parisien : telle est la mission de Joseph Boczor et de Missak Manouchian.

2-4, place des Ternes, relais de l'ORA ■ à partir de 1943

L'argent est le nerf de la guerre clandestine. Pour acheminer les fonds alloués par Londres et parachutés dans des containers, il faut des patriotes de toute confiance. La dame-pipi de la brasserie des Ternes est de cette trempe, qui transmet, camouflés dans des paquets, des centaines de milliers de francs à un responsable de l'ORA.

7, rue du Colonel-Moll, création des « Petites Ailes de France » (Combat) ■ avril 1941

Au printemps de 1941, Henri Frenay, fondateur à Lyon du mouvement qui sera connu sous le nom de Combat, effectue son premier voyage à Paris. En ce jour d'avril, il a rendez-vous chez Pierre de Fro-

◁ 5, rue de Logelbach.

▷ Le groupe Manouchian : de droite à gauche, Elek, Alfonso, Grywacz, Wasbrotn, Boczov, Manouchian et Fingerweig (et Witchitz ?). Résistants, membres des FTP-MOI, ils sont arrêtés en novembre 1943 et exécutés le 21 février 1944 au mont Valérien. Leurs visage figureront sur « l'Affiche Rouge », document de propagande allemande en février en 1944 pour discréditer la Résistance française, laquelle serait le fait d'étrangers et de Juifs.

▽ 7, rue du Colonel-Moll.

ment, dans le 17ᵉ arrondissement. L'objet de la réunion concerne une diffusion plus importante du bulletin d'information du mouvement qui, déjà, circule en zone sud. En zone interdite, explique Pierre, *Les Petites Ailes*, journal créé par le patriote Jacques-Yves Mulliez, est distribué par les scouts de France. Depuis un an, le tirage oscille entre 600 et 800 exemplaires. Frenay souhaite fusionner sa propre feuille avec celle-ci pour lancer un journal, intitulé *Les Petites Ailes de France*, de diffusion nationale.

Pierre de Froment répond de l'accord de Jacques-Yves Mulliez, et à peine Frenay est-il reparti à Lyon qu'on se met à la tâche. 1 000 exemplaires sont ronéotypés. En juin, l'imprimeur Martinet donne aux *Petites Ailes de France* une véritable dimension nationale. En novembre 1941, le titre change de nouveau pour celui, définitif, de *Combat*.

▽ En juillet 1941, une édition parisienne des *Petites ailes de France*.

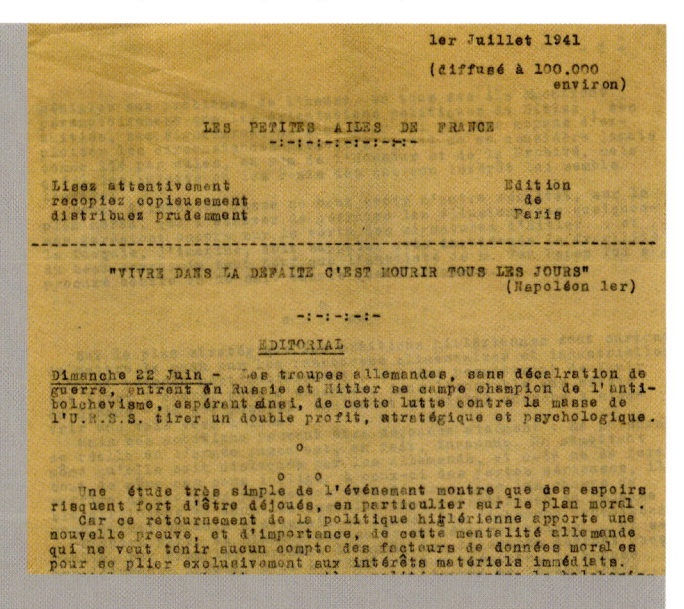

→ 14, rue Émile-Duclaux, 15ᵉ

14, rue du Colonel-Moll, centrale d'Interallié ■ janvier-octobre 1941

En six mois, le réseau Interallié, service de renseignement rattaché à l'IS, a pris un prodigieux essor. Pour ses deux dirigeants, *Armand* et Mathilde Carré, les tâches abondent, les recrutements s'accélèrent.

Mathilde, plus à l'aise dans ce meublé confortable de trois pièces avec cuisine et salle de bain que dans l'incommode planque du faubourg Saint-Jacques, s'efforce de former les nouveaux volontaires au rapport de synthèse et au codage.

Les renseignements affluent (positionnement, description, mouvement des unités allemandes) et un renfort serait bienvenu ; ce sera Renée Borni, par ailleurs maîtresse d'*Armand*.

Et quand, à l'automne, le patron d'Interallié s'envole pour Londres, les deux femmes emménagent ensemble dans un quartier discret et paisible du 18e arrondissement.

→ 26, rue du Faubourg Saint-Jacques, 14e
→ 8 bis, villa Léandre, 18e

Rue du Débarcadère, planque de Claire Chevrillon (DG)
■ octobre 1943-janvier 1944

Les arrestations de l'équipe du BOA, en avril 1943, ont obligé Claire Chevrillon à se faire oublier quelque temps. À l'automne, la Délégation générale lui confie le chiffre des messages échangés avec le CFLN d'Alger.

Claire passe dès lors à une clandestinité totale. Elle quitte définitivement la rive gauche pour s'installer dans une chambre, louée par une assistante sociale, dans le lointain 17e arrondissement, rue du Débarcadère. En octobre, une nouvelle vie de labeur et d'isolement commence. Ses patrons entendent veiller sur sa sécurité et ont édicté de strictes consignes : Claire ne verra que des agents de liaison (aux noms bien sûr inconnus) lors des échanges du courrier à chiffrer issu du service radio et du courrier chiffré remis à la Délégation générale. Plus tard, le service d'une boîte aux lettres évitera même ces rendez-vous furtifs.

Claire n'a de contact suivi qu'avec le capitaine Drouot, qui l'initie au codage. Les journées se suivent, qui ne se ressemblent pas : la recluse passe parfois de longues heures désœuvrée à songer aux camarades arrêtés, comme elle peut passer ses nuits à traiter les documents qui lui ont été remis… Des envoyés aux pseudonymes étranges (*Sophie* pour Claude Bouchinet-*Serreulles*, *Cléante* pour Jacques Bingen) se succèdent : il s'agit, en réalité, de ses patrons directs, qu'elle ne connaît pas comme tels. *Merlin*, l'interlocuteur principal de la Délégation générale, n'est autre qu'Emmanuel d'Astier, commissaire du CFLN à Alger.

Dans les premiers jours de l'année 1944, Claire est nommée responsable du service du chiffre. Elle quitte sa triste planque pour s'installer rue Guynemer, face au lumineux jardin du Luxembourg.

21, boulevard Pershing, attentat (JC) ■ 19 septembre 1941

Le garage de la Wehrmacht HKP 503 est incendié par deux groupes des Jeunesses communistes au moyen de cocktails Molotov. Conrado Miret-Must, dit *Lucien*, de la MOI, y participe. Gilbert Brustlein coupe les fils téléphoniques tandis que Maurice Le Berre et Maurice Feferman font évacuer les ouvriers.

102, avenue des Ternes, hébergement de Forest Yeo-Thomas (IS) et Pierre Brossolette (BCRA) ■ septembre 1943

Chargés de préparer la prise de fonction du nouveau délégué général, Émile Bollaert, Forest Yeo-Thomas et Pierre Brossolette sont envoyés en France occupée le 19 septembre 1943. À Paris, ils s'installent dès le 21 chez Hélène Peyronnet, au 102, avenue des Ternes.

◁ Le symbole de la Résistance : la croix de lorraine et le V de la victoire.

Depuis la disparition de Jean Moulin, Claude Bouchinet-*Serreulles* assure le difficile intérim. La contestation est vive dans les rangs des mouvements, qui se plaignent amèrement de l'insuffisance des liaisons aériennes, de l'indifférence, à leurs yeux, du BCRA, et rejettent l'annexion à la Résistance des anciens partis politiques devenus constitutifs du CNR.

Pierre Brossolette est bien décidé à tisser de nouveaux liens entre la Résistance intérieure et les instances gaullistes de la France combattante. Parallèlement à l'action de Bouchinet-*Serreulles*, il entend mener la sienne, bénéficiant d'une grande connaissance de la Résistance en zone nord, dont huit mouvements se sont d'ailleurs fédérés en juillet (Comité central des mouvements de Résistance). Il s'oppose de fait au délégué général par intérim tout en préparant l'installation du nouveau délégué général !

La tension est d'autant plus vive que beaucoup, à l'automne 1943, jugent imminent le débarquement allié. L'AS, décapitée en juin par l'arrestation de son chef, doit être redéployée, décentralisée, confiée aux délégués militaires régionaux, très attendus dès septembre. Mais le premier d'entre eux a été contraint au suicide à peine arrivé à Paris. Et le 26 septembre, c'est le secrétariat de la Délégation générale, rue de la Pompe, qui tombe aux mains de la Gestapo.

Faut-il quitter l'avenue des Ternes ? Yeo-Thomas et Brossolette se sentent de plus en plus menacés. L'interpellation de l'agent de liaison *Poucette* – fille d'Hélène Peyronnet – précipite la décision. Les agents de police ont en effet trouvé un carnet sur *Poucette* et, bien qu'elle ait pu repartir sans être davantage inquiétée en prétextant un petit trafic de marché noir, les deux résistants préfèrent quitter l'appartement de leur amie pour se réfugier chez Claire Davinroy, rue de la Faisanderie.

1, place Jules-Renard, actions résistantes (OCM)
■ 1942-14 janvier 1944

Chef de bataillon des sapeurs-pompiers de la caserne de la place Jules-Renard, Soultrait constitue avec ses subordonnés, nombreux à être acquis à la Résistance, un groupe de sabotage et de renseignements. Consigne est donnée de collecter des armes et de les stocker en vue du Débarquement. Rattaché à l'OCM, Soultrait se voit contacté fin 1943 par François Wetterwald, patron des groupes francs Turma-Vengeance, et par l'organisation parisienne de l'Armée secrète.

Sensible à la hiérarchie militaire, Soultrait choisit de se faire rattacher à l'AS. Ses considérations font grand cas d'un cloisonnement en réalité quasi inexistant. Le 14 janvier, trois combattants du groupe sont arrêtés, trahis par un agent de liaison. Grâce au courage d'un médecin patriote, ils retrouveront la liberté.

78, rue Laugier, comité de rédaction clandestin ■ 1941-1944

Au domicile de l'avocat Fourrier se réunissent, pendant l'hiver 1940-1941, les rédacteurs du journal *Notre révolution*, titre explicitement opposé à la révolution nationale prônée par l'État français. Le premier numéro paraît en janvier. Des titres différents (*Nos combats, Libertés*) seront choisis à partir de 1943 afin d'égarer les recherches policières.

Malgré la participation d'un membre de l'équipe, Maurice Leroy, au comité directeur de Combat, un mouvement durement touché par la répression, la rédaction traversera l'Occupation sans subir de pertes.

▷ Le numéro 2 de *Notre révolution*, résolument opposé à la révolution nationale.

Le 12 août 1944, toujours chez Fourrier, les membres de la Fédération de la presse clandestine, Albert Bayet, Georges Altman, Valois et Le Garrec prévoient la prise de l'imprimerie du *Pariser Zeitung*, 100, rue de Réaumur : trois grands journaux de la Résistance y seront imprimés librement et au grand jour : *Le Franc-Tireur*, *Défense de la France* et *Combat*.

Rue Bayen, planque de « Mésange » (CND) ■ novembre 1943

Agent de liaison du responsable de la centrale de renseignement Coligny, *Mésange* est livrée à l'ennemi, trahie par le radio *Tilden*. Ce dernier ne sait plus si la résistante loge au 42 ou 52, rue Bayen, mais « cela lui reviendra », assure *Masuy*, qui l'interroge à la Gestapo…

→ 101, avenue Henri-Martin, 16e

2, rue Balny-d'Avricourt, filière d'évasion ■ juin-26 novembre 1940

Etta Shiber, Américaine, et Kitty Beaurepos, franco-anglaise, recueillent dans leur appartement parisien de la rue Balny-d'Avricourt l'aviateur britannique William Gray après les journées de Dunkerque. Chancel, un patriote, fournit les faux papiers nécessaires à son évacuation en zone sud. Dès lors, Chancel adresse aux deux jeunes femmes d'autres soldats retrouvés errant en zone nord. Dans la Somme, l'abbé Christian Ravier organise la filière.

Celle-ci est cependant démantelée le 26 novembre 1940, quand la Gestapo arrête Etta à son domicile même. Depuis août, l'appartement était sous surveillance. Kitty et le père Ravier, arrêtés également, sont condamnés à mort tandis que Chancel et Etta écopent des travaux forcés.

Kitty reviendra vivante de déportation. Chancel est porté disparu. Etta et l'abbé Ravier, secourus par les services secrets alliés, bénéficieront d'une libération anticipée.

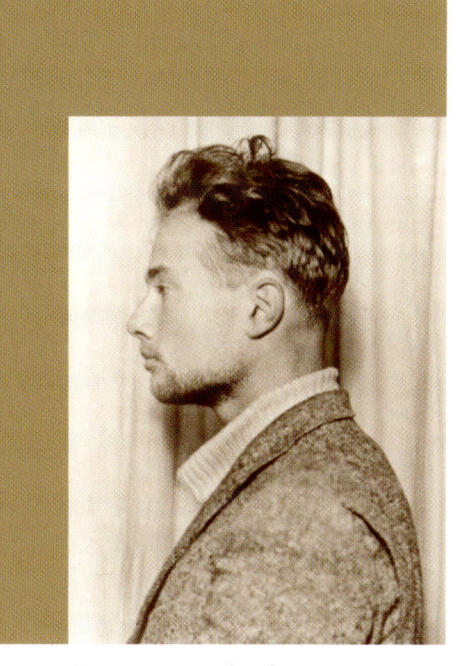

17, avenue Paul-Adam, arrestation d'Yves Le Tac (BCRA)
■ 6 février 1942

Le 1ᵉʳ février 1942, Yves Le Tac réceptionne en Bretagne des agents venus de Londres. De retour à Paris le 6, il regagne son studio avenue Paul-Adam, où il retrouve sa compagne, Andrée Comte. La mère du résistant doit lui amener sa fille le lendemain.

À 6 heures du matin, Yves et Andrée dorment encore paisiblement quand quatre gestapistes font irruption dans la pièce, hurlant au couple de se lever. Andrée profite de l'agitation et parvient à dissimuler des plans rapportés d'Angleterre ; Yves a déjà bondi, jeté une valise à la tête d'un des sbires, et s'est engouffré dans l'escalier de service qu'il dévale quatre à quatre. Huit étages à descendre. Les balles ricochent sur la rampe de fer. Par deux fois, Yves est blessé au bras. Enfin il atteint la cour, se précipite sur une première porte : fermée ! La seconde reste close, elle aussi. La concierge ne l'ouvre qu'à 8 heures, ce qu'Yves ignorait. Sa fuite s'arrête là ; les nazis se saisissent de lui. Andrée est conduite à la prison de Fresnes, tandis qu'une souricière est tendue dans l'appartement.

À 9 heures, la fille d'Yves et sa gand-mère pénètrent dans le hall de l'immeuble. La concierge les prévient aussitôt : les Allemands sont partout ! Bouleversées mais pleines de sang-froid, la vieille dame et la petite fille rebroussent chemin et alertent les autres membres du réseau avant de gagner Bordeaux. Le lendemain, 7 février, toute la famille est néanmoins arrêtée à Saint-Pabu (Finistère).

En ce début 1942, le réseau Overcloud est anéanti.

◁ Joël le Tac, frère d'Yves est arrêté à son tour le 7 févier 1942.

DIX-HUITIÈME ARRONDISSEMENT

10, rue l'Olive, réseau de renseignements (IS, Meunier)
■ été 1940-juin 1941

Dès l'armistice, Mme Meunier, poissonnière au marché couvert de la rue l'Olive, s'empresse de recueillir maints renseignements sur les préparatifs de la Wehrmacht. L'armée allemande est sûre de venir à bout en quinze jours de l'Angleterre, seule nation dans toute l'Europe à faire face. La commerçante crée ainsi son propre réseau, dit réseau Meunier, dont les informations sont transmises à des agents de l'Intelligence Service. Un ancien aviateur, Jean Pelletier, se charge de cette mission. Dans le brouhaha du marché (encore bien achalandé), il est commode d'échanger les messages camouflés dans les journaux

QUESTIONNAIRE

Lisez soigneusement les questions suivantes et tâchez de nous obtenir autant de renseignements que possible.

Défenses Ennemies.

(a) Décrivez aussi amplement que possible les systèmes de défense dans votre région. Expliquez où ils se trouvent, par exemple, les postes de commandements, nids de mitrailleuses, emplacements de pièces lourdes, réseaux de fil barbelé, D.C.A., projecteurs, etc. Ajoutez aussi le poids lourd des ponts principaux et leurs préparatifs. Un croquis détaillé des ouvrages militaires dans votre localité nous sera utile.

(b) Indiquez les limites des zones interdites et les détails de tout nouveau règlement portant sur les préparatifs ennemis contre l'invasion de l'Europe par les nations unies.

Les Troupes Ennemies.

(c) Quelles troupes avez-vous chez vous? Quels sont leurs insignes, leurs numéros? Portent-elles une couleur distinctive sur leurs pattes d'épaule? Si vous connaissez les noms de leur officiers et leurs rangs, donnez-les nous.

(d) Renseignez nous sur les convois militaires. Indiquez la direction, le chargement et la composition des trains. Y a-t-il eu des départs ou des arrivées récents? Dans ce cas indiquez si possible la provenance et la destination des troupes. Ajoutez aussi, si possible le nom des trains, toutes les inscriptions et fanions sur camions, voitures, etc. que vous pouvez noter.

(e) Quel matériel de guerre y a-t-il dans votre région? Où se trouvent les dépôts d'essence et de munitions?

(f) Où loge le boche? Envoyez nous son adresse, par exemple celui de son Quartier-Général, de son État-Major, de la Kommandantur et de la police allemande [c-à-d Geheime Feldpolizei, Feldgendarmerie ou Gestapo ¶].

(g) Comment trouvez vous le moral de ces messieurs?

Autres Renseignements.

(h) Expliquez la situation exacte des aérodromes ou terrains d'atterrissage et signalez le nombre et type d'avions qui s'y trouvent, ainsi que l'insigne et l'immatriculation qui est particulièrement importante pour nous. Mentionnez aussi tout aggrandissement et aménagement d'aérodromes.

Signalez toute installation, avec grilles rectangulaires métalliques, ou tout autre arrangement de fils à rotatif, c'est à dire orientable, ainsi que tout mât métallique ou installation ressemblant à un grand pavillon de haut parleur.

(i) Envoyez les noms de navires de guerre dans les ports, en rade ou en radoub. N'oubliez pas les escortes, etc. Si vous habitez près d'une base navale ajoutez les noms des officiers supérieurs, les détails du matériel, les postes de guet, etc.

(j) Signalez le résultat de nos récents bombardements en ajoutant aussi la date. Précisez aussi *exactement* que possible les emplacements navals ou militaires qui devraient être bombardés.

N.B.— Peut-être avons nous oublié quelque chose d'important? Vous pouvez toujours l'ajouter vous-même . . . .

Radio.

En précisant la localité où vous habitez, renseignez-nous sur les points suivants : —

1. A quelles heures et sur quelles longueurs d'ondes écoutez-vous la B.B.C.? L'entendez-vous toujours clairement?
2. Quelles émissions récentes de la B.B.C. vous ont particulièrement plu ou déplu? Pourquoi?
3. Quels autres postes écoutez-ton dans la région? A quelles heures? Pourquoi? Signalez les émissions les plus appréciées.
4. L'ennemi essaye-t-il de confisquer les radios dans la région? Par quels moyens? En reste-t-il beaucoup en état de marche? Y a-t-il des postes à batteries?
5. S'il y a des stations de brouillage dans la région indiquez l'endroit.

▷ Questionnaire envoyé par le BCRA aux divers chefs de réseau.

d'emballage. Dans sa cave, Mme Meunier consigne le courrier en souffrance.

La résistante est cependant arrêtée en juin 1941. Une perquisition livre une liste des membres du réseau, heureusement sans adresses. Condamnée à mort le 23 janvier 1941 et finalement déportée, Mme Meunier retrouve la France en 1945.

88, rue Riquet, domicile de Jean-Pierre Timbaud (PCF-CGT)
■ **automne 1940**

Revenu à Paris à la faveur de la débâcle de l'armée française, l'ancien responsable syndicaliste Jean-Pierre Timbaud organise dès l'automne la diffusion clandestine de *La Vie ouvrière*. Benoît Frachon est le principal rédacteur du titre, qui compte une édition pour chaque zone.

Jean-Pierre Timbaud est arrêté à la fin de l'automne 1940, comme de nombreux communistes vivant dans une semi-clandestinité. Il est fusillé un an plus tard, le 22 octobre 1941, à la clairière du camp de Châteaubriant. Juste avant de mourir, il s'écrie : « Vive le parti communiste allemand ! »

5, rue Pajol, dépôt de matériel de propagande (PCF) ■ octobre 1941

Ange Labbé, arrêté le 1er octobre 1941 à la suite de la découverte de la centrale de propagande du parti communiste, donne aux hommes de la Brigade spéciale l'adresse d'un dépôt annexe, rue Pajol.

Une perquisition permet la saisie de papier blanc et de milliers de tracts.

→ 49, rue Dareau, 14^e

28, boulevard Barbès, arrestations (CND) ■ 17 novembre 1943

Iréné Cazals partage son temps entre légalité et clandestinité. Serveur le jour au Café des Sports, près de la gare Saint-Lazare, il est, le soir, agent du responsable des liaisons aériennes du réseau Confrérie Notre-Dame, Roger Hérissé. En novembre 1943, le chef radio du réseau est arrêté… et parle. Le 17, à 5 heures du matin, Iréné est arrêté. Il hébergeait cette nuit-là son camarade Lucien Lanoy, adjoint, lui aussi, d'Hérissé. Lucien tombe à son tour. Il mourra en déportation.

C'est par le patron du Café des Sports que les membres du réseau qui s'effondre apprennent la double arrestation.

34, rue Letort, planque d'André Pican (PCF) ■ 21 janvier 1942

Adjoint de Félix Cadras, responsable à l'organisation du parti communiste clandestin, André Pican est reconnu par un policier municipal le 5 janvier 1942 dans une de ses planques, au 3e étage du 34, rue Letort. La terrible répression qui s'est abattue sur le parti à la fin de l'année 1941

(à la suite de la découverte de l'atelier clandestin de l'avenue Debidour) a contraint André Pican à changer de planque.
La Brigade spéciale fait suivre le militant, comme vingt autres résistants, par ses meilleurs fileurs.

49, rue du Poteau, planque de Danielle Casanova (PCF)
■ 11 février 1942

Très influente au plus haut niveau du parti communiste, responsable depuis 1941, au côté d'Albert Ozoulias, des Jeunesses communistes, presque entièrement anéanties en cet hiver 1942, Danielle Casanova jouit d'un grand prestige parmi les militants de base.
Cheville ouvrière de l'action communiste à Paris – elle s'efforce en particulier de mobiliser les femmes et les ménagères –, elle est un agent de liaison naturel avec les instances supérieures du parti : son mari, Laurent Casanova, est le secrétaire de Maurice Thorez.
Mais les filatures patientes et bien menées des inspecteurs de David, commissaire à la BS, auront raison de la prudence de la militante. Le 15 février 1942, elle est arrêtée en même temps que Georges Politzer à son domicile, rue de Grenelle. Déportée à Auschwitz le 24 janvier 1943, elle y meurt du typhus en mai.

→ 170 bis, rue de Grenelle, 7ᵉ

29, rue du Poteau, centrale du réseau Vidal
■ à partir d'octobre 1943

Grillé à Paris, Gaston Vedel confie la direction de son réseau, Vidal, à Charlotte Loupiac. Toute l'activité de renseignement en zone nord est centralisée à Paris. Charlotte est secondée par Henri Berman, grillé pour sa part à Bordeaux, qui vient de regagner

△ Danielle Casanova.

◁ Georges Bidault, patron du Bureau d'Information et de Presse. Il succèdera à Jean Moulin à la tête du CNR.

la zone nord. Ils établissent leur centrale au 29, rue du Poteau.
Louis Anselme, ingénieur à la SNCF, est une précieuse recrue : chaque jour, après son travail, il transmet aux deux résistants des plans des gares de triage. Toute la nuit, Charlotte et Henri les décalquent. Au matin, Louis remet les précieux documents soigneusement en place au bureau. Le courrier est transmis au réseau Brutus, qui se charge, par opérations aériennes, de l'acheminer vers Londres.

14-16, rue Georgette-Agutte, actions résistantes ■ 1940-1944

Dès le début de l'Occupation, l'abbé Raymond Borme, énergique animateur du patronage Championnet, rue Georgette-Agutte, s'emploie à susciter et à soutenir toute initiative résistante, sans distinction politique. Nombreux sont donc les patriotes à utiliser des locaux du prêtre comme boîte aux lettres, dépôt clandestin d'imprimés ou même d'armement. L'abbé Borme sait tout et ne voit rien. L'homme est discret et, malgré sa renommée, l'endroit est si sûr qu'à l'automne 1943 le patronage héberge les principaux services de la Délégation générale. Le Bureau d'information et de presse (tant voulu par Moulin) dirigé par Georges Bidault y installe sa centrale, ainsi que le *Bulletin de la*

France combattante, ronéotypé sur des machines parachutées par le BCRA.
Dans le même temps, l'abbé Borme, très actif dans l'aide aux réfractaires (le Comité anti-déportation), dégage une pièce supplémentaire pour y abriter un service de faux papiers installé par Ceux de la Résistance. Ni l'activité débordante du patronage ni son animateur ne seront jamais découverts. À la Libération, le toujours discret abbé Borme poursuivra son apostolat auprès des jeunes… sur un mode moins mouvementé!

17, rue des Cloÿs, imprimerie clandestine (PCF)
■ **octobre 1940-mars 1943**

Fin octobre 1940, Raymond Losserand, conseiller municipal du 14ᵉ arrondissement, sollicite l'imprimeur Maurice Gleize pour sortir clandestinement *L'Humanité* (à qui l'occupant n'a pas voulu accorder l'autorisation officielle demandée par le parti) mais aussi tous les textes et directives du comité central.
Jusqu'en 1943, Maurice Gleize assure ce service dans une absolue discrétion. *Les Cahiers du communisme*, les manuels de combat du FTP, *La Vie ouvrière* sortent de ses presses… Il est, dans la clandestinité, l'imprimeur officiel du parti.
Il tombe cependant en mars 1943, pris dans la nasse redoutable qu'ont tendue les Brigades spéciales. Après un an d'incarcération à la Santé, l'imprimeur est déporté à Neuengamme. Délivré par les Alliés le 2 mai 1945, il rejoint la France.

127-129, rue Marcadet, sauvetage d'enfants juifs ■ 1942-1944

Le pasteur Jean Jousselin est nommé courant 1942 directeur de la Maison verte, mission populaire évangélique de la rue Marcadet. Ce patronage accueille les enfants après l'école, leur propose des jeux, les aide à faire leurs devoirs. Si les familles juives sont nombreuses à Montmartre, elles ne se sentent pas particulièrement traquées jusqu'à la grande rafle de juillet.
À partir du 16 juillet, il ne fait cependant plus aucun doute pour personne que l'État français ne protège nullement ces citoyens. La détresse gagne. Comment partir, comment se cacher avec de jeunes enfants ?
Jean Jousselin mesure l'ampleur du drame. Nombreux sont les parents qui connaissent la générosité et le courage du pasteur pour avoir déjà confié leurs enfants à la Maison verte. L'accueil des enfants juifs se poursuit. Afin de fournir aux parents des hébergements plus aisés chez des particuliers, on trouve en mai 1943 le moyen d'éloigner de

▽ Manuels de sabotage dissimulés sous d'anodines couvertures.

◁ Plaque comémorative apposée au 17, rue des Cloÿs.

Paris les plus jeunes : sous couvert d'un Comité protestant des colonies de vacances, Jean a réussi à obtenir toutes les autorisations nécessaires pour ouvrir un centre dans l'Oise, au château de Cappy.

Les enfants y sont conduits pour les vacances. Mais en septembre, les parents demandent au pasteur de ne pas les faire revenir à Paris. Tous les enfants envoyés à Cappy y demeurent.

Rue Marcadet, Jean Jousselin continue d'accueillir, puis d'évacuer, par la gare du Nord, les jeunes persécutés. Les parents donnent ce qu'ils peuvent pour la pension, tandis que la mairie du 18e arrondissement continue, sans sourciller, de fournir des tickets d'alimentation sur présentation des cartes « J » d'enfants déjà évacués.

À l'été 1944, cent trente-cinq personnes dont quatre-vingt-sept enfants et adolescents juifs, séjournent au château de Cappy. Tous sont sauvés.

54, rue Custine, réunions clandestines (Solidarité, MOI)
■ été-hiver 1940

Dès juillet 1940, la section juive de la MOI s'est réorganisée. La publication de son journal clandestin, *Unzer Wort*, reprend en août. Début septembre, son comité directeur élargi tient une première réunion au 54, rue Custine. Deux objectifs sont fixés : l'aide économique et sociale aux Juifs immigrés et à leurs familles (chômage des Juifs exclus des secteurs professionnels, précarité des foyers dont le mari est prisonnier), et l'action de propagande (diffusion clandestine d'*Unzer Wort* et organisation de réunions politiques chez les militants).

Pour le soutien économique et la mobilisation politique, l'organisation Solidarité est fondée. Grâce à sa collecte de fonds et au soutien de Simon Cukier (alias *Alfred Grant*), directeur d'une clinique encore admise par l'occupant, Solidarité sert 130 000 repas aux indigents en décembre 1940.

Un rapport de police du 7 octobre 1940 rapporte que « l'ex-sous-section juive du parti communiste continue de faire distribuer clandestinement dans la colonie juive de la capitale et de la région parisienne une feuille ronéotypée en langue yiddish, intitulée *Unzer Wort* ».

À la fin de l'année 1940, le groupement peut s'enorgueillir de trois cents militants, cadres de multiples comités populaires dans les entreprises, et de nombreux comités de femmes de prisonniers de guerre, de syndicalistes, de groupes de jeunes.

1, rue Lamarck, boîte aux lettres (Interallié) ■ 1940-1942

Recrutés en décembre 1940 par le service de renseignements Interallié, le couple de concierges du 1, rue Lamarck fait de sa loge la boîte aux lettres du réseau, alors en plein essor à Paris. Sous le sobriquet de *Nœud*, le mari parcourt aussi la région parisienne pour y observer les unités blindées allemandes.

→ 1, rue Caulaincourt, 18ᵉ

77, rue Caulaincourt, rendez-vous « Rémy »/Touny (CND, OCM)
■ mars 1941

Pour conclure l'accord entre leurs deux organisations de résistance (bientôt les plus importantes en zone nord), le colonel Touny, chef militaire de l'OCM, donne rendez-vous au colonel *Rémy*, chef de la CND, fin mars 1941, dans un appartement au 77, rue Caulaincourt, 2ᵉ étage, droite.

Rémy, agent secret n°1 du BCRA, peut fournir 200 000 francs de subvention à l'OCM. De son côté, l'OCM offre de

△ 77, rue Caulaincourt.

sérieuses garanties en Normandie, où elle est bien implantée et où se construit le mur de l'Atlantique. Londres ne cesse de réclamer des informations militaires concernant les unités allemandes, l'état du commandement ou les infrastructures défensives des côtes.

À Caen, un agent de l'OCM, Marcel Girard, est chargé d'établir un véritable service de cartographie militaire, appuyé sur les agents de son réseau, tous familiers des lieux et s'attachant à observer, situer et décrire le plus précisément possible casemates, armements, uniformes… Les informations, triées et cartographiées, sont transmises à Londres par le service de *Rémy* (pas moins de quatre mille cartes sont fournies en dix-huit mois).

La très étroite collaboration des deux réseaux contribue à donner une véritable structure à la Résistance en zone nord. Celle-ci reste néanmoins fragile tant le manque d'hommes et l'imbrication des services l'exposent à tous les périls.

→ 5, rue du Général-Langlois, 16ᵉ

8 bis, villa Léandre, arrestation d'« Armand » (Interallié)
■ 16 novembre 1941

Le soir du 15 novembre 1941, c'est fête : cela fait un an que le réseau Interallié existe et fonctionne sous la direction du capitaine polonais Roman Czerniawski, dit *Armand*. Même les services londoniens ont envoyé un message de félicitations. Au 8 bis de la villa Léandre, le chef et son adjointe, Mathilde Carré, se congratulent en compagnie de deux opérateurs radio. L'étau se resserre pourtant. Ce même jour, deux agents du réseau ont été arrêtés par l'Abwehr, plus que jamais acharnée à mettre la main sur *Armand* : l'un d'eux livre l'adresse de la villa Léandre.

À l'aube du 16, Borchers a placé ses hommes. La petite impasse est facile à cerner. À 6 h 15, l'officier se rue vers le 8 et hurle au vieil homme ensommeillé qui lui ouvre : « Où est *Armand Borni* ? » L'homme est abasourdi, semble ne pas comprendre ce qu'on lui demande. Comme traversé par une illumination, Borchers s'exclame soudain : « Tous au 8 bis ! » La maison est silencieuse. Mathilde passe la nuit chez une amie tandis qu'*Armand* dort à l'étage. Les deux radio, installées au grenier, ont entendu le remue-ménage au 8. Il donnent l'alerte. Mais déjà les hommes de Borchers se précipitent dans la cage d'escalier. Les deux résistants s'échappent par une lucarne. Un coup de feu retentit. Roman Czerniawski est brutalement arrêté et jeté le soir même dans une cellule à Fresnes. Il survivra à la déportation.

Une souricière est tendue dans laquelle se précipite deux jours plus tard Mathilde Carré, inquiète d'être sans nouvelles. Arrêtée à son tour, elle est retournée trois jours plus tard et passe à l'ennemi, travaillant pour l'Abwehr au côté de Borchers ;

◁ Les portes voisines du 8 - 8 bis, villa Léandre.

Mathilde, dite *La Chatte*, commence sa carrière d'agent double ou triple. Condamnée à mort par un tribunal français, sa peine est commuée en détention à perpétuité. Elle sera libérée le 7 septembre 1954.

→ 14, rue du Colonel-Moll, 17ᵉ

25, rue Caulaincourt, domicile clandestin de René et Jeanine Jugeau (PCF)
■ à partir de janvier 1943

Par l'entremise du colonel *Rémy*, le contact a été établi à Londres entre le général de Gaulle et le parti communiste. Il est alors convenu que ce dernier transmettra ses renseignements à la France combattante. En conséquence, René Jugeau et sa femme Jeanine implantent leur réseau en Normandie et sur la côte atlantique à la demande

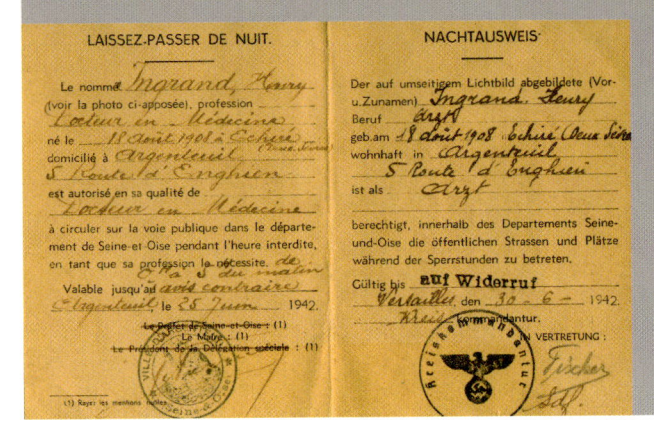

△ Faux laissez-passer de nuit au nom d'Henry Ingrand.

de Georges Beyer, commissaire technique chargé du renseignement au PCF.
Leurs fréquents séjours à Paris exigent des planques ultrasecrètes. Les époux Jugeau, munis de faux papiers, louent ainsi un appartement au 25, rue Caulaincourt. Pour la Noël 1943, Georges Beyer accepte de se rendre avec sa femme Germaine à l'invitation de ses amis. Les quatre clandestins fêtent le réveillon, oubliant pour

◁ Le 7 novembre 1940, des voitures et camions allemands gravissent une rue étroite de Montmartre.

△ Les Parisiens trouvent refuge dans les couloirs du métro ; ceux de la butte Montmartre, enterrés en profondeur, sont particulièrement appréciés.

un soir les dangers quotidiens. « Il faut parfois savoir s'arrêter », reconnaît le commissaire technique.

18, rue Lepic, actions clandestines
■ 1940-1943

Dès 1940, Pierre Boursin, imprimeur, fabrique des tracts dans son atelier de la rue Lepic et les diffuse dans son quartier. Sa profession, très sollicitée par les patriotes, lui donne l'occasion de nouer de fructueux contacts. Pierre participe ainsi à la confection de faux papiers, stocke des publications clandestines et sert de boîte aux lettres.

Mais en 1943, ses activités sont découvertes. Arrêté par la Gestapo, il est envoyé en Allemagne et condamné à la réclusion à perpétuité par le tribunal du peuple de Breslau. Deux jours après le débarquement allié en Normandie, le résistant est transféré avec ses compatriotes imprimeurs Robert et René Blanc à la forteresse de Brieg. Les bombardements obligent à évacuer. Robert et René sont portés disparus. Pierre meurt à la forteresse de Strehlen, en Silésie.

5, rue Puget, évacuation du fichier d'Agir (CAS) ■ décembre 1940

Henri Ribière, habitant de Moulins, peut passer sans encombre la ligne de démarcation grâce à un certificat de frontalier. Daniel Mayer, lui-même en zone sud, qui a rencontré Ribière dès l'été 1940, lui confie l'évacuation du fichier des abonnés d'*Agir*, journal socialiste d'avant-guerre. Le fichier se trouve à Paris, 5, rue Puget, dans son appartement dont il confie les clés à son ami. Courant décembre, celui-ci s'acquitte de sa mission.

L'appartement n'a pas été perquisitionné. Henri Ribière récupère le précieux répertoire, où mille noms et adresses sont consignés, puis simule un cambriolage… et regagne Moulins. Pour Daniel Mayer, qui s'efforce de constituer le Comité d'action socialiste en zone sud, cette liste de militants est d'un grand secours alors qu'il s'agit de diffuser les premiers écrits clandestins et de rassembler les bonnes volontés. L'appartement de la rue Puget sera plus tard perquisitionné par la police allemande. En vain, évidemment.

1, rue Caulaincourt, boîte aux lettres (Interallié) ■ 1941

Sous le pseudonyme de *Louis 231*, Henri Gorce collecte pour le compte du SR Interallié les informations militaires issues de huit départements de la zone nord. En ce début 1941, le réseau fondé par *Armand* a pris une réelle ampleur grâce à l'activité de son adjointe, Mathilde Carré. Gorce la trouve pourtant imprudente. S'il s'acquitte avec zèle de sa mission de liaison, il veille à ce qu'un strict cloisonnement l'isole des initiatives de Mathilde. Aussi recrute-t-il lui-même ses agents et tient-il secrète sa boîte aux lettres au 1, rue Caulaincourt, dans la loge de la concierge, Mme Gannie. Bien lui en prend car il échappera ainsi aux dramatiques conséquences de la trahison de Mathilde Carré, dite *La Chatte*.

→ 8 bis, villa Léandre, 18^e

17, rue Hégésippe-Moreau, boîte aux lettres (Résistance) ■ 1942-1944

À partir de 1943, chaque jeudi, le jeune Jean Weibel, 16 ans, coiffé d'un béret et muni d'un cartable où repose en paix une version latine, vient relever les boîtes aux lettres parisiennes du mouvement Résistance. Parmi elles se trouve la loge de la concierge du 17, rue Hégésippe-Moreau. La mère comme le fils sont engagés dès 1942.

Le jeune Jean ne sera pas arrêté. Mais le fils de la concierge, blessé lors des combats de la Libération, mourra faute de soins.

19, rue des Abbesses, distribution de « Défense de la France » ■ 1943

À la sortie de la messe, les paroissiens de Saint-Jean-de-Montmartre, rue des Abbesses, se voient remettre un pli discret. Il s'agit d'un numéro de *Défense de la France*, soigneusement emballé. Aux alentours, les équipes de protection veillent, munies de stylos lacrymogènes parachutés par Londres.

△ Le numéro 36 de *Défense de la France*, 14 juillet 1941.

◁ Église Saint-Jean-de-Montmartre.

108, boulevard de Rochechouart, domicile de la famille Wallach (Solidarité) ■ 16 juillet 1942

Toute la famille Wallach soutient la cause clandestine de Solidarité, organisation d'entraide et de diffusion de la presse juive. À leur domicile se tiennent de nombreuses réunions. On y fait le bilan des collectes, des envois de colis aux internés, on recopie des tracts… Élie, le jeune fils de la maison, amoureux de la littérature et grand admirateur de Romain Rolland, s'est engagé plus avant : au côté de Léon Pakin, ancien brigadiste en Espagne et combattant aguerri, il participe à des actions punitives demandées par la direction des FTP-MOI.

Le 29 juin 1942, Élie est arrêté. Le lendemain, la police perquisitionne le domicile familial et met la main sur les cinq militants qui s'y trouvaient réunis, dont le couple Wallach. Tous sont jetés en prison et livrés aux autorités allemandes.

Le 15 juillet, en fin de journée, ils sont rassemblés dans la cour de la prison de Fresnes. Libres ! Chacun s'étonne… et se méfie. « Au non-revoir ! » lance, bonhomme, un *Feldgrau* aux anciens détenus. Revenu à Paris – qui est bien calme, n'était l'étrange rumeur d'une rafle qui court par les rues – le couple Wallach s'empresse de revenir à son domicile du boulevard Rochechouart. Le temps de prendre quelques effets et de partir. Rien n'a été volé. Tout est intact.

Mais le lendemain, à 6 heures, on frappe violemment à la porte. C'est la rafle ! Wallach s'enfuit par la fenêtre du 1er étage, qui donne sur la cour. Plus tard, il reviendra chercher sa femme : en 1941, ils n'avaient pris que les hommes étrangers. Pas les femmes ni les enfants.

Cette fois-ci pourtant, Mme Wallach est arrêtée et conduite au Vel' d'Hiv'.

DIX-NEUVIÈME ARRONDISSEMENT

95, boulevard Macdonald, domicile de Suzanne Masson (PCF)
■ **1941 - 5 février 1942**

Suzanne Masson, toujours à la pointe de l'action syndicale (en 1926 elle milite à la CGTU, en 1936 elle dirige le syndicat des Métaux de la Seine), est aussi une ardente communiste.

En charge de la propagande, elle plonge dans la clandestinité en 1941. Repérée puis filée par la police française, elle est logée au 95, boulevard Macdonald et arrêtée le 5 février 1942. Une perquisition permet de découvrir des paquets de tracts et une arme. Suzanne est livrée aux nazis, qui la font aussitôt interner à Anrath. Elle refuse d'y travailler pour la Wehrmacht, ce qui lui vaut d'être transférée à la prison de Lübeck.

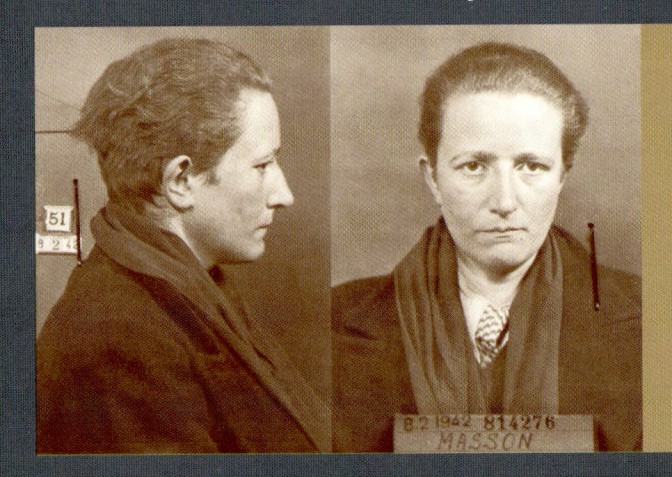

▽ Suzanne Masson.

Condamnée à mort, elle repousse la grâce qu'on lui propose. Elle est décapitée à la hache à la prison de Hambourg le 1er novembre 1943.

5, avenue Debidour, fabrication d'explosifs (OS) ■ 25 novembre 1941

Le 25 novembre 1941, les inspecteurs de la Brigade spéciale fouillent de la cave au grenier l'immeuble du 5, avenue Debidour. Le commissaire David est sur la trace de Gilbert Brustlein, le « terroriste » qui a exécuté un officier allemand à Nantes. David présente une photo de Brustlein au gardien de l'immeuble ; Coulibœuf confirme avoir vu l'homme mais ne peut guère donner de précisions.

En vis-à-vis de la loge se trouve un appartement, vide, inhabité. David fait ouvrir l'unique fenêtre et commence son inspection. La pêche est fructueuse : armes, engins incendiaires, paquets de dynamite… et même une facture d'électricité au nom de Journé. Le principal laboratoire clandestin de fabrication d'explosifs de l'Organisation spéciale du parti communiste vient d'être mis au jour. S'il n'a pas arrêté Brustlein, le commissaire tient maintenant une nouvelle piste avec ce mystérieux Journé – en réalité le colonel Dumont, commissaire militaire du parti depuis octobre 1941 et responsable de l'Organisation spéciale. Des filatures, aussitôt organisées grâce aux nombreux renseignements donnés par un Coulibœuf terrorisé, aboutissent fin 1941 à une vague d'arrestations.

Au début de l'année 1942, l'Organisation spéciale est démantelée. L'arrestation d'Arthur Dallidet, responsable aux cadres, prive le parti d'un homme-clé. Les partisans clandestins renforcent les dispositifs de sécurité ; Gilbert Brustlein et le colonel Dumont demeurent insaisissables.

18, rue de Romainville, imprimerie clandestine de « Libération-Nord »
■ été 1943-avril 1944

Depuis l'été 1943, la fabrication clandestine du journal Libération-Nord est assurée par des professionnels. Jean Texcier, rédacteur en chef, a pu s'attacher le concours du linotypiste Schulé, rue de

▷ 5, avenue Debidour.

◁ 18, rue de Romainville.

Bondy. Les plombs sont remis à Pierre Fortassier, agent de liaison, qui convoie à bicyclette jusqu'à la rue de Romainville, chez l'imprimeur Racine, le précieux fardeau. Racine, assisté de deux résistants du mouvement Libération-Nord, imprime le journal jusqu'en avril 1944 : des milliers d'exemplaires sortent du petit atelier en fond de cour. Les journaux sont ensuite transportés rue du Moulin-Joly, à la centrale d'emballage clandestine. La plupart sont destinés à des lecteurs de province. Une camionnette de la SNCF se charge de les répartir dans les différents dépôts clandestins des gares. Les « abonnés » parisiens sont servis par le relais des différentes boîtes aux lettres. Une vague d'arrestations en avril 1944 grippe cependant cette mécanique bien huilée. L'imprimeur Racine a juste le temps de s'enfuir. Le chauffeur est arrêté, mais parvient à convaincre les inspecteurs de son innocence. La fabrication, suspendue pendant un mois, reprend le 20 mai 1944, rue du Faubourg-Montmartre.

→ 10, rue du Faubourg-Montmartre, 9e

▽ Le numéro 15 de *Libération-Nord*, 12 octobre 1943. Au-dessus du titre, un partisan et distributeur anonyme a tenu à préciser de sa main : « Édition : La France combattante. Imprimerie : La clandestine, av. de la liberté, Paris - Dépôt légal : 16 octobre 1943 ».

▽ Julien Landragin.

7, rue du Docteur-Potain, impression clandestine de « Résistance » ■ juin 1944

Schryver, imprimeur au 7, rue du Docteur-Potain, sort le numéro de juin 1944 de *Résistance*, journal fondé en 1942 par le docteur Marcel Renet, dit *Jacques Destrée*.

14, rue de Bellevue, imprimerie clandestine ■ été 1941-juin 1942

Dans les ateliers de l'imprimerie Daubeuf, l'ouvrier typographe Julien Landragin assure depuis l'été 1941 la composition et le tirage des divers tracts et brochures des Jeunesses communistes ainsi que la fabrication de faux fichiers de démobilisation et de fausses cartes d'identité.

Mais la découverte par les inspecteurs de la Brigade spéciale du principal dépôt des publications clandestines de la Jeunesse communiste universitaire, 211, rue de Bercy, entraîne l'arrestation, les 18 et 19 juin 1942, de trente-sept partisans. Landragin est du lot. Supplicié par les hommes du commissaire David, il est condamné à mort par un tribunal militaire allemand. Le 11 août 1942, Julien Landragin et ses trente-six camarades sont fusillés.

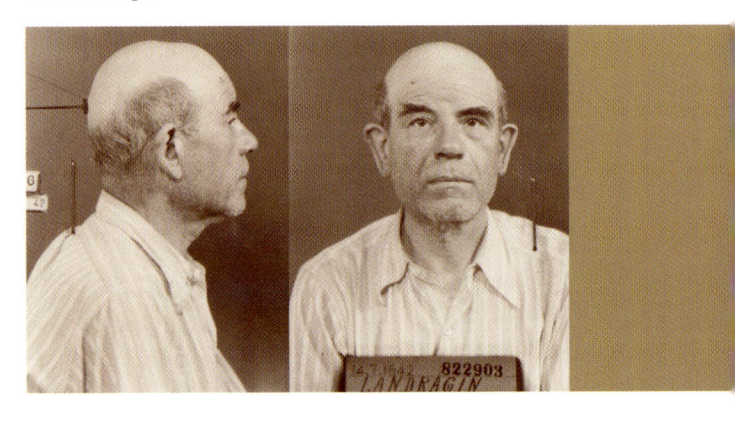

△ Colleurs de tracts.

16, rue David-d'Angers, attentat FTP ■ 25 juillet 1942

La pénurie d'essence menace même l'armée allemande… qui s'intéresse de ce fait particulièrement aux carburants de substitution. Des recherches sont conduites en ce sens dans les locaux de l'École nationale supérieure du pétrole, rue David-d'Angers. Les Allemands sont sur place, qui y ont installé leurs propres bureaux. Dans la soirée du 25 juillet 1942, vers 23 heures, un groupe de FTP lance une grenade et une bouteille incendiaire sur le laboratoire.

14, rue Rébeval et 50, boulevard de la Villette, imprimerie clandestine (PCF-MOI) ■ 1942

En septembre 1942, le parti communiste veut célébrer le 150ᵉ anniversaire de la victoire de Valmy dans toute la France. À Paris, une manifestation de masse est prévue place de la République.
Alfred Grant, responsable de l'imprimerie clandestine de la rue Rébeval, doit en toute hâte tirer 50 000 tracts aux intitulés variés : « Contre les traîtres », « 20-09-1792, 20-09-1942 », « Pour du pain et des armes »… Paula Dziergowska s'active

au tirage. Et quand la ronéo tombe en panne, il faut déménager la machine sans éveiller l'attention de la concierge. Alfred Grant, déguisé en ouvrier réparateur, parvient à l'évacuer et à la déposer dans un local de la rue Réaumur. De là, un fort des Halles se charge de transférer la ronéo au 50, boulevard de la Villette. Les papillons de l'opération Valmy seront bien imprimés. La manifestation de la place de la République n'aura cependant aucun succès.

55, rue Manin, PC de l'ORA
■ janvier-juin 1944

Ancien chef d'état-major de l'amiral Darlan et ancien membre du cabinet du secrétaire d'État à la Guerre, le général Georges Revers succède au général Verneau à la tête de l'ORA. Il occupera la fonction jusqu'à la Libération. Le nouveau patron du mouvement issu de l'ancienne armée d'armistice reconnaît la légitimité de Giraud et non celle de De Gaulle ; il entend intégrer son organisation aux Forces françaises de l'intérieur. Mais l'opposition communiste est très vive et une première négociation échoue à la fin de 1943. Le général Revers, opiniâtre, rassemble son état-major à Paris et établit un PC secret rue Manin, au temple des Buttes-Chaumont. Les conversations reprennent et l'ORA, cette fois soutenue par certains groupes de résistance qu'inquiète la pression communiste, obtient un siège de conseiller technique au Comité d'action militaire. Revers quitte cependant Paris en mai, désireux de diriger le soulèvement du Sud-Ouest. Il reviendra dans la capitale sur ordre du général Koenig, chef des FFI.

66, rue de Meaux, faux papiers (CDLR)
■ automne 1943-printemps 1944

Depuis mars 1943, le mouvement Ceux de la Résistance, ayant opéré sa jonction avec Londres, développe une branche civile et les services qui s'y rapportent. Grandin, dit *André*, organise la produc-

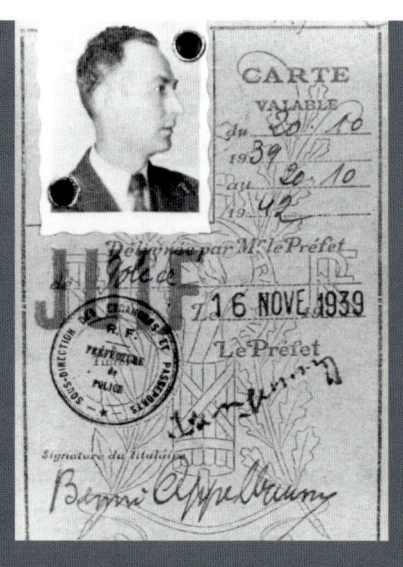

▽ △ Deux cartes d'identité juives. On voit nettement sur celle de gauche la mention « juif » inscrite par perforation, tandis qu'un tampon est utilisé sur celle de droite.

tion de faux papiers et lui donne une large extension (en partie grâce à l'accord conclu avec le mouvement Résistance, très introduit auprès des imprimeurs patriotes de Paris). « Michel », chimiste de son état, apporte un précieux renfort : un procédé, mis au point par lui, permet en effet de laver les vraies cartes d'identité de la mention rouge « Juif ». Grandin organise ainsi un atelier d'effacement au 66, rue de Meaux qui fonctionne à plein rendement de l'automne 1943 au printemps 1944.

2, impasse du Maroc, planque d'Ephraïm Lipcer (MOI)
■ avril-juin 1943

Responsable technique des imprimeries clandestines de la section juive de la MOI, Ephraïm Lipcer a élu domicile au 2, impasse du Maroc.
Le 22 avril 1943, il ignore qu'il est déjà logé par les inspecteurs des Brigades spéciales. En mai et en juin, l'étau se resserre.

L'exécution, le 28, du commissaire Paul Tissot précipite la conclusion : les Brigades spéciales sont en effet convaincues, à tort, que l'action est l'œuvre des FTP-MOI. Entre le 29 juin et le 9 juillet, soixante-dix-sept résistants sont arrêtés, dont Ephraïm Lipcer, qui n'a pas changé de planque.

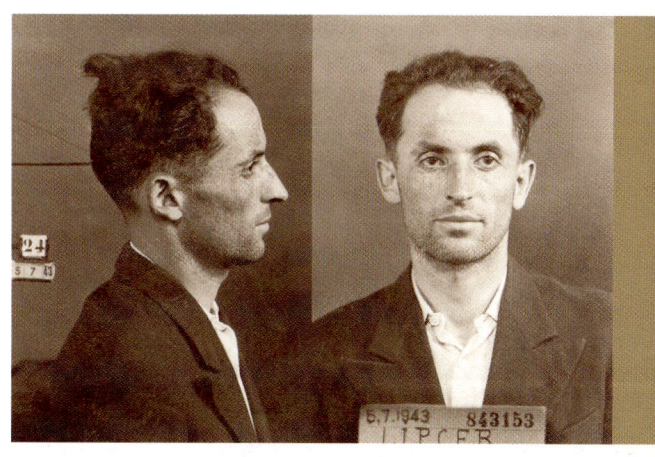

△ Bombardement du 19ᵉ arrondissement.

▽ Ephraïm Lipcer.

VINGTIÈME ARRONDISSEMENT

▽ Plaque honorant la mémoire de Félix Cadras.

20, rue d'Avron, domicile de Ginette Sonowski (Solidarité)
juillet 1942

Avec Solidarité, Ginette Sonowski trouve de quoi faire œuvre utile. Avant même la grande rafle du Vel' d'Hiv' (16 juillet 1942), les Juifs subissent en effet de nombreuses persécutions. Ginette fait parvenir des colis aux internés du camp de Pithiviers.

Et quand elle apprend, avant la mi-juillet 1942, qu'une rafle d'une ampleur jamais vue est imminente, elle court de tous côtés pour alerter les familles.

119, boulevard Davout, planque de Félix Cadras (PCF) **15 février 1942**

Après six mois d'occupation, le parti communiste est moribond, exsangue. De nombreux cadres ont été arrêtés et le désarroi mine des militants désemparés par les conséquences politiques du pacte germano-soviétique. Jacques Duclos rappelle de la zone sud Félix Cadras afin qu'il réorganise la structure parisienne.

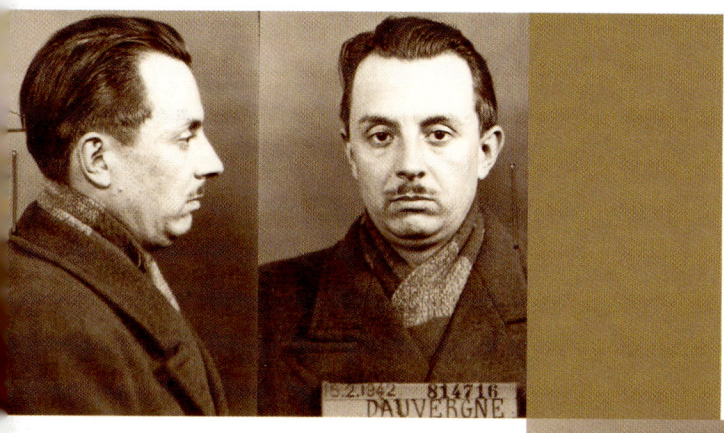

L'attaque de l'URSS par le Reich, le 22 juin 1941, délivre les camarades. Mais l'entrée des communistes dans la Résistance précipite aussi le resserrement du dispositif policier. À Paris, la Brigade spéciale n° 1, dirigée par le commissaire David, est particulièrement en pointe dans la traque aux rouges.

Malgré quelques actions d'éclat, la lutte armée des Jeunesses communistes reste dérisoire et surtout meurtrière pour leurs propres troupes. Au début 1942, arrestations et filatures menacent l'appareil central. Danielle Casanova elle-même est tombée. Le 14 février, c'est au tour de Félix Cadras d'être arrêté boulevard Davout.

▷ Félix Cadras, dit *Dauvergne*.

△ Henri Krasucki.

arrestation décuple l'ardeur du jeune Henri. Le 21 février, les fileurs de la BS2 logent le résistant, dit *Bertrand*, et sa compagne, Paulette Sliwka, au 8, rue Stanislas-Meunier. Du 21 au 26, malgré un épais brouillard le 23 qui gêne considérablement les policiers, la BS2 repère quatorze militants de la section juive de la MOI. Le 15 mars, les policiers remarquent que *Bertrand* est particulièrement sur ses gardes ; la surveillance est interrompue. Craignant cependant une possible réorganisation des clandestins, la BS2 lance une première vague d'arrestations contre la MOI. Le 23 mars, Henri Krasucki est arrêté.

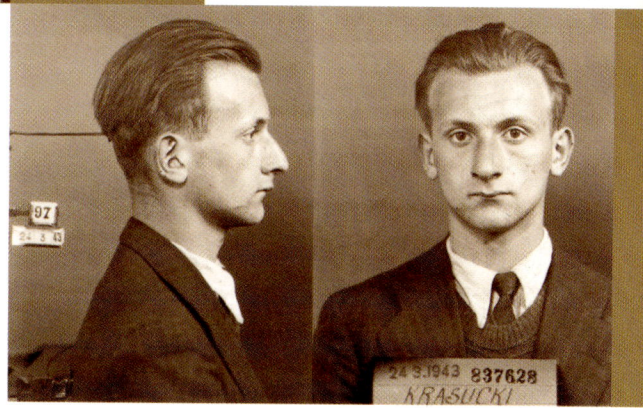

À 7 h 15, tandis qu'il sort de son domicile de la rue Stanislas-Meunier, quatre inspecteurs se saisissent de lui. Il est fouillé et les clés de son appartement lui sont confisquées pour une perquisition immédiate. Paulette Sliwka est arrêtée à son tour. Les policiers saisissent un lot de faux papiers, des rapports d'activité de la MOI ainsi que des fiches de contrôle des cadres. Henri Krasucki est emmené au commissariat de Puteaux puis torturé dans les bureaux de la BS2 à la préfecture de Police. Il survivra à la déportation et rejoindra la France en 1945.

8, rue Stanislas-Meunier, arrestation d'Henri Krasucki et de Paulette Sliwka (MOI)
■ 23 mars 1943

À 18 ans, Henri Krasucki est cadre aux organisations parisiennes des jeunes de la section juive de la MOI. Le 20 janvier 1943, son père, qui avait lui aussi des responsabilités, est arrêté ; interné à Drancy, il est déporté à Birkenau par le convoi du 9 février ; avec 816 hommes, femmes et enfants, il y est gazé dès son arrivée. Cette

6, rue Étienne-Marey, domicile de Karl Schoenhaar et Hélène Vivet (PCF) et dépôt d'armes
■ 1940-mars 1942

Fils d'un communiste allemand exécuté par les nazis en 1934, Karl Schoenhaar est réfugié en France depuis six ans avec sa mère, Odette Pisler, quand éclate la guerre. Lycéen, Karl ne songe qu'à la lutte armée et aux actions d'éclat contre l'occupant. C'est avec enthousiasme qu'il participe à la manifestation du 11 Novembre aux Champs-Élysées.

En 1941, il est versé, avec Jean Debrais, au groupe Tondelier des Jeunesses communistes. Sa mère ignore tout de ses activités mais s'étonne quand même de le voir délaisser ses études d'ingénieur opticien au profit de longues heures de travail dans son atelier. Karl a en effet découvert que le concierge de leur immeuble, M. Leblois, avait récupéré toutes les armes qu'il avait pu ramasser lors de la débâcle. Les deux hommes s'enferment donc pour réparer, graisser et entretenir le précieux butin qu'ils dissimulent à la cave.

Hélène Vivet, une voisine du 4 de la rue, est recrutée, bien que non communiste, pour devenir agent de liaison des groupes de lutte armée.

▷ 6, rue Étienne-Marey.

△ Karl Schoenhaar.

Le 8 mars 1942, des inspecteurs se présentent au domicile d'Odette Pisler : son fils a été arrêté, muni d'explosifs, à la salle Wagram. À la préfecture de Police, où elle est emmenée elle aussi, Odette est confrontée à son fils, défiguré par les coups. Déportée au camp de Ravensbrück, elle y apprend que Karl a été fusillé le 7 avril 1942 au mont Valérien. Hélène, arrêtée elle aussi en 1942, survivra à la déportation.

20, rue Dupont-de-l'Eure, groupe de résistants ■ septembre 1940-1942

Croix de guerre 1914-1918 et grand invalide, Marcel Renaudin veut agir. Marie-Thérèse Fleury et Jean Bévillard, collègues de travail, partagent le même désir et ont également foi dans la victoire finale. Ils décident ensemble d'organiser un « groupe de résistants ». Il faut recruter plus largement. Marcel Renaudin, postier chargé de la distribution des mandats, sonde quelques camarades… en les invitant par exemple à ne pas vendre les photos du maréchal Pétain. De trois, le groupe passe bientôt à douze membres. Les patriotes se réunissent régulièrement rue Dupont-de-l'Eure : certains compilent des renseignements mais peinent à trouver une filière d'acheminement tandis que d'autres rassemblent des armes trouvées dans Paris ou en province lors de la débâcle de l'armée française.

Marcel Renaudin connaît bien certaines familles juives du quartier ; il se débrouille pour leur faire toucher leur mandat provenant de la zone sud ou les avertir de l'imminence d'une arrestation. Le groupe de la rue Dupont-de-l'Eure s'efforce alors de trouver les contacts pour évacuer vers le sud les persécutés en danger.

Mais l'arrestation de Jean Bévillard et de Marie-Thérèse Fleury, début 1942, met fin aux activités du groupe. Marcel Renaudin, qui a pu échapper au coup de filet, reste fidèle jusqu'à la Libération à son engagement résistant.

54, rue Villiers-de-l'Isle-Adam, imprimerie clandestine ■ 1942-1944

L'imprimeur Juvenel, n'ayant plus de commandes au début de l'Occupation, se résout à travailler avec les Allemands pour du transport de matériel. En 1942, toutefois, un contact est établi avec des résistants qui lui confient l'impression du journal *France d'abord*, puis de l'organe de liaison interrégional du comité directeur du Front national.

Également sollicité pour la confection de faux papiers, le méthodique Juvenel s'emploie d'abord à obtenir des tampons et cachets de toutes les villes de France. 36 000 fausses cartes d'identité, 100 000 faux certificats de travail sortent de ses presses. L'imprimeur répond à toutes les demandes en un temps record.

Il est particulièrement satisfait d'une fausse brochure des Scouts de France, imprimée par ses soins et détaillant à l'usage des combattants le mode d'emploi des différentes armes (anglaises ou allemandes) trouvées sur le territoire.

Juvenel et ses très discrets camarades, Bernard, Rolland et Gall, traverseront l'Occupation sans être inquiétés.

51, rue des Amandiers, filière de sauvetage ■ à partir du 16 juillet 1942

La grande rafle du Vel' d'Hiv' choque de nombreux Parisiens qui peuvent mesurer les effets concrets de la politique de collaboration prônée par l'État français. Certains s'engagent alors dans des opérations de sauvetage, des enfants juifs plus particulièrement.

Pierre organise ainsi spontanément le 16 juillet un sauvetage de Juifs dans le quartier du Père-Lachaise et prend la tête d'une filière d'évasion. Chauffeur dans une entreprise de déménagement, Pierre utilise son camion pour transférer les persécutés, cachés dans des malles ou dans des armoires, jusqu'au café de son père, 51, rue des Amandiers.

Hébergés le temps nécessaire à l'obtention de faux papiers, les pourchassés sont ensuite convoyés jusqu'en zone sud où les enfants sont cachés chez des particuliers.

36, rue de Tourtille, collecte clandestine juive ■ mars 1944

Dès 1940, Léa Gothelf diffuse *Presse nouvelle*, feuille clandestine de la Résistance juive à Paris, dans les arrondissements populaires. La généralisation de la terreur, surtout après la rafle du Vel' d'Hiv', renforce sa rage à se battre et le fol espoir de vaincre.

Durant l'hiver 1942-1943, alors que l'armée allemande est bloquée devant Stalingrad et que les Anglais tiennent toujours bon à l'Ouest, Léa Gothelf continue inlassablement à faire connaître sa feuille invitant à relever la tête et à combattre l'ennemi. En plus de ses activités de propagande, la direction de *Presse nouvelle* lui demande de trouver de l'argent parmi les Juifs persécutés. De l'argent! Léa n'en revient pas : tous sont cachés et survivent dans le plus grand dénuement.

Léa s'attelle néanmoins à la tâche. La collecte produit des résultats inespérés. Ainsi, au 36, rue de la Tourtille, un Juif caché lui remet la somme de 100 francs en ajoutant : « Bonne chance… et frappez notre ennemi mortel! »

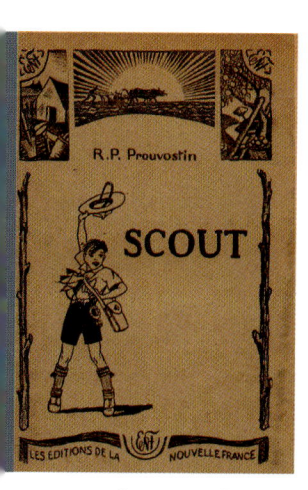

△ Sous cette anodine couverture se cache un manuel d'utilisation d'armes.

BIBLIOGRAPHIE

Mémoires et témoignages

La Résistance dans le 13ᵉ arrondissement de Paris. Comité du 13ᵉ arrondissement de l'ANACR.

Les Réseaux Action de la France combattante (1940-1944). Amicale des réseaux action de la France combattante, 1986.

Les PTT dans la Résistance. 40 ans après : les témoignages. Témoignages recueillis par Catherine Grangen et Gilles Cornut-Gentille. Musée de la Poste, 1984.

Livre d'or de la France combattante et résistante. Éditions Gloire, 1948.

Regards sur la mémoire : Montmartre 1940-1944. Témoignages recueillis par Monique Wartelle, ANACR du 18ᵉ arrondissement, 1994.

BENOÎT-GUYOD, Georges (commandant), *L'invasion de Paris, 1940-1944, choses vues sous l'Occupation.* Éditions du Scorpion, 1962.

BÉNOUVILLE, Guillain de, *Le Sacrifice du matin.* J'ai lu, 1970.

BLOCQ-MASCART, Maxime, *Chroniques de la Résistance.* Corrêa, 1945.

BORCHERS, E. (major), *Abwehr contre Résistance.* Amiot-Dumont, 1949.

BOURDET, Claude, *L'Aventure incertaine : de la Résistance à la Restauration.* Éditions du Félin, 1998.

BROSSOLETTE, Gilberte, *Il s'appelait Pierre Brossolette.* Albin Michel, 1976.

CAILLIAU, Michel, *Histoire du MRPGD ou d'un vrai mouvement de résistance : 1941-1945.* M. Cailliau, 1987.

CHAMMING'S, Marie, *J'ai choisi la tempête. « Marie-Claire », une jeune fille dans la Résistance.* France-Empire, 1997.

CHEVRILLON, Claire, *Une résistance ordinaire (septembre 1939 - août 1944).* Éditions du Félin, 1999.

CLOSON, Francis Louis, *Le Temps des passions : de Jean Moulin à la Libération (1943-1944).* Éditions du Félin, 1998.

DEBRÉ, Michel, *Combattre.* Albin Michel, 1984.

DEBRÉ, Robert. *L'Honneur de vivre. Témoignage.* Stock, Hermann, 1974.

DEBÛ-BRIDEL, Jacques, *La Résistance intellectuelle. Jean Guéhenno, François Mauriac…* Julliard, 1970.

DIAMANT, David, *250 Combattants de la Résistance témoignent.* L'Harmattan, 1991.

DUMAIS, Lucien A., *Un Canadien français face à la Gestapo.* Éditions du Jour, Montréal, 1970.

FOURCADE, Marie-Madeleine, *L'Arche de Noé : réseau Alliance, 1940-1945.* Plon, 1989.

FRENAY, Henri, *La nuit finira.* R. Laffont, 1973.

FRIANG, Brigitte, *Regarde-toi qui meurs.* Éditions du Félin, 1997.

HOLBAN, Boris, *Testament : après quarante-cinq ans de silence, le chef militaire des FTP-MOI de Paris parle.* Calmann-Lévy, 1989.

HUMBERT, Agnès, *Notre guerre. Souvenirs de résistance : Paris 1940-41, le bagne, occupation en Allemagne.* Tallandier, 2004.

JÉRÔME, Jean, *Les Clandestins : 1940-1944, souvenirs d'un témoin.* Acropole, 1986.

KOJITSKY, Raymond, *Pivert : histoire d'un résistant ordinaire.* Écrit par Daniel Goldenberg. Calmann-Lévy, 1990.

LACARRIÈRE, Philippe, *Les Volontaires de l'aube.* Éditions du Félin, 1999.

LE TAC, Monique, *Yvonne Le Tac : une femme dans le siècle, de Montmartre à Ravensbrück.* Éditions Tiresias, 2000.

LEVY, Jean-Pierre, avec la collaboration de Dominique Veillon, *Mémoires d'un franc-tireur : itinéraire d'un résistant (1940-1944).* Éditions Complexe, 1998.

LONDON, Lise, *La Mégère de la rue Daguerre : souvenirs de Résistance*. Seuil, 1995.

LOUSTAUNAU-LACAU, Georges, *Mémoires d'un Français rebelle (1914-1948)*. Robert Laffont, 1948.

MANOUCHIAN, Mélinée, *Manouchian*. Les Éditeurs français réunis, 1974.

MEUNIER, Pierre, avec la collaboration de Maurice Voutey, *Jean Moulin, mon ami*. Éditions de l'Armançon, 1993.

NORD, Pierre, *Mes camarades sont morts*. Éditions J'ai lu, 1965.

OUZOULIAS, Albert, *Les Bataillons de la jeunesse*. Éditions Sociales, 1986.

OUZOULIAS-ROMAGON, Cécile, avec la collab. de Raymond Lavigne, *J'étais agent de liaison des FTPF*. Messidor, 1988.

PASSY, colonel, *Mémoires du chef des services secrets de la France libre*. Odile Jacob, 2000.

PICHARD, Michel, *L'Espoir des ténèbres : parachutages sous l'Occupation, histoire du BOA*. Erti, 1990.

PIETERS, Charles, *Témoignages contre l'oubli*. Le Temps des Cerises, 1995.

PINEAU, Christian, *La Simple Vérité, 1940-1945*. R. Julliard, 1960.

POSTEL-VINAY, André, *Un fou s'évade : souvenirs de 1941-1942*. Éditions du Félin, 1997.

RAVANEL, Serge, avec la collaboration de Jean-Claude Raspiengeas, *L'Esprit de résistance*. Éditions du Seuil, 1995.

RÉMY (colonel), *Réseau Comète*. Perrin, 1966.

RÉMY (colonel), *Mémoires d'un agent secret de la France libre*. Presses Pocket, 1966.

RODRIGUEZ, Ferdinand et HERVET, Robert, *L'Escalier sans retour*. Éditions France Empire, 1984.

SALMON, Robert, *Chemins faisant. Vol. I, Vers la Résistance*. Éditions LBM, 2004.

SCAMARONI, Marie-Claire, *Fred Scamaroni*. France-Empire, 1986.

TCHAKARIAN, Arsène, *Les Fusillés du Mont-Valérien et de la région parisienne*. Comité national du Souvenir des fusillés du Mont-Valérien, 1993.

TILLION, Germaine, *La Traversée du mal. Entretiens avec Jean Lacouture*. Arléa, 1997.

TILLON, Charles, *Les FTP : soldats sans uniforme*. Éditions Ouest-France, 1991.

TREPPER, Leopold, *Le Grand Jeu*. Albin Michel, 1975.

VÉRINES, Guy, *Mes souvenirs du réseau Saint-Jacques*. Lavauzelle, 1990.

VIANNAY, Philippe, *Du bon usage de la France : Résistance, journalisme, Glénans*. Ramsay, 1988.

WETTERWALD, François, *Vengeance, histoire d'un corps franc*. Mouvement Vengeance, 1947.

Travaux d'historiens

Histoire du ministère de l'Intérieur de 1790 à nos jours. Association du corps préfectoral et des hauts fonctionnaires du ministère de l'Intérieur. La Documentation française. Paris. 1993.

Jean Cavaillès résistant ou La pensée en actes, sous la direction d'Alya Aglan et Jean-Pierre Azéma. Flammarion, 2002.

La Presse clandestine, 1940-1944. Colloque d'Avignon des 20 et 21 juin 1985. Conseil général du Vaucluse, 1986.

AGLAN, Alya, *Mémoires résistantes : histoire du réseau Jade-Fitzroy, 1940-1944*. Les éditions du Cerf, 1994.

AGLAN, Alya, *La Résistance sacrifiée : le mouvement Libération-Nord*. Flammarion, 1999.

AZÉMA, Jean-Pierre, *Jean Moulin : le politique, le rebelle, le résistant*. Perrin, 2003.

AZIZ, Philippe, *Tu trahiras sans vergogne, histoire de deux collabos, Bonny et Lafont*. Fayard, 1969.

AZIZ, Philippe, *Le Livre noir de la trahison : histoires de la Gestapo en France*. Ramsay, 1984.

BÉDARIDA, Renée, avec la collaboration de François Bédarida, *« Témoignage chrétien » : 1941-1944*. Éditions ouvrières, 1977.

BÉDARIDA, Renée, *Pierre Chaillet : témoin de la résistance spirituelle*. Fayard, 1988.

BELLANGER, Claude, *La Presse clandestine (1940-1944)*. Armand Colin, 1961.

BELLESCIZE, Diane de, *Les Neuf Sages de la Résistance. Le Comité général d'études dans la clandestinité.* Plon, 1979.

BELOT, Robert, *La Résistance sans de Gaulle*, Fayard, 2006.

BERLIÈRE, Jean-Marc, avec la collaboration de Laurent Chabrun, *Les Policiers français sous l'Occupation : d'après les archives inédites de l'épuration.* Perrin, 2001.

BERLIÈRE, Jean-Marc et LIAIGRE, Franck, *Le Sang des communistes : les bataillons de la jeunesse dans la lutte armée, automne 1941.* Fayard, 2004.

BERTIN, Célia, *Femmes sous l'Occupation.* Stock, 1993.

BLUMENSON, Martin, *Le Réseau du musée de l'Homme : les débuts de la Résistance en France.* Éditions du Seuil, 1979.

BONTE, Florimond, *Les Antifascistes allemands dans la résistance française.* Éditions sociales, 1969.

BROME, Vincent, *L'Histoire de Pat O'Leary.* Amiot-Dumont, 1957.

BRUNEAU, Françoise, *Essai d'historique du mouvement né autour du journal clandestin Résistance.* Sedes, 1951.

CALMETTE, Arthur, *L'OCM. Organisation civile et militaire, histoire d'un mouvement de résistance de 1940 à 1946.* Presses universitaires de France, 1961.

CASTELNEAU, Pierre et HUG, Pierre, *Les Flambeaux de la Résistance.* Lavauzelle, 1994.

CHAUVET, Paul, *La Résistance chez les fils de Gutenberg dans la Deuxième Guerre mondiale : témoignages.* P. Chauvet, 1979.

COLLIER, Richard, *La Guerre secrète du mur de l'Atlantique.* Presses de la Cité, 1958.

COLLIN, Claude, *Jeune combat. Les Jeunes Juifs de la MOI dans la Résistance.* Presses universitaires de Grenoble, 1998.

COMBES, André, *La Franc-maçonnerie sous l'Occupation : persécution et résistance, 1939-1945.* Éditions du Rocher, 2001.

COMTE, Bernard, *L'Honneur et la conscience : catholiques français en résistance, 1940-1944.* Les éditions de l'Atelier, 1998.

CORDIER, Daniel, *Jean Moulin : la République des catacombes.* Gallimard, 1999.

COUDERC, Frédéric, *Les RG sous l'Occupation : quand la police française traquait les résistants.* Olivier Orban, 1992.

COURTOIS Stéphane, RAYSKI, Adam, PESCHANSKI, Denis, *Le Sang de l'étranger : les immigrés de la MOI dans la Résistance.* Fayard, 1989.

CRÉMIEUX-BRILHAC, Jean-Louis, *La France libre : de l'appel du 18 juin à la Libération.* Gallimard, 1996.

DAINVILLE, Augustin de (colonel), *L'ORA : la résistance de l'armée, guerre 1939-1945.* Lavauzelle, 1974.

DELARUE, Jacques, *Histoire de la Gestapo.* Fayard, 1962.

DELARUE, Jacques, *Trafics et crimes sous l'Occupation.* Fayard, 1993.

DELPERRIÉ DE BAYAC, Jacques, *La Guerre des ombres, combats et trahisons sous l'Occupation.* Fayard, 1975.

DENIS, Henri, *Le Comité parisien de la Libération.* Presses universitaires de France, 1963.

DIAMANT, David, *Les Juifs dans la résistance française, 1940-1944.* Le Pavillon, 1971.

DURAND, Paul, *La SNCF pendant la guerre, sa résistance à l'occupant.* PUF, 1968.

DURAND, Pierre, *Danielle Casanova, l'indomptable.* Messidor, 1990.

DURAND, Pierre, *Joseph et les hommes de Londres.* Le Temps des Cerises, 1994.

FALIGOT, Roger et KAUFFER, Rémi, *Service B.* Fayard, 1985.

FALIGOT, Roger et KAUFFER, Rémi, *Les Résistants. De la guerre de l'ombre aux allées du pouvoir (1944-1989).* Fayard, 1989.

FELICIANO, Hector, *Le Musée disparu : enquête sur le pillage des œuvres d'art en France par les nazis.* Austral, 1995.

FLEUTOT, François-Marin, *Des royalistes dans la Résistance.* Flammarion, 2000.

GANIER-RAYMOND, Philippe, *l'Affiche rouge*. Fayard, 1975.

GRANET, Marie, *Défense de la France, histoire d'un Mouvement de Résistance, 1940-1944*. Presses universitaires de France, 1960.

GRANET, Marie, *Ceux de la Résistance (1940-1944)*. Les Éditions de Minuit, 1964.

GRANET, Marie, *Cohors-Asturies : histoire d'un réseau de résistance, 1942-1944*. Éditions des Cahiers de la Résistance, 1974.

GRANET, Marie, *Les Jeunes dans la Résistance : 20 ans en 1940*. France Empire, 1985.

GRIOTTERAY, Alain, *1940 : qui étaient les premiers résistants ?* L'Âge d'homme. 1999.

GUIDEZ, Guylaine, *Femmes dans la guerre (1939-1945)*. Perrin, 1989.

GUILLIN, François-Yves, *Le général Delestraint, premier chef de l'Armée secrète*. Plon. 1995.

HASQUENOPH, Marcel, *La Gestapo en France*. De Vecchi, 1987.

ISRAËL, Liora, *Robes noires, années sombres : avocats et magistrats en résistance pendant la Seconde Guerre mondiale*. Fayard, 2005

KLARSFELD, Serge, *Vichy-Auschwitz : le rôle de Vichy dans la solution finale de la question juive en France*. Fayard, 1983, 1985.

LACOUTURE, Jean, *De Gaulle : I, Le rebelle*. Seuil, 1984.

LACOUTURE, Jean. *Le témoignage est un combat, une biographie de Germaine Tillion*. Seuil, 2000.

LANGLOIS, Caroline et REYNAUD, Michel, *Elles et eux de la Résistance : pourquoi leur engagement ?* Éditions Tirésias, 2003.

LATOUR, Anny, *La Résistance juive en France*. Stock, 1970.

LEFEBVRE-FILLEAU, Jean-Paul, *Gendarmes FFI de l'Île-de-France : chronique d'une Libération*. Bertout, 1994.

LEFRANC, Pierre, *La France dans la guerre : 1940-1945, jour après jour*. Plon, 1990.

LOTTMAN, Herbert, *La Chute de Paris : 14 juin 1940*. Belfond, 1992.

MARCOT, François, LEROUX, Bruno et alii, *Dictionnaire historique de la Résistance*. Robert Laffont, 2006.

MARSHALL, Bruce, *Le Lapin blanc*. Gallimard, 1953.

MICHEL, Henri, *Paris allemand*. Albin Michel, 1981.

MICHEL, Henri, *Paris résistant*. Albin Michel, 1982.

MIQUEL, Pierre, *La Seconde Guerre mondiale*. Fayard, 1986.

MONESTIER, Marianne, *Elles étaient cent et mille, femmes dans la Résistance*. Fayard, 1972.

NOCHER, Jean, *Les Clandestins*. Gallimard, 1946.

NOGUÈRES, Henri, *Histoire de la Résistance en France de 1940 à 1945,* Robert Laffont, 1967, 1981.

ORIOL-MALOIRE, Albert, *Ces jeunes dans la guerre 1939-1945 : ils ont résisté et lutté pour la liberté*. Martelle, 1997.

ORY, Pascal, *Les Collaborateurs, 1940-1945*. Seuil, 1977.

PARROT, Louis, *L'Intelligence en guerre, 1940-1945 : la résistance intellectuelle sous l'Occupation*. Le Castor Astral, 1990.

PÉAN, Pierre, *Une jeunesse française, François Mitterrand, 1934-1947*. Fayard, 1994.

PÉLISSIER, Jean, *Pour Dieu et la Patrie : prêtres et religieux victimes des nazis*. Bonne Presse, 1946.

PERRAULT, Gilles, *L'Orchestre rouge*. Fayard, 1989.

PERRAULT, Gilles, *La Longue Traque*. Fayard, 1998.

PERRIER, Guy, *Pierre Brossolette : le visionnaire de la Résistance*. Hachette littératures, 1997.

PERRIER, Guy, Le Colonel Passy *et les services secrets de la France libre*. Hachette littératures, 1999.

PERRIER, Guy, Rémy, *l'agent secret n° 1 de la France libre*. Éditions de la Loupe, 2002.

PERRIER, Jacques, *L'Abbé Stock, 1904-1948 : heureux les doux*. Cerf, 1998.

PIKETTY, Guillaume, *Pierre Brossolette, un héros de la Résistance*. Odile Jacob, 1998.

POUJOL, Jacques, *Protestants dans la France en guerre, 1939-1945. Dictionnaire thématique et biographique*. Les éditions de Paris/Max Chaleil, 2000.

PRADOUX, Martine, *Daniel Mayer: un socialiste dans la Résistance.* Les éditions de l'Atelier, 2002.

RICHARD, Thibault, *Charlotte Loupiac, itinéraire clandestin dans la France occupée (1940-1944).* Atlantica, 1999.

ROBRIEUX, Philippe, *Histoire intérieure du parti communiste.* Fayard, 1980, 1984.

ROBRIEUX, Philippe, *L'Affaire Manouchian, vie et mort d'un héros communiste.* Fayard, 1986.

ROUXEL, Roger, *Les Mystères de la Source K: Robert Keller héros de la Résistance.* Les Dossiers d'Aquitaine, 1999.

RUFFIN, Raymond, *Résistance PTT.* Presses de la Cité, 1983.

SADOUN, Marc, *Les Socialistes sous l'Occupation: résistance et collaboration.* Presses de la FNSP, 1982.

SELIER, Richard, *La Tragédie du réseau Prosper, avril-août 1943.* Pygmalion, 2003.

SELIGMANN, Françoise, *Liberté, quand tu nous tiens…* Fayard. 2000.

SHIBER, Etta, *Femmes traquées.* Hachette, 1946.

SHIRER, William L., *La Chute de la IIIe République: une enquête sur la défaite de 1940.* Stock, 1968.

SHIRER, William L., *Le IIIe Reich: des origines à la chute.* Stock, 1980.

SMITH, Stratton T., *Mère Marie, nonne et rebelle.* Presses de la Cité, 1965.

VEILLON, Dominique, *Le Franc-Tireur, un journal clandestin, un mouvement de résistance (1940-1944).* Flammarion, 1977.

VIAL, Robert, *Histoire des hôpitaux de Paris sous l'Occupation: les blouses blanches dans l'étau de Vichy et l'espoir de Londres.* L'Harmattan, 1999.

VINCENOT, Alain, *La France résistante: histoires de héros ordinaires.* Éditions des Syrtes, 2004.

WEITZ, Margaret Collins, *Les Combattantes de l'ombre: histoire des femmes dans la Résistance, 1940-1945.* Albin Michel, 1996.

WIEVIORKA, Annette, *Ils étaient juifs, résistants, communistes.* Denoël, 1986.

WIEVIORKA, Olivier, *Une certaine idée de la Résistance: Défense de la France, 1940-1949.* Seuil, 1995.

Catalogues et albums illustrés

Annuaire administratif Didot-Bottin.

Annuaire du Commerce Didot-Bottin, 1942. Listes rues. Documentation. Professions.

Cinquantenaire de l'Ordre de la Libération. Musée de l'Ordre de la Libération, 1990.

Mémorial des Compagnons de la Libération. Grande Chancellerie de l'Ordre de la Libération.

BELOT, Robert, ALARY Éric, VERGEZ-CHAIGNON Bénédicte, *Les Résistants: l'histoire de ceux qui refusèrent.* Larousse, 2003.

BOURGET, Pierre, *Paris, 1940-1944.* Plon, 1979.

FNDIR-UNADIF, sous la direction de Jean Manson, *Leçons de Ténèbres. Résistants et déportés.* Plon, 1995.

GIASONE, Claude, *Paris occupé: 14 juin 1940-24 août 1944.* Grancher, 1997.

LANNOY, François de, *Paris en guerre (1939-1944).* Heimdal, 1994.

LE MAREC, Gérard et ZWANG, Suzanne, *Paris (1939-1945), hommes et combats.* Martelle, 1995.

Préfecture de Paris, *Les Plaques commémoratives des rues de Paris.* La Documentation française, 1981.

INDEX DES MOUVEMENTS ET RÉSEAUX

ALLIANCE
1, rue de Courty, 7ᵉ
PC zone nord, 1940-1941

5, rue Dupleix, 15ᵉ
planque du colonel Rétoré,
printemps 1942

3, rue Nicolo, 16ᵉ
arrestation du colonel Rétoré,
10 novembre 1942

44, rue Amelot, 11ᵉ
centrale de renseignements, 1943

54, rue Saint-Sabin, 11ᵉ
arrestation du chef radio Robert
Bernadac, 13 mars 1943

ARMÉE DES VOLONTAIRES
5, rue Rouget-de-Lisle, 1ᵉʳ
rédaction et siège de Pantagruel,
octobre 1940-octobre 1941

Place Saint-Sulpice, 6ᵉ
fondation du réseau, 1940

6, rue Monsieur-le-Prince, 6ᵉ
activités clandestines, 1940-1943

BCRA
17, avenue Paul-Adam, 17ᵉ
arrestation d'Yves Le Tac,
6 février 1942

8, rue Georges-de-Porto-Riche, 14ᵉ
arrestation d'Étienne-Michel
Laurent, 22 juin 1942

6, rue François-Mouthon, 15ᵉ
planque de Jean-Claude Camors
(filière d'évasion Bordeaux-
Loupiac), 1942-mai 1943

83, boulevard de Sébastopol, 3ᵉ
boîte aux lettres du réseau Gallia,
1943

21-23, rue de Cognac, 12ᵉ
transmissions radio,
juin 1943-29 juillet 1944

5, rue du Faubourg-Montmartre, 9ᵉ
PC du réseau Sussex, 1943

8, rue Tournefort, 5ᵉ
hébergement des clandestins du
plan Sussex, été 1943-février 1944

102, avenue des Ternes, 17ᵉ
hébergement de Forest Yeo-Thomas
et Pierre Brossolette, septembre
1943

BATAILLONS DE LA MORT
23, rue Rodier, 9ᵉ
centrale, décembre 1940-août 1942

**CEUX DE LA LIBÉRATION
(CDLL)**
4, rue Francisque-Sarcey, 16ᵉ
mort de Jean Charbonneau,
4 octobre 1943

**CEUX DE LA RÉSISTANCE
(CDLR)**
Rue de Navarre, 5ᵉ
boîte aux lettres, 1ᵉʳ semestre 1942

25, rue de Fleurus, 6ᵉ
centrale réseau Max, puis Manipule,
juillet 1942-septembre 1943

Rue Copernic, 16ᵉ
rendez-vous Michel Debré-
Pierre Arrighi, automne 1943

66, rue de Meaux, 19ᵉ
faux papiers,
automne 1943-printemps 1944

Rue Léon-Cosnard, 17ᵉ
archives, novembre 1943-août 1944

COMBAT
97, rue du Ranelagh, 16ᵉ
diffusion presse clandestine
(groupe Guédon), 1941

16, rue de la Sourdière, 1ᵉʳ
actions résistantes puis centrale
de Combat, 1940-1944

7, rue du Colonel-Moll, 17ᵉ
fondation du futur journal Combat,
avril 1941

176, quai Louis-Blériot, 16ᵉ
centrale groupes Guédon, 1941

97, rue du Ranelagh, 16ᵉ
imprimerie clandestine (Unter
Uns), groupe Guédon, 1941

14, rue Émile-Duclaux, 15ᵉ
séjour d'Henri Frenay, 30 avril
1941, arrestation d'Anne Noury,
15 octobre 1941

1-3, rue Princesse, 6ᵉ
centrale zone Nord,
printemps 1941-4 février 1942

76, boulevard Haussmann, 9ᵉ
centrale, été 1943

8, rue Monttessuy, 7ᵉ
hébergement de Maurice Chevance-
Bertin, octobre 1943-avril 1944

5, rue Greneta, 3ᵉ
dépôt de Combat, 1944

COMÈTE
2, place de la Sorbonne, 5ᵉ
hébergement pilotes évadés,
1940-1943

Rue Racine, 6ᵉ
hébergement, 1940-décembre 1943

10, rue Oudinot, 7ᵉ
hébergement évadés, mars 1942

135, boulevard Saint-Michel, 5ᵉ
dépôt faux papiers, décembre 1943

COMITÉ D'ACTION SOCIALISTE (CAS)

5, rue Puget, 18ᵉ
évacuation du fichier Agir,
décembre 1940

40, rue du Caire, 2ᵉ
imprimerie clandestine de
Socialisme et Liberté, puis du
Populaire, décembre 1941-juin
1943

Rue de l'Hôpital-Saint-Louis, 10ᵉ
arrestation de Jean Biondi,
13 janvier 1944

COMITÉ DES ŒUVRES SOCIALES DES ORGANISATIONS DE RÉSISTANCE (COSOR)

114, rue du Bac, 7ᵉ
organisation du réseau, 1943-1944

310, rue de Vaugirard, 15ᵉ
dépôt, à partir de mars 1944

COMITÉ MÉDICAL DE LA RÉSISTANCE (CMR)

33, rue de l'Université, 7ᵉ
création du service de santé de
la Résistance, septembre 1943

1, rue Le Nôtre, 16ᵉ
fondation du Comité de la
Résistance médicale, octobre 1943

23, rue du Docteur-Roux, 15ᵉ
dépôt clandestin, 1944

COMITÉ MILITAIRE D'ACTION (COMAC)

39, avenue de La Bourdonnais, 7ᵉ
domicile de Jean de Vogüe et
centrale, 1944

COMMUNISTES (voir RÉSISTANCES COMMUNISTES)

CONFRÉRIE NOTRE-DAME (CND)

77, rue Caulaincourt, 18ᵉ
rendez-vous Rémy/Touny, mars 1941

Avenue de l'Observatoire, 14ᵉ
Rendez-vous Rémy/François Faure,
novembre 1941

200, rue Saint-Jacques, 5ᵉ
centrale de presse,
novembre 1941-avril 1942.

72, avenue des Champs-Élysées, 8ᵉ
centrale,
décembre 1941-15 mai 1942

52, avenue de la Motte-Piquet, 15ᵉ
domicile de Rémy,
décembre 1941-13 juin 1942

36, rue Chardon-Lagache, 16ᵉ
secrétariat de Rémy,
automne 1940-28 juin 1943

22, rue Pasquier, 8ᵉ
trésorerie clandestine, 1942-1944

95, avenue Mozart, 16ᵉ
planque de Rémy, 1942

Avenue Foch, 16ᵉ
rendez-vous Rémy/Beaufils, mai 1942

Boulevard du Montparnasse, 14ᵉ
arrestation de François Faure,
15 mai 1942

2, square Alfred-Capus, 16ᵉ
arrestation de Paul Mauger,
28 mai 1942

28, rue Saint-Lazare, 9ᵉ
arrestation de Raphaël Touret,
29 mai 1942

Gare de la Muette, 16ᵉ
rendez-vous Rémy/Beaufils,
octobre-décembre 1942

12, rue Dufrenoy, 16ᵉ
centrale, octobre-décembre 1942

13, rue du Vieux-Colombier, 6ᵉ
domicile de Juliette Drouin,
1942-28 novembre 1943

48, rue de Passy, 16ᵉ
arrestation de Clément Cochet,
11 novembre 1943

Rue Bayen, 17ᵉ
planque de Mésange, novembre 1943

28, boulevard Barbès, 18ᵉ
arrestations, 17 novembre 1943

DÉFENSE DE LA FRANCE (DF)

Rue Tournus, 15ᵉ
fabrication de faux papiers,
1940-1944

12, villa Saint-Jacques, 14ᵉ
actions résistantes, 1941

11, rue de Sèvres, 6ᵉ
imprimerie clandestine,
1941-12 novembre 1943

13 bis, rue Sainte-Cécile, 9ᵉ
fabrication du journal,
décembre 1941-août 1944

2, rue du Bocage, 15ᵉ
atelier clandestin de composition,
1942

4, rue Paul-Dupuy, 16ᵉ
réunions clandestines,
automne 1942-20 juillet 1943

121, rue d'Alésia, 14ᵉ
PC du mouvement,
printemps-juillet 1943

19, rue des Abbesses, 18ᵉ
distribution du journal, 1943

68, rue Bonaparte, 6ᵉ
arrestations, 20 juillet 1943

3 bis, place des États-Unis, 16ᵉ
détention de Geneviève de Gaulle,
juillet 1943

28, rue de la Convention, 15ᵉ
distribution du journal clandestin,
14 juillet 1943

10, impasse Guéménée, 4ᵉ
imprimerie clandestine,
printemps 1943-printemps 1944

Station Convention, 15ᵉ
arrestation de Jacques Oudin,
31 janvier 1944

13 bis, rue Jean-Dolent, 14ᵉ
imprimerie clandestine, mai 1944

DÉLÉGATION GÉNÉRALE (DG)

82, rue de Rome, 8ᵉ
domicile de Henri Manhès,
1940-mars 1943

6, rue de Turenne, 4ᵉ
domicile de Pierre Meunier,
1940-mars 1943

INDEX

Rue de Provence, 8e
boîte aux lettres de Jean Moulin,
avril 1941

179, boulevard Voltaire, 11e
planque de Jean Moulin, juin 1942

80, rue de Grenelle, 7e
centrale du BOA,
automne 1942-6 avril 1943

11, rue d'Aguesseau, 8e
crédits clandestins
(France combattante), 1943-1944

35, boulevard Murat, 16e
planque du général Delestraint
(AS), printemps 1943

3, rue Régis, 6e
secrétariat du CGE, printemps-été
1943

78, rue de la Faisanderie, 16e
réunion EMZO (AS), 12 avril 1943

20, boulevard des Filles-du-
Calvaire, 11e
arrestations de Vivier et Jean Ayral
(BOA), 28 avril 1943

4, boulevard Raspail, 7e
évasion de Jean Ayral (BOA),
28 avril 1943

48, rue du Four, 6e
réunion constitutive du CNR,
27 mai 1943

Station Rome, 17e
départ de Jean Moulin pour Lyon,
début juin 1943

Station Rue de la Pompe, 16e
arrestation de Théobald et Gastaldo
(AS), 9 juin 1943

Angle de la Chaussée-de-la-Muette
et de l'avenue Mozart, 16e
arrestation du général Delestraint
(AS), 9 juin 1943

Station Villiers, 17e
arrestation de Suzanne Olivier,
agent de liaison de Jean Moulin,
11 juin 1943

Place de l'Institut, 6e
Rendez-vous Blocq-Mascart/
Bouchinet-Serreulles, juillet 1943

8, rue de la Michodière, 2e
arrestation de Pierre Marchal,
23 septembre 1943

129, rue de la Pompe, 16e
centrale, 25 septembre 1943

78 et 80, rue de la Faisanderie, 16e
arrestations de Claire Davinroy et
de Michel Domenech
(AS et Résistance-Fer), 8 octobre
1943

Rue du Débarcadère, 17e
planque de Claire Chevrillon,
octobre 1943-janvier 1944

386, rue de Vaugirard, 15e
arrestations (BOA), 10 novembre
1943

Station Javel, 15e
arrestation de Pierre Manuel
(BOA), 20 mars 1944

ÉTAT-MAJOR PTT (EM-PTT)

132, avenue du Maine, 15e
dépôt, 1943

ÉLEUTHÈRE

30, rue du Bac, 7e
réunions clandestines, 1942-1944

7, quai Voltaire, 7e
centrale, automne-hiver 1943

F2-INTERALLIÉ

26, rue du Faubourg-Saint-
Jacques, 14e
création du réseau,
novembre 1940-janvier 1941

1, rue Lamarck, 18e
boîte aux lettres, 1940-1942

1, rue Caulaincourt, 18e
boîte aux lettres, 1941

14, rue du Colonel-Moll, 17e
centrale, janvier-octobre 1941

9, rue de la Michodière, 2e
boîte aux lettres, 13 novembre 1941

8 bis, villa Léandre, 18e
arrestation d'Armand, chef du
réseau, 16 novembre 1941

FRANC-TIREUR

19, boulevard de Sébastopol, 1er
PC du Franc-Tireur,
août 1943-août 1944

23, rue de Constantinople, 8e
arrestation de Jean-Pierre Levy,
16 octobre 1943

11, rue Bouchardon, 10e
imprimerie clandestine,
février-7 juillet 1944

33, rue de Bellechasse, 7e
évacuation de Jean-Pierre Levy,
12 juin 1944

INTELLIGENCE SERVICE (IS)

48, rue Taitbout, 9e
centrale de renseignements (SOE),
juin 1940-juillet 1943

127, rue de la Santé, 13e
centrale du réseau Jade-Amicol,
1942-1944

28, rue Saint-André-des-Arts, 6e
filière d'évasion (SOE, Prosper),
automne 1942-juin 1943

33, avenue Duquesne, 7e
domicile de Georges Tournon
(Jade-Fitzroy), janvier-mai 1943

21, rue de Tolbiac, 13e
planque de Fernand Mercier
(Jade-Fitzroy),
février 1943-9 janvier 1944

Rue de Mazagran, 10e
arrestation de Francis Suttill
(SOE, Prosper), 24 juin 1943

40, avenue Charles-Floquet, 7e
planque réseau Shelburne,
1943-juin 1944

41, rue Cantagrel, 13e
actions du sous-réseau Mercier AB
(Jade-Fitzroy), 1943-1944

20, rue Delambre, 14e
groupe Panta (Jade-Fitzroy),
mai 1943-août 1944

102, avenue des Ternes, 17e
hébergement de Forest Yeo-Thomas
et Pierre Brossolette, septembre
1943

Rue de Montyon, 9ᵉ
arrestation de Claude Lamirault,
chef de Jade-Fitzroy, 15 décembre
1943

4, rue du Bouloi, 1ᵉʳ
couverture renseignements
de Pierre Chaix, jusqu'en 1944

Station Passy, 16ᵉ
arrestation de Forest Yeo-Thomas
(SOE), 21 mars 1944

LIBÉRATION-NORD

52, rue de Verneuil, 7ᵉ
fondation de Libération-Nord,
décembre 1940

113, avenue Félix-Faure, 15ᵉ
imprimerie clandestine
de Libération-Nord, 1942

211, rue La Fayette, 10ᵉ
imprimerie clandestine, 1941-1942

40, rue Singer, 16ᵉ
diffusion, faux papiers, sabotage
du courrier, 1941-1943

27, quai Voltaire, 7ᵉ
centrale des réseaux Brutus et Police
et Patrie, 1942-1944

36, rue Chardon-Lagache, 16ᵉ
secrétariat de Cohors-Asturies,
été 1942-juin 1943

22, rue des Pyramides, 1ᵉʳ
fondation du futur réseau Police
et Patrie, arrestations,
juillet 1942-avril 1944

36, rue de la Montagne-Sainte-
Geneviève, 5ᵉ
dépôt d'armes, 1943

36 bis, avenue de l'Observatoire, 14ᵉ
fuite de Jean Cavaillès (Cohors),
28 juin 1943

109, rue de Vaugirard, 6ᵉ
centrale de Cohors-Asturies,
août-18 décembre 1943

18, rue de Romainville, 19ᵉ
imprimerie clandestine,
été 1943-avril 1944

10, rue du Faubourg-Montmartre, 9ᵉ
imprimerie clandestine, printemps
1944

MOUVEMENT DE LIBÉRATION NATIONALE (MLN)

10, rue Royer-Collard, 5ᵉ
cache de véhicules, 1943-1944

5, rue Roquépine, 8ᵉ
boîte aux lettres, 1943-1944

27, boulevard des Capucines, 2ᵉ
réunions clandestines,
automne 1943-mi-août 1944

Rue Mouffetard, 5ᵉ
Distribution de journaux,
décembre 1943

15, rue des Martyrs, 9ᵉ
centrale de faux papiers,
fin 1943-mai 1944

151, rue du Temple, 3ᵉ
service de faux papiers, mars-mai
1944

MOUVEMENT DE RÉSISTANCE DES PRISONNIERS DE GUERRE ET DÉPORTÉS (MRPGD)

47, rue de Boulainvilliers, 16ᵉ
centrale, à partir de mars 1943

6, place de la Madeleine, 8ᵉ
centrale, mars-10 août 1943

MOUVEMENT NATIONAL DES PRISONNIERS DE GUERRE ET DÉPORTÉS (MNPGD)

117, rue Notre-Dame-des-Champs, 6ᵉ
réunion fondatrice du mouvement,
12 mars 1944

MUSÉE DE L'HOMME

1, place du Trocadéro, 16ᵉ
fondation du groupe du Trocadéro,
1940-1941

Place Pigalle, 9ᵉ
arrestation de Boris Vildé,
26 mars 1941

NOYAUTAGE DES ADMINISTRATIONS PUBLIQUES (NAP)

Rue de l'Université, 7ᵉ
fuite de Roger Ancel, juillet 1944

ORCHESTRE ROUGE

13, rue de Rivoli, 4ᵉ
arrestation de Leopold Trepper,
24 novembre 1942

15, rue de Rome, 8ᵉ
évasion de Leopold Trepper,
13 septembre 1943

ORGANISATION CIVILE ET MILITAIRE (OCM)

72, avenue Victor-Hugo, 16ᵉ
fondation du mouvement,
septembre 1940-21 décembre 1941

5, rue de Logelbach, 17ᵉ
action résistante
de Maxime Blocq-Mascart,
octobre 1940-décembre 1941

36, rue Chardon-Lagache, 16ᵉ
secrétariat clandestin,
1940-juin 1943

8, rue Fromentin, 9ᵉ
renseignements, 1940-1943

5, rue du Général-Langlois, 16ᵉ
domicile d'Alfred Touny,
août 1940-25 février 1944

5, rue Las Cases, 7ᵉ
secrétariat, 1940-1944

55, avenue George-V, 8ᵉ
bureau couverture
de Maxime Blocq-Mascart,
1941-28 août 1943

77, rue Caulaincourt, 18ᵉ
rendez-vous Rémy/Touny, mars
1941

13, rue du Vieux-Colombier, 6ᵉ
domicile de Juliette Drouin,
1942-28 novembre 1943

1, place Jules-Renard, 17ᵉ
actions résistantes,
1942-14 janvier 1944

34, rue de la Victoire, 9ᵉ
boîte aux lettres, 1943

Place de l'Institut, 6e
rendez-vous Blocq-Mascart/
Bouchinet-Serreulles, juillet 1943

24, rue de Clichy, 9e
arrestation de Roland Fargeon,
23 octobre 1943

20, rue de Tournon, 6e
planque de Maxime Blocq-Mascart,
fin 1943

ORGANISATION DE RÉSISTANCE DE L'ARMÉE (ORA)

30, rue du Bac, 7e
PC, novembre 1942-1944

2-4, place des Ternes, 17e
dépôt d'argent, à partir de 1943

49, avenue de l'Opéra, 2e
recrutement clandestin, été 1943

11 bis, rue Cognacq-Jay, 7e
arrestation du général Verneau,
23 octobre 1943

55, rue Manin, 19e
PC, janvier-juin 1944

15, rue du Hameau, 15e
arrestations, 3 juin 1944

PAT O'LEARY

1, rue Cabanis, 14e
évasion d'André Postel-Vinay,
3 septembre 1942

68, rue Nollet, 17e
hébergement d'André Postel-Vinay,
septembre 1942

6, rue des Capucines, 2e
hébergement, 1943

RÉSISTANCE

40, rue Taine, 12e
boîte aux lettres et dépôt,
automne 1940-1942

17, rue Barbet-de-Jouy, 7e
dépôt du journal et atelier
de fabrication de faux papiers, 1942

30, rue de Miromesnil, 8e
domicile de Marcel Renet,
fondateur du mouvement,
1942-23 novembre 1943

9, rue de l'Éperon, 6e
dépôt, 1942

137, avenue du Général-Michel-Bizot, 12e
PC paramilitaire,
1942-novembre 1943

4, rue de Rocroy, 10e
dépôt, 1942-1944

9, avenue de la Sœur-Rosalie, 13e
diffusion du journal, 1942-1944

17, rue Hégésippe-Moreau, 18e
boîte aux lettres, 1942-1944

130, avenue Daumesnil, 12e
réunions, 1942-1944

48, Boulevard de Sébastopol, 3e
centrale de diffusion du journal
clandestin, juillet 1942-mars 1944

2, rue Eugène-Spuller, 3e
service de faux papiers, 1942-1944

34, rue de la Victoire, 9e
boîte aux lettres, 1943

4, place du Louvre, 1er
centrale paramilitaire,
janvier-novembre 1943

10, rue Léon-Dierx, 15e
boîte aux lettres, 1944

48, boulevard Saint-Michel, 6e
boîte aux lettres, service réfractaire,
1943-1944

76 bis, rue de Rennes, 6e
dépôt de faux papiers, 1943-1944

12, boulevard Diderot, 12e
hébergement clandestin,
février 1943-août 1944

27, boulevard des Capucines, 2e
réunions clandestines, à partir de
l'automne 1943

22, quai de Béthune, 4e
hébergement de Paul Steiner et
Daniel Appert, hiver 1943

7, rue du Docteur-Potain, 19e
imprimerie clandestine, juin 1944

RÉSISTANCES COMMUNISTES

54, rue Custine, 18e
réunions clandestines
(Solidarité-MOI), été-hiver 1940

1, rue Monticelli, 14e
armement (OS), automne 1940

88, rue Riquet, 18e
domicile de Jean-Pierre Timbaud
(PCF-CGT), automne 1940

59, rue Chardon-Lagache, 16e
planque de Pierre Rebière (PCF),
octobre 1940-15 décembre 1941

6, rue Étienne-Marey, 20e
domicile de Karl Schoenhaar et
Hélène Vivet et dépôt d'armes
(PCF), 1940-mars 1942

11, rue Jean-de-Beauvais, 5e
domicile de Joseph et Marie
Bursztyn (PCF), 1940-juillet 1942

17, rue des Cloÿs, 18e
imprimerie clandestine (PCF),
octobre 1940-mars 1943

28, rue du Dragon, 6e
planque d'Armand Vanveers (JC),
janvier 1941

118, rue Jean-Pierre-Timbaud, 11e
imprimerie clandestine (PCF),
1941

131, boulevard de la Villette, 19e
dépôt d'armes (PCF), 1941

14, rue Moreau, 12e
dépôt de presse clandestine (UJRE),
à partir de 1941

14, rue Thureau-Dangin, 15e
réunion secrétariat clandestin
(PCF), mars 1941

144, avenue Ledru-Rollin, 11e
domicile de Germaine Trugnan
(PCF), mai 1941

5-7, rue Corbeau, 10e
arrestation de Sarah Kowalski
(MOI), 15 mai 1941

55, rue Corbeau, 10e
arrestation de militants (MOI),
15 mai 1941

35, boulevard Saint-Jacques, 14e
arrestation d'Antoine Hajje (PCF),
25 juin 1941

20, rue de Varize, 16e
planque d'Albert Ouzoulias
(PCF-JC), été 1941

INDEX

20, rue de Thorigny, 3ᵉ
arrestation et exécution d'André Bréchet (JC), juillet 1941

7, rue Le Goff, 5ᵉ
bistrot régulier de partisans communistes, 21 août 1941

Station Barbès-Rochechouart, 10ᵉ
attentat (FTP), 21 août 1941

95, boulevard Macdonald, 19ᵉ
domicile de Suzanne Masson (PCF), 1941-5 février 1942

14, rue au Maire, 3ᵉ
domicile de Raymonde Royal (MOI), 1941-11 mai 1942

21, rue Michel-Lecomte, 3ᵉ
domicile de Jacques Lipa (MOI), 1941-1942

23, rue de la Grange-aux-Belles, 10ᵉ
dépôt (PCF), été 1941-mi-juin 1942

7, rue Saint-Benoît, 6ᵉ
imprimerie clandestine (PCF), 1941-août 1942

Station Strasbourg-Saint-Denis, 10ᵉ
manifestation (PCF-JC), 13 août 1941

Angle des rues du Château-d'Eau et Taylor, 10ᵉ
arrestations (PCF-JC), 13 août 1941

1, rue du Bac, 7ᵉ
rendez-vous Jacques Decour/Jean Guéhenno (Front national-CNE), septembre 1941

190, rue Saint-Maur, 11ᵉ
planque de David Diamant (Solidarité), automne 1941

49, rue Dareau, 14ᵉ
dépôt central de propagande (PCF), 1ᵉʳ octobre 1941

5, rue Pajol, 18ᵉ
dépôt annexe de matériel de propagande (PCF), octobre 1941

100, avenue du Maine, 14ᵉ
attentat (JC), 22 novembre 1941

5, avenue Debidour, 19ᵉ
fabrique d'explosifs (OS), 25 novembre 1941

78, rue Sedaine, 11ᵉ
planque du colonel Dumont (OS), 1941

rue de Seine, 6ᵉ
attentat (JC), 3 décembre 1941

31, passage Montgallet, 12ᵉ
arrestation d'Odette et Georges Fauveaux (PCF), 11 décembre 1941

Angle des rues Lamartine et Buffault et 18, rue Cadet, 9ᵉ
action du groupe Coquillet (JC), 18 décembre 1941

45, rue Censier, 5ᵉ
planque de Maurice Touati (JC), 25 décembre 1941

10, boulevard Brune, 14ᵉ
domicile de la famille Mary (FTP), 1941-1943

155, rue du Bac, 7ᵉ
planque d'Henri Vidal (Service B) à partir de 1942

7, rue du Faubourg-Poissonnière, 9ᵉ
sabotages (PCF), 1942

11, villa Duthy, 14ᵉ
domicile de Rose Merot (PCF-Service B), 1942

14, rue Rébeval et 50, boulevard de la Villette, 19ᵉ
imprimerie clandestine (PCF-MOI), 1942

24, rue Montmartre, 1ᵉʳ
dépôt d'armes (FTP), 1942

5, rue Laure-Surville, 15ᵉ
domicile de Cécile Ouzoulias-Romagon (FTP), 1942

39, rue Sébastien-Mercier, 15ᵉ
planque de Robert Pavart, 1942

1 bis, rue Lacépède, 5ᵉ
dépôt TA (MOI), 1942

34, rue d'Hauteville, 10ᵉ
sabotage (MOI), 1942

35, rue des Saints-Pères, 6ᵉ
planque de Louis Coquillet (JC), 3 janvier 1942

Station Croix-Rouge, 6ᵉ
arrestation de Marcel Bourdarias (OS-JC), 5 janvier 1942

34, rue Letort, 18ᵉ
planque d'André Pican (PCF), 21 janvier 1942

49, rue du Poteau, 18ᵉ
planque de Danielle Casanova (PCF), 11 février 1942

3, rue du Buisson-Saint-Louis, 10ᵉ
arrestation d'André Pican (PCF), 14 février 1942

119, boulevard Davout, 19ᵉ
planque de Félix Cadras (PCF), 15 février 1942

170 bis, rue de Grenelle, 7ᵉ
arrestations de Georges Politzer et Danielle Casanova (PCF), 15 février 1942

Angle de la rue de Reuilly et du boulevard Diderot, 12ᵉ
Arrestation d'Arthur Dallidet (PCF), 28 février 1942

129, rue du Théâtre, 15ᵉ
planque de Louis Duriez (FTP), 29 février 1942

49, rue Geoffroy-Saint-Hilaire, 5ᵉ
centrale de faux papiers (PCF), 2 mars 1942

Rue Béranger, 3ᵉ
planque de Willy Schapiro (MOI), printemps 1942

49, rue Geoffroy-Saint-Hilaire, 5ᵉ
laboratoire clandestin d'explosifs (MOI), 25 avril 1942

Rue des Petites-Écuries, 10ᵉ
fuite de Maurice Feld et Maurice Feferman (JC), 10 mai 1942

Avenue Foch, 16ᵉ
rendez-vous Rémy/Beaufils (CND-PCF), mai 1942

5, boulevard du Palais, 4ᵉ
attentat (FTP), 29 mai 1942

Carrefour de Buci, 6ᵉ
manifestation (PCF), 31 mai 1942

18, rue de Chabrol, 10ᵉ
domicile de Jeanne et Léon Pakin (MOI), mai-juin 1942

211, rue de Bercy, 12ᵉ
dépôt de presse (PCF), juin 1942

INDEX

Carrefour des rues de la Chaussée-d'Antin et La Fayette, 9ᵉ
manifestation (PCF), juin 1942

17, rue Mirabeau, 16ᵉ
action FTP-MOI, 3 juin 1942

Angle de l'avenue Ledru-Rollin et de la rue du Faubourg-Saint-Antoine, 12ᵉ
manifestation (PCF), 27 juin 1942

Place des Vosges, 4ᵉ
arrestation de Léon Pakin et Élie Wallach (MOI), 29 juin 1942

22, avenue de Versailles, 16ᵉ
imprimerie clandestine (MOI), juin 1942-mars 1943

39, rue de la Roquette, 11ᵉ
rencontre clandestine (PCF), 16 juillet 1942

Pont-de-Sully, 4ᵉ
rendez-vous Alfred Cukier/Sarah Vronsky (Solidarité), 16 juillet 1942

108, boulevard de Rochechouart, 9ᵉ
domicile de la famille Wallach (Solidarité), 16 juillet 1942

20, rue d'Avron, 20ᵉ
planque de Ginette Sonowski (Solidarité), juillet 1942

Angle des rues Saint-Antoine et des Tourelles, 4ᵉ
attentat (FTP), 18 juillet 1942

16, rue David-d'Angers, 19ᵉ
attentat (FTP), 25 juillet 1942

8, rue Tesson, 10ᵉ
planque de Gitel Birenbaum (Solidarité) après juillet 1942

Angle de la rue Daguerre et de l'avenue d'Orléans (avenue du Général-Leclerc),
manifestation (PCF), 1ᵉʳ août 1942

239, rue Saint-Charles, 15ᵉ
laboratoire clandestin de fabrication d'explosifs (MOI), août-3 décembre 1942

Rue des Cinq-Diamants, 13ᵉ
imprimerie clandestine (PCF), août 1942-novembre 1943

41-43, rue Raffet, 16ᵉ
attentat (FTP-MOI), 30 septembre 1942

1, boulevard Poissonnière, 2ᵉ
attentat (PCF-FTP), octobre 1942

Gare de la Muette, 16ᵉ
rendez-vous Rémy/Beaufils (CND-PCF), octobre-décembre 1942

68, boulevard Saint-Marcel, 5ᵉ
arrestations (FTP-MOI), 4 novembre 1942

10, rue Saint-Philippe-du-Roule, 8ᵉ
incarcération de Pierre Georges (FTP), décembre 1942

Place de la Nation, 11ᵉ
attentat du 2e détachement MOI, 12 décembre 1942

36, rue Brillat-Savarin, 13ᵉ
arrestation de Betka Weinraub (MOI), 1942-14 avril 1943

Rue Saint-Simon, 7ᵉ
planque (Service B), 1943-1944

25, rue Caulaincourt, 18ᵉ
domicile clandestin de René et Jeanine Jugeau (PCF) à partir de janvier 1943

8, rue de Laborde, 8ᵉ
action (FTP), 31 janvier 1943

15, rue Pierre-Nicole, 5ᵉ
réunions clandestines (Front national-CNE), février 1943

Passage Pouchet, 17ᵉ
planque de Madeleine Dubas (PCF), 1943

18, rue Dauphine, 6ᵉ
dépôt d'armes (MOI), 1943

8, rue Stanislas-Meunier, 20ᵉ
arrestation d'Henri Krasucki et de Paulette Sliwka (MOI), 23 mars 1943

11, boulevard Saint-Martin, 3ᵉ
évasion de Peter Gingold (PCF), 23 mars 1943

10, rue Léon-Dierx, 15ᵉ
planque de Sophie Schwartz (MOI), printemps-été 1943

18, rue Pétrarque, 16ᵉ
exécution de Julius Ritter (MOI), avril 1943

7 ter, rue d'Alésia, 14ᵉ
domicile de Peter Mod (MOI), jusqu'au 17 avril 1943

76, boulevard Soult, 12ᵉ
arrestation de Jean Lemberger (FTP-MOI), 22 avril 1943

2, impasse du Maroc, 19ᵉ
planque d'Ephraïm Lipcer (MOI), avril-juin 1943

32, rue Médéric, 17ᵉ
réunion (FTP-MOI), 27 mai 1943

12, rue Dupetit-Thouars, 3ᵉ
planque de Guta Eisner (MOI), juillet 1943

13, rue aux Ours, 3ᵉ
arrestation de Meier List (MOI), 2 juillet 1943

Angle de la rue Nicolo et de l'avenue Paul-Doumer, 16ᵉ
attentat (FTP-MOI), 23 juillet 1943

9 bis, passage Stinville, 12ᵉ
planque de Marcel Rayman (FTP-MOI), août 1943

9, rue Caillaux, 13ᵉ
planque de Joseph Boczor (MOI), 20 septembre 1943

1 bis, rue de Lanneau, 5ᵉ
dépôt d'explosifs (MOI), 24 septembre 1943

85, rue de Turbigo, 3ᵉ
planque de Joseph Boczor (MOI), 21 octobre 1943

11, rue de Plaisance, 14ᵉ
planque de Manouchian (MOI), 16 novembre 1943

Quai de Bourbon, 4ᵉ
cache de vélos (Service B), 1943-1944

30, rue de Bourgogne, 7ᵉ
boîte aux lettres (Service B), 1944

13, boulevard Saint-Marcel, 13ᵉ
arrestation d'Arthur Airaud (Front national Police), 18 février 1944

36, rue de Tourtille, 20ᵉ
collecte clandestine (PCF), mars 1944

42, rue de Picpus, 12ᵉ
attentat (FTP-FFI), nuit du 22 au 23 juin 1944

Pont de Solférino, 7ᵉ
attentat (FTP-FFI), fin juin 1944

2, rue Meslay, 3ᵉ
arrestation et mort d'Yves Toudic (PCF), 14 juillet 1944

SAINT-JACQUES
8, place Vendôme, 1ᵉʳ
PC, août 1940-8 août 1941

22, rue de Marignan, 8ᵉ
laboratoire clandestin de photographies, août 1940-avril 1941

20, rue Vignon, 9ᵉ
activités de renseignements de Maxime Roberte, août 1940-août 1941

2, rue Beaurepaire, 10ᵉ
domicile du commandant Vérines, 1940-10 octobre 1941

26, rue Pierre-Leroux, 7ᵉ
renseignement et faux papiers, arrestation de Marc Dufour, automne 1940-3 juin 1942

6, rue Lammenais, 8ᵉ
arrestation de Charles Deguy, 18 août 1941

TÉMOIGNAGE CHRÉTIEN
13, rue Jacob, 6ᵉ
hébergement du père Chaillet, à partir de l'été 1943

5, rue du Général-Séré-de-Rivière, 14ᵉ
dépôt du journal clandestin, été 1943

216, rue Lecourbe, 15ᵉ
dépôt zone nord du journal, 1943-1944

28, rue du Bourg-Tibourg, 4ᵉ
imprimerie clandestine, printemps 1944

8, avenue de la Sœur-Rosalie, 13ᵉ
imprimerie clandestine, printemps 1944

VALMY
12, rue Gramme, 15ᵉ
fondation, 21 septembre 1940-2 avril 1942

Place des Pyramides, 1ᵉʳ
manifestation, 11 mai 1941

11, rue de Bercy, 12ᵉ
PC renseignements et diffusion, automne 1940-décembre 1941

VENGEANCE
37, rue Delambre, 14ᵉ
boîte aux lettres, 1941

64, rue de la Chaussée-d'Antin, 9ᵉ
fondation du corps franc, 13 janvier 1943

Avenue des Champs-Élysées, 8ᵉ
vols de voitures allemandes, 1943

15, rue de Prague, 12ᵉ
archives des groupes francs, 1943

4, rue Francisque-Sarcey, 16ᵉ
mort de Jean Charbonneau, 4 octobre 1943

1, place Jules-Renard, 17ᵉ
actions résistantes, 1942-14 janvier 1944

VENGEANCE-LIBRE PATRIE
10, rue de Tournon, 6ᵉ
création du groupe, fin 1940

12, villa Saint-Jacques, 14ᵉ
actions résistantes, 1941

INDEX DES NOMS PROPRES

A

ABRAHAM, Marcel, 72
ABSCHEID, M., 198
AIRAUD (dit *Montini*), Arthur, 50, 51, 176
Albert, Maurice Touati, dit, 63, 64, 71, 129
ALBRECHT, Berty, 100
ALÈS, colonel d', 120
ALESCH, abbé Robert, 169
ALEXANDRE, Mme, 175
ALFONSO, Celestino, 222
ALLIOT, Michel, 64, 65
ALTMAN, Georges, 18, 19, 149, 150, 246
AMAURY, Émilien, 89, 96, 99, 123, 127, 174
ANCEL, Roger, 92
André, M. Grandin, dit, 262
ANDURAIN, Jacques d', 55, 144
ANGELOT, M., 188
ANSELME, Louis, 250
ANTOINE, commissaire, 50
AOLAM, Georges, 66
APERT, Daniel, 44
ARCAMBOL, Gilberte, 121
ARNOULD (dit *Ollivier*), colonel Claude, 173
ARNOULT, M., 208
ARRIGHI, Pierre, 16, 60, 212, 214
ARTHUS, Jean, 193
ARTHUYS, Jacques, 96, 123, 132, 212, 221, 242
ASTIER DE LA VIGERIE, Emmanuel d', 136, 239
AUBERTIN, René, 183
AULARD, Ernest, 56, 57, 58, 177
AUSSENAIRE, Pierre, 102
AVELINE, Claude, 72, 132, 222, 223, 224
AVININ, Antoine, 18, 35
AYLÉ, Germaine et Robert, 101, 102
AYRAL (dit *Pal*), Jean, 97, 98, 99, 157
AZAN, François, 233

B

BACHELET, M., 135
BACICURISWKI (dit *Dr François*), Aron, 62
BAILLET, André, 18, 186
BALLAZ, Jules, 199
BALOSSIER, Mme, 175
BARAQUI, M., 50
BARON, Charles, 97
BASCH, Hélène et Victor, 142
BASSET, abbé François, 54
BAUDRY, Jacques, 193
BAUMANN, M., 150
BAUMEL, Jacques, 35
BAYET, Albert, 150, 191, 246
BAYNAC, Camille, 148
BEAUFILS (dit *Joseph*), Georges, 122, 210, 214, 229
BEAUREPOS, Kitty, 246
BECHARD, Odette, 21
BÉDARIDA, Henri, 71
BELIN, René, 90
BELLE-JOUFFRAY, Marthe, 82
BENOÎT, Denise, 240
BENOÎT, Francine et Pierre, 240
BÉNOUVILLE (dit *Langlois*), Pierre de, 112, 113
BERGER, Friedrich, 211
BERGERON, André, 78
BERMAN, Henri, 250
BERNADAC, Robert, 154, 158, 225
BERNANOS, Georges, 49
BERNARD, Jacqueline, 25
BERNARD, Mme, 69
BERNIERI, Bruno, 164
BERNSTEIN, Michel, 196
BERNSTEIN, Monique, 197
BERTHELOT, Marcel, 219, 221
BERTONE (dit *François*), Marcel, 64, 71, 129, 130
Bertrand, Henri Krasucki, dit, 41, 265
BERTRAND, pasteur André-Numa, 21
BERTRAND, Paulin, 22, 162, 163, 199
BÉVILLARD, Jean, 266
BEYER, Georges, 190, 254
BIAGGI, Jean-Baptiste, 64
BIDAULT, Georges, 15, 250
BIDAUT, Jacques, 32
BIJOUX, M., 197
BILLARD, Arnaud, 36
BINGEN, Jacques, 101, 121, 226, 244
BIONDI, Jean, 142
BIRENBAUM, Gitel, 141
BLAETTLER, M., 45
BLANC, colonel, 34
BLANC, René, 27, 160, 256
BLANC, Robert, 27, 160, 256
BLANCHET, Dr, 211
BLANCHOT, M., 208
BLANKOPF, Ernest, 233
BLEYNIE, André, 164, 165
BLOCH, France, 187
BLOCQ-MASCART, Maxime, 67, 73, 74, 77, 78, 96, 123, 212, 221, 241, 242
BLONCOURT, Élie, 142
BLOT, M., 174
BLUM, Léon, 31, 142
BLUMER, Mme, 35
BOCZOR, Joseph, 39, 54, 172, 242
BODINGTON, M., 69
BOÏCO, Cristina, 222, 225
BOLLAERT, Émile, 227, 228, 244
BOLLIER, André, 128
BONNET, Armand, 95
BONNY, Pierre, 14, 50, 76, 77, 212, 213, 231
BORDELET, Jacqueline, 155
BORME, abbé Raymond, 65, 250
BORNE, Marcelline, 43
Borni, Roman Czerniawski, dit *Armand*, 183, 243, 253
BOSTARRON, Auguste, 205
BOT, Salek, 61, 62
BOUCHINET-*SERREULLES*, Claude, 15, 67, 92, 213, 214, 226, 228, 243, 245
BOUCHOT-SAUPIQUE, Jeanine, 27
BOUET, Marcel, 130
BOURDARIAS (dit *Alain*), Marcel, 78
BOURDET, Claude, 35
BOURGEOIS, Jacques, 230
BOURGEON, M., 188
BOURQUIN, M., 130
BOURSIN, Pierre, 256
BOUTBIEN, Léon, 25, 31
BOUVARD, Pierre, 34
BRAULT, Michel, 183
BRÉCHET, André, 37
BRINON, Fernand de, 44
BRION, Gisèle et Robert, 201
BRISAC (dit *Caron*), colonel, 120, 121
BROSSOLETTE, Gilberte, 217, 218

BROSSOLETTE, Pierre, 12, 13, 16, 55, 56, 91, 122, 183, 194, 210, 211, 214, 217, 218, 219, 227, 228, 244, 245
BROUTIN, Jean-Michel, 83
BROVER, Jean-Pierre, 225
BRULLER (dit *Vercors*), Jean, 56, 57, 66, 74, 176
BRUNET, Roger, 164
BRUSTLEIN, Gilbert, 144, 244, 259
BULAWKO, Henri, 36, 157
BUREAU, André, 102
BURGARD, Raymond, 22, 117, 193, 199
BURSZTYN, Joseph et Marie, 53

C

CABROL, M., 197
CADRAS, Félix, 140, 167, 249, 264
CALVET, Jean, 160
CAMIN, Louis, 208
CAMORS, Jean-Claude, 204
CAMUS, Albert, 66
CANON, Maurice, 192
CAPIEVIC, Madeleine, 148
Capri, Pierre Lucas, dit, 14, 237
Caron, colonel Brisac, dit, 120, 121
CARRÉ (dite *la chatte*), Mathilde, 43, 183, 243, 253, 256
CASANOVA, Danielle, 109, 148, 167, 250, 265
CASANOVA, Laurent, 250
CASSOU, Jean, 21, 22, 72, 132, 218, 222, 223, 224
CASSOU, Mme, 72
CATELAS, Jean, 74
CAVAILLÈS, Jean, 85, 143, 182, 204, 234
CAZALS, Iréné, 249
CAZELLES, Mme, 234
CERON, M., 75
CHABAN-DELMAS, Jacques, 105
CHAILLET (dit *Charlier*), père Pierre, 71, 80, 101, 189
CHAIX, Pierre, 20
CHALUGNON, M., 122
CHAMBEIRON, Robert, 47, 75, 119, 136
CHAMBERLIN (dit *Lafont*), Henri, 14, 50, 76, 212, 213, 231
CHAMMING'S, Marie-Claire, 136, 195
CHAMPEIL, Marcel, 196
CHAMPIN, Henri, 95
CHANCEL, M., 246
CHARBONNEAU, Jean-Marie, 136, 224

Charlier, père Pierre Chaillet, dit, 71, 80, 101, 189
CHARPENTIER, Gaëtan, 197
CHARPENTIER, Jacques, 85
CHATAIGNEAU, Jacques, 168
CHATOCK, Dr, 207
CHAUMAT, Claudine, 180
CHENAULT, père Rémi, 175
CHENEAU, Maurice, 126
CHEVALLEY, Lucie, 21
CHEVANCE-BERTIN, Maurice, 111
CHEVESSIER, Henri, 41
CHEVIGNARD, Bernard, 121
CHEVRILLON, Claire, 97, 117, 244
CHEZEAU, Charles, 97, 101
CHURCHILL, Winston Spencer, 11, 12, 135, 227
CLOAREC, père Corentin, 187
COLIN, Marcel, 48, 71, 80, 174, 189, 204
COLLE, Dr, 18
COLTEL, Marianne, 73
COMBAUX, colonel Edmond, 106
COMERT, Pierre, 219
COMTE, Andrée, 247
CONSTANT, M., 166
COPEAU, Pascal, 107, 149
COQUEL, M., 204
COQUILLET (dit *René*), Louis, 71, 78, 129
COQUOIN, Roger, 224
CORBIN, Alfred, 48
CORBIN, Mme, 48
CORNU, M., 192
CORRÉARD (dit *Porbus*), Jules, 113, 114
COT, Pierre, 47
COUETTE, Marie, 160
COULIBŒUF, M., 259
CROCHET, Clément, 228
CROSU, P., 62
CUISINIER, Jeanne, 60
CUKIER, Alfred, 45
CUKIER, Rachel, 231
CUKIER (dit *Alfred Grant*), Simon, 55, 231, 252, 261, 262
CUMIN, Mme, 45
CURINIER, Joseph, 52
CZERNIAWSKI (dit *Armand Borni*), Roman, 183, 243, 253

D

DAIX, Pierre, 148
DALADIER, Édouard, 50

DALLIDET, Arthur, 61, 62, 167, 202, 259
DANNECKER, Théo, 50
DARLAN, amiral François, 113, 262
DARLAVOIX, Jean, 160
DAVID, commissaire, 50, 159, 176, 191, 250, 259, 260, 265
DAVID (dite *Marianne*), Myriam, 241
DAVINROY, Claire, 214, 216, 245
DAVY, Marie-Magdeleine, 53, 66, 73
DAWIDOWICZ, Joseph, 242
DÉAT, Marcel, 37, 119, 195
DEBEAUMARCHÉ, Edmond, 103, 104
DEBRAIS, Jean, 266
DEBRÉ, Michel, 16, 85, 212, 226
DEBRÉ, Robert, 228
DEBÛ-BRIDEL, Jacques, 66
Decour, Daniel Decourdemanche, dit *Jacques*, 59, 66, 88, 89, 109
DEGUÉRET, Simone, 50
DEGUY, Charles, 25, 26, 123, 124
DEISS, Raymond, 27
DELAIRE, Maurice, 178
DELESTRAINT, général Charles, 13, 33, 113, 214, 229, 236, 241
DELFANNE (dit *Henri Masuy*), Georges, 14, 104, 216, 220, 228, 246
DELFIEU, Maurice, 229
DELGADO, M., 237
DELMAS, André, 180
DEMAILLY, Marguerite, 190
DEMAISON, Léonard, 36
DENIS, René, 130
DEPREZ, Charles, 102
DÉRICOURT, Henri, 69
DERRY, abbé Roger, 102
DESANGIN, Armand, 145
DESCOMPS, Dr Hector, 228
DESORBY, prieur, 175
DESROCHES-NOBLECOURT, Christiane, 21, 22
Destrée, Marcel Renet, dit *Jacques*, 19, 30, 42, 44, 117, 118, 149, 150, 162, 175, 199, 260
DEVA, Charles, 30, 73, 75
DEVILLERS, Henri, 75, 194, 233
DEWAVRIN (dit *Passy*), colonel André, 13, 14, 43, 56, 214, 227
DHENIN, Mme, 85
DIAMANT, David, 139
DIEBOLD, Laure, 214
DILLEMAN, Philippe, 174
DILLEMANN, M. et Mme, 233, 234

INDEX

DOLIN, M., 192
DOMENECH, Michel, 216
DORÉ, Pierre, 57, 58
DORECHIN, Marie-Thérèse, 113
DORIOT, Jacques, 24
DORLAND, Lucien, 148
DROUIN, Juliette et René, 77
DROUOT, capitaine, 244
DUBAS (dite *Marcelle*), Madeleine, 238
DUBENT, commissaire, 50, 175
DUBOIS, Albert, 130, 196
DUBREUIL, M., 197
DUCLOS, Jacques, 167, 202, 210, 235, 264
DUCLOS (dit *Saint-Jacques*), Maurice, 11, 12, 25, 26, 123, 124, 150, 151
DUFOUR, Marc, 102
DUMAIS, capitaine Lucien, 34, 35, 107, 108
DUMONCEL, Rémy, 186
DUMONT, M., 122
DUMONT, colonel, 52, 158, 259
DUMORTIER, abbé Raymond, 153
DUPRAT-GENEAU, Jean, 113, 231
DURAND, Louis, 233
DURAND DE VILLIERS, colonel, 162
DURANTIN, Madeleine, 205
DURIEZ, Louis, 198
DURRLEMAN, pasteur, 113
DUTHEIL DE LA ROCHÈRE, Charles, 156, 223, 224
DUVAL, Colette et Jean, 72
DUVERNOIS (dite *Viviane*), Eugénie, 180
DYSKIN, Nathan, 62
DZIERGOWSKA, Paula, 261

E

EIDELMAN, Jules, 198
EISNER, Guta, 37
Elio, M. Marongin, dit, 76, 77, 114
ÉLUARD, Paul, 99
ÉMILE, M., 89
ERNANET, Mme, 175
ESCARTIN, Xavier, 65
ESTIENNE D'ORVES, capitaine Honoré d', 78, 79

F

Fabien, Pierre Georges, dit *colonel*, 121, 144, 148, 203, 235, 242
FALLOT, Bernard, 220
FARGE, Yves, 106
FARGEON, Roland, 138

FATIEN, M. et Mme, 116
FAURE (dit *Paco*), François, 16, 55, 122, 123, 179, 183, 210
FAURTIER, Paul, 82
FAUVEAUX, Georges et Odette, 165
FAYARD, M., 19, 162, 165
FAYE, Léon, 196
FEFERMAN, Maurice, 146, 244
FELD, Maurice, 146
FELTESSE, Lucien, 25, 26, 138, 151
FÉRIÉ DE THIÉRACHE, Yolande, 86, 88
Fitzroy, Claude Lamirault, dit, 127, 128, 170, 178
FLAVIEN, Guy, 199
FLEURY, Charles, 219
FLEURY, Emmanuel, 160
FLEURY, Marie-Thérèse, 266
FLORIN, Émile, 121
FOCARDI (dit *Cerbère*), M., 32
FOLMER, André, 102
FONTGAMANT (dite *Roland*), Lise, 180
FORTASSIER, Pierre, 260
FOUQUEREL, Aimable, 102
FOURRIER, Marcel, 25, 31, 246
FRACHON, Benoît, 249
François, Aron Bacicuriswki, dit Dr, 62
François, Marcel Bertone, dit, 64, 71, 129, 130
FRANÇOIS, Louis, 55, 56, 219
Franklin, Henri Gorce, dit, 16, 43, 256
FREMENDITY, Henri, 158
FRÉMIOT, Louis, 159
FRENAY, Henri, 60, 74, 75, 111, 112, 114, 136, 160, 193, 215, 233, 239, 242
FRÈRE, général Aubert, 89, 109
FRICHET, Pierre, 162, 165
FROMENT, Pierre de, 233, 242
FUGIER, M., 198

G

GALANIS, Sylvie, 96
GALIBIER, M., 236
GALLOIS, M., 234
GANEVAL, colonel, 34
GANNIE, Mme, 256
GARDES, Mme, 89
GARREAU, Jean, 192
GARREAU DE LA MECHERIE, Marc du, 203
GASTALDO, Joseph, 219, 236, 241
GATTI, M., 208

GAULLE, général Charles de, 8, 10, 12, 13, 14, 56, 68, 72, 75, 78, 91, 109, 112, 123, 129, 136, 163, 195, 214, 230, 254, 262
GAULLE, Geneviève de, 77, 213
GAULUÉ, Claude, 61, 62
GAUTHEROT, Henri, 144, 148
GAVEAU, Albert, 14, 132, 169, 224
GEORGES, Christine, 34, 35
GEORGES (dit *colonel Fabien*), Pierre, 121, 144, 148, 203, 235, 242
GEORGES, Raymonde, 50
GERBAL, capitaine, 156
GHERTMAN, Georges, 148
GICQUEL, Jean et Marie, 108
GIDE, André, 132
GIERING, M., 48, 50
GIL, Gilbert, 178
GILBERT, M., 48
GINGOLD, Peter, 38, 39
GIRARD, Marcel, 253
GIRARD, René, 240
GIRARDOT, Maurice, 21
GIRAUD, général Henri, 14, 34, 203, 230, 262
GLAESER, Léo, 157
GLASZ, Éméric, 172
GLEIZE, Maurice, 251
GÖES, Georges, 82
GOLDBERG, Lajb, 166
GOMMERIEL, M., 239
GONARD (dit *Morlot*), Charles, 93, 94
GONZE, commandant, 120
GORCE (dit *Franklin*), Henri, 16, 43, 256
GORET, Mme, 96
GOSSET, Jean, 85
GOTHELF, Léa, 267
GOUBILLON, Mme, 57
GOURDEAUX, Henri, 160
GRANDIN (dit *André*), M., 262
GRANET, Jean, 203
GRANIER, Dr, 73
Grant, Simon Cukier, dit *Alfred*, 55, 231, 252, 261, 262
GRAS, Élie, 70
GRAY, William, 246
GREIF, Léon, 62, 63
GRELOT, Pierre, 193
GRENIER, Fernand, 230
GRONOWSKI, Louis, 242
GROU-RADENEZ, Jacques, 79, 201
GUÉDON, Robert, 74, 114, 193, 233
GUÉHENNO, Jean, 89

INDEX

GUERVILLE, Albert, 85
GUEUSQUIN, Albert, 144, 192
GUIHAIRE, père Joseph, 175
GUILLEMOT, Marcelle, 30
GUILLOU, M., 198
GUYOT, Pierre, 240

H
HAJJE, Antoine, 185
HALLOUIN, Claude, 54
HAMON, Léo, 65, 106, 107
HAMON, Marcel, 238
HANOTE, général, 165
HARCOURT, Charles d', 77
HARDY (dit *Didot*), René, 236
HAUET, colonel Paul, 155, 156, 169, 223
HEINRICH, M., 30
HELLSTERN, Mme, 96
HÉNAFF, Eugène, 142
HENRIOT, Philippe, 94
HÉRISSÉ, Roger, 249
HÉROLD-PAQUIS, Jean, 82
HERVÉ, Albert, 204, 207
HERVÉ, Pierre, 58
HEULARD, M., 30
HEURTEAUX, colonel Alfred, 197, 212
HEYRAND, Jean-Marie, 45
HITLER, chancelier Adolf, 10, 100
HOLBAN, Boris, 63, 119, 191
HORVAIS, M., 103, 104
HULOT, Cécile, 231
HUMBERT, Agnès, 72, 218, 223
HYTTE, M., 150

I
INGRAND, Henri, 60

J
JACQUET, Gérard, 142
JAEGER, Claude, 51
JAMART, Émile et Mary, 81, 82
JAUJARD, Jacques, 21, 22, 27
JEAN, mère, 173,
JÉRÔME, Jean, 154, 190
Joseph, Georges Beaufils, dit, 122, 210, 214, 229
JOUAN, Paul, 145
JOURDAN, Robert, 165
JOUSSELIN, pasteur Jean, 251, 252
JOXE, Louis, 219
JUGEAU, Jeanine et René, 254
JULIEN, Mme, 195
JULIOT-CURIE, Frédéric, 109
JUVENEL, M., 267

K
KAPLAN, M., 70
KAREL, M., 63
KARZOWESKI, M., 211
KELLER, Robert, 106, 172, 198
KHILL, Margot, 127
KIEFFER, lieutenant-colonel SS, 147
KIFFER, Jean, 154
KIRCHMEYER, Albert, 46
KIRSCHENBAUM, Sevek, 146
KLÉPININE, père Dimitri, 206
KNELER, Léo, 166, 222, 226
KNOCHEN, Helmut, 213
KOENIG, général Pierre, 203
KOHN, Arianne, 79
KOJITSKI, Raymond, 226
KOWALSKI, Sarah, 141
KRAMER, M., 229
KRASUCKI (dit *Bertrand*), Henri, 41, 265
KRIEGEL (dit *Valrimont*), Maurice, 94
KUTNER, David, 161

L
LA BARDONNIE, Baron Louis de, 26, 182
LABBÉ, Ange, 249
LABROSSE, Raymond, 107
LACAN, Joseph, 191
LACOSTE, Robert, 90
LACROIX, Maurice, 118
LADELLE, Robert, 106
LAFARGUE, André, 35, 44, 118, 145
Lafont, Henri Chamberlin, dit, 14, 50, 76, 212, 213, 231
LAFOURCADE née MÉRIC, Marie-Madeleine, 95, 155, 195
LAFOURCADE, Serge, 119, 200
LAGARDE, Hubert de, 85, 86, 88
LAMBOLEY, Marcel, 174
LAMIRAULT (dit *Fitzroy*), Claude, 127, 128, 170, 178
LAMIRAULT, Denise, 128
LANCRENON, chanoine, 72
LANDRAGIN, Julien, 260
LANGEVIN, Paul, 58, 59, 109, 125
Langlois, Pierre de Bénouville, dit, 112, 113
Langlois, colonel Alfred Touny, dit, 22, 77, 123, 132, 133, 138, 194, 212, 214, 220, 221, 234, 252

LANOY, Lucien, 249
LARDENOIS, Roger, 42, 43, 118
LAUNAY, René, 211
LAUNOY, Jehan de, 82
LAURENT (dit *DIN W*), lieutenant Étienne-Michel, 189
LAURENT, lieutenant-colonel Édouard, 86
LAURENTIE, Lucienne, 102
LAUT, Georges, 39, 40
LAUVRAY, Bernard, 136
LE BERRE, Maurice, 50, 244
LE BOURHIS, colonel, 156
LE GAILLARD, Émile, 174
LE GALL, René, 19, 165
LE GARREC, M., 246
LE TAC, Joël, 247
LE TAC, Yves, 163, 247
LE VERRIER, Madeleine, 218
LEBLOIS, M., 266
LECOMPTE-BOINET, Jacques, 47, 60, 83, 156, 214
Lecomte, colonel Marcel Verrière, dit, 118, 122
LEFAUCHEUX, Pierre, 85
LEFAURICHON, M., 212, 241
LEFEBURE, M., 180
LEFEBVRE, Marie-Thérèse, 142
LEFEBVRE, Paul, 142
LEGAREE, Mlle, 175
LEGRAND, Jacques, 156, 169
LEGROS, Lucien, 193
LEHEN, Jean, 168
LEIMINGER, Christian, 189
LEJEUNE, Arlette, 234
LEJEUNE, Claire, 66
LEMARIÉ, Maud, 77, 78, 96
LEMBERGER, Jean et Nathan, 161
LERNER, Boria, 69
LEROY, André, 25, 31, 148
LEROY, Maurice, 24, 30, 42, 246
LESCARET, M., 71
LESCURE, Jean, 66
LESCURE, Pierre de, 57
LESOUEF, Alfred, 184
LETIENNE, Jean, 141
LEVAVASSEUR, M. 198
LÉVY, colonel Pierre, 217
LEVY (dit *Michel Coulon*), Jean-Pierre, 19, 92, 93, 120, 136
LÉVY, Mme, 217
LEW, Macha, 61

INDEX

LEWITSKY, Anatole, 132, 223, 224
LHOPITAL, commandant René, 76
LIMONTI, Hugues, 29, 30, 241
LINET, Roger, 180
LIPA, Jacques, 41
LIPCER, Ephraïm, 263
LISSNER, Abraham, 146
LIST (dit *Marcus*), Meier, 42
LOBREAU, M., 198
LONDON, Lise, 180
LOSSERAND, Raymond, 251
LOUPIAC, Charlotte, 250
LOUSTAUNAU-LACAU, commandant Georges, 95
LUCAS (dit *Capri*), Pierre, 14, 237
Lunel, Jean Multon, dit, 111, 229
LUSSEYRAN, Jacques, 76
LYAUTEY, Fernand, 196

M

MADELEINE, Mlle, 35
MADELINE, Jean, 231
MAGENTA, duc de, 155
MAGGIO, M., 116
MAGIS, Maurice, 68
MAKIWSKY, Cyrille, 132, 133, 134
MALEPLATE, Dr, 48
MALIBERT, lieutenant-colonel Moritz von, 226
MANDIN, Louis et Marie-Louise, 82
MANHÈS, Henri, 47, 120, 153, 240
MANOUCHIAN, Mélinée, 191
MANOUCHIAN, Missak, 54, 166, 191, 222, 242
MANUEL (dit *Doyen*), Pierre, 209
MARCHAL, colonel Pierre, 33, 34, 98, 214
MARONGIN, M., dit *Elio*, 76, 77, 114
MARTIN, Pierre, 45
MARTIN-CHAUFFIER, Simone, 72, 132, 222
MARTINET, M., 243
MARX, Pierre, 77
MARY, Lucie, 189
MARZIN, Madeleine, 70
MASARAKI, Claude, 131
MASSIET, Raymond, 109
MASSON, capitaine, 179
MASSON, Suzanne, 258
Masuy, Georges Delfanne, dit *Henri*, 14, 104, 216, 220, 228, 246
MATHERON, M., 198

MAUCHERAT, Pierre, 109
MAUGER, Paul, 237
MAURIAC, François, 66
Maurice, Boris Vildé, dit, 10, 22, 131, 132, 155, 156, 218, 222, 223, 224
MAURICE, Mme, 175
MAYDIEU, père, 66
MAYER, Daniel, 142, 256
MAYER, Cletta, 142
Max, Jean Moulin, dit *Rex* ou, 14, 15, 30, 33, 47, 67, 75, 97, 99, 113, 119, 136, 153, 157, 213, 214, 216, 221, 226, 240, 241, 245
Médéric, Gilbert Védy, dit, 120, 163
MÉNARD, M., 31
MENTHON, François de, 136
Mercier, Fernand, dit Yves, 170, 171
MÉRIC épouse FOURCADE, Marie-Madeleine, 95, 155, 195
MERLEAU-PONTY, Maurice, 51
MEROT, Rose, 190
MEUNIER, M., 180
MEUNIER, Mme, 248
MEUNIER, Pierre, 47, 75, 119, 136, 240, 241
MEUNIER, Simone, 47, 119, 136, 241
MICHEL-LÉVY (dite *Emma* ou *Françoise*), Simone, 103, 104
MILLIEZ (dit *Olivier*), Paul, 92, 194
MIRET-MUST (dit *Lucien*), Conrado, 143, 209, 244
MOD, M. et Mme, 186
MONOD, pasteur Daniel, 117
MONOD, professeur, 232
MONTCHEUIL, père Yves de, 80
MONTFORT, Henri de, 71,
Montini, Arthur Airaud, dit, 50, 51, 176
MONTREUIL, Guy de, 65
MOOG, Robert, 219, 229
MÔQUET, Guy, Juliette, Prosper et Serge, 239
MOREL, Pierre, 239, 140
MORIN, M. et Mme, 100
Morlot, Charles Gonard, dit, 93, 94
MOTOT, adjudant-chef Roland, 36
MOUCHET, colonel Albert, 164, 165
MOULIN (dit *Rex* ou *Max*), Jean, 14, 15, 30, 33, 47, 67, 75, 97, 99, 113, 119, 136, 153, 157, 213, 214, 216, 221, 226, 240, 241, 245
MOURGUES, Solange, 188
MULLE, André, 136
MULLEMAN, John, 14, 25, 26, 124

MULLER, père Émile, 56
MULLIEZ, Jacques-Yves, 243
MULTON (dit *Lunel*), Jean, 111, 229

N

NADEL, Charlotte, 79, 190, 201
NADLER, Samuel, 62
NIÉPCE, Janine, 101
NORDMANN, Léon-Maurice, 116, 117
NORMAN, Gilbert, 147
NORGEU, Marthe, 205
NOSLEY, Maurice, 21
NOURY, Anne, 193

O

O'Leary, André Postel-Vinay, dit *Pat*, 185, 239
OBERG, général SS, 14, 114
OBOLENSKY, Vicky, 132
OCHS, M., 150
ODDON, Yvonne, 223
OGÉ, Marc, 19, 165
OGLIASTRO, M., 204
OLASO, M., 63
Olivier, Paul Milliez, dit, 92, 194
OLIVIER, Suzanne, 241
Ollivier, colonel Claude Arnould, dit, 173
OUDEVILLE, Claude, 177
OUDIN, Jacques, 203
OUZOULIAS, Albert, 148, 209, 235, 250
OUZOULIAS-ROMAGON, Cécile, 209

P

Paco, François Faure, dit, 16, 55, 122, 123, 179, 183, 210
PAKIN, Jeanne, 146
PAKIN, Léon, 46, 146, 257
Pal, Jean Ayral, dit, 97, 98, 99, 157
PALLUY, Lucienne, 159
PARAF, Yvonne, 74, 176
PARDON, Jacqueline, 190
PARODI, Alexandre, 15, 91, 104, 226
PASCANO, Louis, 73, 184
PASCANO, Mme, 184
Passy, colonel André Dewavrin, dit, 13, 14, 43, 56, 214, 227
PASTEUR VALLERY-RADOT, Louis, 91, 92, 228
PATAILLOT, Mme, 54
PAULHAN, Jean, 66, 72, 89
PAULUS, maréchal von, 118
PAVART, Robert, 207

PÉJU, Élie, 18
PELLETIER, Jean, 248
PELLETIER, Michel, 121
PÉRY D'ALINCOURT (dite *Violaine*), Jacqueline, 33, 34, 97, 98
PÉTAIN, maréchal Philippe, 8, 10, 12, 72, 113
PETIT (dit *Claudius*), Eugène, 18
PETIT, Maurice, 130, 131, 196
PETIT, Max, 216
PEYRONNET, Hélène, 244, 245
PÉZERIL, abbé Daniel, 54
PHILIP, André, 234
PIA, Pascal, 149
PICAN, André, 140, 249
PICHARD, Michel, 209
PICOT, Fernand, 159
PICOT, Roger, 88
PIEPE, M., 48, 50
PIGNET, Mlles, 240
PILOT, Maryse, 111
PILPOUL, Odette, 37
PINEAU, Christian, 13, 90, 91, 123, 143, 204
PIRONNEAU, Roger, 26
PISLER, Odette, 266
PLATEAUX, André, 127, 128
POLITZER, Georges, 58, 109, 250
PONCEY, Arsène, 76
Porbus, Jules Corréard, dit, 113, 114
POSTEL-VINAY (dit *Pat O'Leary*), André, 185, 239
PRENANT, Marcel, 82, 122
PRILOT, M., 208
PRIOU-VALJEAN, Roger, 24, 88
PRUDHOMME, Armand, 208
PRUVOST, Ernest, 103
PUCHEU, Pierre, 181

Q
QUENEAU, Raymond, 66

R
RACINE, M., 260
RADIGUER, Alain, 79, 128, 190
RAMEAU, Lucien, 72
RAPOPORT, David, 157, 206
RAULO, Paul, 158
RAVANEL, Serge, 55, 106
RAVIER, abbé Christian, 246
RAYMAN, Marcel, 41, 161, 166, 222, 226, 233

REBIÈRE, Pierre, 165, 166, 234
Rémy, Gilbert Renault, dit colonel, 12, 13, 16, 26, 43, 55, 56, 77, 81, 91, 103, 118, 122, 123, 124, 179, 182, 194, 210, 216, 217, 219, 220, 221, 229, 230, 231, 234, 237, 252, 254
RENAUDIN, Marcel, 266
RENAULT, Hélène et Isabelle, 195
René, Louis Coquillet, dit, 71, 78, 129
RENET (dit *Jacques Destrée*), Marcel, 19, 30, 42, 44, 117, 118, 149, 150, 162, 175, 199, 260
RÉTORÉ, colonel, 155, 158, 195, 224
REVERS, général Georges, 89, 262
REVEYRAND, Marguerite, 83, 85
Rex, Jean Moulin, dit *Max* ou, 14, 15, 30, 33, 47, 67, 75, 97, 99, 113, 119, 136, 153, 157, 213, 214, 216, 221, 226, 240, 241, 245
REY, Albert, 131
RIBIÈRE, Henri, 22, 142, 256
RICHARD, M., 52
RICHET, Jacqueline, 96
RIFFAUD, Madeleine, 93
RIMBAUD, Madeleine, 18
RIMBERT, Pierre, 24, 31
RINCENT, Germain, 142
RIORE (dite *Geneviève*), Marie-Claire, 83
RIPOCHE, Maurice, 47, 136
RIQUET, père Michel, 16, 80, 114, 189
RITTER, Julius, 191, 223
RIVERIEUX, M. de, 67
RIVET, Paul, 132, 223, 224
ROBERTE, capitaine Maxime, 138
ROBINET, Maurice, 19
ROCQUIGNY, Lucien, 183
ROGER (dit *Sainteny*), Jean, 116, 179
ROHR, Fanette, 203
Rol-Tanguy, Henri Tanguy, dit, 106, 181
ROLLAND, Geneviève, 82
ROLLAND, Maurice, 128
ROLLIN, Michel, 203
ROOSEVELT, Franklin Delano, 31
ROQUIGNY, Jean, 60, 83,
ROSEROT DE MESLIN (dite *Rosine*), Mme, 85
ROTHÉE, commissaire Lucien, 50, 140, 176, 191
RÖTHKE, Heinz, 50
ROUSSEL, Robert, 68
ROUX, Benjamin, 93
ROUX, colonel, 113
ROYAL, Raymonde, 41
RUDDER, Jean de, 118

S
SABARLY, Alice, 171
SAILLANT, Louis, 47
Saint-Jacques, Maurice Duclos, dit, 11, 12, 25, 26, 123, 124, 150, 151
SAINTE-LAGÜE, Pr, 241
Sainteny, Jean Roger, dit, 116, 179
SALMAN, M., 197
SALMON, Anne-Marie, 232
SALMON, Robert, 150, 209, 232
SALTES, Emmanuel, 85
SANGNIER, Marc, 80, 99
SARTRE, Jean-Paul, 66
SAUMANDE, René, 219, 229
SAUTHIER, Jeanne, 100, 163
SCAFFA, Robert, 162
SCHAPIRO, Willy, 38
SCHAUMBURG, général von, 225
SCHILLING, Robert, 231
SCHLOSS, Simone, 142
SCHMIDT, capitaine, 229
SCHMIDT (dit *Dominique*), Paul, 97
SCHNEIDER, Renée, 196
SCHOENHAAR, Karl, 266
SCHORTGEN, M., 30
SCHRYVER, M., 260
SCHULÉ, M., 259
SCHWARTZ, Sophie, 201, 242
SEGHERS, Pierre, 66
SERAZIN, Frédo, 187
SERVIN, Yvette, 131
SHIBER, Etta, 246
SICAUD, Flore, 236
SIVADON, Jeanne, 74, 193
SKOBTSOVA, mère Marie, 206
SLIWKA, Paulette, 265
SOLOMON, Jacques, 58, 59, 109
SONOWSKI, Ginette, 264
SOUCHÈRE, Roger, 212
SOUEF, Olivier, 148
SOULTRAIT, commandant, 245
SPAAK, Suzanne, 20, 21, 28
STEINER, Paul, 35, 44, 60, 118, 145
STRAUMANN, commissaire, 24
SUDREAU, Pierre, 88
SUTTILL, major Francis, 135, 147
SYLVESTRE, Antoinette, 78

T
TANGUY (dit *Rol-Tanguy*), Henri, 106, 181
TARDIFF, Raymond, 192

TEISSIER, Gaston, 113
TÉNINE, Juliette, 156
TEXCIER, Jean, 130, 150, 259
THÉAVAULT, M., 159
THÉOBALD, Jean-Louis, 219, 236, 241
THOMAS, Édith, 131
THOREZ, Maurice, 250
TILDEN, 14, 104, 118, 192, 220, 228
TILLION, Germaine, 16, 60, 155, 156, 169, 223
TILLON, Charles, 202, 209, 230
TIMBAUD, Jean-Pierre, 249
TINKELMAN, Solomon, 63
TISSOT, commissaire Paul, 263
Titi, Samuel Tyszelman, dit, 144, 148
TOUATI (dit *Albert*), Maurice, 63, 64, 71, 129
TOUBA, Albert, 203
TOUDIC, Yves, 38
TOUNY (dit *Langlois*), colonel Alfred, 22, 77, 123, 132, 133, 138, 194, 212, 214, 220, 221, 234, 252
TOURET, Léon et Raphaël, 134
TOURETTE, Paul, 70
TOURETTE, Pierre, 70, 73
TOURNON, Georges, 105, 178, 179
TRÉAND, Maurice, 10
TRÉFOUËL, Pr Jacques, 194
TREPPER, Leopold, 48, 49, 119
TRUGNAN, Germaine, 153
TURBOT, Pierre, 164
TYSZELMAN (dit *Titi*), Samuel, 144, 148

V

VAGLIANO, André, 214
VAILLANT, M., 49
VALLAND, Rose, 22, 27
VALLÉE, abbé Armand, 114
VALOIS, M., 246
Valrimont, Maurice Kriegel, dit, 94
VALTON, M. 19
VAN KEMMEL, Maurice, 208
VANHOVE, Marcel, 89
VANVEERS, Armand, 73
VEDEL, Gaston, 250
VÉDY (dit *Médéric*), Gilbert, 120, 163
VELLAY, André, 199
Vercors, Jean Bruller, dit, 56, 57, 66, 74, 176
VERDIER, M., 233
VERDIER, Robert, 142
VERGARA, pasteur Paul, 21, 28, 30

VÉRINES, Guy, 150, 151
VÉRINES, Jean, 25, 26, 150, 151
VERLINGUE, Mme, 67
VERNEAU, général Jean-Édouard, 34, 87, 89, 109, 111, 138
VERNY, Charles, 136
VERRIÈRE (dit *Lecomte*), colonel Marcel, 118, 122
VIANNAY, Hélène, 45, 190
VIANNAY, Philippe, 35, 76, 79, 128, 149, 184, 190, 209
VIC-DUPONT, Victor, 136, 179, 224
VIDAL, Henri, 96, 97, 101
VIGNON, Odette, 135
VILDÉ (dit *Maurice*), Boris, 10, 22, 131, 132, 155, 156, 218, 222, 223, 224
VILDRAC, Charles, 66
VILLON, Pierre, 47, 108
Violaine, Jacqueline Péry d'Alincourt, dite, 33, 34, 97, 98
VISSEAUX, André, 25, 150, 151
VIVET, Hélène, 266
VIVIER, M., 157
VOGÜE, Jean de, 241
VRONSKY, Sarah, 45

W

WAGNER, Mme, 76, 77
WAKSBERG, Anna, 168
WALLACH, famille, 257
WALTER, Pierre, 132
WEIBEL, Jean, 201, 256
WEIL, Bernard, 147
WEIL, Jacques, 135
WEIL-CURIEL, André, 116, 117
WEINRAUB, Betka, 173
WEISSBERG (dit *Gilbert*), Samuel, 206
WETTERWALD, François, 136, 167, 179, 224, 245
WOLMARK, Herschel, 168
WORMS, Jean, 135

Y

YEO-THOMAS (dit *Lapin blanc*), colonel Forest, 227, 228, 244, 245
Yves, Fernand Mercier, dit, 170, 171

Z

ZAGIENGOWSKI, Paula, 231
ZALKINOV, Fernand, 144
ZAPAROFF, colonel, 85, 214
ZEILER, Rudolf, 160
ZERMAN, famille, 154
ZIMERMAN, Hersck, 62

CRÉDITS PHOTOGRAPHIQUES

© AKG-images / Erich Lessing : p. 171 ; © Bibliothèque de Documentation Internationale Contemporaine (BDIC) et Musée d'Histoire Contemporaine : pp. 9 (Noël Le Boyer), 10, 11, 13 haut et bas, 14, 20, 100, 105 gauche, 114, 115 haut (Jacques Delarue), 117 haut droite, 130 droite, 132 haut, 144 haut, 160, 162 bas, 197 bas, 204 bas, 218, 224, 246, 250 gauche, 257 haut, 42 droite, 55 haut gauche, 71 droite, 94 bas, 99 bas droite ; © Bibliothèque Historique de la Ville de Paris (BHVP) : pp. 122 (André Zucca), 153 ; © Centre de Documentation Juive Contemporaine (CDJC) - Mémorial de la Shoah : pp. 21, 29 gauche et droite, 38 bas, 41, 42 gauche, 54 bas, 69 bas, 109 haut droite, 139, 144 bas, 146 haut, 157 haut et bas, 190 haut, 191, 206 bas, 225 ; © Collections particulières, droits réservés : pp. 18, 26 bas, 27, 45, 48 haut, 52-53 bas, 60 haut, 83 bas, 91, 95 gauche et droite, 121 gauche, 123 gauche, 132 haut, 145, 148 droite, 149 gauche, 158 bas, 173 haut et bas, 187 haut, 196, 202 bas, 212, 229 milieu, 232 haut, 266 bas ; © Garde Républicaine : pp. 123 droite, 150 ; © Jacques Lebar : pp. 16, 17, 22, 25 bas, 26 bas, 28, 33, 39 bas, 47 bas, 55 droite, 57, 75 haut, 83 haut, 89 bas, 98 haut, 117 droite, 119 bas, 125, 129 haut, 130 gauche, 143 droite, 155 bas, 158 haut, 163 gauche, 169, 182 bas, 186, 187 bas, 195 bas, 202 haut, 206 droite, 208, 209 droite, 211 droite, 221 droite, 229 bas, 237, 242 haut et bas, 248, 252, 257 bas, 259, 264, 266 haut ; © Keystone France/ADP : p. 223 ; © Keystone France/Collection R.A.F.D. : 262 droite ; © Keystone France : pp. 69 haut gauche, 82, 94 haut, 113 haut, 137, 151, 180 bas, 194, 239, 254 bas ; © Collection Musée National de la Résistance - Champigny-sur-Marne : pp. 59 bas, 65, 93 bas, 99, 101, 124, 127 droite, 141, 163 haut, 165, 167 haut, 168 droite, 185 bas, 190 bas, 209 gauche, 249, 267 ; © Musée de la Poste, Paris : 102 bas, 113 bas, 172 haut et bas, 200, 229 haut ; © Clichés Musée de l'Ordre de la Libération, Paris : pp. 12, 18, 25 haut, 31 bas, 35 haut et bas, 43, 47 haut, 48 bas, 66, 67, 77 bas, 78, 79 bas, 80, 85, 93 haut, 97, 98 bas, 103, 104, 105 droite, 107 droite, 111, 112, 116, 120 bas, 122 bas, 128 gauche et droite, 136, 163 bas, 179, 181, 182 haut, 185 haut, 199 bas, 204 haut, 213 bas, 214 haut et bas, 215 haut, 217, 221 gauche, 226 bas, 227, 228, 236 haut, 241, 243 bas, 247, 250 droite, 254 haut ; © Parigramme : pp. 251 droite, 253 ; © Préfecture de Police, tous droits réservés : pp. 31 haut, 38 haut, 53 haut, 54 haut, 55 bas, 58, 59 haut, 61 bas, 62, 63, 69 haut droite, 70 bas, 71 gauche, 76 haut, 89 haut, 109 bas, 120 haut, 129 bas, 140 bas, 143 haut et bas, 146 bas, 148 gauche, 159, 167 bas, 176, 180 haut, 184 haut, 192 haut, 206 gauche, 207, 222, 226 haut, 230 233, 235, 258, 260 bas, 263 bas, 265 ; © Robert Doisneau/Rapho : pp. 49, 58 bas, 87, 110, 133, 135, 177, 188, 205, 255, 261 ; © Rapho : pp. 74 haut, 77 haut, 84, 108 ; © RMN/Musée de l'Armée, Dist. RMN : pp. 34, 61 haut, 127 gauche, 131, 198, 251 gauche, 262 gauche ; © Estate Brassaï/RMN : p. 72 ; © Albert Harlingue/Roger-Viollet : pp. 26 haut, 37, 152 ; © Jacques Boyer/Roger-Viollet : p. 175 ; © Lapi/Roger-Viollet : 30, 40, 51, 64, 81, 96, 117 bas, 119 haut, 121 droite, 140 haut, 149 droite, 164, 192 bas, 263 haut ; © Roger-Viollet : pp. 15, 24, 32 haut et bas, 39 haut, 46, 79 haut, 132 bas, 197 haut ; © AGIP/Rue des Archives : p. 90 haut ; © RDA/Rue des Archives : 155 haut ; © Seeberger Frères/Rue des Archives : p. 23 ; © Tallandier/Rue des Archives : 56, 60 bas, 75 bas, 76 bas, 107 gauche, 236 bas ; © Rue des Archives : pp. 8, 70 haut, 90 haut, 102 haut, 115 bas, 134, 142, 149 bas, 154, 162 haut, 166, 168 gauche, 183, 184 bas, 189, 193, 195 haut, 199 haut, 201, 211 gauche et haut, 213 haut, 215 bas, 216, 220 haut, 231, 232 bas, 234, 240, 243 haut, 245, 260 haut ; © Sylvain Ageorges : p. 203.

Édition : Marie Delas et Mathilde Kressmann
Direction artistique : Isabelle Chemin
Maquette : Anne Delbende / Nota Bene
Photogravure : Alésia Studio

Avec la collaboration d'Yves Nespoulous, Mathilde Alliot, Julie Fassler et Isabelle Roy.

ISBN : 978-2-84096-431-5
Dépôt légal : septembre 2007
Achevé d'imprimer en novembre 2007 sur les presses de l'imprimerie Kapp à Évreux (France).